Detlef Krell

SÄCHSISCHE SCHWEIZ

Auf der Reise zu Hause
www.reise-know-how.de

➲ Ergänzungen nach Redaktionsschluss
➲ kostenlose Zusatzinformationen
    und Downloads
➲ das komplette Verlagsprogramm
➲ aktuelle Erscheinungstermine
➲ Newsletter abonnieren

**Bequem einkaufen
im Verlagsshop**

**Oder Freund auf
Facebook werden**

Detlef Krell

Sächsische Schweiz

„Ich ziehe die sächsische Schweiz ebenfalls jedem anderen
Theile der Welt vor, namentlich auch der eigentlichen Schweiz.
Man kann nicht immer große Natur schwelgen, nicht immer klettern
und außer Athem sein. Aber sächsische Schweiz! Himmlisch, ideal!"

Theodor Fontane: Irrungen, Wirrungen

Impressum

261 ss dk

Detlef Krell
REISE KNOW-HOW Sächsische Schweiz

erschienen im
REISE KNOW-HOW Verlag Peter Rump GmbH
Osnabrücker Str. 79
33649 Bielefeld

© REISE KNOW-HOW Verlag Peter Rump GmbH 1997, 1999, 2001, 2004, 2006, 2008, 2010, 2012
**9., neu bearbeitete und
komplett aktualisierte Auflage 2014**

Alle Rechte vorbehalten.

Gestaltung
Umschlag: G. Pawlak, P. Rump (Layout); A.H. (Realisierung)
Inhalt: Günter Pawlak (Layout); A. Hesse (Realisierung)
Bildnachweis: Lothar Sprenger (ls), Detlef Krell (dk),
    Barbara Bossinger (bb), Landesbühnen Sachsen/
    Martin Krok/Martin Reißmann (mk_mr),
    www.fotolia.de (Nachweis jeweils am Bild)
Titelfoto: Lothar Sprenger (Motiv: Blick vom Carolafelsen)
Karten: Catherine Raisin, Thomas Buri, der Verlag,
    Kartographie Spachmüller

Lektorat (Aktualisierung): Andrea Hesse

Druck und Bindung: Wilhelm & Adam, Heusenstamm

Anzeigenvertrieb
KV Kommunalverlag GmbH & Co. KG,
Alte Landstraße 23, 85521 Ottobrunn,
Tel. 089 928096-0, info@kommunal-verlag.de

ISBN 978-3-8317-2366-9
Printed in Germany

Dieses Buch ist erhältlich in jeder Buchhandlung
Deutschlands, der Schweiz, Österreichs, Belgiens
und der Niederlande. Bitte informieren Sie Ihren
Buchhändler über folgende Bezugsadressen:
Deutschland
    Prolit GmbH, Postfach 9, D-35461 Fernwald (Annerod)
    sowie alle Barsortimente
Schweiz
    AVA Verlagsauslieferung AG,
    Postfach 27, CH-8910 Affoltern
Österreich
    Mohr Morawa Buchvertrieb GmbH
    Sulzengasse 2, A-1230 Wien
Niederlande, Belgien
    Willems Adventure, www.willemsadventure.nl

Wer im Buchhandel trotzdem kein Glück hat,
bekommt unsere Bücher auch über unseren
Büchershop im Internet: www.reise-know-how.de

Vorwort

Mit der Sächsischen Schweiz wird man nie fertig. Den Gratweg über die Schrammsteine, den Blick vom Großen Zschirnstein oder vom Brand, die Kahnfahrt durch die moosdunkle Klamm der Kirnitzsch, den Sonnenaufgang über der Bastei und die Dämmerung an der Kaiserkrone, die Einsamkeit der Affensteine, das kann man zwar in ein paar Tagen alles erleben. Aber dann kehrt man doch irgendwann zurück und geht wieder diese Wege, bei anderem Wetter, in einer anderen Stimmung oder Jahreszeit, und man begegnet dieser Landschaft wie beim ersten Mal.

Als Sächsische Schweiz wird das Sandsteingebirge zwischen Pirna, der Stadt der Erker, Giebel und Portale, und der deutsch-tschechischen Grenze bezeichnet, im Südwesten begrenzt durch die Elbe-Nebenflüsse Bahra und Gottleuba, im Nordosten durch Hohnstein und Sebnitz. Das Elbsandsteingebirge zieht sich über die Landesgrenze hinweg bis nach Böhmen. Maler und Dichter der Romantik waren die ersten, die diese Landschaft als Reise- und Wanderziel entdeckten.

Ein Viertel des Gebietes, rund 93 Quadratkilometer, ist seit 1990 Nationalpark, der einzige in Sachsen. Von den deutschen Nationalparks ist es zwar einer der kleinsten, aber auch einer der attraktivsten.

Es erübrigt sich, Wanderwege bis in jede Ecke vorzuschreiben. Das wäre für 1200 Kilometer markierte Wanderwege auch nicht annähernd möglich, zumal sich unzählige Varianten anbieten. Dieses Buch wendet sich an Reisende, die das Elbsandsteingebirge vor allem auf Wanderungen entdecken wollen, sei es an einem Wochenende oder bei einem längeren Urlaub. Es beschreibt Sehenswürdigkeiten in den Kur- und Ferienorten, im Überblick die von dort aus möglichen Routen und ein, zwei Touren jeweils ausführlicher. Dabei wird auch ein ausführlicher Exkurs über die tschechische Grenze unternommen, denn die Böhmische und die Sächsische Schweiz bilden eine naturräumliche Einheit.

Im zweiten Teil geht es elbabwärts nach Dresden. Spaziergänge führen durch die achthundertjährige Stadt im Elbtal. Exkurse abseits ausgetretener Pfade machen mit Kultur und Geschichte der Elbmetropole bekannt. Dazu gibt es Tipps für Kneipen und Restaurants, Museen und Galerien, Hinterhöfe und Boulevards. Fünf Stadtwanderungen führen durch die Dresdner Heide, über den Heller, entlang der Elbe von Loschwitz bis Pillnitz, zur Babisnauer Pappel und in den Zschonergrund.

Abgerundet wird der Reiseführer durch Ausflüge nach Meißen und Moritzburg und in die Elbweindörfer.

Detlef Krell

Inhalt

1 Vordere Sächsische Schweiz 16

2 Hintere Sächsische Schweiz 72

3 Links der Elbe 130

4 Böhmische Schweiz 176

5 Dresden zu Fuß 198

Exkurse

Karten-verzeichnis

Übersichtskarten

Wandergebiete und -strecken

Stadtpläne und Lagepläne

> Auf dem Hinteren Raubschloss

262ss dk

Hinweise zur Benutzung

Touristische Highlights

Zu Beginn jedes Kapitels findet sich ein **Kasten mit dem Titel „Nicht verpassen!"**, in dem einige besondere touristische Highlights der Region genannt werden. Diese Sehenswürdigkeiten sind im Text der dann folgenden Ortsbeschreibungen gelb unterlegt.

Autorentipps

MEIN TIPP: Mit diesem Kasten sind meine ganz **subjektiven Empfehlungen** jenseits der „offiziellen" Sehenswürdigkeiten gekennzeichnet. Dies kann z.B. ein besonders empfehlenswertes Restaurant sein oder eine Unterkunft mit außergewöhnlichem Flair.

Öko-Tipp/Nachhaltigkeit

Das grüne Schmetterlingssymbol steht für **Nachhaltigkeit:** Hotels, Gaststätten und Geschäfte, die sich durch besonders verantwortungsvollen Umgang mit natürlichen Ressourcen auszeichnen oder die z.B. nur Bio-Produkte verwenden/verkaufen, sind mit dem Schmetterling gekennzeichnet.

Web-Adressen

Soweit vorhanden, sind für die Unterkünfte, Restaurants und anderen Einrichtungen auch die Webadressen zum Internetauftritt verzeichnet. Dort sind in der Regel ausführlichere Informationen über Angebote und Rabatte einsehbar.

Hinweis: Die Internet- und E-Mail-Adressen in diesem Buch sind stets so notiert, dass **Trennstriche** nur dort erscheinen, wo sie zur Adresse gehören.

Preiskategorien der Hotels und Restaurants

Beherbergungen aller Art sind in diesem Buch **mit Ziffern klassifiziert,** was aber nicht mit dem offiziellen Sterne-System identisch ist, sondern sich lediglich auf den Preis bezieht. Die Angaben beziehen sich dabei stets auf die Unterbringung für **zwei Personen** in einem **Doppelzimmer** in der **Hauptsaison** inklusive **Frühstück.**

①   bis 50 Euro
②   50–80 Euro
③   über 80 Euro

Für Restaurants unter **„Essen und Trinken"** gelten folgende Kategorien:

①   Auswahl von Hauptgerichten bis 10 Euro
②   Auswahl von Hauptgerichten über 10 Euro

Die Sächsische Schweiz im Überblick

Die Sächsische Schweiz ist eine Kulturlandschaft südöstlich von Dresden am Oberlauf der Elbe. Sie ist der **deutsche Teil des sächsisch-böhmischen Elbsandsteingebirges.**

Der **Nationalpark Sächsische Schweiz** umfasst 92 Quadratkilometer. Daran schließt sich der Nationalpark Böhmische Schweiz mit einer Größe von 79 Quadratkilometern an.

Landkreis: Sächsische Schweiz/Osterzgebirge, Kreisstadt Pirna, www.landratsamt-pirna.de.

Entfernungen in Straßenkilometern zu ausgewählten Großstädten (von Pirna aus): Köln 590, Hamburg 517, München 482, Frankfurt am Main 480, Breslau 268, Berlin 228, Prag 141, Leipzig 133, Dresden 25.

Was man unbedingt erleben sollte

Wandergebiete

- Basteigebiet (Seite 45)
- Aussicht vom Brand (Seite 62)
- Schrammsteine (Seite 81)
- Kirnitzschtal (Seiten 90, 114)
- Gebiet der Steine (Seite 148)
- Prebischtor (Seite 181)

Wanderstrecken

- Malerweg (Seite 100)
- Von Stadt Wehlen zum Kurort Rathen (Seiten 38 bis 49)
- Aufstieg zum Lilienstein (Seite 68)
- Kammweg über die Rauensteine (Seite 138)

Architektur

- Altstadt von Pirna (Seite 21)
- Festung Königstein (Seite 142)
- Burg Hohnstein (Seite 59)
- Dresdner Zwinger (Seite 215, 218)
- Gartenstadt Hellerau (Seite 258)

Erlebnisse

- Theater auf der Felsenbühne Rathen (Seite 56)
- Kahnfahrt in der Kirnitzschklamm (Seite 114)
- Fahrt mit dem Schaufelraddampfer auf der Elbe (Seite 256)

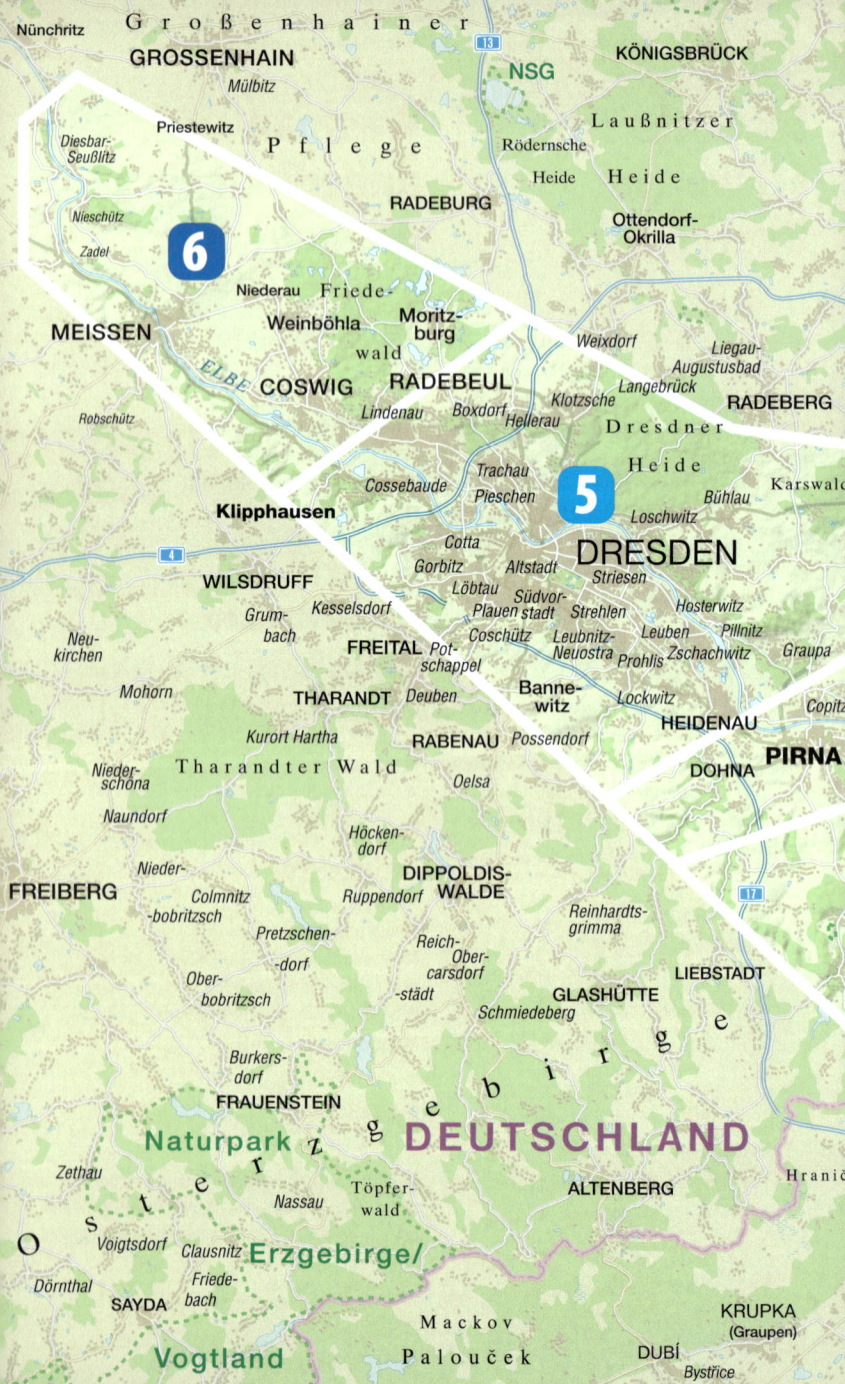

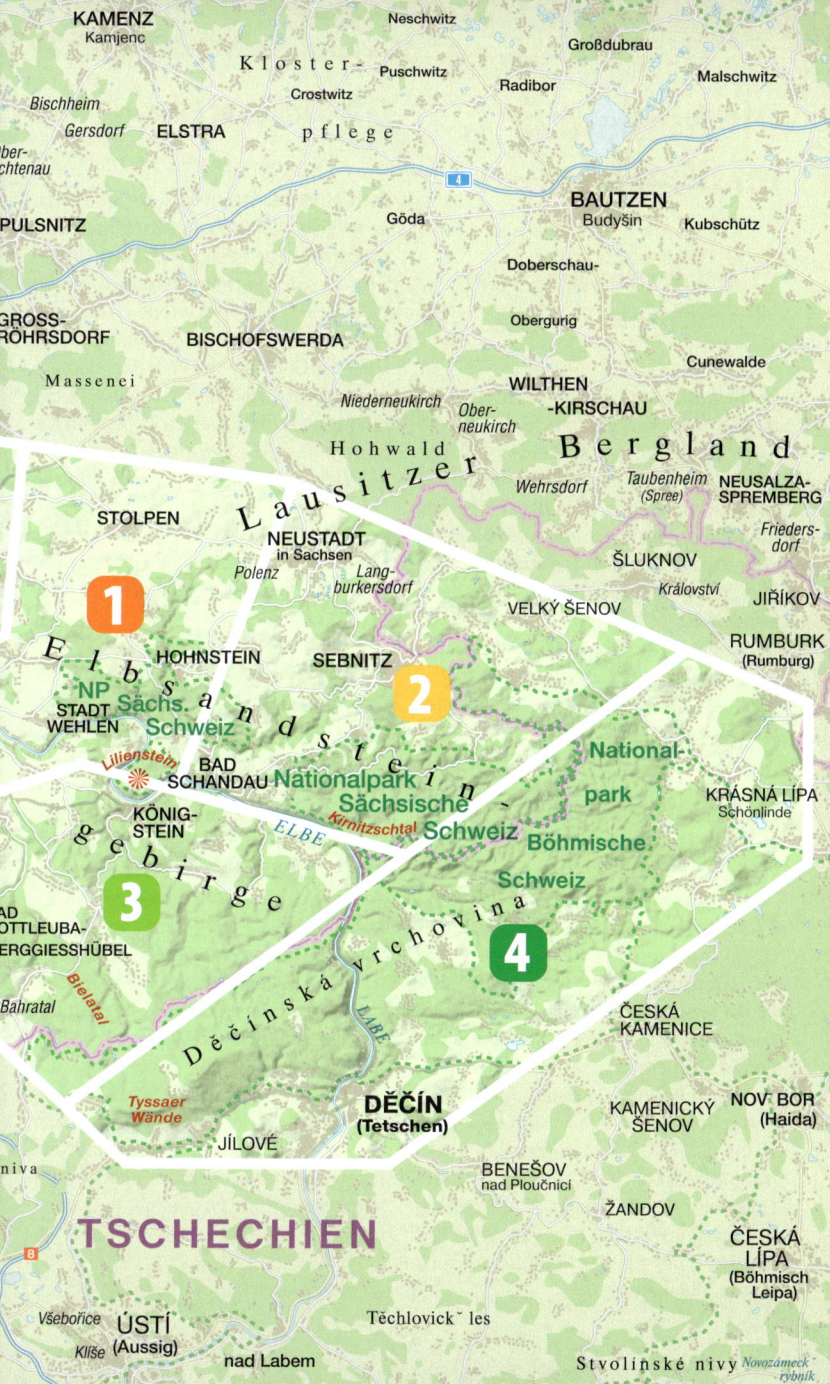

Die Regionen im Überblick

1 Vordere Sächsische Schweiz   16

Ein vielgestaltiges Wandergebiet der kürzeren Wege zwischen Pirna (S. 21), Kurort Rathen (S. 49) und Hohnstein (S. 57). Die beliebtesten Ziele liegen im Nationalpark, so das Basteigebiet (S. 45) mit den berühmten Aussichten, der majestätische Lilienstein (S. 68), die Brandaussicht (S. 62) und der Amselgrund mit Felsenbühne, Gondelteich und Amselfall (S. 48). Vorgestellt werden die Pirnaer Altstadt sowie einige „Einstiegsrouten" und der ausgezeichnete Malerweg auf den Spuren der Romantiker (S. 100).

2 Hintere Sächsische Schweiz   72

Zwischen der Kurstadt Bad Schandau (S. 77) und der tschechischen Grenze sind die Felsen höher, die Schlüchte tiefer, steiler die Anstiege und länger die Wege. Ein unerschöpfliches Revier für Wanderfreunde, die sich gern ein paar Stunden mehr in der Natur gönnen. Wanderparadiese inmitten des Nationalparks sind die Affensteine (S. 97), die Schrammsteine (S. 81), das Kirnitzschtal (S. 90 und S. 114), der Große und Kleine Zschand (S. 106) und die beiden Winterberge (S. 95). Von Bad Schandau fährt in das Kirnitzschtal auch eine Straßenbahn.

3 Links der Elbe   130

Das Gebiet der Steine links der Elbe ist eine liebliche Landschaft. Aus Wiesen und Wäldern erheben sich zumeist kleinere Tafelberge mit sprechenden Namen: Zirkelstein (S. 157) und Kaiserkrone (S. 157), der Pfaffenstein (S. 149) mit einem Wahrzeichen des Gebirges, der Felsnadel Barbarine, und der Papststein (S. 153). Das berühmteste Ausflugsziel ist die Festung Königstein (S. 142). Bergsteiger zieht es in das Bielatal (S. 165) mit seinen bizarren Türmen und Riffen, auch Wanderer werden hier süchtig. Kinder gehen gern im Natur-Abenteuerspielplatz „Labyrinth" (S. 171) verloren, immer wieder.

4 Böhmische Schweiz   176

Die Natur braucht keine Grenzen. Der Nationalpark setzt sich auf der tschechischen Seite des Elbsandsteingebirges fort. Hier ist es stiller als auf der sächsischen Seite. Es gibt weniger, aber sehr attraktive Wanderwege. Wahrzeichen dieser Landschaft ist das aus Felsen gebildete Prebischtor (S. 181). Die Kahnfahrten in der Felsenklamm der Kamnitz (S. 182), die Ausblicke von Felsenburgen und der Besuch der Tyssaer Wände (S. 196) gehören zu den schönsten Erlebnissen. Ein Stadtrundgang führt durch Děčín (Tetschen/Bodenbach, S. 191), die Industrie- und Hafenstadt zwischen Elbsandsteingebirge, Böhmischem Mittelgebirge und Erzgebirge.

> Gratweg in den Schrammsteinen

5 Dresden zu Fuß 198

Die sächsische Landeshauptstadt an der Elbe erwartet ihre Besucher mit lebendigen Stadtteilen, und mit viel Grün, das zum Ziel von fünf Stadtwanderungen wird, mit weltberühmten Museen, sächsischer und internationaler Küche, geselligen Kneipen, besinnlichen Cafés, mit Musik und Theater.

6 Meißen und die Elbweindörfer 300

Die Wiege Sachsens stand an Weinhängen. Meißen (S. 303), Stadt des Weins und des europäischen Porzellans, ist eine Perle der Architektur. An den Steilhängen entlang der Elbe reifen die Reben. Zu den historischen Weindörfern mit ihren Gütern und Schankstuben führen beschauliche Wege.

269ss dk

1 Vordere Sächsische Schweiz

Mit dem Canalettoblick auf Pirna, die „Stadt der Erker, Giebel und Portale", beginnt die Reise durch das Elbsandsteingebirge. Vom weltberühmten Basteifelsen schweift der Blick über die pittoreske Felsenwelt im Elbtal. Dort locken die Wanderziele: Schwedenlöcher und Amselgrund, Felsenbühne und Teufelskammer, Lilienstein und Königstein.

◁ Morgens auf dem Lilienstein

1

Vordere Sächsische Schweiz

VORDERE SÄCHSISCHE SCHWEIZ

150ss ls

Die kleine Altstadt von **Pirna** birgt ein großartiges Ensemble von Bürgerbauten aus der Zeit der Gotik und Renaissance. In der spätgotischen Marienkirche richten sich alle Blicke zum sandsteinernen Sternenhimmel.

Pirna ist das westliche Tor zum Elbsandsteingebirge. Von **Stadt Wehlen** und **Kurort Rathen** aus führen abwechslungsreiche Wege durch die Gründe und auf die Steine, die Neuankömmlinge sofort für die Felsenwelt einnehmen, aber auch von erfahrenen Wanderern immer wieder gern begangen werden.

Geschichten erzählen die **Felsenburg Neurathen**, die **Burg Hohnstein** und die Schauspieler auf der **Felsenbühne Rathen**. Mit dem Panoramablick vom **Brand** eröffnet sich eine weitere großartige Fernsicht.

Die Vordere Sächsische Schweiz bietet eine Fülle von Wander- und Ausflugszielen auch für **kürzere Aufenthalte** im Elbsandsteingebirge. Ihre wertvollsten Wald- und Felsreviere gehören zum **Nationalpark.** Reizvolle kleine Orte und traditionsreiche Lokale liegen recht nah beieinander und können auch auf Spaziergängen und Halbtageswanderungen kennengelernt werden. Die bequemste Anreise erfolgt mit der S-Bahn S 1 (Meißen – Dresden – Pirna – Schöna), bis Pirna, Stadt Wehlen oder Kurort Rathen.

➡ Das **Felsentor** im Uttewalder Grund | 39
➡ An- und Aussichten im **Basteigebiet** | 45
➡ Der Ausblick vom **Brand** | 62
➡ Rundweg auf dem **Lilienstein** | 68

NICHT VERPASSEN!

Diese Tipps erkennt man an der gelben Hinterlegung.

◰ Blick auf die berühmte Basteibrücke

▷ Pirna trägt den Beinamen „Stadt der Erker, Giebel und Portale"

1

Eingangstor Pirna

Überblick

Das „Tor zur Sächsischen Schweiz" betreten Reisende, die mit der Bahn oder mit dem Schiff kommen, in der kleinen Stadt Pirna (39.750 Einwohner). Sie wirkt auf den ersten Blick nicht eben einladend, gehört sie doch seit hundert Jahren zum industrialisierten Ballungsgebiet im Oberen Elbtal.

Doch Pirna trägt nicht umsonst den Beinamen **„Stadt der Erker, Giebel und Portale"**. Kaum eine andere sächsische Stadt hat einen derart unversehrten mittelalterlichen Stadtkern mit Bauwerken hauptsächlich aus der Zeit der Gotik und Renaissance, aber auch des Barock. Die schachbrettartig von Gassen durchzogene Altstadt um Rathaus und Marienkirche, zwischen Elbe und Burgberg, ist einen ausgiebigen Besuch wert. In den vergangenen Jahren wurde viel Geld in die Sanierung dieser mittelalterlichen Anlage gesteckt und manches Baudenkmal vor dem Einsturz bewahrt.

Von Norden aus dem Lausitzer Bergland kommend, mündet hier die Wesenitz, von Süden aus dem Osterzgebirge die Gottleuba und die Seidewitz in die Elbe. Flussabwärts beginnt in Pirna die sogenannte **Elbtalwanne,** eine dicht besiedelte, von Hängen eingeschlossene Ebene, die sich bis Meißen hinzieht.

Ab Pirna, 20 Kilometer von Dresden entfernt, verkehren mehrere Buslinien ins Gebirge. Die aus Meißen/Dresden kommende S-Bahn Linie 1 fährt mindestens im 30-Minuten-Takt nach Stadt Wehlen (Fahrzeit acht Minuten), Kurort Rathen (13 Minuten) und Bad Schandau (23 Minuten). Bis zur Endstation Schöna ist man 33 Minuten unterwegs.

Vordere Sächsische Schweiz

147ss ls

Geschichte

Schon 4000 v. Chr. war diese Gegend besiedelt, wie archäologische Funde belegen. Vor über 900 Jahren bestand auf dem Gebiet des heutigen Sonnensteins eine slawische Burgwarte. Um 1180 ließen sich fränkische und thüringische Kaufleute auf der Ebene zwischen Burg und Elbe nieder. Die älteste Urkunde über die Marktsiedlung datiert auf den 14. März 1233. Pirna entstand am elbeüberquerenden **Schnittpunkt zweier Handelsstraßen** und war eine der wichtigsten Ansiedlungen im oberelbischen Raum. 1256 erhielt sie **Stapelrecht;** Waren, die Pirna zu Wasser oder Straße passieren sollten, mussten zuvor drei „Sonnenscheine", also drei Tage, auf dem Markt angeboten werden. 1291 wurde Pirna erstmals als Stadt bezeichnet.

Das **Stadtwappen** zeigt zwei rote, doppelschwänzige böhmische Löwen an einem „Bernboom". Der **Stadtname** leitet sich aber nicht vom sächsischen „Birnenbaum" ab, sondern von „hus perne" – Haus auf dem harten Stein.

Handel und Sandsteinabbau machten Pirna schon im 16. Jahrhundert zu einer der reichsten Städte Sachsens. Unweit der Erzgruben von Berggießhübel gelegen, wurde sie in der Renaissance auch ein Zentrum des Eisenkunstgusses. Zu ihrem Gedeihen trug zudem wesentlich eine damals progressive **Gemeindeverfassung** bei: Schon im Jahr 1300 saßen Handwerker im Stadtrat, ab 1520 übten gewählte Gemeindevertreter eine Fi-

017ss ls

nanzkontrolle gegenüber dem Rat aus, später erlangten sie weitere Mitbestimmungsrechte.

Die Blütezeit Pirnas war vorbei, als der **Dreißigjährige Krieg** über die Stadt hinwegzog. Im April 1639 wurde sie von den Schweden unter Marschall *Johann Banér* gestürmt und geplündert, während die Festung Sonnenstein unberührt blieb. Nach der Belagerung wurde das „**Pirnsche Elend**" sprichwörtlich.

Den meisten Pirnaern ging es dreckig; das Handwerk, vor allem Strumpfwirkereien und Töpfereien, kam nur langsam auf die Beine. Die wertvolle Stadt aber blieb erhalten. Nachdem das Bild Pirnas in der Gotik und Renaissance geprägt wurde, sind im Spätbarock nur wenige Häuser, aber die berühmtesten Stadtansichten entstanden. Der Italiener *Bernardo Bellotto* (1721–1780), der sich nach seinem Onkel und Lehrer **Canaletto** nannte, malte für den sächsischen Hof die berühmten Veduten (Stadtansichten) von Dresden und Pirna. Diese Bilder hängen heute in der Dresdner Gemäldegalerie und in der Eremitage von St. Petersburg.

Bis Ende des 18. Jahrhunderts war Pirna von einer mächtigen, zehn Meter hohen Stadtmauer umgeben. Durch die Dampfschifffahrt auf der Elbe (1837) und den Anschluss an die Eisenbahn (1848) siedelte sich **Industrie** an: Zellulosefabrik, Glaswerke, Maschinenbau, ein Kunstseidenwerk und viele weitere

Betriebe. In dieser Zeit entstand das ebenfalls sehenswerte, historische Bahnhofsviertel.

Beim amerikanischen Luftangriff am 19. April 1945 wurden eine Brücke und das Industriegebiet getroffen, aber nicht das historische Zentrum. Während der **DDR-Zeit** war die Kreisstadt Pirna wieder Industriezentrum des Oberen Elbtals. Die Umwelt sah dementsprechend aus, und die Altstadt verfiel zusehends. Inzwischen ist die Altstadt saniert.

In den Jahren 2002 und 2013 wurde Pirna von verheerenden **Elbehochwassern** überschwemmt.

Der **Wirtschaftsstandort** vor den Toren Dresdens wird u.a. geprägt durch die Sächsischen Sandsteinwerke und durch Zulieferer für den Fahrzeugbau.

Sehenswertes

Marktplatz

Canaletto malte 1753 den Blick auf den Pirnaer Marktplatz mit dem Rathaus, der Marienkirche und jenem Renaissancehaus, das durch dieses Bild als das „Canalettohaus" berühmt wurde. Das Canalettohaus mit seinem auffällig spitzen Giebel wurde um 1525 erbaut. Bis heute erhalten geblieben ist dieses **Ensemble des Marktplatzes**, der an seiner Südostecke zum Burgberg ansteigt. Rathaus, Marienkirche und Burgberg fügen sich zum harmonischen Dreiklang, in dem die hochgiebeligen Bürgerhäuser einen warmen Grundton geben.

Das Rathaus gliedert den trapezförmigen Platz in den schmaleren **Untermarkt** und den breiteren **Obermarkt** und führt dessen eigentlich recht große

◁ Das Architekturensemble am Markt

Vordere Sächsische Schweiz

1

© Reise Know-How 2014

■ **Übernachtung**
2 Hotel Pirnascher Hof
4 Romantik-Hotel
   Deutsches Haus

8 Jugendherberge

■ **Essen und Trinken**
1 Fischrestaurant
   zum Dampfschiff
3 Ilse B's Kaffeestube

5 Málaga
6 Billy's Old English Pub
7 escobar

Schiffs-
anlege-
stelle

Leinpfad

Am Zwinger

SCHIFFTOR-

Klosterhof
Stadtmuseum
Steinplatz

Kath. Kirche
St. Heinrich

Engelserker

Lange Straße

Architekturensemble

Am
Plan
Plangasse

Barbiergasse

Relief der
Jona-Geschichte

Lange Str.

VORSTADT

Schösserg.

Marienhaus

Adam-und-
Eva-Haus

Jacobäerstr.

Dohnaische Str.

Schuhgasse

Unter-
markt

Peter-Ulrich-Haus

Rathaus

Hakenhäuser

Stadtkirche
St. Marien

Ober-
markt

Canaletto-
Haus

Kirch-
platz

WC

Schloßstr.

Erlpeterbrunnen

Teufelserker-Haus

Kneipen-
viertel

Schmiedestraße

Niedere Burgstr.

Tetzelhaus

Obere Burgstr.

Dohna-
ischer
Pl.

Dr.-Wilhelm-Külz-Straße

Festung
Sonnenstein

Schloßberg

**Gedenkstätte
Pirna-Sonnenstein**

Tischer-
platz

Nicolaistraße

Breite Straße

Am Hausberg

Krietz-
schwitzer
Straße

Königstein

Brau-Straße

Berg-
straße

Clara-Zetkin-
Straße

Seminarstr.

Schandauer Straße

Schandauer Straße

Fläche auf ein überschaubares Maß zurück. Im detailgenau restaurierten **Canalettohaus** bietet der **Tourist-Service** Reproduktionen aller Pirna-Veduten *Canalettos* zur Besichtigung und zum Kauf an. Sämtliche Originale hängen in der Gemäldegalerie Alte Meister in Dresden, deshalb hat Pirna von dem berühmtesten Bild – „Der Marktplatz zu Pirna" – durch den Dresdner Maler *Christoph Wetzel* eine Meisterkopie anfertigen lassen, die ebenfalls im Canalettohaus zu sehen ist.

Das **Rathaus** ist in seinen wesentlichen Teilen ein Bauwerk der Renaissance, vom spätgotischen Vorgänger sind bei einem Brand nur die Portale auf der Westseite stehengeblieben. Der von einer barocken Haube bekrönte Turm wurde 1718 erneuert. Die zur Stadtkirche gewandte Ostfassade zeigt über dem gotischen Portal das Pirnaer Wappen und schräg darüber das sächsische.

Zwei spätgotische Bürgerhäuser stehen an der nordöstlichen Marktecke einander gegenüber. Markt 3, mit dem fünffach gestaffelten Kielbogenportal und den schönen Fenstergewänden, ist das 1506 bis 1550 erbaute **Peter-Ulrich-Haus.** Es war das Wohnhaus des Baumeisters der Marienkirche. Heute gehört es dem Kabarettisten **Tom Pauls,** der es mit seiner Ilse-Bähnert-Stiftung vor dem Verfall gerettet und hier im Jahr 2011 ein Theater eingerichtet hat, eine Bühne von unübertroffen sächsischem Charme. Man kann diesem Haus, wie der ganzen Pirnaer Altstadt, nur wünschen, dass das nächste Jahrhunderthochwasser nun mal hundert Jahre auf sich warten lässt, wenigstens. Darauf in *Ilse Bähnerts* Kaffeestube „ä Dässl Heeßen, ä Stückl Eierschecke und zum Schluss än Eierligöör".

Von hier aus folgen die Hausnummern um den Platz herum der Uhr, bis zur gegenüberliegenden Ecke, Markt 20, wo das **Marienhaus** steht, heute Restaurant „Marieneck". Die Figur der Maria an der Hausecke ist von 1514 und steht dort seit 1627. Napoleon hat 1813 zweimal in dem Haus genächtigt.

Markt 4–6 sind die **Hakenhäuser,** diese Bezeichnung ist von „hökern" für handeln abgeleitet. Sie wurden im 15. bis 18. Jahrhundert erbaut. Haus 8 trägt als Hausmarke die Jahwe-Sonne und die

Eine Gedenktafel an der Löwenapotheke erinnert an den Apotheker **Theophilus Jacobäer,** den Retter der Stadt während des Dreißigjährigen Krieges. Als die Schweden in der Stadt wüteten, ritt er an den Dresdner Hof, wo er über das schwedische Hauptquartier einen Schutzbrief besorgte. So verhinderte *Jacobäer* die Niederbrennung Pirnas.

Jahreszahl 1689. Markt 9 (Volckamerhaus) wurde um 1500 erbaut und hat ein Barockportal von 1673. Das breit ausladende Haus Markt 10 (1554) ist ein „Durchhaus" zur Schmiedestraße. Beide sind öffentliche Stadthäuser und können auch von innen angesehen werden. Das Renaissancehaus Markt 11 wurde 1900 aufgestockt. Im Kern ein Renaissancebau ist auch das Alte Amtshaus, Markt 12. Es folgen, bis zum Weißen Schwan (1699), weitere Wohn- und Geschäftshauser, die in der Spätgotik und Renaissance erbaut wurden.

Kirchplatz

Während das geschäftige Treiben sich in den Straßen westlich des Marktes fortsetzt, laden im östlichen Viertel um die Marienkirche, an der Oberen und Niederen Burgstraße Kneipen, Restaurants und Bars ein. Pirnas **Kneipenviertel** ist allemal einen langen Abend wert.

Kirchplatz 2 trägt über dem gotischen Sitznischenportal als Hauszeichen ein Relief mit der biblischen Sündenfallszene. Deshalb heißt es **Adam-und-Eva-**

◁ Prächtiges Portal

1

Der Sonnenstein über Pirna

Seit dem 17. Jahrhundert hatte das auf dem Pirnaer Burgberg thronende Schloss Sonnenstein als **militärische Festung** gedient.

Eine königliche Verfügung übereignete den Sonnenstein 1811 der „Commission für die Landes-, Straf- und Versorgungsanstalten" zur Einrichtung einer Anstalt für Geisteskranke. Noch im gleichen Jahr konnte in der umgebauten Festung die **„Königlich-Sächsische Heil- und Verpflegungsanstalt Sonnenstein"** eröffnet werden. Der Sonnenstein war die dritte deutsche Anstalt, die sich durch humane Krankenbehandlung und Frühformen psychotherapeutischer Maßnahmen auszeichnete.

Mit Erlass des Sächsischen Innenministeriums wurde ab Oktober 1939 die bereits teilweise geräumte Heil- und Pflegeanstalt aufgelöst. Anfang 1940 inspizierte den Sonnenstein eine Kommission der nach ihrer Adresse in der Berliner Tiergartenstraße benannten „T4-Zentrale" – die der „Kanzlei des Führers" unterstellte, konspirative Schaltzentrale für den vom Naziregime betriebenen „Euthanasie"-Massenmord an psychisch kranken und geistig behinderten Menschen. Ein Teil des hinteren Anstaltsgeländes wurde ab April 1940 ummauert und in eine Tötungsanstalt mit Gaskammer und Krematorium umgebaut. Pirna-Sonnenstein war eine der sechs Anstalten im Deutschen Reich, in denen Behinderte mit Gas ermordet wurden. 13.720 Menschen starben hier.

Die Gedenkstätte mit Ausstellung, Bibliothek und Seminarräumen wurde im Jahr 2000 eröffnet. In den anderen Räumen der ehemaligen Tötungsanstalt hat die AWO-Pirnaer Werkstatt für Behinderte ihre dringend benötigten, neuen und modernen Arbeitsräume erhalten.

■ **Gedenkstätte Pirna-Sonnenstein,** Schlosspark 11, Tel. (03501) 710960, www.stsg.de, Mo–Fr 9–15 Uhr, jeden ersten Samstag im Monat 11–16 Uhr.

Haus. Ein Relief am Renaissancehaus Am Markt 16 zeigt die in Pirna auch andernorts zitierte **Jona-Geschichte:** wie Jona über Bord geworfen, von einem Wal verschlungen und am Ufer ausgespien wird; Pirna ist eben auch die Stadt der Elbeschiffer. In dem besonders reichen **Renaissancehaus** Niedere Burgstraße 1 wohnte der Baumeister des Pirnaer Rathauses, *Wolf Blechschmidt*. Heute befindet sich darin aber nicht das Renaissance- sondern das „Romantik-Hotel". Auch das im Kern spätgotische Haus Obere Burgstraße 1 steht mit einem Giebel zum Kirchplatz, bekannt ist es durch den reich verzierten, 1622 angebauten **Teufelserker.** Das klassizistische Haus Nr. 8 auf dieser Straße gehörte als Maria-Anna-Heim zur Heil- und Pflegeanstalt Pirna-Sonnenstein (siehe Exkurs „Der Sonnenstein über Pirna"). An der Straßenecke steht das Erlpeterhaus mit seinem schon im 14. Jahrhundert bekannten **Erlpeterbrunnen.** Der Renaissanceumbau dieses gotischen Gebäudes wird ebenfalls *Blechschmidt* zugeschrieben.

Viele Wohnhäuser könnten hier noch beschrieben werden; das wertvollste Pirnaer Bauwerk aber ist die **Stadtkirche St. Marien.** Ihr aus dem Häusergewirr aufstrebendes, spitzwinkliges Dach und der daneben trutzig wirkende Turm beherrschen das Bild der Stadt. Mit 19,50 Metern ist dieses Dach anderthalb Meter höher als die Kirche bis zum Traufgesims. St. Marien ist eine der bedeutendsten Hallenkirchen der Spätgotik in der sächsisch-nordböhmischen Region. Vergleichbare Kirchen stehen in Annaberg (im Erzgebirge) und Most (in Brüx, Westböhmen).

Ein Bergpfad und Stufen führen vom verwinkelten Kirchviertel den Burgberg hinauf zur **Festung Sonnenstein.** Beim Umherstreifen auf den markierten Rundwegen (45–90 Min.) genießt man eindrucksvolle Blicke über die Stadt. Führungen vermitteln die militärhistorische Zeit der Festung, die heute zu einem guten Teil vom Landratsamt Sächsische Schweiz/Osterzgebirge genutzt wird. Im hinteren Teil des Festungsgeländes erinnert eine Gedenkstätte an die von den Nationalsozialisten auf dem Gelände der ehemaligen Heil- und Pflegeanstalt betriebene Tötungsanstalt und ihre 13.720 Opfer (siehe Exkurs „Der Sonnenstein über Pirna").

Schifftorvorstadt

Vom Kirchplatz führt die Niedere Burgstraße (Richtung Elbe) zur Langen Straße. Wenige Schritte elbaufwärts liegt, an den Burgberg geduckt, wie vergessen die Schifftorvorstadt. Hier lebten die Steinmetze, die Fischer und Schiffer, Flößer und Schiffszieher. „Am Plan" ist der winzige **zentrale Platz** dieses Viertels, er wird an drei Seiten von niedrigen Wohnhäusern des 18. und frühen 19. Jahrhunderts eingerahmt. In der Mitte des Platzes steht die lebensgroße Skulptur einer Frau, die mit Rosen in der Hand unbekleidet auf einem Delfin balanciert. Die Dame wird *Georg Wrba* zugeschrieben, einem Dresdner Bildhauer und Akademielehrer, der auch den „Bacchus auf trunkenem Esel" vor dem Dresdner Ratskeller schuf.

Neben der Dame steht einer dieser **Sandstein-Trogbrunnen,** von denen es in Pirna mehrere gibt, allein drei auf dem Marktplatz. Dieser hier ist der älteste, er stammt aus dem Jahr 1697. Die Schifftorvorstadt ist ein reizvoller Winkel, der von den Elbfluten leider zuweilen hart getroffen wird. Ehrwürdige Spuren des Alters trägt auch die aus der Vorstadt herausführende Plangasse. Am Haus Nr. 6 erinnert eine Tafel an das „Pirnsche Elend" unter der schwedischen Besatzung.

Zwischen Markt und Elbe

Auf dem Rückweg entlang der Bahnlinie gelangt man zum **Steinplatz.** Auf dem Stadtplan sieht das von der Langen Straße und dem Weg Am Zwinger begrenzte Viertel aus wie ein Schiff: den Steinplatz vor dem Bug und das Kloster hinter dem Heck.

So unspektakulär die **Lange Straße** zunächst aussieht, bewahrt sie doch Kleinode aus der für Pirna wichtigsten Bauzeit: Am Haus Lange Straße 3 das Sitznischenportal aus dem 16. Jahrhundert, an Nr. 8 die gotischen Fenstergewände. Nr. 10 ist ein spätgotischer Bau,

Vordere Sächsische Schweiz

1

St. Marien – spätgotische Kirchenbaukunst

Sie ist die dritte Kirche an diesem Ort. 1502 begannen die Bauarbeiten unter der Leitung von *Peter Ulrich*. Die ersten Mauern wurden um den noch bestehenden Vorgängerbau hochgezogen, der erst fiel, als man die Innenpfeiler errichtete. Zwei Zimmerer begannen mit ihren Leuten gleichzeitig an der Ost- und Westwand mit dem Bau des Dachstuhles. Ab 1539 wurden die Gewölbe unter das geschlossene Dach gezogen. Ihr Meister war vermutlich der zuvor in Most/Brüx tätige *Jörg von Maulbronn*. Als *Martin Luther* starb, stand die Stadtkirche in ihren Hauptzügen fertig. Noch in der Renaissance wurden die Kanzel und der Hauptaltar eingebaut. Der 60 Meter hohe Turm stammt noch von der viel kleineren Vorgängerkirche, er wurde bereits 1479 vollendet. Bei Restaurierungen im 18. und 19. Jahrhundert erhielt St. Marien weitere Einbauten.

Die äußerlich eher schlichte Kirche wird durch mächtige Strebepfeiler gegliedert. Das **Hauptportal** liegt in der Westwand. Es führt in eine dreischiffige Hallenkirche, in der die schlanken Pfeiler nicht trennen. Deren Aufgabe allein ist, die Blicke in das **Gewölbe**, in den Sternenhimmel zu führen. Selbst das Maßwerk in den spätgotischen Fenstern hält sich unter diesem Himmel dezent zurück. Wie Äste aus einem Baum wachsen die Gewölberippen aus den Pfeilern. So liegt ein filigranes Netz über dem Schiff, wie ein Sternen-Raum. Über dem Mittelschiff liegt ein Netzgewölbe, über den Seitenschiffen Sternengewölbe, und über dem Chor steigert sich das Spiel mit den Baumrippen in bildliche Darstellungen. In der Mittelapsis hinter dem Altar klettern ein „Wilder Mann" und eine „Wilde Frau" an einer Baumrippe, im südlichen Seitenschiff

hängt frei in der Luft die **Hobelspanrippe** – mit Schlangenkopf.

Die spätgotische **Sandsteinkanzel** ist mit Skulpturen geschmückt. Nach der Reformation ließ Pirnas evangelischer Superintendent Lauterbach, der *Luther* persönlich kannte, die Gewölbe und Pfeiler mit Malereien versehen. Ihre Bildsprache soll sich an einer der frühen Lutherbibeln orientieren.

Der Fuß des **Taufsteins** im nordöstlichen Seitenschiff zeigt ein Relief mit 26 Kindern beim Essen, Trinken, Spielen, Schlafen und Beten. Symbole für das Leben von der Geburt bis zum Tod.

Der **Altar** schließlich ist das künstlerische Pendant zum Gewölbe. *David Schwenke* schuf ihn 1611 bis 1614 und verwendete Stücke eines unvollendeten Altars seines 1610 verstorbenen Bruders *Michael Schwenke*. Zehn Meter hoch und fünf Meter breit ist das reichgeschmückte Sandsteinretabel (Altaraufsatz), in den Maßverhältnissen demnach ein Abbild des Zwei-zu-eins-Grundrisses dieser Kirche: Sie ist 50 Meter lang und 25 Meter breit. Skulpturen, allegorische Malereien und Ornamentik tragen die Handschrift der Spätrenaissance und des Manierismus.

▷ Das Portal der Kirche St. Marien

der in der Barockzeit umgebaut wurde, Nr. 15 klassizistisch und Nr. 16 wieder mit gotischen Fenstergewänden. Nr. 17 und 25 haben barocke Fassaden, Nr. 30 ist ein spätgotischer Bau. In Nr. 38a führt ein spätgotisches Sitznischenportal, und über dem Barockportal von Nr. 43 hängt ein Weinfass. Drei Jahrhunderte Architekturgeschichte, und doch eine ausgeglichen wirkende, einladende Straße.

Die westliche Altstadt

Sie geleitet in den westlichen Teil der Pirnaer Altstadt, der viel belebter ist als die bisher durchlaufenen Viertel. Die Dohnaische Straße führt an das **Elbufer** mit Ausflugsdampferanlegestelle.

Stadteinwärts fällt zunächst das Renaissance-Eckhaus Lange Straße/Dohnaische Straße auf, weiter das Eckhaus Dohnaische Straße/Barbiergasse. Es wurde im 16. Jahrhundert erbaut und ist bekannt durch seinen zierlichen **„Engelserker"**. Die Dohnaische Straße führt aber auch in das Viertel des 19. Jahrhunderts, wo prachtvolle **Neorenaissance-bauten** zu sehen sind.

Barbiergasse, Schössergasse und Schuhgasse münden in den Marktplatz; parallel dazu führt die denkmalreiche **Schmiedestraße** am Markt vorbei wieder an den Burgberg. Die Häuser an der zum Markt gelegenen Straßenseite sind zumeist sogenannte Durchhäuser, so haben sich die Leute früher Umwege erspart. Schmiedestraße 19 ist das **Tetzelhaus.** Hier wurde der Prediger **Johannes Tetzel** (1465–1519) geboren, der berüchtigte Ablasshändler und Lieblingsgegner *Luthers*.

1

Über die Barbiergasse gelangt man zurück zur abschließenden Station dieses Rundgangs. Im Kapitelsaal des ehemaligen Dominikanerklosters am westlichen Altstadtrand ist das **Stadtmuseum** eingezogen. Es illustriert neben der Stadtgeschichte auch die für Pirna lange Zeit prägende Kunstseideproduktion.

■ **Stadtmuseum,** Klosterhof 2, Tel. (03501) 556461, www.pirna.de, tgl. 10–17 Uhr. Stadtgeschichte, Sonderausstellungen.

Das **Kloster** wurde um 1300 gegründet. Erhalten blieb neben dem Kapitelsaal nur die schlichte zweischiffige Kirche aus dem späten 14. Jahrhundert. Der Altar ist eine Arbeit des Dresdner Bildhauers *Friedrich Press* (1904–1990).

Vom Klosterhof aus kann man nun noch einmal durch die Altstadt gehen, etwa ins Fischrestaurant „Zum Dampfschiff" um die Ecke an der Elbe. Oder ins **Bahnhofsviertel,** wo es kleine Läden gibt, die zentrale Bushaltestelle und die S-Bahn-Station.

◁ Das Stadtmuseum von Pirna

▽ Detail des ehemaligen Gasthauses Zum Schwan

019ss ls

1

Wanderung im Vorgebirge

Über die Höhenlagen im Vorgebirge führt eine Halbtagswanderung von Pirna-Copitz in den Liebethaler Grund. In Copitz führen Stufen auf die **Schöne Höhe,** dort passiert der **Burglehnpfad** mehrere Aussichtspunkte mit Blick auf Pirna und ins Gebirge. Nach dem kurzen Abstieg in den Mockethaler Grund geht es erneut bergan zum Rundlingsdorf **Mockethal** und über die Thiemann-Straße (am Dorfteich) zur **Alten Poste/ Herrenleite.** Das ist ein steiles Trockental, wo besonders harter Sandstein für Wasser- und Brückenbauten gebrochen wurde. Ein Steinbruch ist wieder in Betrieb. Das nächste Dorf heißt **Doberzeit,** am Weg dahin über den Questenberg steht ein mittelalterliches Steinkreuz. Von Doberzeit läuft man über das freie Feld nach **Daube.** Geradeaus schaut man auf das Schönfelder Hochland und nach links/westlich auf Dresden. Rechts liegt der Kohlberg (237 m). Vom Dauber Dorfteich führt ein Stufenweg zum **Liebethaler Grund,** über die Brücke zur **Lochmühle** und zum **Richard-Wagner-Denkmal.** Hier kann man die Tour zur Schönen Höhe (327 m) bei Dürrröhrsdorf-Dittersbach fortsetzen (Klassizistisches Belvedere mit Fresken, Aussichtsturm, englischer Garten mit Pavillon) oder nach Lohmen oder Liebethal wandern (siehe Exkurs „Mit den Romantikern auf dem Malerweg").

Barockgarten Großsedlitz

Auf dem Hochufer über dem Elbtal bei Pirna, nahe der S-Bahn-Strecke, liegt eine der bedeutendsten Gartenanlagen Deutschlands. (Ein Spaziergang dahin ist nicht zu empfehlen, der Weg ist zwar nicht lang, aber unangenehm.) Der Barockgarten Großsedlitz ist das **sächsische Versailles.** Er ist 12 Hektar groß und gewinnt seinen besonderen Reiz durch die mit Freitreppen verbundenen Terrassen und die meisterhaften Sandsteinskulpturen.

1719–1723 gehörte diese Anlage dem Grafen *Wackerbarth.* Baumeister waren *Matthäus Daniel Pöppelmann* sowie *Johann Christoph Knöffel.* Die Obere Orangerie mit Wasserparterre und Kaskaden gilt als erstes selbstständiges Werk *Knöffels.*

1723 erwarb mit Geheimvertrag *August der Starke* den Garten. Er beauftragte, Versailles vor Augen, *Pöppelmann, Knöffel* und den französischen Gartenarchitekten *Zacharias Longuelune* mit dem Umbau. 1726 war die Untere Orangerie fertiggestellt und das Geld alle. 1754 wurden einige der 360 Skulpturen von preußischen Soldaten nach Sanssouci „umgesetzt", 1813 weitere durch die französische Armee – nicht nach Versailles mitgenommen, sondern zerschossen. Die meisten Skulpturen aber blieben im Originalzustand erhalten. Der Barockgarten diente als Festplatz für das jährliche Fest des polnischen Weiße-Adler-Ordens.

Das **Obere Parterre** wird von Wasserbassins und Fontänen gebildet, zum **Unteren Parterre** führen vier Freitreppen mit Statuen antiker Liebespaare. Darun-

1

022ss ls

ter liegt die **Waldkaskade,** eine Wassertreppe, die zum **Steinernen Meer** führt. An dessen Rand zeichnen Skulpturen vier Erdteile und vier Elemente. Vor der **Unteren Orangerie** steht das schönste Werk dieses Barockgartens, eine Komposition musizierender Putten, die „**Stille Musik**". Einige der Figuren stammen aus den Schulen von *Balthasar Permoser* und *Benjamin Thomae.* Im Sommer werden hier **Parkkonzerte** gegeben.

■ **Barockgarten Großsedlitz,** Parkstraße 85, Tel. (03529) 56390, www.barockgarten-grosssedlitz.de, April bis Aug. tgl. 8–20 Uhr, Sept. bis März tgl. von 8 Uhr bis Dunkelheit, Eintritt: 4/2 €.

⌂ Im Barockgarten in Großsedlitz

Praktische Tipps

Anfahrt

■ **S-Bahn S-1** von Dresden (28 Minuten), Meißen (77 Minuten), Bad Schandau (11 Minuten); vom Bahnhof Pirna 10 Minuten Fußweg (Bahnhofstraße – Gartenstraße) bis zum Markt.
■ **Auto:** B 172, Parkplatz am Elbufer.
■ Zum **Barockgarten Großsedlitz:** S-1 bis Heidenau-Großsedlitz, 15 Minuten Fußweg (markiert). Mit Auto: B 172 bis Heidenau, dann nach Ausschilderung, Parkplatz am Haupteingang.

Information

■ **Tourist Service Pirna,** Am Markt 7 (Canaletto-haus), Tel. (03501) 556447, Ostern bis Okt. Mo–Fr 9–18 Uhr, Sa 9.30–14 Uhr, So 11–14 Uhr, im Winter So geschlossen, www.pirna.de.

Unterkunft

■ **Romantik-Hotel Deutsches Haus**③, Niedere Burgstraße 1, Tel. (03501) 46890, www.romantik hotel-pirna.de. Einer der schönsten Renaissance-bauten der Stadt, großzügige Zimmer in histori-schem Ambiente.

■ **Hotel Pirnascher Hof**②, Markt 4, Tel. (03501) 44380, www.pirnascher-hof.de. Kleines Barockhaus in der Altstadt.

■ **Jugendherberge Pirna-Copitz**①, Zum We-senitzbogen 9, Tel. (03501) 445601, www.jugend herberge-sachsen.de.

Essen und Trinken

■ **Málaga**①, Niedere Burgstraße 6, Tel. (03501) 442341, www.restaurants-pirna.de, tgl. ab 17 Uhr. Spanische Küche, spanischer Wein, spanisches Am-biente, zum Dortbleiben.

■ **Billy's Old English Pub**①, Niedere Burgstraße 4, Tel. (03501) 460389, www.ins-billys.com, April bis Okt. tgl. ab 19 Uhr, Nov. bis März tgl. ab 18 Uhr. Ein Pub, mitten in Pirna.

■ **escobar**①, Obere Burgstraße 1, Tel. (03501) 582773, www.esco-bar.com, Di–Sa ab 17 Uhr, So 10–14 Uhr und ab 17 Uhr. Mediterrane Küche im Teufelserkerhaus.

MEIN TIPP: **Ilse B's Kaffeestube** im Tom-Pauls-Theater①, Markt 3, Tel. (03501) 5850269, tgl. 11–19 Uhr, mit Sommerterrasse. Das sächsische Café, original und originell. Unbedingt Kaffee Melange bestellen!

Weitere Museen

■ **Botanische Sammlung im Landschloss Zu-schendorf,** Am Landschloss 6, www.kamelien schloss.de, Di–Fr 10–18 Uhr, Sa/So 10–17 Uhr.

▽ Am Plan in Pirna

271ss dk

Schloss Weesenstein

Auf einem Felssporn über dem Wiesengrund der Müglitz steht einer der bedeutendsten sächsischen Herrschaftsbauten. Neben dem mittelalterlichen Rundturm entstand die malerische Anlage vor allem in der Zeit der **Renaissance** und des **Barock.** Der ältere Teil des Schlosses liegt oben – gebaut wurde von oben nach unten. Die Schlosskapelle (1741) ist eine Arbeit des Georg-Bähr-Schülers *Johann Georg Schmidt.*

Im 18. Jahrhundert wurde das gesamte Schloss mit illusionistischen Malereien überzogen. Jedes dritte Fenster war nur gemalt.

Eine Besonderheit ist im Untergeschoss der **Ledertapetensaal** mit der „Mechelner Ledertapete" von 1710.

Auf dem Schloss werden Sonntagsführungen angeboten, Hochzeiten gefeiert und Konzerte veranstaltet.

Durch die Flutkatastrophe vom 12. August 2002 wurde die kleine Gemeinde Weesenstein fast völlig zerstört. Auch der Schlosspark wurde mit Schlamm und Schotter bedeckt. Nach dem Wiederaufbau begrüßt der Ort im Müglitztal wieder seine Gäste. Das Schloss auf dem Bergsporn blieb von den Zerstörungen unberührt.

■ **Schlossverwaltung Weesenstein,** Am Schlossberg 1, Müglitztal, Tel. (035027) 6260; tgl. 9–18 Uhr (im Winter 10–17 Uhr).
■ **Anreise** mit der Müglitztalbahn von Heidenau (S-Bahnhof der S-1 zwischen Dresden und Pirna) oder mit dem Auto von der B 172 Dresden-Pirna in Heidenau Richtung Glashütte/Altenberg.

⌃ Schloss Weesenstein

1

Stadt Wehlen

Geschichte

Das „**Wehlstädtel**" (1800 Einwohner) ist Ausgangsort für Halbtagswanderungen in das rechtselbische Basteigebiet, links der Elbe auf den Rauenstein und die Bärensteine. Trotz des ausdrücklichen Hinweises im Stadtnamen kann das „Wehlstädtel" seinen ländlichen Charakter nicht leugnen. Es ist ein beschaulicher Ort inmitten der Natur, mit reizenden Cafés und Restaurants. Die Durchfahrt mit dem Auto ist nicht möglich.

Schon Ende des 14. Jahrhunderts wurden bei Wehlen Steinbrüche betrieben – neben der Bierbrauerei. Ab dem 15. Jahrhundert trieb man Elbzoll von den Schiffen ein. Um 1800 dominierte die Leineweberei. Nach Wehlstädtel kam nie der große Reichtum; der bedeutendste Prunkbau war wohl die Burg, zuerst erwähnt 1269. Sie war zugleich Schloss und Zollstation. Im 16. Jahrhundert verfiel die mittelalterliche Anlage. Das „Wehlstädtel" war die kleinste Stadt im Kurfürstentum; größere Bedeutung be-

www.fotolia.de © Dirk Fleischer

kam der Ort erst wieder mit dem Fremdenverkehr. „Das Städtchen ist klein und unansehnlich, so angenehm sonst die Lage desselben ist", nörgelte *Nicolai,* der dann aber doch am Markte „Nachtherberge und Landwein" nahm und die Gesteinssammlung des Pastors besichtigte.

Sehenswertes

Am **Markt** stehen Fachwerkhäuser und die neoromanische Kirche (1883). Das Wohnhaus Markt 8 hat im Obergeschoss Fachwerk mit Andreaskreuzen. Nahe der Kirche führt eine Gasse, dann eine Treppe zum Burgberg hinauf. Von der einst stattlichen Schlossanlage blieben nur ein Rest der Umfassungsmauer, das Kellergewölbe und die „Trommel" genannte kleine Bastei, eine **Ruine** mit Aussicht über die kleine, zusammengedrängte Stadt. Das **Rathaus** (1747) reicht mit einem Bogen über die Straße. Am Stadtrundgang liegen auch der alpine **Pflanzengarten** und das **Heimatmuseum.** Die 1921 eröffnete Stube informiert über die Burggeschichte, über die sächsischen Bauernunruhen von 1790, Steinbrecherei und Elbeschifffahrt sowie über die Geologie des Sandsteins.

☐ Stadt Wehlen ist ein guter Ausgangsort für Wanderungen – und „unansehnlich", wie Nicolai einst nörgelte, ist es nun wirlich nicht

Die Einstiegsrouten

Die „Entdecker" des Elbsandsteingebirges sind rechts der Elbe von der Ebene bei Lohmen in die Gründe des Gebirges hinabgestiegen. Seitdem sind der Uttewalder Grund mit dem berühmten **Felsentor,** dem Motiv *Caspar David Friedrichs,* der Wehlener Grund, der Teufelsgrund und der Zscherregrund die Einstiegsrouten für „Schweiz"-Wanderer. Schon auf einer zweistündigen Wanderung bekommt man ein Gefühl für dieses Gebirge.

Teufelskammer und Felsentor

Dieses ganze Schluchtensystem haben über Jahrmillionen hinweg die heute sparsam zur Elbe dahinrummelnden Bäche herausgearbeitet. Bis zu 90 Meter hoch stehen die senkrecht ausgewaschenen Sandsteinfelsen.

Eine bequeme Wanderung führt von Stadt Wehlen zunächst durch den **Wehlener Grund.** An der großen Weggabelung, wo die Gedenktafel für den Wehlener Kantor und Käferforscher *Friedrich Märkel* (1790–1860) hängt, zweigt geradeaus ein Rundweg durch den **Teufelsgrund** ab. Dort liegen die **Teufelskammer** und die **Heringshöhle,** niedrige Einsturzhöhlen, die den Wanderer auf die Knie zwingen. Dieser kleine Abstecher lohnt sich, besonders mit Kindern.

Stadt Wehlen und die Einstiegsrouten

0 ___ 400 m

© Reise Know-How 2014

Essen und Trinken

1 Gasthaus Waldidylle
2 Gasthaus am Amselfall
3 Berggaststätte Fels Rauenstein

Lohmen

Forellenflüßchen

262

Waldflüßchen

314

Rathewalde

Uttewalde

Großer Sandberg

Kleiner Sandberg

39 Felsentor

Wettin-platz

Reingrund

Kohl-grund

Uttewalder Grund

Höllen-grund

Großer Thümelshübel
304

39 Heringshöhle

Zscherre-grund

Teufels-grund

Teufelskammer

291

Steinerner Tisch

Wehlener Grund

Tümpel-grund

Gries-grund

ELBE

38

Stadt Wehlen

42 Dorf Wehlen

Fähre

Elbradweg

Oberrathen

Wilkeaussicht

Pötzscha
Robert-Sterl-Museum

Rauenstein

3   304

Nonne

42 Sandsteinbruch

Knöchel
268

Zeichen

ELBE

Großer Bärenstein
327

Nauendorf

Kleiner Bärenstein
338

Weißig

Diebshöhle

Thürmsdorf

Elbradweg

Struppen

Waldbach

46   48 Amselfall
2

48 Schweden-löcher

Felsenbühne Rathen

45 Bastei

Der in Medingen (bei Dresden) geborene **Friedrich Märkel** war eine Kapazität auf dem Gebiet der Käferforschung. Bei ihm informierten sich *Alexander von Humboldt* und andere bedeutende Wissenschaftler. *Märkels* Käfersammlung wurde nach dessen Tod von der Dresdner Naturwissenschaftlichen Gesellschaft übernommen. Heute gehört sie zum Bestand des Sächsischen Naturkundemuseums.

Weiter geht es durch den im Herbst besonders farbenprächtigen **Uttewalder Grund.**

Der kürzeste Weg führt nun bald nach rechts durch den **Zscherregrund** und in den **Höllengrund.** Wenn man weiß, dass „Zscherregrund" aus dem tschechischen *černý* = schwarz abgeleitet ist, sind diese beiden Namen Landschaftsbeschreibung genug. Rechts am Weg ist ein **Strudeltopf** zu sehen: eine topfförmige Vertiefung von 70 Zentimetern Durchmesser, die während der Elstereiszeit von herabstürzendem Schmelzwasser in den Sandstein gebohrt wurde. Die Innenwand des Strudeltopfes zeigt wie bei einem Gewinde feine Schraubenlinien, die vom Geröll geschnitten wurden.

Der etwas längere Weg führt weiter durch den abwechslungsreichen Uttewalder Grund bis zum historischen **Gasthaus „Waldidylle"** und dem von drei herabgestürzten, ineinander verkeilten Blöcken geformten, unzählige Mal gezeichneten, beschriebenen und erwanderten **Felsentor.**

Seit *Hans Christian Andersen* die folgenden Zeilen schrieb, hat sich so viel nicht geändert: „Wir stiegen stufenweise immer tiefer in ein Tal hinab; es war der Uttewalder Grund. In der wunderbarsten Gestalt erhoben sich hier die Felswände an beiden Seiten, herrlich bewachsen mit Kräutern und buntem Moos; Sträucher und Bäume standen in malerischen Gruppen zwischen den Klüften, tief unten stürzte ein kleiner Bach hin, und hier oben über uns sahen wir einen schmalen Streifen, ein kleines Stück von dem graubewölkten Himmel. Bald traten die Felswände so nahe aneinander, daß wir nur noch einer hinter dem anderen gehen konnten; drei ungeheure Felsblöcke waren von oben herabgestürzt und bildeten ein natürliches Gewölbe, unter dem wir durchgehen mußten."

Götzinger notierte: „Was aber diesen engen Weg noch interessanter macht, sind die großen Steinblöcke, welche von oben herein so sonderbar eingestürzt sind, daß die beiden ersten in fast ganz gleichen Entfernungen und in so gleicher Höhe von dem Boden 2½ Ellen herauf festsitzen, als wären sie mit allem Fleiße und mit Hülfe des Richtscheites eingelegt."

Dem Wegweiser „Bruno-Barthel-Weg" folgend, wird eine Hochfläche erreicht, aber nur für einige Schritte, dann geht es tief hinab in den **Kohlgrund.** Das **Naturtheater** wird von kulissenartig aneinandergereihten Felswänden gebildet – hier öffnet sich wieder der **Höllengrund.** Und durch die Hölle geht es geradewegs zum **Steinernen Tisch**, erbaut 1710 für ein kurfürstliches Jagdfrühstück. Bald taucht erstmals der historische Name **Fremdenweg** auf. Dann ist es nicht mehr weit bis zur Bastei!

604ss ls

Nach dem tiefen Grund der Panoramablick. An Wochenenden und in den Ferien darf allerdings niemand erwarten, auf dieser Tour allein zu bleiben. Dafür sind hier die Wege zu kurz und zu bequem. Wer sich den Bastei-Touristenauflauf ersparen möchte, steigt vom Fremdenweg hinter dem ehemaligen **Gasthaus „Steinerner Tisch"** nach links in die Schwedenlöcher.

Das berühmte Felsentor im Uttewalder Grund

Dorf Wehlen

In Dorf Wehlen stehen Umgebindehäuser und Fachwerkgehöfte aus dem 19. Jahrhundert und eine große Kirche aus dem 18. Jahrhundert mit romanischer Apsis. Das Dorf liegt drei Kilometer von Stadt Wehlen entfernt und ist älter als diese. Dahin wandern kann man am besten durch den Teufelsgrund, an der Heringshöhle vorbei und weiter durch den Wald auf der Buschholzstraße. Vom Dorf Wehlen geht ein Feldweg ans Elbufer nach **Zeichen,** einem ehemaligen Fährort. Hier gibt es den Aufstieg zur Wilkeaussicht und den markierten Zugang zum Steinbruchlehrpfad (3 km), den man auch im Rahmen einer Führung (siehe unten) begehen kann. Informationstafeln erinnern an Künstler,

Vordere Sächsische Schweiz

die am Steinbruch ihre Ateliers hatten: so die von den Nationalsozialisten in der Tötungsanstalt Pirna-Sonnenstein als „lebensunwertes Leben" ermordete Malerin *Elfriede Lohse-Wächtler* (1899–1940) und der Maler *Pol Cassel* (1892–1945), ein Klassiker der Moderne.

🔴 **Führung:** Auf den Spuren der Steinbrecher, Kontakt: *Andreas Bartsch,* Tel. (0170) 4040789, www.steinbruchfuehrungen.de. Drei- bis vierstündige Wanderung durch die ehemaligen Wehlen-Zeichener Sandsteinbrüche mit Informationen zu folgenden Themen: historische Technik, Steinbruch für die Frauenkirche, Sandsteinskulpturen von Bildhauersymposien.

▢ Bei Wehlen wurde unter anderem Sandstein für die Frauenkirche in Dresden gebrochen

Praktische Tipps

Information

🔴 **Gästeamt Stadt Wehlen,** Markt 7, Tel. (035024) 70414, www.stadt-wehlen.de, Mo–Fr 9–12 und 13–18 Uhr, Sa 9–12 Uhr.

Unterkunft

🔴 **Strand Hotel**③, Markt 9, Stadt Wehlen, Tel. (035024) 78490, www.strandhotel-wehlen.de, Nichtraucherhotel am Elbestrand, Terrasse und Restaurant mit Blick zur Bastei; angeschlossen ist das Gästehaus Wehlener Hof: DZ 75 €.
🔴 **Pension Zur alten Säge**②, Schustergasse 8, Dorf Wehlen, Tel. (035024) 70622, www.pension-zur-alten-saege.de. Ruhig gelegenes historisches Fachwerkhaus, Restaurant mit umfangreichem Angebot unter 10 €, April bis Okt. tgl. ab 11 Uhr, Nov. bis März Do–Mo 11–14 Uhr, 17–22 Uhr.

026ss ls

● **Pension am Nationalpark**②, Hofewiese 19, Stadt Wehlen, Tel. (035024) 70650, www.pension-am-nationalpark.de. An der Elbe gelegen, die Küche bietet auch Vegetarisches und Fisch.

● **Appartement-Hotels Villa Maria und Haus Sonneneck**①-②, Mennickestraße 29, Stadt Wehlen, Tel. (035024) 71084, www.ferienwohnung-elbsandstein.de. Helle Ferienwohnungen in Gründerzeitbauten mit schönem Ausblick.

● **Gasthof Zur Eiche**①, Schulstraße 2, Dorf Wehlen, Tel. (035024) 70361, www.gasthof-eiche.de. Bikertreff, geführte Bikertour durch die Sächsische Schweiz; Fischspezialitäten.

● **Pension Haus Taubennest**①, Bahnhofstraße 6, Pötzscha, Tel. (035020) 70310, www.pension-haus-taubennest.de. An der S-Bahnstation Stadt Wehlen, Fachwerkhaus mit Doppelzimmern.

MEIN TIPP: **Schützenhaus**①, Hausberg 9–10, Stadt Wehlen, Tel. (0151) 65110515, www.schuetzenhaus-wehlen.de. Ostern bis Ende Okt. Eine einfache Wandererunterkunft, insbesondere für Gruppen, Familien und Wanderer mit schmalem Geldbeutel attraktiv. Eine Sommerwirtschaft mit Biergarten ist angeschlossen, auch Kunstausstellungen finden statt, Do ab 15 Uhr, Fr ab 13 Uhr, Sa/So ab 11 Uhr (witterungsabhängig).

Essen und Trinken

● **Gasthaus Waldidylle**①, Uttewalder Grund, Mo–Do 10–19 Uhr, Fr–So 10–20 Uhr. Traditionsreiches, urgemütliches Ausflugslokal in der Nähe des Felsentores, sächsische Küche.

605ss ls

Das Basteigebiet

Ausstellung

■ **Miniaturausstellung „Kleine Sächsische Schweiz",** Familie *Lorenz,* Schustergasse 8, Dorf Wehlen, Tel. (035024) 70631, Ostern bis Ende Okt. tgl. 9–18 Uhr. Auf 2000 Quadratmetern Freifläche die bekanntesten Felsformen und Ausflugsziele sowie die Elbe, funktionstüchtige historische Verkehrsmittel wie Dampflok, Schiff und Straßenbahn befahren das Mini-Gebirge.

Bus zur Bastei

■ **Pendelbus Basteikraxler,** verkehrt im Sommer zwischen 9.30 und 16 Uhr ab Stadt Wehlen, Markt, über Lohmen zur Bastei; auch Sonderfahrten, Fahrtzeit rund 25 Min., Tel. (035020) 70203.

Wanderungen

■ Pötzscha (S-Bahn-Station Stadt Wehlen) – Bärensteine (ohne Aufstieg) – Thürmsdorf – Weißig – Rauenstein – Pötzscha: 4 Stunden.
■ Thürmsdorf – Festung Königstein: 1 Stunde.
■ Stadt Wehlen – Steinerner Tisch – Bastei: 1½ Stunden.
■ Stadt Wehlen – Teufelsgrund – Dorf Wehlen: 2 Stunden.
■ Stadt Wehlen – Wehlener Grund – Uttewalder Grund – Bruno-Barthel-Weg – Kohlgrund – Zscherregrund – Stadt Wehlen: 3 Stunden.

◁ Gasthof Waldidylle im Uttewalder Grund

August der Starke hatte diesen Aussichtspunkt offenbar nicht entdeckt, sonst stünde dort heute ein barockes Schloss. Der Sturm auf die Bastei begann erst hundert Jahre später. *Nicolai* empfahl seinen Lesern, von Wehlen an der Elbe entlang nach Rathen zu laufen und sich dort einen kundigen Führer zu nehmen. Bevor man den Ausblick genießen konnte, musste man „aus dem dicken Gehölz auf die hervorstehende Spitze" treten. „Die Bastey", seufzte Maler *Zingg*, „ist über die maßen schön, aber erst gült es hinaufzugelangen." Heute muss man an dicken Betonhotels vorbei.

„Ein großes, hübsches Gebäude" lag vor der Gesellschaft des Märchendichters *Andersen,* „es war das Wirtshaus auf der Bastei. Hier ist es hoch, sehr hoch! Du mußt ein paar Kirchtürme aufeinandersetzen und dann nicht schwindlig dabei werden, wenn du auf der obersten Spitze stehst. Ein Gitter ist angebracht, damit du nicht fällst! – Das lange weißgelbe Band dort unten, das vor deinen Augen nicht breiter aussieht als das Trottoir auf der Straße, ist die Elbe; das gelbbraune Pappelblatt, das du schwimmen zu sehen glaubst, ist ein langer Flußkahn; du kannst auch, aber nur wie kleine Punkte, die Menschen darauf erkennen! – Versuche es, einen Stein in die Elbe hinabzuwerfen, du mußt deine ganze Kraft anwenden, er erreicht sie doch nicht, sondern fällt diesseits ins Gras."

Darüber schreiben sie übrigens alle; diese frühen Reisenden muss es doch in den Fingern gejuckt haben; schon „Meinholds Führer durch Dresden zu

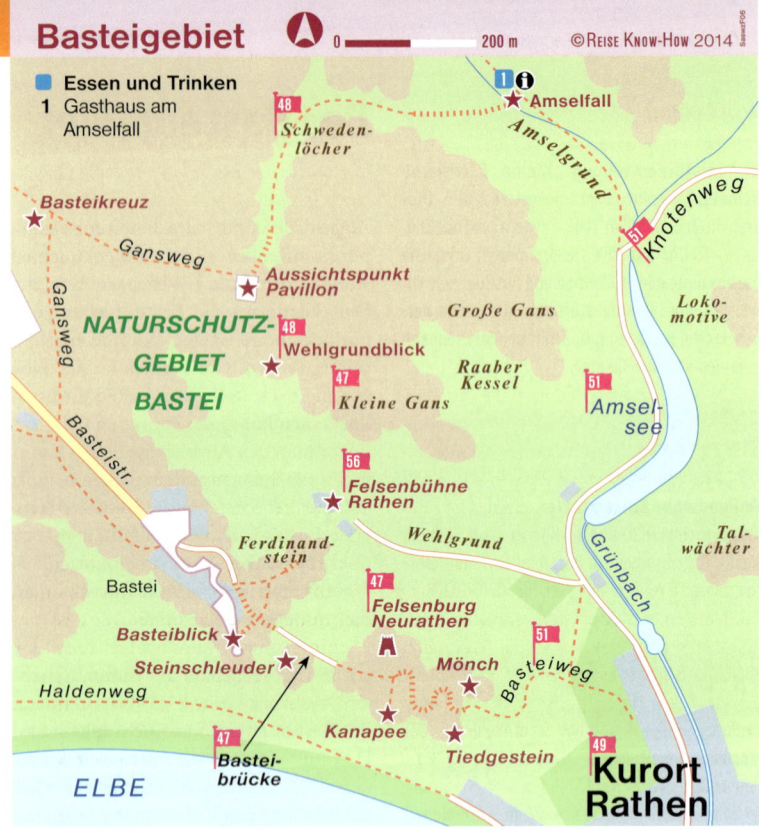

0   200 m   © Reise Know-How 2014

■ **Essen und Trinken**
1 Gasthaus am
  Amselfall

Amselfall

Schweden-
löcher

Amselgrund

Knotenweg

Basteikreuz

Gansweg

Aussichtspunkt
Pavillon

Große Gans

Loko-
motive

NATURSCHUTZ-
GEBIET
BASTEI

Gansweg

Wehlgrundblick

Raaber
Kessel

Kleine Gans

Amsel-
see

Basteistr.

Felsenbühne
Rathen

Ferdinand-
stein

Wehlgrund

Tal-
wächter

Bastei

Grünbach

Basteiblick

Felsenburg
Neurathen

Steinschleuder

Mönch

Basteiweg

Haldenweg

Kanapee

Tiedgestein

Kurort
Rathen

ELBE

Bastei-
brücke

---

seinen Kunstschätzen, Umgebungen und in die Sächsisch-Böhmische Schweiz" (1881) warnte: „Steine in die Tiefe zu werfen ist streng verboten, da unten ein Fußweg vorüberführt."

Pfingsten 1812 bot Fleischer *Pietsch* aus Lohmen auf der Bastei Speisen und Getränke an. Zur Bewirtung der Gäste wurden zwei Rindenhütten errichtet. 1826 baute der Dresdner Architekt *Gottlieb Friedrich Thormeyer* eine Gaststätte. 1844 wurde an der Felsenbastion ein Geländer angebracht. Längst ist das Basteigebiet das **meistbesuchte in der Sächsi-**schen Schweiz. Nur hier kann man mit dem Auto und dem Linienbus bis fast an die Aussichtsplattform fahren und mitten in der schönsten Natur in einem großen Hotel übernachten. Beschaulichkeit darf man hier nicht erwarten, aber das Landschaftserlebnis bleibt großartig.

Nördlich des Parkplatzes steht das **Basteikreuz.** Im Jahre 1593 wurde dieses Steinkreuz bereits in der kursächsischen Landesaufnahme dargestellt.

Wenigstens einmal muss man ihn erlebt haben, den **Basteiblick,** das Panorama vom 190 Meter hohen Plateau des steil zur Elbe abfallenden Felsens. Rings-um Felsen, Wald, Berge, Wiesen, wieder Felsen, Wald und darinnen das Elbband. Der Fluss liegt in Luftlinie nur 230 Meter entfernt. In manchen Stunden jedoch se-hen die Basteibesucher deutlich die Hand vor Augen – und sonst nur Nebel.

Eine das Bastei-Panorama ergänzende Aussicht nach Norden und Osten bietet der **Ferdinandstein.** Zu ihm führt un-mittelbar vor der Basteibrücke ein kur-zer Weg nach links.

Die 76 Meter lange, steinerne **Bastei-brücke** über der Mardertelle steht seit 1851. Als architektonisches Meisterwerk und eines der Wahrzeichen der Sächsi-schen Schweiz verbindet sie weithin sichtbar die Bastei mit der Felsenburg Neurathen. An ihrer Stelle stand im Mit-telalter eine hölzerne Zugbrücke. Der Sage zufolge soll zu Raubritterzeiten die Brücke bei Belagerungen zerschlagen worden sein, so dass Belagerer in die Schlucht stürzten. Daher der Name „Mardertelle". 1826 wurde die erste Holzbrücke für den bereits lebhaften Fremdenverkehr errichtet.

Allein im Basteigebiet gibt es 100 Ki-lometer Wanderwege. An der **Stein-schleuder,** einem Kletterfelsen direkt an der Basteibrücke, erinnert eine Gedenk-tafel an die Pastoren *Nicolai* und *Götzin-ger:* „Sie waren diejenigen, welche zuerst die Blicke der Fremden auf diese Gegen-den leiteten." Errichtet 1834 durch „sämtliche verpflichtete Führer". Früher sorgte auf der Felsenburg tatsächlich ei-ne Steinschleuder, wie sie nun in der Burg Neurathen besichtigt werden kann, für den nötigen Respekt der Belagerer.

Felsenburg Neurathen

Ein gotisches Felsentor führt am Ende der Steinbrücke in die Felsenburg Neu-rathen. Diese 1261 erstmals benannte **Festung** wurde von Archäologen er-forscht und von Bergsteigern saniert. Ein Rundweg über die teilweise rekon-struierte Burganlage zeigt freigelegte Reste von Hausbauten, Stufen, Spuren der Zugbrücke, eine Zisterne und immer wieder prächtige Aussichten in das Bas-teigebiet. Die Felsenkammern waren während der Kriege Zufluchtsort für Ra-thener. Bis heute ist zu lesen: „1706 war ter Swete in Lante es kustete vil Gelt."

Nach der Burgbesichtigung kann man von hier über den Basteiweg schnell den Kurort Rathen erreichen, nicht ohne noch die Aussichtsplattformen am **Ka-napee** und **Tiedgestein** zu besuchen, dem hier der Elbe am nächsten stehen-den Felsen. Mitten in der großartigen Szenerie steht der **Wartturm,** von dem im November 2000 mehr als 800 Tonnen Sandstein ins Tal stürzten.

Oder man läuft auf der Basteistraße zurück bis zum historischen Wegweiser und auf dem Gansweg bis zum Rastplatz mit Schutzhütte. Von dort führt ein kur-zer Weg in Richtung der Kletterfelsen **Kleine Gans** und Höllenhund bis zum

Auch des Lichtbildners **Hermann Krone** wird mit einer Gedenktafel an der Steinschleuder gedacht. *Krone* „malte als erster mit Licht", heißt es dort auf lateinisch. Der **Foto-Pionier** schuf in der Sächsischen Schweiz die ersten deutschen Landschaftsfotos. Am 2. Oktober 1853 gelangen ihm auf der Bastei 13 Aufnahmen.

Vordere Sächsische Schweiz

1

Wehlgrundblick. Weil dort einmal ein Pavillon stand, wird diese Stelle auch Pavillonaussicht genannt.

Vom Kurort Rathen zurück nach Stadt Wehlen führt ein wenig begangener Weg entlang der Elbe, der **Haldenweg** am Fuß der Weißen Brüche. Von dort ist, an der Karl-Stein-Hütte, der steile und enge Aufstieg in den Griesgrund möglich.

Felsenburg Neurathen

Schwedenlöcher und Amselfall

Einen der **romantischsten Wanderwege** der Sächsischen Schweiz bietet der steile Abstieg vom Basteigebiet (Basteistraße, Gansweg) durch die Schwedenlöcher. In dieser Seitenschlucht des Amselgrundes versteckten sich Bauernfamilien während des Dreißigjährigen Krieges. Jede Wegbiegung in dieser vom Eiszeitschmelzwasser geformten Schlucht lädt zum Verweilen und Schauen ein. Erst 1886 wurden die Schwedenlöcher durch das Forstamt Lohmen für Wanderer zugänglich gemacht. So verlockend die geheimnisvollen Seitenwege beiderseits

1

Kurort Rathen

Vordere Sächsische Schweiz

der Felsenkluft auch sein mögen: Die Schwedenlöcher gehören zum Kerngebiet des Nationalparks, das Verlassen des markierten Weges ist verboten!

Im Amselgrund geht es 15 Minuten bergan zum **Amselfall.** Keine Amsel, sondern der Grünbach stürzt hier den Felsbalkon herab, aber nur auf Bestellung: „Für 50 Pfennig braust der Fall mit einem großen Wasserschwall." Heute heißt es „Für 30 Cent ...", das bringt den Vers um seinen Rhythmus, doch das Rauschen bleibt.

1906 schwemmte ein Wolkenbruch die erste Amselfallbaude weg. Danach wurde das heutige Blockhaus gebaut. Die Nationalparkverwaltung hat dort ein **Informationszentrum** eingerichtet, das sich einfallsreich an Wanderer wendet und Kindern spielerisch das Erlebnis Natur nahebringt. Für die Jüngsten gibt es eine Naturspielecke mit Höhle, für die Älteren Infos am Computer und Experimentierplätze. Hier wird auch aktuelles Info-Material verkauft.

Markierte Wege führen bergan nach Rathewalde und zum Hohburkersdorfer Rundblick, zum Hockstein oder bergab nach Kurort Rathen.

Praktische Tipps

Information

■ **Nationalpark-Informationsstelle Amsel-fallbaude im Amselgrund,** Ostern bis Ende Okt. tgl. 10–17 Uhr. Geologie, Flora und Fauna, Ausstellung: Totholz, Angebote für Kinder.

Essen und Trinken

■ **Gasthaus am Amselfall,** Tel. (035975) 81226, Ostern bis Okt. tgl. 10–17 Uhr, romantisch gelegenes, einfaches Gasthaus, Essen um 5 €.

Gerade einmal 400 Einwohner hat der unterhalb der Bastei gelegene Luftkurort Rathen. Eine Fähre pendelt zwischen den Ortsteilen Oberrathen (S-Bahnhof) und Niederrathen. In Rathen hat sich noch einiges vom Flair eines gestandenen Gebirgskurortes aus dem 19. Jahrhundert erhalten. Enge und autofreie Pflastersteinwege führen durch das beschauliche Niederrathen mit seinen Fachwerk- und Landhäusern. Der Kurort liegt direkt am Nationalpark. Beim Übersetzen mit der Elbfähre sieht man die Bastei, den Mönchfelsen und die Burg Altrathen als Panorama über den niedrigen Häusern, in der Ferne kann man die Lokomotive und die Honigsteine ausmachen.

Geschichte

Früher war Rathen ein Dorf der Schiffer, Fischer und Steinbrecher; mit der Entdeckung der Sächsischen Schweiz und der Eröffnung der Elbschifffahrt wandelte es sich zu einem der beliebtesten Ferienorte der gesamten Region.

Im Jahre 1261 wurde erstmalig das auf der Burg Altrathen ansässige Adelsgeschlecht beurkundet. Über dieser wurde im Mittelalter noch Burg Neurathen angelegt. Im Dreißigjährigen Krieg waren von beiden Burgen längst nur noch Ruinen übrig, in denen sich die Menschen vor marodierenden Söldnern versteckten. Seit dem Ende des 18. Jahrhunderts ist der Tourismus die wichtigste Erwerbsquelle.

1

Vordere Sächsische Schweiz

Basteiweg

Der Basteiweg wurde 1825 angelegt. Er verbindet besucherfreundlich den Kurort mit dem Basteigebiet; und er bietet damit die Postkartenblicke in den Rathener Felsenkessel auf Talwächter, Lokomotive, Gans und **Mönch** (275 m) mit seinem Gipfel-Zeichen aus Blech.

Am Beginn des Basteiweges, majestätisch über der Elbe, liegt die romantische **Burg Altrathen,** die neben Bergsteigerunterkünften und Rittersaal mit Kreuzgewölbe auch eine Pension, ein Kleinkunsttheater und ein Restaurant bietet. Von der Burgterrasse kann man auf das Elbtal schauen. Zu erreichen ist die „Hexenburg" nur über einen steilen Fußweg (5 Min.).

Zum Hockstein

Der flache, 600 Meter lange **Amselsee** entstand 1934 durch Stauung des Grünbaches. Vom Amselgrund, gleich hinter dem Gondelteich, zweigen nach rechts **Höllgrund** und **Knotenweg** ab (zunächst „Pionierweg", angelegt 1895 von einer Pioniereinheit der sächsisch-königlichen Armee). Der „Knotenweg" heißt so, weil dort Jäger dem Wild auf dem Weg zur Tränke auflauerten. Damit sie wieder zurückfanden, knüpften sie Knoten an herabhängende Zweige. Rechts liegen die **Honigsteine** mit dem markanten Kletterfelsen **Lokomotive,** links der **Dachsenhälter** in der Kernzone des Nationalparks. Dieser Weg ist die angenehmste Route zum Hockstein (291 m).

Der **Hockstein-Felsen** ragt 114 Meter hoch senkrecht über dem Polenztal auf.

Die **Honigsteine** sollen, so erzählt die Sage, an ihren unzugänglichen Seiten ganz von dickem Honig überzogen sein, weil sich in den Ritzen und Höhlen zahlreiche Bienenvölker aufhalten. Als zwei arme Leute einst darangingen, am Fuße des Felsens nach der süßen Nahrung zu suchen, hetzte der Rathener Ritter seine Jagdhunde auf sie. Auf einmal flogen aus dem zerklüfteten Gestein ganze Bienenschwärme hervor. Sie stürzten sich auf den Ritter, bis dieser aus dem Burgfenster heraus in den Abgrund sprang und ums Leben kam. Wo der Ritter den Tod fand, bleibt seitdem der Schnee nicht mehr liegen.

◁ Blick von der Bastei auf Rathen und die Sächsisch-Böhmische Schweiz

1

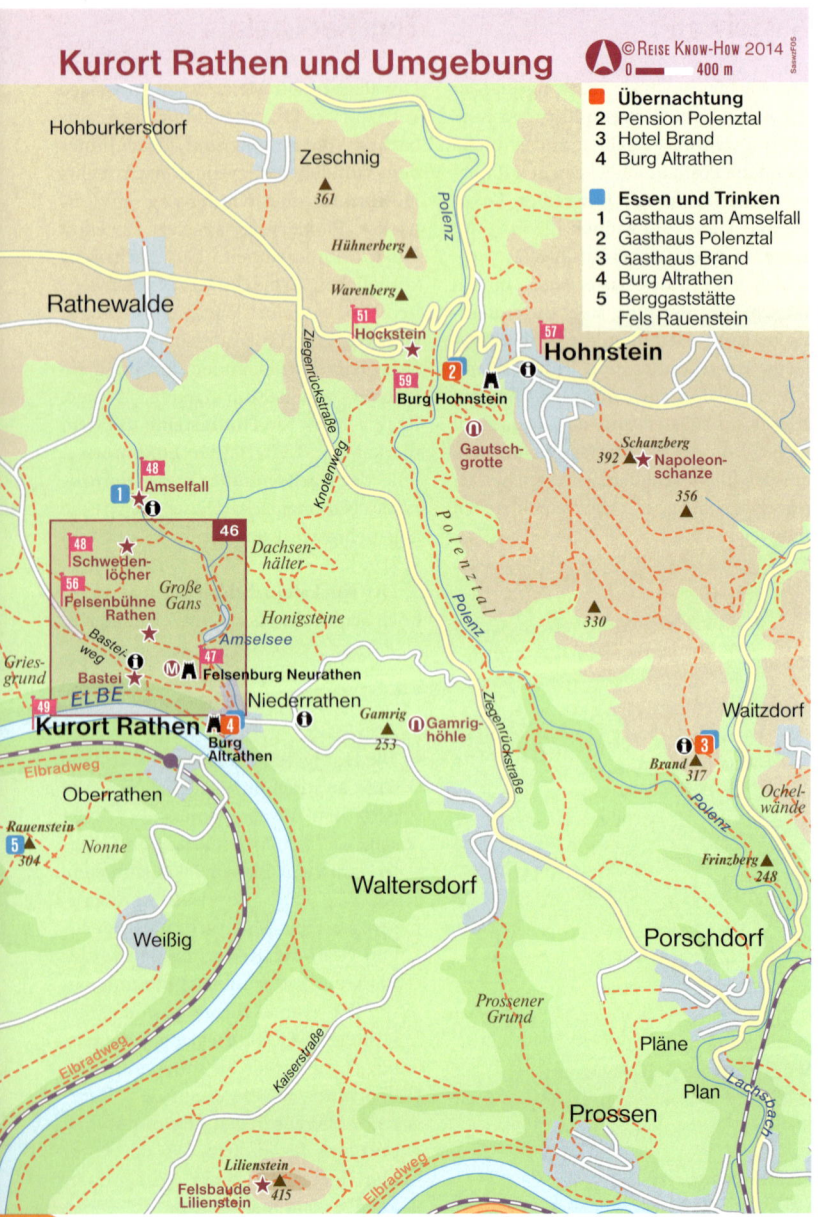

Kurort Rathen und Umgebung

© REISE KNOW-HOW 2014

0 — 400 m

Übernachtung
2 Pension Polenztal
3 Hotel Brand
4 Burg Altrathen

Essen und Trinken
1 Gasthaus am Amselfall
2 Gasthaus Polenztal
3 Gasthaus Brand
4 Burg Altrathen
5 Berggaststätte
  Fels Rauenstein

Hohburkersdorf

Zeschnig
361

Hühnerberg

Warenberg

Rathewalde

51 Hockstein
Hockstein

57
Hohnstein

59
Burg Hohnstein

2

Gautsch-
grotte

Schanzberg
392 Napoleon-
schanze
356

Ziegenrückstraße

48
1 Amselfall

46

Dachsen-
hälter

48
Schweden-
löcher
56
Felsenbühne
Rathen

Große
Gans

Knotenweg

Honigsteine

Polenztal   Polenz

330

Amselsee

Bastei-
weg

Gries-
grund

Bastei

47
M Felsenburg Neurathen

49
Kurort Rathen

ELBE

Niederrathen

Gamrig
253

Gamrig-
höhle

Waitzdorf

Brand
317

3

Ochel-
wände

Burg
Altrathen

4

Ziegenrückstraße

Oberrathen

Elbradweg

Rauenstein
5
304

Nonne

Frinzberg
248

Weißig

Waltersdorf

Porschdorf

Kaiserstraße

Prossener
Grund

Pläne

Plan

Lachsbach

Prossen

Elbradweg

Lilienstein
Felsbaude
Lilienstein
415

Die Wolfsschlucht: romantische Natur als Theaterkulisse

Pfarrer *Nicolai* hatte noch seine Mühe mit dem Aufstieg, denn „… man muß oft mehr kriechen als steigen". 1821 wurde für den bequemeren Zugang von oben eine Brücke gebaut, die **Teufelsbrücke,** an der nun wieder *Hans Christian Andersen* notierte: „Der Teufel hat wirklich Geschmack. Jede Stelle, die seinen Namen trägt oder auf ihn hindeutet, hat etwas Pikantes. Es sind die allerromantischsten Gegenden, die man mit seinen Interessen in Verbindung gesetzt hat … Die Teufelsbrücke ist gleichsam hingeworfen über eine Schlucht zwischen zwei senkrechten Felsen; ein Berg ist hier gespalten von seiner obersten Spitze bis an den grünen Fuß; aber die ganze Öffnung ist nur ungefähr vier bis fünf Ellen breit."

Früher diente der Hockstein als befestigte Wehranlage, zunächst gegen, dann für die Burg Hohnstein. Reste der alten **Veste** sind erhalten geblieben. Dazu gehört vielleicht auch das in den Sandstein gemeißelte Mühlespiel. Manche meinen, damit hätten sich gelangweilte Wachmannschaften die Zeit vertrieben.

Die Akustik hier oben ist fantastisch: Man hört das Hämmern und Sägen im gegenüberliegenden Hohnstein, leider auch den Verkehrslärm der Wartenbergstraße. Die „geschäftige Zunge der Sage" *(Götzinger)* berichtet von einer ledernen Brücke, die den Hockstein mit dem Hohnstein verbunden haben soll.

Das Romantischste am Hockstein ist der Abstieg durch die **Wolfsschlucht.** Wölfe passen zweifellos hindurch, etwas beleibtere Wanderer dürften an einigen Stellen Schwierigkeiten bekommen. Den Zugang zu diesem schon im Mittelalter benutzten Felsengang markiert ein gotischer Spitzbogen.

Andersen hat den Weg beschrieben, als ob er Stunden dauere, heute sind es gerade mal fünf Minuten. Aber was für welche! „Durch den Dichter Kind hat diese Stelle ein eigenes Interesse bekommen, indem er die Beschwörungsszene im ‚Freischütz' hierher verlegt hat. Diese tiefe Spalte ist die vom Theater her bekannte ‚Wolfsschlucht', sieht aber nichts in der Welt weniger ähnlich als der Dekoration, durch die man sie gewöhnlich darstellt; es würde übrigens auch sehr schwierig sein, das Ganze darzustellen, wie es sich in der Wirklichkeit zeigt." Deshalb gibt es ja nun die Felsenbühne Rathen, die kommt ohne Deko aus. „Hilf, Samiel!" riefen *Andersen* und seine Wandergefährten, „als wir noch kaum die Hälfte hinabgestiegen waren; denn hier schien es bedenklich zu sein. Jedesmal, wenn wir um ein Felsstück herum kamen, von dem wir glaubten, daß es den Ausgang verberge, lag noch immer ein tiefer Abgrund unter uns." *Kind* ließ seinen Jägerburschen Max in der Wolfsschlucht mit belegter Stimme rufen: „Ha! – Furchtbar gähnt / der düstre Abgrund! Welch ein Graun, / das Auge wähnt / in einen Höllenpfuhl zu schaun!"

1

Endlich, am Ausgang der Schlucht, lädt die Pension Polenztal ein. Durch den von steilen Felsen eingefassten, feuchtkühlen **Schindergraben** (hier wohnte der Abdecker, der Schinder) geht es, an den Rudimenten des Bärengartens (siehe hierzu Kapitel Hohnstein) vorbei, nach Hohnstein. Dieses Wegstück gehört schon zum Hohnsteiner Lehrpfad.

Praktische Tipps

Information

■ **Haus des Gastes,** Füllhölzelweg 1, 01824 Kurort Rathen, Tel. (035024) 70422, www.kurort-rathen.de, Ostern bis Okt. Mo–Fr 9–12 und 13–18 Uhr, Nov. bis Ostern Mo, Mi, Do 10–12 und 13–15 Uhr, Di 10–12 und 13–18 Uhr, Fr 10–14 Uhr.

Unterkunft, Essen und Trinken

■ **Hotel Amselgrundschlösschen**③, Mühlenweg 1, Kurort Rathen, Tel. (035024) 74333, www.amselgrundschloesschen.de, tgl. 11–22 Uhr. Wellness-Hotel, Restaurant mit sächsischer Küche.
■ **Berghotel und Panoramarestaurant Bastei** ③, Lohmen/Bastei, Tel. (035024) 7790, www.bastei-berghotel.de, tgl. 10–23 Uhr, im Winter 10–18 Uhr. Zum Essen die schönste Aussicht.
■ **Rosengarten**②, Kottesteig 1, Kurort Rathen, Tel. (035024) 70232, www.rosengarten-rathen.de, tgl. 11–23 Uhr. Drei Häuser an der Elbe, Terrassenblick auf die Bastei.
■ **Hocksteinschänke**②, Am Hockstein, Rathewalde, Tel. (035975) 81342, www.hocksteinschaenke.de, Mi–Mo ab 8 Uhr, im Winter Mi–So ab 9 Uhr. Ländlich eingerichtete Rastschänke.
■ **Burg Altrathen**①-②, Am Grünbach 10, Kurort Rathen, Tel. (035024) 7600, www.burg-altrathen.de,

Hotel/Pension, Bergsteigerquartier, Restaurant und Theater.
■ **Pension „Panorama"**①, Zur kleinen Bastei, Kurort Rathen, Tel. (035024) 70669, www.pensionpanorama.eu. Am Fuß der Kleinen Bastei.

Museum

■ **Freilichtmuseum Felsenburg Neurathen,** an der Bastei, tgl. 9–18 Uhr, 1,50/0,50 €.

Wanderungen

■ Abstieg von der Bastei (200 m vor dem Bastei-Hotel, historischer Sandstein-Wegweiser am Abzweig von der Basteistraße) in die Schwedenlöcher (30 Min.), weiter zum Amselsee (15 Min.) oder nach Rathen (30 Min.).
■ Kurort Rathen – Amselsee – Schwedenlöcher – Gansweg – Rathewalder Fußweg – Rathewalde – Amselgrund – Kurort Rathen: 3 Stunden.
■ Bastei – Schwedenlöcher – Kurort Rathen – Bastei: 2½ Stunden.
■ Kurort Rathen – Kottesteig – Lottersteig – Lilienstein, Aufstieg und Abstieg – Königstein: 3 Stunden.

⊡ Es finden sich immer wenigstens zwei Leute in der S-Bahn, die darüber spekulieren, ob die aufrecht-unbewegliche Gestalt auf dem Mönchstein wohl ein besonders kühner Bergsteiger sei. Die Wetterfahne wurde 1887 aufgestellt und erinnert an den Wachtposten der Burg Neurathen, der im gut sichtbaren „Mönchloch" einen luftigeinsamen Unterschlupf hatte. Der Mönchstein wurde auch nach der mittelalterlichen Burg-Zeit mehrfach bestiegen, mit Leitern. 1874 gelang die erste sportlich einwandfreie Besteigung.

Felsenbühne Rathen

Von *Ludwig Richter* gibt es das Bild eines einsamen, wildromantischen Wehlgrundes. 1936 wurde in diesem Talkessel zwischen Kleiner Gans und Großem Wehlturm mit der Aufführung des „Basteispieles" von *Kurt Arnold Findeisen* die Felsenbühne Rathen eröffnet.

Seitdem hat der Kurort **„Europas schönstes Naturtheater"**, mit 2000 Plätzen und einmaliger Felsenkulisse. 1938 wurde nach dem Libretto von *Friedrich Kind* „Der Schatz im Silbersee" aufgeführt, das Stück steht bis heute auf dem Spielplan. Selbstverständlich gehört auch „Der Freischütz" von *Carl Maria von Weber* zum ständigen Repertoire. Diese 1821 in Berlin uraufgeführte deutsche Nationaloper mit Jägerchor und pyrotechnischer Wolfsschluchtszene ist „Hausoper" der Felsenbühne, kein anderer Ort wäre besser geeignet.

Ein familiäres Theater: Die Schauspieler sind dicht an den Besuchern; diese sitzen auf mitgebrachten Kissen, manchmal werden auch noch Schnittenpakete ausgewickelt und öfters einige Flaschen Wein neben den Rucksäcken entkorkt.

Seit 1953 ist die Felsenbühne Spielstätte der Landesbühnen Sachsen, mit heute rund 300 Beschäftigten. Saison ist von Mai bis September. Das Wetter spielt immer eine wichtige Rolle. Notfalls tragen auch die Schauspieler Pullover.

Auf den Besuch der Felsenbühne Rathen kann man sich am besten bei einer Wanderung einstimmen: von Stadt Wehlen durch den Zscherregrund und den Höllengrund, durch die Schwedenlöcher und den Amselgrund. Oder von Hohnstein zum Hockstein, dort die Original-Wolfsschlucht hinauf und über die Teufelsbrücke, auf dem Knotenweg und durch den Höllgrund zum Amselgrund. Vom Amselsee sind es nur noch Schritte zur vorhanglosen Bühne.

Wer nach der Vorstellung auf die Elbfähre angewiesen ist, sollte sich beeilen oder eine längere Wartezeit (30 Minuten) einplanen!

■ **Felsenbühne Rathen,** Theaterkasse, Kurort Rathen, Tel. (035024) 7770, www.felsenbuehne-rathen.de, **Landesbühnen Sachsen,** Meißner Straße 152, Radebeul, Tel. (0351) 8954214.

Vorstellungen beginnen meist 10.30, 15 und 20 Uhr. Eintrittspreise 9–23 €, ermäßigt 7–20 €. Zusätzliche Ermäßigungen für Familien, für Gruppen ab 21 und ab 51 Personen. Premierenzuschlag 3 €.

Hohnstein, Brand und Polenztal

Auf einem steilen Felsen, 140 Meter über dem Tal der Polenz, thront **Burg Hohnstein**, die einzige erhaltene Burg rechts der Elbe. Die **Stadt Hohnstein** (3670 Einwohner) ist Ausgangsort für Wanderungen in das Bastei- und Brandgebiet.

Vermutlich hat Burg Hohnstein schon im 13. Jahrhundert an der hier vorbeiführenden „Böhmischen Glasstraße" gestanden. Als es auf der Burg zu eng wurde, siedelten sich die Bediensteten außerhalb der schützenden Mauern an. So entstand die 1445 erstmals erwähnte Stadt Hohnstein: Häuser wurden überall dahin gebaut, wo die Felsen ein Stückchen Platz freigaben.

Weitläufig dörflich dagegen ist der auf dem Hochland gelegene Hohnsteiner Ortsteil **Rathewalde**. Man erreicht bequem den Amselgrund und das Basteigebiet und genießt den **Hohburkersdorfer Rundblick** über das gesamte Elbsandsteingebirge.

Stadt Hohnstein

Um den kleinen **Marktplatz** herum liegt das Städtchen weitgestreut zwischen den Bergen, überragt von der trutzigen Festung. Ältestes Gebäude ist das **Rathaus** (1688). Der Fachwerkbau liegt etwas abseits, unterhalb des Marktes; früher wurde dort Bier gebraut und 1835 Deutschlands erste Korkfabrik eingerichtet. Darauf ein Glas, im Gewölbe des Ratskellers. Das prächtigste Fachwerkhaus am

Marktplatz ist die im Jahre 1721 erbaute **Apotheke.**

Nach einem Stadtbrand erbaute der Dresdner Ratszimmermeister *George Bähr* 1725 die neue **Kirche.** Sie gilt als eines der Vorbilder für die Dresdner Frauenkirche.

Das **Puppenspielhaus** (Max-Jacob-Straße) war Wirkungsstätte des „Hohnsteiner Kasper" *Max Jacob* (1888–1967). Mit Hakennase, Zipfelmütze und seinem breiten Grinsen ist der **Hohnsteiner Kasper** die Kasperfigur schlechthin. Mit Gretel und Seppel bestreitet er noch heute seine kleinen Abenteuer. In der Hohnsteiner Handspielpuppenwerkstatt von *Wolfgang Berger* werden die Puppen angefertigt und auch an Besucher verkauft.

Markt 4 ist das Geburtshaus *Christian Gottlob Schroeters,* der gar kein Glück hatte, als er das **Hammerklavier** (Fortepiano) erfand. Der Organist wollte für seine Erfindung, die Saiten des Klaviers nicht wie bisher üblich durch Rabenfedern, sondern durch Hämmerchen anzuschlagen, *August den Starken* interessieren, doch der Kurfürst versagte als Lobbyist. Er ließ sich das Modell-Klavier vorführen, wird wohl auch bemerkt haben, dass es eine ungewohnte Klangfülle bringt, weil sich die Saiten nun stark und schwach anschlagen ließen. Etwas muss den Despoten aber abgelenkt haben, jedenfalls brachten italienische und französische Instrumentenbauer zuerst das Hammerklavier auf den Markt. *Schroeter* zog 1734 nach Nordhausen am Harz, wo er als Organist und Komponist wirkte.

In Hohnstein wurde auch *Christoph Schaffrath* (1709–1763) geboren, ein begehrter Musiklehrer und Komponist; Mitglied der Privatkapelle *Friedrichs II. von Preußen.*

Vordere Sächsische Schweiz

1

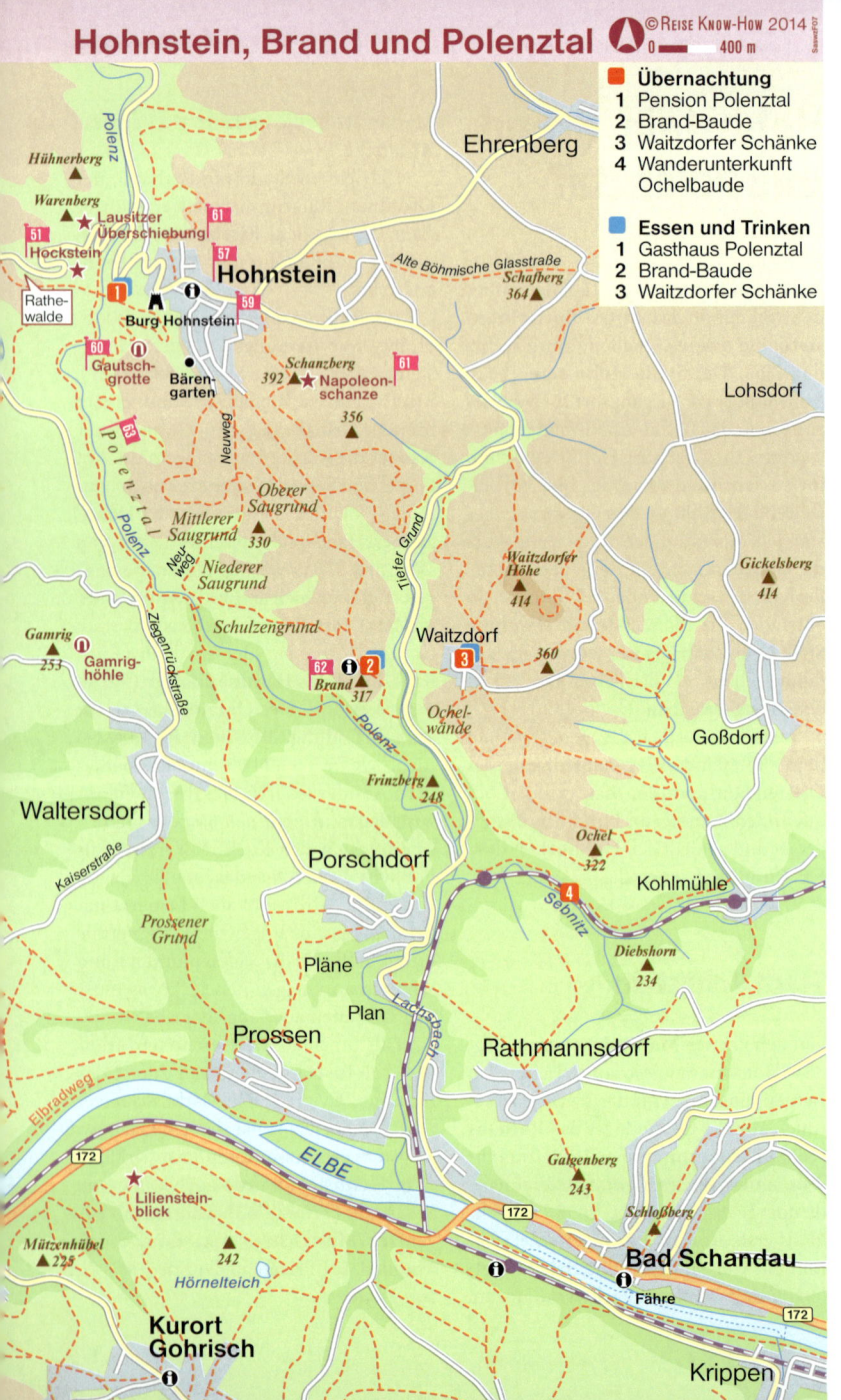

Burg Hohnstein

Die Burg diente ab dem 16. Jahrhundert als Jagdschloss, Amtssitz, aber auch schon als **Staatsgefängnis**, zwischen 1859 und 1917 als „Korrektionsanstalt für arbeitsscheue Männer".

1925 übernahm der Zweigausschuss Sachsen des Reichsverbandes für deutsche Jugendherbergen die verwahrlosten Gebäude, und am 24. April 1926 wurde die mit 1000 Übernachtungsplätzen größte deutsche **Jugendherberge** eröffnet. Sie war von Anfang an zugleich Schulungszentrum der Arbeiter- und linken Jugendbewegung.

Anfang März 1933 richtete die SA auf der Burg das **„Schutzhaftlager Hohnstein"** ein, eines der ersten Konzentrationslager. *Konrad Hahnewald*, Sozialdemokrat und Leiter der Jugendburg, wurde der erste „Schutzhäftling". Er hatte sich geweigert, die Hakenkreuzfahne zu hissen. Bis August 1934 wurden 5600 Häftlinge durch das Lager gebracht und mindestens 140 zu Tode gefoltert. Im Steinbruch an der Heeselichtmühle, an der Wartenbergstraße und beim Bau des Hohnsteiner Sportplatzes mussten Häftlinge Zwangsarbeit verrichten.

Die Folter-Exzesse auf Hohnstein und in anderen KZs veranlassten sogar den damaligen Justizminister *Franz Gürtner* zum Handeln: Im „Hohnstein-Prozess" wurden mehrere SA-Führer und KZ-Wächter verurteilt – von *Hitler* jedoch ausnahmslos begnadigt.

1935 übernahm die Hitlerjugend Hohnstein als **„Wehrertüchtigungslager"**. Mit Kriegsbeginn wurden auf der Burg polnische und französische Offiziere interniert, ab 1941 sowjetische und jugoslawische Kriegsgefangene. Nach

Die Hohnsteiner Puppenspieler

Max Jacob, der legendäre Handpuppenspieler, gründete seine Bühne 1921 in Hartenstein/Erzgebirge. Die „Kasperfamilie" siedelte sieben Jahre später nach Hohnstein um. Dort spielte sie, wenn sie nicht gerade auf In- und Auslandstournee war, vor den Besuchern der Jugendburg. 35 Aufführungen im Jahr – das war die Miete für die den Puppenspielern überlassenen Burgräume. Nachdem die SA die Burg annektierte, musste *Jacob* ausziehen. Mit Unterstützung der Stadt richtete sich die „Kasperfamilie" im heutigen Puppenspielerhaus ein.

Von 1957 bis zu seinem Tod 1967 war *Max Jacob* Präsident der Weltorganisation der Puppenspieler UNIMA. Sein damaliger Sekretär, *Jan Malik* aus Prag, schrieb zu *Jacobs* 70. Geburtstag, der Hohnsteiner sei „bei aller scheinbaren Nüchternheit seiner Aussage, bei all seiner dezenten Ironie, bei aller Durchsichtigkeit des Spiels und seiner Inszenierungen ein großer Dichter der Bühne. Sein ureigenster Bereich ist allerdings nicht das pomphaft schwungvolle Pathos eines romantischen Sentiments oder einer tragischen Leidenschaftlichkeit, sondern die Lach-, Sing- und Tanzlust und frohe Lebhaftigkeit des Volksliedes und Volksreimes. Und gerade deshalb gehört Max Jacob zu den seltenen Künstlern, denen das Glück beschieden ist, gleichermaßen Kinder und Erwachsene, Schuhputzer und Universitätsprofessoren beschenken zu können." (zit. n. „Beiträge zur Heimatgeschichte", Heft 5, Sebnitz 1988). *Jacob* selbst hat über sein Leben in dem Buch „Mein Kasper und ich" geschrieben (Greifenverlag Rudolstadt, 1964).

1

dem Krieg lebten dort für kurze Zeit Vertriebene aus dem Sudetenland.

Seit 1949 ist Burg Hohnstein wieder **Ferienstätte**. Für die Opfer der NS-Diktatur wurde eine Gedenkstätte eingerichtet. In der Burg kann ein geschichtliches und ein naturkundliches Museum besichtigt werden. Sie ist auch ein beliebter Bikertreff.

Bärengarten

Unterhalb Hohnsteins, am Ausgang des Schindergrabens, liegt der 1609 auf Weisung des sächsischen Hofes angelegte Bärengarten. Schon 1522 war von einem „Tyrgartten" am Schloss Hohnstein die Rede. Bis 1756 wurden dort Bären gehalten – „Vorrat" zum Vergnügen des Dresdner Hofstaates, der auf dem Altmarkt und im Schlosshof Bärenhatz veranstaltete. Nachdem mehrmals Bären ausgebrochen waren, musste der Hohnsteiner Förster die letzten Tiere abschießen. Reste der oberen und unteren Sperrmauer des Bärengartens sind noch recht gut erhalten.

Gautschgrotte

Wer einmal hier weilt, sollte noch bis zur Gautschgrotte gehen, einem höhlenartigen Talschluss, 120 Meter über der Polenz. Benannt ist sie nach dem um die Erforschung der Sächsischen Schweiz verdienten Rechtsanwalt *Karl Gautsch*. Die Grotte ist berühmt für ihre **winterlichen Säulenbildungen**: Das aus dem 40

201ss dk

Meter breiten Überhang herabtropfende Wasser soll schon zu Eissäulen von bis zu 4 Metern Durchmesser und 18 Metern Höhe gewachsen sein.

Lausitzer Überschiebung

Ein geologisches Naturdenkmal ist an der Wartenbergstraße zu sehen, unweit des Polenztales (nach der zweiten Kehre rechts): Der Aufschluss der Lausitzer Überschiebung, also der **Gesteinsgrenze zwischen Elbsandstein und Lausitzer Granit.** Die auch als „Lausitzer Störung" benannte Überschiebungslinie verläuft hier über die Straße, weiter durch das Polenztal und quer durch Hohnstein. Deshalb bilden in dieser Gegend zwei Landschaftstypen, die ältere, hügelige Granitlandschaft der Oberlausitz und die von cañonartigen Schluchten durchzogene, schroffe Sandsteinwelt, eine „Symbiose" von seltener Schönheit. An der Wartenbergstraße nun, die übrigens unter *Napoleon* als Heeresstraße gebaut wurde, hat 1838 der Dresdner Geologe *Bernhard von Cotta* dieses Naturphänomen erklärt. Deutlich ist zu erkennen, wie eine von links oben nach rechts unten verlaufende Linie zertrümmerten Mischgesteins den darunter liegenden, hellgrauen Sandstein von dem darübergeschobenen, dunkelbraunen Granit trennt.

◁ Blick auf Burg und Stadt Hohnstein

Napoleonschanze

Nur einen Spaziergang von Hohnstein entfernt liegt die Napoleonschanze (392 m), von der aus nahezu alle aus den Ebenheiten aufragenden Tafelberge zu sehen sind. Diesen bis zu vier Meter hohen Erdwall mussten im Sommer 1813, wenige Wochen vor der Völkerschlacht bei Leipzig, die Hohnsteiner und Lohmener Bauernfamilien für die napoleonische Artillerie schanzen. Heute bietet sie einen ortsnahen Aussichtspunkt.

Wege zum Brand

Von der Napoleonschanze läuft man etwa dreißig Minuten auf der stillen, schattigen Brandstraße zum **„Balkon der Sächsischen Schweiz",** dem Brand (317 m).

Das ist die Spaziergang-Variante; wer lieber etwas wandern möchte, wählt an den letzten Häusern von Hohnstein nach rechts den rot markierten **Neuweg.** Dieser Weg wurde im 16. Jahrhundert angelegt als kürzeste Verbindung zwischen Königstein und Hohnstein, er führt steil hinab in die Schlucht. Nacheinander passiert man die Mündungen des Oberen, Mittleren und Niederen Saugrundes. Im Mittleren Saugrund liegt ein beliebtes Klettergebiet mit dem Saugrundwächter und dem Verlassenen Turm. Der rote Wanderweg aber führt weiter hinab in die kühle, moosdunkle Schlucht bis zum Polenztalwächter. Dieser Kletterfelsen bewacht das Tal des Flüsschens, während der Wanderweg, ohne die Polenz zu überqueren, in den wildromantischen **Schulzengrund** führt. Zwischen imposanten

Vordere Sächsische Schweiz

1

Felswänden führt der Weg nun wieder 175 Meter aufwärts bis zur Brandstraße.

Eine weitere Variante, von Hohnstein aus den Brand zu erreichen, ist auch nicht zu verachten: vom Bärengarten am Kletterfelsen Großer Halben (mit Aussichtspunkt Henschelhorn) vorbei zur Gautschgrotte, dann um den Felsen Kleiner Halben herum und auf einem bequemen Terrassenweg bis zur Lichtung am ehemaligen **Steinbruch.** Bald darauf erreicht man die im Wald gelegene **Räumigtwiese.** Auf dem Räumigtweg wird in wenigen Minuten der Neuweg erreicht.

Der Brand ist schließlich auch von Kurort Rathen aus in einer Halbtagswanderung erreichbar: in Niederrathen nach rechts auf den Koppelsgrund abbiegen, durch den Füllhölzelweg bis zur Polenz, und von dort in den Schulzengrund. Rechts an diesem Weg liegt der **Gamrig** (256 m), ein stark zerklüfteter Felsen mit Höhle und Aussicht.

Brand

Während die Aussicht von der Bastei eher die schroffen Formen des Gebirges vorführt, zeigt der **Panoramablick** vom Brand-Plateau sein liebliches Antlitz. Schon *Götzinger* wusste das zu loben: „Hier wird sich das Auge, das zeither größtentheils unter rauhen schauerlichen Gegenständen schüchtern umherschaute, durch eine schöne mahlerische Zusammensetzung ferner Gegenstände stärken." Allein eine Felsnadel ragt aus dem sattgrünen Polenzgrund auf, die Brandscheibe. Sonst schweift der Blick nur über grüne, graue, blassblaue Wogen mit winzigen Ortschaften.

Eine historische Darstellung der „**Rundsicht vom Brand**" zählt sie von Osten über Süden nach Westen auf: Großer Winterberg, Schrammsteine, Rosenberg, Kaiserkrone, Hutberg, Zirkelstein, Wolfsberg, Kleiner Zschirnstein, Kuppelberge, Großer Zschirnstein, Schandauer Elbbrücke, Kleinhennersdorfer Stein, Schneeberg, Papststein, Gohrisch, Pfaffenstein, Spitzberg, Quirl, Lilienstein, Königstein, Tellkoppe, Cottaer Spitzberg, Luchberg, Kahlberg, Weissig, Kleiner Bärenstein, Rauensteine, Stadt Wehlen, Bastei.

Vom Brand nach Bad Schandau

Die „Brandstufen" sind laut Ferdinand Thal ein „steiler, aber selbst für Damen bequemer Pfad"; sie führen in den verkehrsreichen Tiefen Grund mit den **Waitzdorfer Wänden.** Über Waitzdorf, einem winzigen Waldhufendorf mit denkmalgeschützter Volksarchitektur, führt der Mühlenweg nach **Goßdorf-Kohlmühle,** Haltepunkt der **Sebnitztalbahn Bad Schandau – Sebnitz – Pirna.**

Die Wanderung kann vom Tiefen Grund aus auch bis Bad Schandau fortgesetzt werden: Dazu läuft man einige Minuten an der Straße bergab bis zum Haltepunkt **Porschdorf** und über die Brücke nach Porschdorf hinein. Dort vereinen sich die beiden Bäche Polenz und Sebnitz zum Lachsbach. Am Mühl-

> Ausblick vom Gamrig auf das Rathener Felsgebiet

1

horn vorbei, einem für die Eisenbahn untertunnelten Felssporn, führt der Wanderweg nach links zum Pferdesteig. Steil aufwärts geht es in den Wald und zur aussichtsreichen **Rathmannsdorfer Höhe,** dem fünfhundert Jahre alten Ortskern von Rathmannsdorf mit Bauernhöfen, Gärten, Feldern und am Feuerlöschteich einer 250-jährigen Eibe. An ihren Rändern ist die Rathmannsdorfer Hochfläche durch Erosionsrinnen in sogenannte Hörner und Gräben zerrissen. Über den Rathmannsdorfer Weg geht es nun einen solchen Graben steil abwärts, am Galgenhorn vorbei auf die Straße nach Bad Schandau.

Durch das Polenztal

Der klassische **Osterspaziergang** im Elbsandsteingebirge führt durch das Polenztal mit seinen **Märzenbecherwiesen.** Von Mitte März bis Mitte April liegt das obere Tal nördlich von Hohnstein, genauer zwischen Heeselichtmühle und Bockmühle, unter einem weißen Glockenteppich. Die unter Naturschutz stehenden, drei Hektar großen Wiesen sind das größte Wildvorkommen dieses Frühlingsblühers in Sachsen. Auf den unberührten Polenztalwiesen sind viele seltene Pflanzen zu Hause, z. B. Seidelbast, Aronstab und Leberblümchen.

033ss ls

Die aus neun Quellen gespeiste **Poliza** wurde 1241 in einer Grenzurkunde der Oberlausitz genannt. Der Name des Flüsschens ist abgeleitet vom sorbischen *pollo* = Feld. Früher wurden hier prächtige Lachse gefangen.

Praktische Tipps

Information

■ **Gästeamt,** Rathausstraße 9, 01848 Hohnstein, Tel. (035975) 86813, www.hohnstein.de, Mo–Fr 9–12 und 13–17 Uhr, Sa 9–13 Uhr, So 9–12 und 13–16 Uhr.

Unterkunft, Essen und Trinken

■ **Landgasthaus Schwarzbachtal**②, Niederdorfstraße 3, Hohnstein, OT Lohsdorf, Tel. (035975) 80345, www.schwarzbachtal.de, Mo–Mi, Fr ab 17 Uhr, Sa, So, Feiertage 11.30–14 und ab 17 Uhr. Exzellente Adresse für regionale Küche, ruhig wohnen im ländlichen Ambiente, Abende mit Kammermusik und Autorenlesungen.
■ **LuK – Das kleine Landhotel**②, Basteiweg 12, Hohnstein, OT Rathewalde, Tel. (035975) 80013, www.landhotel-luk.de. Neuerbautes kleines Hotel am Rande des Nationalparks.
MEIN TIPP: **Brand-Baude**①, Brandstraße 27, 01848 Hohnstein, Tel. (035975) 84425, www.brand-baude.de, Gaststätte tgl. ab 10 Uhr. Wanderherberge, Doppelzimmer und Appartement sowie Gasthaus mit „Balkonplätzen" an einem der grandiosen Aussichtsplätze der Sächsischen Schweiz, sehr einladend; für Wanderherberge – 14 € pro Person/Nacht – Schlafsack mitbringen.
■ **Waitzdorfer Schänke**①, Zum Dorfgrund 1, Waitzdorf, Tel. (035973) 81312, www.schaenke-waitzdorf.de, Mi–Mo ab 11 Uhr. Wohnen im Umgebindehaus, regionale Küche.

■ **Gasthof Russigmühle**①, Polenztal 4, Hohnstein, Tel. (035975) 81695, www.russigmuehle.de, tgl. 11–23 Uhr. Fachwerkhaus im Nationalpark, ländliches Ambiente, sächsische Küche.
■ **Ochelbaude**①, Am Sebnitzbach 8, Rathmannsdorf, Tel. (035022) 599960, www.ochelbaude.de. Am Felsgebiet der Ochelwände, Nähe Polenztal, ideal für Wanderer, auch für Kindergruppen geeignet.
■ **Touristencamp „Entenfarm"**①, Schandauer Straße 11, Hohnstein, Tel. (035975) 84455, www.camping-entenfarm.de, Zelt- und Caravanplatz, Wanderquartiere.
■ **Ferienstätte Burg Hohnstein**①, Markt 1, Tel. (035975) 81202, www.burg-hohnstein.info. Zimmer im Familien- und Jugendhaus, Biker-Herberge.

Unterkunft/Museum

■ **Ferienstätte Burg Hohnstein,** Markt 1, Tel. (035975) 81202, www.burg-hohnstein.de. Gästezimmer im unteren Schloss, Angebote für Kindergruppen, Kletterwand, Museum zur Geschichte der Burg, Naturkundeausstellung über Fledermäuse und Lachse.

Puppenspiel

■ **Hohnsteiner Handspielpuppenwerkstatt,** *Wolfgang Berger,* Sachsenberg 6a, Tel. (035975) 81657, www.original-hohnsteiner-handspielpuppen.de.

Wanderungen

■ Heimatkundlicher Lehrpfad: Ab Jugendburg Hohnstein: 4 Std. (längere Strecke entlang verkehrsreicher Wartenbergstraße), mit naturwissenschaftlicher Lehrschau im oberen Burghof, 57 Tafeln zu Geologie, Flora, Fauna und Geschichte.

■ Gautschgrotte: Wegen Felssturzgefahr Betreten nur vom 15. Mai bis 30. September gestattet.

■ Kurort Rathen – Hockstein – Hohnstein – Brand – Füllhölzelweg – Kurort Rathen: 3½ Std.

■ Marktplatz Hohnstein – Naturdenkmal Wartenbergstraße: 30 min.

■ Marktplatz Hohnstein – Napoleonschanze – Brand: 1 Std.

■ Polenztal, Heeselichtmühle – Bockmühle: 4 Kilometer, nur 30 Meter Höhenunterschied.

⌄ Die Burg Stolpen thront auf Basaltsäulen

Burgstadt Stolpen

Die Altstadt

Im Südwestlausitzer Hügelland, an der Grenze zur Sächsischen Schweiz, liegt Stolpen (5700 Einwohner) mit seiner denkmalgeschützten Altstadt. Um den Markt herum ist die mittelalterliche Struktur der **Burgstadt** erhalten geblieben, obwohl die meisten Wohnhäuser

Vordere Sächsische Schweiz

202ss dk

nach einem Stadtbrand 1723 neu gebaut wurden. Über dem steil ansteigenden Marktplatz erhebt sich die Burg. Die **Laurentiuskirche** wurde ebenfalls nach dem Brand wiederaufgebaut und später neobarock ausgemalt. Die bedeutendsten Häuser am **Markt** sind das Rathaus (1726–1728) und die Apotheke (1710).

Die Burg

Stolpen, das ist aber vor allem die Burg – und für die königstreuen Sachsen die Geschichte der Gräfin *Cosel.* Zum Schutz der Salzstraße von Halle nach Böhmen wurde auf einer Basaltkuppe (357 m) „anno 1121" durch die Deutschen „auf hiesigem Berge eine Burgk ... aus geschrotenem Holze" errichtet, wie es in der ersten urkundlichen Erwähnung heißt. Über die Jahrhunderte wurde aus der Schrotholzburg eine Festung. *Napoleon* ließ 1813 Verteidigungsanlagen errichten, die beim Abzug und durch nachfolgende Truppen weitgehend zerstört wurden. Trotz späterer Restaurierungen blieb nur eine **Ruine,** die allerdings bis heute sehenswert ist. Fünf Gebäudekomplexe sind durch Höfe miteinander verbunden. Zunächst betritt man über eine Zugbrücke die Klengelsburg mit dem 1518 errichteten Kornhaus, das als Hauptwache, Marstall (Pferdestall) und Folterkammer genutzt wurde. Am zweiten Hof stehen der Johannisturm oder **Coselturm** (1509) mit dem berühmten Kerker und der Schösserturm (1487). Im dritten Hof, dem Kanonenhof, steht der Seigerturm; von dort gelangt man in den Kapellenhof mit Resten der Wohnbauten. Vom einstigen Haupthaus schließlich, dem Bischofs-

haus, sind nur Rudimente und das Kellergewölbe erhalten.

Gräfin Cosel

Im Staatsgefängnis saß Gräfin *Anna Constanze Cosel,* die politisch einflussreichste **Mätresse Augusts des Starken.** Der ließ sie 1716 einkerkern, da war sie gerade 36 Jahre alt. Nach 28 Jahren Haft lebte die Gräfin freiwillig weitere 21 Jahre auf Stolpen, wo sie im Alter von 85 Jahren verstarb. 1881 entdeckte man ihr Grab in der Burgkapelle. Im Johannesturm wird eine Ausstellung über das Burg-Leben der Gräfin gezeigt.

Feste feiern

Burg Stolpen ist Schauplatz zahlreicher Feste und Theateraufführungen, darunter das Burghoffest im Juli und die Stolpener Puppentheatertage im Oktober. Thematische Führungen gibt es zum Beispiel zum „Schatz der Gräfin Cosel" und auf die „Sagenhafte Veste".

Weitere Sehenswürdigkeiten

Im Ortsteil **Langenwolmsdorf** steht das Sächsische Kunsthandwerkerhaus, ein Fachwerkbau mit Kreuzgewölben. Traditionelles Volkshandwerk der Oberlausitz, des Erzgebirges und Thüringens wird vorgeführt und verkauft. Drei Kilometer von Neustadt entfernt liegt **Rückersdorf,** dort ist die barock-bäuerlich ausgemalte Dorfkirche sehenswert.

www.fotolia.de © Oleksiy Drachenko

Praktische Tipps

Information

■ **Touristinformation Stolpen,** Markt 5, Tel. (035973) 27313, www.stolpen.de. Mo–Fr 10–18 Uhr, Sa 10–15 Uhr, So 11–15 Uhr.
■ **Tourismus-Servicezentrum Neustadt/Sachsen,** Johann-Sebastian-Bach-Str. 15, Tel. (03596) 501516, www.touristinfo-neustadt.de. Mo, Mi, Fr 14–18 Uhr, Di, Do 10–19 Uhr.

Unterkunft, Essen und Trinken

■ **Burghotel②,** Schlossstraße 12, Stolpen, Tel. (035973) 2990, www.burghotel-stolpen.de. Am historischen Marktplatz.
■ **Hotel Burgstadt Stolpen②,** Neustädter Straße 7, Stolpen, Tel. (035973) 24164, www.hotel-in-stolpen.de. Kleines Hotel in der Altstadt.
■ **Zum Erbgericht②,** Am Markt 8, Heeselicht, Tel. (035973) 2290, www.erbgericht.de. Historisches Ausflugsziel im Polenztal zwischen Hohnstein und Stolpen. Kleines Landhotel am Polenztal.
■ **Bauernwirtschaft und Pension zum Kunsthandwerkerhaus①,** Hauptstraße 167, Langenwolmsdorf, Tel. (035973) 624914, www.ratagsbauernwirtschaft.de. Tgl. ab 10 Uhr. Erzgebirgische Volkskunst im Dreiseitenbauernhof, Manufaktur, Erlebniswelten, ländliche Zimmer und Biergarten.

Museen

■ **Burg Stolpen,** Schlossstraße 10, Stolpen, Tel. (035973) 23410, www.burg-stolpen.de. April bis Okt. tgl. 9–18 Uhr, Nov. bis März tgl. 10–16 Uhr, 5/2,50 €. Burganlage, Naturdenkmal Stolpener Basalt, Ausstellung über Gräfin *Cosel.*
■ **Stadtmuseum Stolpen,** Am Markt 26, Tel. (035973) 28050, Di–So 14–16 Uhr, während der sächsischen Schulferien tgl. 10–12 und 14–16 Uhr.

Erlebnisbad

■ **monte mare,** Erlebnisbad, Götzingerstraße 12, Neustadt, Tel. (03596) 502070, www.monte-mare.de. Bade- und Erlebniswelt im karibischen Stil, Fitness- und Wellnessangebote, Anreise mit der Bahn bis Neustadt/Sachsen, 600 m Fußweg.

⌂ Blick auf Stolpen

1

Lilienstein

0 — 400 m © REISE KNOW-HOW 2014

Essen und Trinken
1 Berggaststätte Fels Rauenstein
2 Felsbaude Lilienstein

Übernachtung
3 Haus am Lilienstein

Der Lilienstein am Elbebogen

Am besten, man schaut auf den Lilienstein zunächst vom Königstein (siehe Kapitel „Links der Elbe"), setzt dann mit der Fähre über nach Halbestadt und wandert einige Schritte flussabwärts, dann am „Steingut" vorbei (ein Bauernhof, der an Wochenenden auch zur Einkehr einlädt) zu der Hochfläche, die **Ebenheit** heißt und nichts anderes ist als ein plattgewaschener Sandstein, auf dem sich fruchtbares Ackerland festgesetzt hat. Dann sieht man den Lilienstein in voller Schönheit, wie ein Riesenhut thront er auf dem Acker. Ein Feldweg führt geradewegs an den Stein. Nun noch den Aufstieg (Königsteiner Aufstieg oder Nordaufstieg) schaffen, 170 Meter senkrecht. Aber keine Bange, diese Tour ist gar nicht so anstrengend.

Wer zwischen Pillnitzer Weinbergen und Großem Winterberg unterwegs ist, wird diesen prächtigen **Tafelberg** immer wieder neu zu sehen bekommen. Bis zu 80 Meter hoch ragen steile Felswände auf, das Gipfelplateau liegt in 415 Meter Höhe. Wie eine Schleife liegt die Elbe im Halbkreis vor dem aus der Ebenheit aufsteigenden Monolithen.

Überall laden idyllische Rastplätze ein, von Ostern bis Ende Oktober hat auch die 1873 erbaute **Bergwirtschaft** geöffnet.

Geschichte

1379 wurde der „Ylgenstein" erstmals erwähnt. Der Name meint Sankt Gilgen, den heiligen Ägidus, einen der biblischen Vierzehn Nothelfer. 1396 stand hier eine Befestigungsanlage. Reste sind noch an der Bergwirtschaft zu erkennen. Am 26. Juli 1708 ließ **August der Starke** sich samt Gefolge hier heraufbringen, zum Picknick in der freien Natur. Ein kleiner Obelisk erinnert an diese große Tat. Der größere Obelisk an der Südaussicht wurde 1889 errichtet, aus Anlass der 800-Jahr-Feier des Hauses Wettin. 1089 wurde *Heinrich I.* Markgraf von Meißen.

Um den und auf dem Lilienstein wurde immer wieder Krieg geführt. Gleich zu Beginn des Siebenjährigen Krieges (1756–1763) schloss *Friedrich der Große* die auf der Ebenheit stationierten, rund 17.000 sächsischen Soldaten ein. *Napoleon* fehlte auch nicht, er ließ die am Lilienstein vorbeiführende „Kaiserstraße"

anlegen. 1866, während des Preußisch-Österreichischen Krieges, wurde der Baumbestand abgeholzt. Von der Festung Königstein nach dem Lilienstein wurden mit Kanonen Schießübungen veranstaltet. Das hat den Militärs bestimmt viel Freude bereitet.

Sagenreicher Lilienstein

In so einem malerischen Berg sind natürlich sagenhafte Schätze versteckt. Es wird von einem gemauerten Kellereingang berichtet, den junge Leute am Fuße des Liliensteins fanden. Die Tür stand offen, doch fürchteten sie sich hineinzugehen. Sie markierten diesen Ort. Als sie zurückkehrten, war nichts mehr zu sehen, kein Eingang, kein Zeichen. Jahre später gingen junge Burschen dort zur Nachtzeit auf Schatzsuche, auf einmal wurden sie von gespenstischen Wärtern gejagt, bis sie vom Felsen stürzten.

Eine arme Frau aus Waltersdorf war am Lilienstein auf Beerensuche. Sie hatte ihr Kind dabei. Plötzlich bemerkte sie eine offene Tür im Fels, dahinter ein Gewölbe, darinnen Gold. Eilig ging sie hinein, sie setzte das Kind auf einen Tisch, raffte sich Gold in die Schürze, stürzte hinaus. Und sah, sich umblickend, wie die Tür sich schloss. Entsetzt glaubte sie ihr Kind verloren. Im Jahr darauf, am gleichen Tag und zur gleichen Stunde, kehrte die Frau voll Gram zu diesem Ort zurück. Sie fand wieder die Tür offen, das Gewölbe, und darinnen ihr Kind. Es spielte mit goldenen Äpfeln und Birnen, als sei nichts geschehen.

1

Aussicht

MEIN TIPP: Nach jeder Himmelsrichtung gibt es auf dem Lilienstein einen Aussichtspunkt. **Nach Westen** sind zu sehen die Bastei mit Kurort Rathen, die Rauensteine, die Bärensteine, Wilisch und Windberg im Osterzgebirge und der Fernsehturm auf der Wachwitzhöhe in Dresden. **Nach Süden** die Festung Kö-nigstein, die linkselbischen Steine, die beiden Zschirnsteine und am Horizont der Hohe Schneeberg. **Im Osten** Bad Schandau, Falkenstein, die Schrammsteine, die Winterberge, am Horizont der Tanzplan mit Aussichtspunkt und die Basaltberge der Oberlausitz. **Im Norden** Hohnstein und Burg Stolpen. Reizvoll ist vor allem, dass man von drei Seiten des Steins herab die Elbe erblickt.

Abstieg

Vom Lilienstein steigt man am besten über den **Waltersdorfer Kirchweg,** am **Franzosenborn** vorbei, und den Lottersteig Richtung Kurort Rathen ab. Es gibt einen angenehmen Weg entlang der Elbe, den **Kottesteig.** Als Kirchweg und Lottersteig quert dieser Wanderweg zuerst die Kaiserstraße. Den Weg nach Bad Schandau sollte man besser vermeiden, bis zum Ortseingang Prossen ist er ja noch ganz annehmbar, dann aber langweilig und verkehrsreich.

Praktische Tipps

Unterkunft, Essen und Trinken

■ **Panoramahotel Haus am Lilienstein**③, Ebenheit 7, Tel. (035022) 53100, www.hotel-lilienstein.de, tgl. 11–22 Uhr, Zwischen Königstein und Lilienstein gelegen. Das Hotel betreibt auch die Felsbaude auf dem Lilienstein, Wandererraststätte, April bis Sept. tgl. 10–19 Uhr, ab Mai auch Sa bis 21 Uhr.

Vordere Sächsische Schweiz

www.fotolia.de © Wolfgang Zwanzger

◁ Der Lilienstein

1

2 Hintere Sächsische Schweiz

Schrammsteine, Affensteine und Kirnitzschtal sind die spannendsten Wanderreviere der Hinteren Sächsischen Schweiz. Atemberaubende Abgründe, urwaldschattige Täler und Klammen, gewaltige Felsgebilde, aus Sandstein gebildete Dome, Höhlen, Grotten, Felsbänder, Stiegen und im Sommer wüstenheiße Sandsteinplateaus gibt es hier schon auf nur einer Wanderung zu erleben.

◁ Der Katzenstein am Roßsteig

Hintere Sächsische Schweiz

0 — 5 km

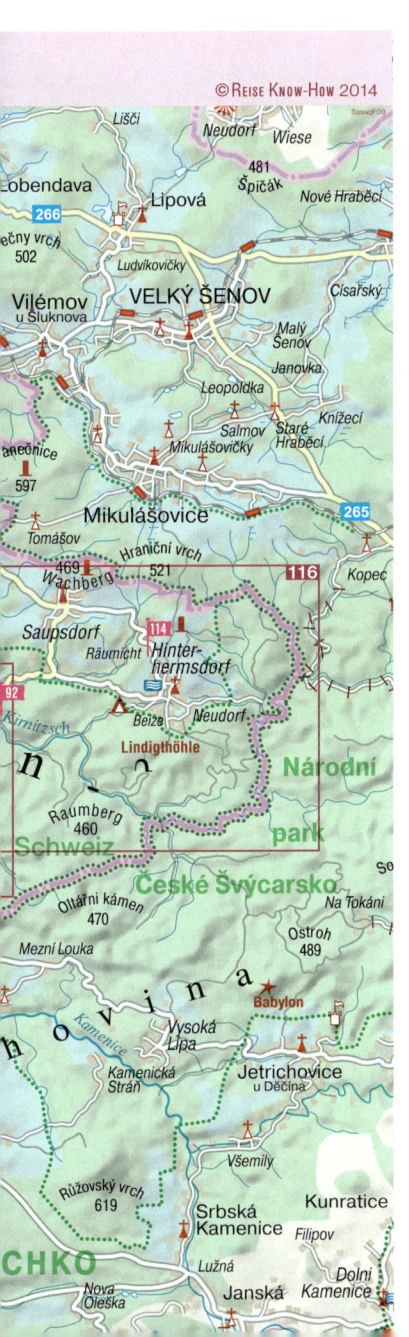

HINTERE SÄCHSISCHE SCHWEIZ

Nach einem Rundgang durch **Bad Schandau,** der „kleinen Metropole" des Kurbetriebs, wird eine Auswahl der schönsten Wanderwege in den **Schrammsteinen** vorgestellt, die am Großen Winterberg und in Schmilka an der Elbe ihr Ziel finden. Stromauf an den Ufern der munteren Kirnitzsch, am besten mit der Straßenbahn, werden mit dem **Lichtenhainer Wasserfall** und dem **Kuhstall** die wohl bekanntesten Ausflugsziele der Hinteren Sächsischen Schweiz bequem erreicht. Noch ein Stück weiter oben am Bachlauf zweigen der Nasse Grund und der Dietrichsgrund ab, dazwischen liegen die **Affen-**

➡ **Heilige Stiege** und **Wilde Hölle** | 87, 98

➡ Ausblick vom **Carolafelsen** | 88, 98

➡ Wandern auf dem **Reitsteig** | 88

➡ **Kahnfahrt in der Felsklamm** | 114

NICHT VERPASSEN!

Diese Tipps erkennt man an der <mark>gelben Hinterlegung.</mark>

2

steine, später folgen der Kleine und der **Große Zschand,** das sind trockene Seitentäler, die nun gleichfalls einige unvergessliche Wege ins Herz dieses Landschaftsreviers bereithalten. Im malerischen **Hinterhermsdorf,** direkt an der böhmischen Grenze, stehen Umgebindehäuser, bewohnte Denkmale einer jahrhundertealten Volksarchitektur. Die **Kahnfahrt** durch die romantische Felsenklamm der Kirnitzsch gehört zu den Höhepunkten eines Urlaubs in der Sächsischen Schweiz, zumal mit Kindern. Schließlich führt ein Rundgang durch Sebnitz, die Seidenblumenstadt.

Die bequemste Anreise erfolgt mit der S-Bahn S 1 (Meißen – Dresden – Pirna – Schöna), bis zum Nationalparkbahnhof Bad Schandau, weiter mit dem Linienbus 241 (Wanderbuslinie) oder der Kirnitzschtalbahn – der einzigen Straßenbahn, die in einem Nationalpark fährt. Von den Stationen Krippen und Schmilka-Hirschmühle (jeweils mit der Elbfähre übersetzen) lässt sich die Gegend ebenfalls preisgünstig und ohne Parkplatznot erschließen.

⌂ Blick auf die Vorderen Torsteine

Bad Schandau

Die kleine „Metropole" der Sächsischen Schweiz ist Kurort, Ausflugsziel zum Einkaufen und Einkehren sowie Ausgangspunkt für Wanderungen im Schrammsteingebiet, im Kirnitzschtal und in den Affensteinen. Die Gründerzeithotels am Elbufer erinnern an die Glanzzeit des Kurbetriebes. Wer es sich leisten konnte, nahm in Bad Schandau eine Nach-Kur auf der Rückreise von den böhmischen Bädern.

Der Charme des Elbkais, der Kurpark, die engen Straßen mit ihren Gründerzeitbauten, zahlreiche Pensionen, Gasthäuser und Hotels zeichnen den staatlich anerkannten **Kneippkurort** Bad Schandau aus.

Für Fernreisende ist Bad Schandau ein idealer Ankunftsort. Wer nach dem Frühstück im Berliner Hauptbahnhof in den EuroCity steigt, kann am Nachmittag schon durch die Schrammsteine wandern. Vor dem Bahnhof – mit Tourist-Information – halten alle wichtigen Buslinien und am Kurpark die Kirnitzschtalbahn, eine historische Straßenbahn, die bis zum Lichtenhainer Wasserfall fährt.

Geschichte

Der 1437 erstmals erwähnte Ort trägt ein Segelschiff im **Wappen:** Auf der Elbe transportierten solche Schiffe Holz, Steine und Getreide, vor allem nach dem nahen Böhmen, aber auch bis nach Hamburg und Holland. Heraldikern bereitet das Wappen Kopfzerbrechen, denn

das Segel bläht sich nach links, der Schiffswimpel nach rechts.

Die Geschichte Schandaus begann mit der Anlage des Marktplatzes Anfang des 14. Jahrhunderts. An der Kirnitzschmündung wurde mit Getreide, Wein, Salz und Holz gehandelt. Anfangs hieß die Ansiedlung „Zu Schande", was einen Ort bezeichnete, der oft von Hochwasser geschädigt wurde. Ab dem 16. Jahrhundert prägten Schiffbau und Leineweberei das Leben in Schandau. Ebenso bestimmend waren die **Katastrophen:** Stadtbrände 1678 und 1704, Überschwemmungen 1655, 1784, 1845 und 1909 – und die schlimmste: 2002, danach noch einmal 2013. Als Dritte im Bunde die Kriege, der Dreißigjährige und der Siebenjährige.

Gold wurde in Schandau nicht gefunden, obwohl 1589 zehn Wäschereien danach suchten. Der Pirnaer Arzt Dr. *Cadner* erkannte 1730, dass das „rote Flößgen" auf dem Hof des Floßmeisters Johann Christian Häntzschel eisenhaltig und daher gesundheitsfördernd ist. Das Wasser wurde nach Dresden geschippert und verkauft. 1799 öffnete das erste Badehaus. 1804 wurde erstmals eine Wohnung an Fremde vermietet. 1880 kaufte der Rat der Stadt das Badehaus. So ist Bad Schandau seit dem 19. Jahrhundert **Kurort, Eisenbahnknotenpunkt** und **Zollstation.** Der Dichter und Freiheitskämpfer *Theodor Körner* schwärmte 1806 in seiner „Reise nach Schandau, eine Erzählung in Briefen" von diesem Badeort als „Kraft- und Prachtplatz der Natur".

Ende des 19. Jahrhunderts ließ die Stadt, inzwischen Eigentümerin des Kurbades, ein neues Kurhaus bauen, Parkanlagen und Promenade anlegen.

Hintere Sächsische Schweiz

2

272ss dk

1920 erhielt Schandau die offizielle Bezeichnung „Bad", 1936 „Kneippkurort".

Wann immer Kinder „Hopp, hopp, hopp, Pferdchen lauf Galopp" singen, zitieren sie einen Schandauer: Der Begründer der deutschen Musikdidaktik, **Carl Gottlieb Hering** (1766–1853), wurde auf der Poststraße 3 als Sohn eines Schandauer Segeltuchmachers geboren. *Hering* schrieb auch das Vorfreude-Weihnachtslied „Morgen, Kinder, wird's was geben", volkstümliche Kanons und, zu Lehrzwecken, einfache Klavier- und Violinenstücke.

 Vorwiegend friedlich: die Kirnitzsch in Bad Schandau

Sehenswertes

Wer nach Bad Schandau mit Bahn oder Dampfer reist, sieht von der Stadt zuerst den **Elbkai.** Hier halten zwei **Fähren.** Eine pendelt die 800 Meter vom Bahnhof zur Stadt. Der Fährmann hält Ausschau mit dem Fernglas, wie auf hoher See. Die andere Fähre ist interessant, wenn man von Bad Schandau aus zu den linkselbischen Steinen wandern möchte: Die **Bornfähre** hält genau gegenüber dem Kai, unterhalb der Hochstraße.

Am Elbkai stehen Hotels und Kurhäuser mit reichen Gründerzeitfassaden. Der **Alte Salzschank** (1751) am Weg zum Markt war Handelsort und anrüchige Kneipe.

Die bei einem Stadtbrand zerstörte **St. Johanniskirche** an der Ostseite des Marktplatzes wurde 1709 wieder aufgebaut, der Innenraum 1876 noch einmal völlig umgestaltet. Der massige Westturm prägt das Stadtbild von Bad Schandau, er ist Glockenturm und war auch Zufluchtstätte in den andauernden Kriegen. Sehenswert ist der dreigeschossige Renaissance-Altar des Dresdners *Hans Walther.* Das Kunstwerk wurde 1574–79 aus heimischem Sandstein, belgischem Marmor und sächsischen Halbedelsteinen für die Dresdner Kreuzkirche gefertigt. Dort stand der Altar bis zum Siebenjährigen Krieg, später in der barocken Dresdner Annenkirche. 1927 kam er nach Bad Schandau. Die barocke Kanzel wurde 1705 aus einem Sandsteinblock gearbeitet.

Am Kirchportal zeigen **Hochwassermarken** an, wozu die Elbe auch fähig ist. 1845 schwappte das Wasser schon über die Kanzelbrüstung. Seit 1940 hat sich die Elbe in dieser Kirche wieder im August 2002 und im Juni 2013 sehen lassen.

Am geschlossen wirkenden, straßenartigen **Marktplatz** steht das alte Brauhaus, der Schlussstein in der Durchfahrt nennt die Jahreszahl 1680. An der Stirnseite des Platzes steht das **Haus des Gastes** mit Informationsstelle und einer kleinen Ausstellung. Interessante Fachwerkhäuser: Marktstraße 1; gegenüber übrigens ein Bergsportladen, das Rote Haus (1837) am Ende der Marktstraße und an der Sebnitzer Straße, Zeukenstraße. Stufen führen zum Schlossberg hinauf, wo 1883 aus Resten einer mittelalterlichen Burg die künstliche **Ruine Schomberg** geschaffen wurde.

Am Basteiplatz mit großem Wegweiser kann man Wanderungen in das Kirnitzschtal, nach Ostrau und in die Schrammsteine beginnen. Oder einen Spaziergang durch die parkähnliche **Bad-Allee,** die zum Kurpark mit Konzertplatz, zur Endhaltestelle der Kirnitzschtalbahn, zum Heimatmuseum und zum Pflanzengarten führt.

An der Kirnitzschtalbahn-Haltestelle liegt der **Eiszeitstein,** der die Südgrenze des skandinavischen Inlandeises im Pleistozän markiert.

1900 wurde am Ostrauer Hang über der Kirnitzsch ein 3500 Quadratmeter großer **Pflanzengarten** mit 1500 verschiedenen Pflanzenarten angelegt. Zur Rhododendronblüte zeigt er sich besonders farbenprächtig. Ein Bereich des Parks zeigt Farne und andere charakteristische Pflanzen der Sächsischen Schweiz.

Vom Pflanzengarten führt ein Weg zur Villensiedlung auf der **Ostrauer Scheibe.** Es geht aber auch bequemer. Zwischen Bad Schandau und Ostrau verkehrt ein elektrischer **Personenaufzug.** Man erreicht ihn vom Hotel „Lindenhof" aus über die B 172 stadtauswärts in fünf Minuten. Das technische Denkmal aus dem Jahr 1904, eine schlanke, 62 Meter hohe Eisenkonstruktion, kann bis zu zehn Personen auf einmal befördern. Bei bester Aussicht.

Praktische Tipps

Information

■ **Kurverwaltung,** Markt 12, 01814 Bad Schandau, Tel. (035022) 90030, www.bad-schandau.de, Mai bis Sept. tgl. 9–21 Uhr, April, Okt. tgl. 9–18 Uhr, Nov. bis März Mo–Fr 9–18 Uhr, Sa, So, Feiertage 9–13 Uhr, Jan./Feb. Mi geschlossen.
■ **Touristinformation im Bahnhof,** Tel. (035022) 41247, Mai bis Sept. Mo–Fr 8–18 Uhr, Sa, So, Feiertage 9–17 Uhr; Okt. bis April Mo–Fr 8–17 Uhr, Sa, So, Feiertage 9–12 Uhr, Jan./Feb. Mi geschlossen.

Unterkunft, Essen und Trinken

■ **Hotel Elbresidenz**③, Markt 1, Bad Schandau, Tel. (035022) 9190, www.elbresidenz-bad-schandau.de. Restaurant tgl. geöffnet 11–23 Uhr. Prachtvolles Gründerzeitensemble an der Elbe, einziges Fünf-Sterne-Hotel in der Sächsischen Schweiz. Die Wiedereröffnung des Hauses ist für den Spätsommer 2014 geplant.

■ **Hotel Lindenhof**③, Rudolf-Sendig-Straße 11, Bad Schandau, Tel. (035022) 4890, www.lindenhof-bad-schandau.de. Traditionsreiches Haus in der Altstadt, altdeutsches Restaurant, Mo–Fr ab 15 Uhr, Sa, So, Feiertage ab 12 Uhr.

■ **Gasthaus und Hotel Zum Roten Haus**②, Marktstraße 10, Tel. (035022) 42343, www.hotel-zum-roten-haus.de. Kleines Hotel in der Fußgängerzone der Altstadt. Wiedereröffnung im Spätsommer 2014.

■ **Hotel Elbgarten**②, Dresdner Str. 9, Bad Schandau, Tel. (035022) 4840, www.elbgarten-garni.de. Kleines Hotel an der Elbe.

■ **Berggasthof Großer Winterberg**②, Schmilka, Tel. (035022) 40050, www.grosserwinterberg.de, April bis Okt. 11–18 Uhr, Nov.bis März Sa/So 11–16 Uhr. Das höchstgelegene und eines der ältesten Ausflugslokale der Sächsischen Schweiz, attraktiv für Wanderer ab fünf Übernachtungen, regionale Erzeuger für sächsische Küche.

■ **Pension Villa Anna**②, Kirnitzschtalstraße 85, Bad Schandau, Tel. (035022) 42497, www.pension-villa-anna.de. Nichtraucherhaus, Bäderarchitektur aus dem Jahr 1886.

■ **Schrammsteinbaude**①, Zahnsgrund 5, Tel. (035022) 42305, www.schrammsteinbaude.de. Beliebte Wanderer- und Bergsteigerherberge, direkt vor den Schrammsteinen, sächsische und böhmische Küche tgl. ab 11 Uhr.

■ **Pension Elbblick**①, Kirschleite 8, Postelwitz, Mobil: 0151-12464198, www.quartier-elbblick.de. Historisches Steinbrecherhaus an der Elbe, Ferienzimmer, Bergsteigerquartier – Schlafsack mitbringen – 10 €/Person.

■ **Ochelbaude**①, Am Sebnitzbach 8, Rathmannsdorf, Tel. (035022) 599960, www.ochelbaude.de. Am Felsgebiet der Ochelwände, Polenztal, beim Haltepunkt Porschdorf der Sebnitztalbahn, ideal für Wanderer, ist auch für Kindergruppen geeignet.

■ **Jugendherberge Bad Schandau/Ostrau**①, Dorfstraße 14, Tel. (035022) 42408, www.jugendherberge-sachsen.de.

Museum

■ **Heimatmuseum Bad Schandau,** Badallee 10, Tel. (035022) 42173, www.bad-schandau.de, Mai bis Okt. Di–Fr 14–17 Uhr, Sa/So 10–17 Uhr, Nov. bis April Di–So 14–17 Uhr. Ausstellung über den Völkerkundler und Forschungsreisenden *Erich Wustmann.*

Anreise

■ **Bahn:** S-Bahn S-1, EC von Hamburg, Berlin und Prag

■ **Auto:** B 172 ab Dresden

■ **Bahnhofsfähre:** alle 30 Min. (im Bahnhof Biomarkt)

Wanderungen

■ Bad Schandau – Prossen – Prossener Gründel – Waltersdorf – Kurort Rathen – Amselgrund – Rathewalde – Uttewalde – Lohmen: 5 Stunden.

> Am Schrammtor

2

Schramm-steine und Rauschengrund

Die Schrammsteine sind eine abenteuer-lich-wilde, „zerschrammte" Felsenwelt zwischen Bad Schandau und Schmilka, die – aus der Ferne gesehen – wie ein schlafendes Urtier an der Elbe liegt. „Schramen" kommt aus dem Mittel-hochdeutschen und bedeutet „Aufrei-ßen". Schier unzählige Wege durch feuchtdunkle Gründe, steile Aufstiege zu fantastischen Felsskulpturen, atembe-raubende Sichten über zerklüftete Sand-steinriffs und einsame Felsnadeln zeich-nen die Schrammsteine als ein Wander-gebiet aus, das mit seinen rund 12 Qua-dratkilometern allein schon genug für einen Urlaub bietet.

Das Gebiet zwischen Falkenstein, Af-fensteinen und den Winterbergen ist be-quem erreichbar: von Bad Schandau/Postelwitz oder Schmilka zum Gebirgs-fuß in einer halben Stunde, vom Lich-tenhainer Wasserfall oder Beuthenfall bis zum Frienstein in einer Stunde. Der „Logik" dieses Gebirgszuges entspricht es, von Westen her aufzusteigen: erst durch das feierliche Schrammtor, dann über den Kamm, zuletzt die Panorama-Sichten auf die Cañons und der nahezu senkrechte Abstieg – oder Fortsetzung der Tour in die einsamsten Gegenden der hinteren Sächsischen Schweiz.

Für den Anstieg über die Ostrauer Scheibe gibt es zwei Möglichkeiten: zu Fuß über den Bad Schandauer Pflanzen-garten oder mit dem Personenaufzug am Elbufer (siehe Bad Schandau). Die Krip-pener Fähre setzt nach Postelwitz über, dem den Schrammsteinen nächstgelege-nen Ausgangspunkt. Alle Wege münden in den steil ansteigenden **Zahnsgrund.**

Hintere Sächsische Schweiz

274ss dk

Postelwitz

Postelwitz ist ein handtuchschmales einstiges Fischerdorf; heute ein Ortsteil von Bad Schandau. Wie eine Kette stehen die malerischen Postelwitzer Häuser an der Elbstraße, der verkehrsreichen B 172.

Unter den vielen Umgebinde- und Fachwerkhäusern fallen die **Sieben-Brüder-Häuser** auf, Giebel an Giebel kleine, gleichartige Wohnhäuser. Angeblich hat ein Vater sie für seine Söhne gebaut. Das „Vaterhaus" steht daneben. Von Bad Schandau (Basteiplatz) bis hierher führt die gelbe Markierung.

Schrammsteine, Rauschengrund, Kirnitzschtal

Übernachtung
1 Pension Liethenmühle
3 Mittelndorfer Mühle
4 Hotel am Lichtenhainer Wasserfall
5 Hotel Großer Winterberg

Rathmannsdorf

Altendorf

Ostrauer Mühle

Mittelndorfer Mühle

Galgenberg
243

Kirnitzsch

Liebenweg

Schloßberg

Ostrauer Scheibe

Bad Schandau

Ostrau

Schießgrund

Falkenstein

Fähre

ELBE

172

Singestein

Lattengrund

Postelwitz

Obrigensteig

Elbleitenweg

425

Großes Schrammtor

261

Krippen

Kleinhennersdorf

Liethenhäuser

Liethenbach

1

Krippenbach

Burschenbüschel
279

Reinhardtsdorf

Essen und Trinken
1 Waldgasthaus Liethenmühle
2 Waldhäusel
3 Mittelndorfer Mühle
4 Gasthof am Lichtenhainer Wasserfall
5 Gasthaus Großer Winterberg

Reinhardtsdorf-Schöna

Auf dem Schrammsteingrat

Ein paar Schritte weiter steigt die Kirschleite vom Postelwitzer Elbufer den Hang hinauf in die Gärten, und bald ist der Zahnsgrund erreicht. Von dort führen wahlweise drei markierte Wanderwege in das Schrammsteingebiet: der **Obri-**gensteig (gelb), der **Lattengrund** (blau) und der **Schießgrund** (grün). Ein Parkplatz befindet sich am Eingang des Schießgrundes.

Alle erreichen sie die mächtigen Torsteine mit dem **Großen Schrammtor.** Wie ein Amphitheater führt es in die großartige Naturinszenierung der

Hintere S. Schweiz

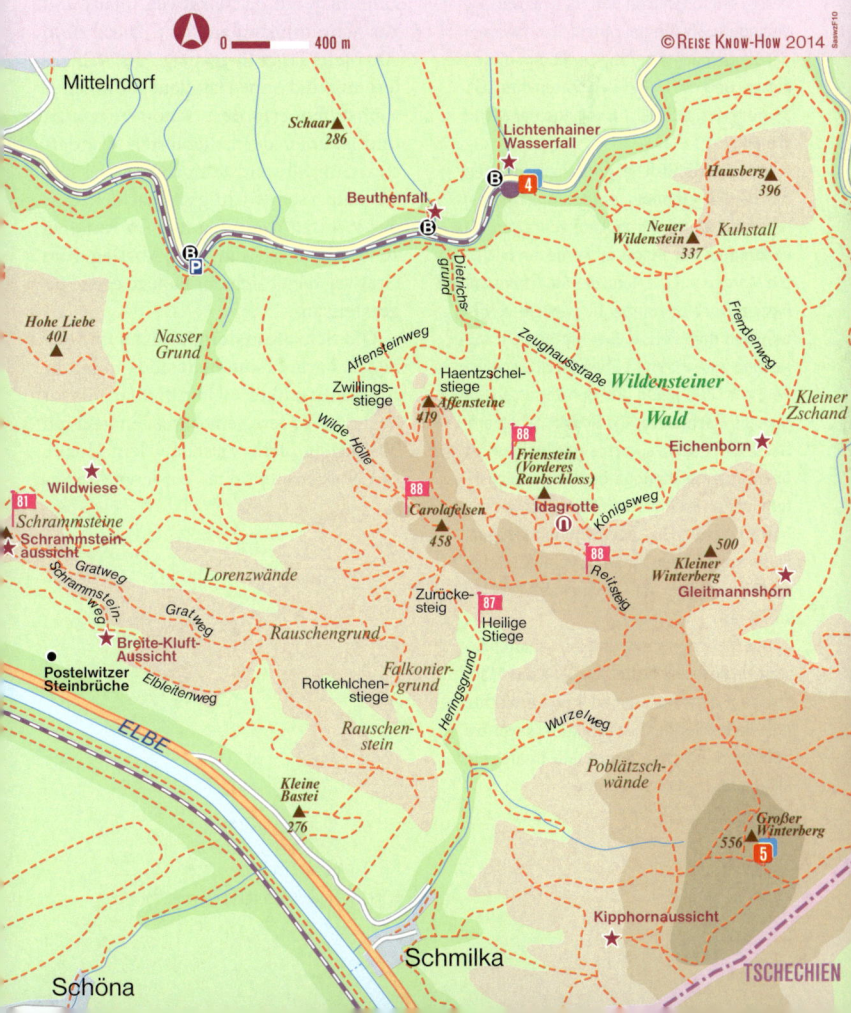

Der Singestein bei Postelwitz

Vom Singestein oberhalb des Dorfes erzählt eine **traurige Sage:** Da oben stand das Mädchen, und sie winkte dem Jüngling am anderen Ufer zu, der Schafe hütete. Beide hatten seit Tagen über den Fluss hinweg aneinander Gefallen gefunden. So schwamm der Junge nachts herüber, erklomm diesen Felsen, und die Liebenden hatten ihre Zeit. So ging das jede Nacht, solange der Mond schien.

War die Mondsichel erloschen, mussten die beiden einander entbehren. Dreimal hatte der Mond seinen Lauf vollzogen, da verkündete der Junge, er werde am nächsten Morgen um die Hand des Mädchens anhalten. Doch die Liebende wartete vergebens auf dem Felsen. Erst Mitternacht sah sie eine weiße Gestalt über die Elbe schweben, ans Ufer gehen und den Felsen ersteigen. Sie erschrak, als die Gestalt näherkam. Der Schatten aber sprach, sie solle sich nicht fürchten, er sei ihr Bräutigam. Als er nach ihrem letzten Treffen nach Hause schwamm, hätten ihn die Flussgeister hinabgezogen. Er sei gekommen, sich zu verabschieden und sie zu bitten, ihm noch ein letztes Lied zu singen.

Das Mädchen sang, und die Schattengestalt zerfloss wie Nebel. Da sank das Mädchen auf dem Felsen nieder und erwachte nie wieder. Seitdem ist um Mitternacht bei Vollmond auf dem Singestein immer ein klagendes Lied zu vernehmen.

Schrammsteine hinein. Die Torsteine sind, wie das gesamte Schrammsteingebiet, ein beliebtes Kletterrevier.

Zum ersten Höhepunkt dieser Wanderung, der Schrammsteinaussicht, geht es nun immer weiter hinauf, über Treppen, Leitern und ausgewaschene Stufen auf dem **Obrigensteig** (gelb). Ein durchaus anstrengender, aber sehr schöner Pfad. Über den Wildschützensteig gelangt man auf den **Gratweg** (blau) und zur Schrammsteinaussicht. Diese rund 500 Meter lange Steiganlage aus Stahlleitern mit und ohne Handlauf sowie Sandsteinstufen erfordert schon Ausdauer und ist einer der beliebtesten Wandersteige im Elbsandsteingebirge. Deshalb ist es auch sehr wichtig zu beachten, dass der Wildschützensteig **nur im Aufstieg** zu begehen ist. Für den **Abstieg** vom Gratweg bietet sich der nahegelegene **Jägersteig** an.

Die **Schrammsteinaussicht** und die benachbarte **Elbaussicht** sind großartige Aussichtspunkte. Unmittelbar davor liegt das Vordere Schrammsteinareal mit 30 Einzelgipfeln zwischen dem Hohen (im Norden) und dem Vorderen (im Sü-

[>] Der Aufstieg auf den Falkenstein bleibt Bergsteigern vorbehalten

den) Torstein. Nach Südosten sieht man die Elbe mit Hřensko (Herrnskretschen) und den linkselbischen Zschirnsteinen, Zirkelstein und Kaiserkrone, dahinter die Kegelberge des Böhmischen Mittelgebirges; wieder im Vordergrund Königstein und Lilienstein, dahinter die Silhouette des Osterzgebirges, schließlich die Hohe Liebe (401 m) und das Affensteingebiet.

In der Nähe der Schrammsteinaussicht führt ein markierter Weg (grün) zur **Wildwiese** und von dort zum **Falkenstein** (grün, Malerweg) oder zur Hohen Liebe (rot).

Dem 80 Meter frei aufragenden **Falkenstein** können Wanderer sich nur respektvoll annähern, der Aufstieg bleibt Bergsteigern vorbehalten. Im Mittelalter befand sich auf dem Falkenstein eine Burgwarte, zuweilen hausten dort auch

Raubritter. 1864 begann mit der (heute so nicht mehr regulären) Besteigung des Felsens durch fünf Schandauer Turner die Geschichte der modernen Felskletterei. Bis heute gilt der Falkenstein als einer der beliebtesten Kletterfelsen in der Sächsischen Schweiz. Weit über hundert Wege ab Schwierigkeitsgrad III auf der sächsischen Skala führen zum Gipfel. Deren bekanntester ist der **Schusterweg**, benannt nach *Oskar Schuster* (1873–1917), der auf diesem Weg am 27. September 1892 den Falkenstein erstmals auf sportlich einwandfreie Weise bezwang. Der Schusterweg (Schwierigkeitsgrad III) ist der längste Kletterweg der Sächsischen Schweiz und gilt vielen Bergsteigern auch als der schönste. Hier wird auch gern mit Kindern geklettert.

Auf die **Hohe Liebe** dagegen führt ein Wanderweg, wenngleich auch dieser

Hintere Sächsische Schweiz

www.fotolia.de © LianeM

Stein mit der Geschichte des Bergsteigens verbunden ist. Ein Denkmal für verstorbene Bergsteiger steht auf dem Gipfel. Immer am Totensonntag treffen sich die Bergsteiger hier zum Gedenksingen. Ein beliebtes Ziel ist die Hohe Liebe am Neujahrsmorgen – der reizvollen Aussichten wegen, und weil der Aufstieg nicht beschwerlich ist. Von der Hohen Liebe kann man zum Beuthenfall im Kirnitzschtal laufen und hat dort Anschluss an die Wanderbuslinie 241 (Bad Schandau – Hinterhermsdorf). Auch der Parkplatz am Schießgrund ist von hier aus wieder gut erreichbar.

Der Wanderweg durch die Schrammsteine aber folgt weiter auf und ab dem Gratweg. An den Sandsteinterrassen liegen mehrere außergewöhnlich schöne Aussichtsplätze. Die **Breite-Kluft-Aussicht** blickt in den **Rauschengrund** und auf die senkrechten Wände der Rauschentürme. Beherrscht wird dieses Felsriff vom **Rauschenstein,** der im Mittelalter eine Beobachtungswarte zur Überwachung des Elbtales trug.

Wenige Schritte hinter dem Aussichtspunkt besteht die Möglichkeit, in die Breite Kluft steil hinabzusteigen und die Wanderung auf dem Elbleitenweg (grün) fortzusetzen. Von dort ist dann wiederum der Aufstieg über die Rotkehlchenstiege zu empfehlen.

Die **Rotkehlchenstiege** ist ein seit Generationen beliebter Klettersteig, der als Bergpfad ausgewiesen wurde. Der Weg ist nicht übermäßig anstrengend oder riskant, sodass man hier auch größeren Kindern ein Klettererlebnis bereiten kann. Nicht ganz einfach zu finden ist der Zugang, er befindet sich an einer scharfen Wegbiegung des Elbleitenweges und wird durch das grüne Dreieck gekennzeichnet. Ein paar Meter noch im Wald, dann geht es über Sandsteinstufen und anhand von Klammern aufwärts. Kurz vor dem Ziel liegt rechts die bezaubernde Aussicht in den **Falkoniergrund** und zum **Verborgenen Horn.**

Die Rotkehlchenstiege erreicht wiederum den Gratweg, der nun bald Zürckesteig heißt und eine Kreuzung bekommt. Aufwärts geht es weiter zu den Felsgruppen **Großer** und **Kleiner Dom,** die mit diesen Namen wohl hinreichend beschrieben sind, zu den Affensteinen oder zum Falkenstein, abwärts über die Heilige Stiege durch den Heringsgrund und Wurzelweg nach Schmilka. Wer über die Rotkehlchenstiege abgestiegen ist, kann hier wieder auf den Kamm zurückkehren.

◁ Gratweg in den Schrammsteinen

2

Frienstein

Vor dem Abstieg seien aber noch zwei kleine Abstecher empfohlen, auch diese Wege sind markiert: zehn Minuten zum <mark>Carolafelsen</mark> (458 m), dem höchsten Punkt der hinteren Schrammsteine/Affensteine. Und ganz in der Nähe liegt der Frienstein, der auch Vorderes Raubschloss genannt wird. Die Raubrittergeschichte der Sächsischen Schweiz kennt so viele finster-romantische Orte, und die meisten sind mit dem böhmischen *Berken von der Duba* verbunden. So auch der Frienstein, auf den schon der Weg einstimmt: eine moosige, steile Schlucht, eine Quelle, darüber der Felsen wie ein Obelisk.

Am Frienstein liegt ein fantastischer Rastplatz, der jedoch nicht ganz so bequem zu erreichen ist wie die bislang vorgestellten: Zur Friensteinhöhle, auch Idagrotte genannt, muss man auf einem sehr schmalen Pfad um den Frienstein herumlaufen, hart am Abgrund und am Felsen, dabei müssen sich die Hände an Eisenklammern festhalten. Das ist ein Weg nur für Schwindelfreie. Die Grotte liegt inmitten einer urwüchsig-wilden Szenerie.

Vom Frienstein aus kann man in einer Dreiviertelstunde zum Beuthenfall laufen oder in einer halben Stunde den Kleinen Winterberg erreichen.

Reitsteig

Wer auf der Heiligen Stiege noch nicht absteigen möchte, geht weiter auf dem Reitsteig. Nach rechts gibt es einen Abstecher zum Aussichtspunkt an der **Wenzelswand,** einem Klettergipfel wie die benachbarte Gerbingspitze und die

www.fotolia.de © digi_dresden

Fluchtwand. Die Gipfel sind wie zum Greifen nah; an trockenen Tagen kann man dort garantiert Bergsteiger beobachten. (Wer den Wegweiser nach links zum Frienstein erreicht, ist zu weit gelaufen.) Der Reitsteig führt nun recht bequem durch den Wald zum historischen Wegweiser am **Fremdenweg.** Von hier geht man, was interessanter ist, über den Unteren Fremdenweg und das Aussichtsriff Gleitmannshorn zum Kleinen Winterberg, zum Kuhstall und zum Lichtenhainer Wasserfall. Für die Rückfahrt bieten sich die Kirnitzschtalbahn und der Bus an. Oder man geht auf dem Fremdenweg nach rechts zum Großen Winterberg, kehrt im Gasthof ein und nimmt einen der kurzen Wege nach Schmilka (S-Bahn): auf der geteerten Winterbergstraße nur zehn Minuten, dann durch den Erlsgrund oder, steiler und kürzer, auf dem Bergsteig.

Schrammsteine von unten

Nach all dieser Kletterei wird es Zeit, auch einmal auf eine Route hinzuweisen, die **zu Füßen der Felsareale** durch das Schrammsteingebiet führt und größere An- oder Abstiege meidet. Sie zeigt dieses abwechslungsreiche Gebiet von einer anderen, nicht minder lohnenden Seite: nicht Fernsichten und aufregende Kletterpartien, sondern die Nahaufnahmen einiger der schönsten Felsformationen auf bequemem Weg. Vom Lichtenhainer

Wasserfall geht es erst in den Dietrichsgrund und an der Weggabelung nach rechts auf den **Vorderen Heideweg.** Der führt geradewegs auf den **Bloßstock** zu, den vordersten der Affensteine. Nach links um den Bloßstock herum führt nun der **Königsweg** an den Affensteinen entlang. Er passiert den Wolfsturm und erreicht den Fuß des Frienstein. Dabei geht es doch ein paar Schritte bergan, das lässt sich in der Sächsischen Schweiz nie ganz vermeiden. Bald steht man am Fuß des Kleinen Winterberges. Wer jetzt doch einen straffen Aufstieg braucht, kann hier hinaufklettern und auf dem Oberen Affensteinweg mit Aussichtspunkten in den Wildensteiner Wald bis zum Frienstein laufen, von dort hinauf auf den Reitsteig.

Der Talweg dagegen führt am Fuß des Gleitmannsturmes vorbei durch den Wald zum vorspringenden Gleitmannshorn. Dabei sieht man in den Kleinen Zschand, auf Winterstein und Bärenfangwände. An der Kreuzung mit dem **Quenenweg** aus dem Kleinen Zschand geht es geradeaus aufwärts in das **Heringsloch.** Eine kurze, wilde Schlucht, die steil bergan zum Fuß des Winterges klettert. Rechts stehen zwei anspruchsvolle Klettergipfel, der Bewachsene Turm und der Heringsturm.

Jetzt gibt es zwei Möglichkeiten: entweder nach links auf den **Roßsteig,** der leicht bergab, zu Füßen der Bärenfangwände und an der großartigen Goldsteinaussicht vorbei zum Zeughaus führt. Von dort geht es durch den Großen Zschand zur Busstation Neumannmühle.

Oder nach rechts auf dem Wurzelweg bis zur Mündung des Heringsgrundes, auf dem Elbleitenweg zu Füßen des

Großvaterstuhles und der Rauschensteine. Dieser Weg passiert bizarre Felsengruppen: Kapellenwände, Steinlöcher und Breites Horn; Klettergipfel wie den Wurzelkopf, den Gratturm, die Lehnkuppel, den Bösen Turm. Nach den Rauschensteinen führt der Elbleitenweg unterhalb der Schrammsteinkette bis zum Schrammtor. Links an diesem Weg liegen die fast 200 Meter hohen Wände der Postelwitzer Steinbrüche. Tief unten fließt unsichtbar die Elbe. Vom Großen Schrammtor leitet der Obrigensteig hinunter nach Postelwitz, wo die Fähre nach Krippen und zur S-Bahn wartet.

Wanderungen

- Bad Schandau/Postelwitz – Schrammtor – Carolafelsen: 3½ Stunden – Großer Winterberg: noch 1 Stunde.
- Carolafelsen – Kleiner Dom – Zahnsgrund: 2 Stunden.
- Abzweig Heilige Stiege – Heringsgrund – Wurzelweg – Schmilka: 30 Minuten.
- Ostrauer Mühle – Wildwiese – Schrammsteinweg – Breite Kluft – Elbleitenweg – Kleine Bastei – Schmilka: 4 Stunden.
- Ostrauer Mühle – Flößersteig – Nasser Grund – Hohe Liebe – Schrammtor – Obrigensteig – Postelwitz – Fähre – Krippen: 4 Stunden.
- Lichtenhainer Wasserfall – Dietrichsgrund – Königsweg – Heringsloch – Elbleitenweg – Bad Schandau: 6 Stunden.

Kirnitzsch und Affensteine

Der Name der Kirnitzsch kommt vom tschechischen *kiernice,* das bedeutet „Wasserrinne". Das Bächlein entspringt

▷ Im Tal der Kirnitzsch

Hintere Sächsische Schweiz

in 490 Metern Höhe bei Studánka in Nordböhmen und verliert bis zu seiner Mündung in die Elbe 374 Höhenmeter. An den windungsreichen Ufern der Kirnitzsch gedeiht eine sehr reiche Pflanzenwelt.

Zur Wanderung entlang der Kirnitzsch gibt es eine bequeme und zeitsparende Alternative: Die Fahrt mit der „Quietsche", wie die 1898 in Betrieb genommene **Kirnitzschtalbahn** hier auch genannt wird. Diese Straßenbahn fährt, nicht zu schnell, auf 1000 Millimeter Spurweite die acht Kilometer lange Strecke zwischen Bad Schandau und dem Lichtenhainer Wasserfall. Seit 1994 bezieht sie ihren Strombedarf fast vollständig aus Sonnenenergie.

203ss dk

Entlang der Kirnitzsch

Eine Wanderung bachabwärts durch das Kirnitzschtal absolviert zugleich den **Lehrpfad Flößersteig.** Dieser Pfad der Kirnitzschflößer reichte früher von der Oberen Schleuse bei Hinterhermsdorf bis zur Kirnitzschmündung in die Elbe, das sind 22 Kilometer. 1928 wurde er als Wanderweg eingerichtet, 1958 erneuert, später bis zur Neumannmühle erweitert. Auf den Flößersteigen hatten die Flößer schnellen Zugang zum Ufer, damit sie die Stämme durch den windungsreichen, engen Flusslauf bugsieren konnten. Der Original-Flößersteig besteht nur noch zwischen Nassem Grund und Beuthenfall sowie oberhalb des Tiefen Hahnes. 92 Texttafeln informieren über Flößerei, Tier- und Pflanzenwelt, Geologie und Naturschutz.

Bereits im 16. Jahrhundert war die **Buschmühle** als Holzschneidemühle die oberste der Kirnitzschmühlen. Das Umgebindehaus blieb von 1790 bis heute nahezu unverändert. Hier werden nicht nur Wanderer und Bergsteiger bewirtet – das mächtige Mühlrad mahlt immer noch Korn. Ein Stück weiter am Bach, beim Eingang zum Großen Zschand, steht die 500 Jahre alte **Neumannmühle.** Dort beginnt der Lehrpfad. Als original erhaltene Säge- und Holzschliffmühle – die älteste im Tal – funktioniert die Schauanlage für die Papierherstellung auf dem technischen Stand von 1870.

Kein Denkmal, sondern als Brettmühle (mit Elektromotoren) noch in Betrieb ist die **Felsenmühle.** Sie ist mindestens 200 Jahre alt. In einer Viertelstunde ist von der Felsenmühle aus der **Großstein** erreicht, ein der Aussicht wegen lohnender Abstecher vom Lehrpfad.

Nach rund drei Kilometern trifft der Uferweg auf den **Lichtenhainer Wasserfall** und nach der nächsten Wegbiegung den **Beuthenfall.** „Beuthen" hießen die bäuerlichen Bienenkörbe, die im windgeschützten, sonnigen Seitengrund aufgestellt worden waren. Am Beuthenfall

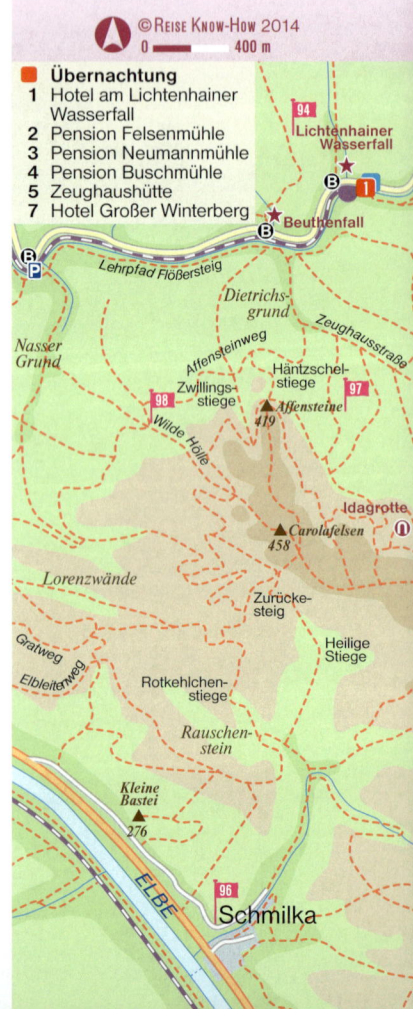

© REISE KNOW-HOW 2014
0 ————— 400 m

Übernachtung
1 Hotel am Lichtenhainer Wasserfall
2 Pension Felsenmühle
3 Pension Neumannmühle
4 Pension Buschmühle
5 Zeughaushütte
7 Hotel Großer Winterberg

gibt es eine gute Gelegenheit, das Tal zu verlassen. Die Zeughausstraße, ein befestigter Wanderweg, führt zwischen Affensteinen und Wildenstein in den **Wildensteiner Wald,** bis zum Kleinen und Großen Zschand. Die beiden Schluchten münden wiederum ins Kirnitzschtal.

Der Lehrpfad durchquert unterhalb des Beuthenfalls das Granitgebiet um die Mitteldorfer und **Ostrauer Mühle.** Beide Mühlen sind heute Gasthäuser, an der Ostrauer liegt ein Campingplatz. Das nächste Gasthaus ist wieder nicht weit, das Waldhäusel. In Bad Schandau kann

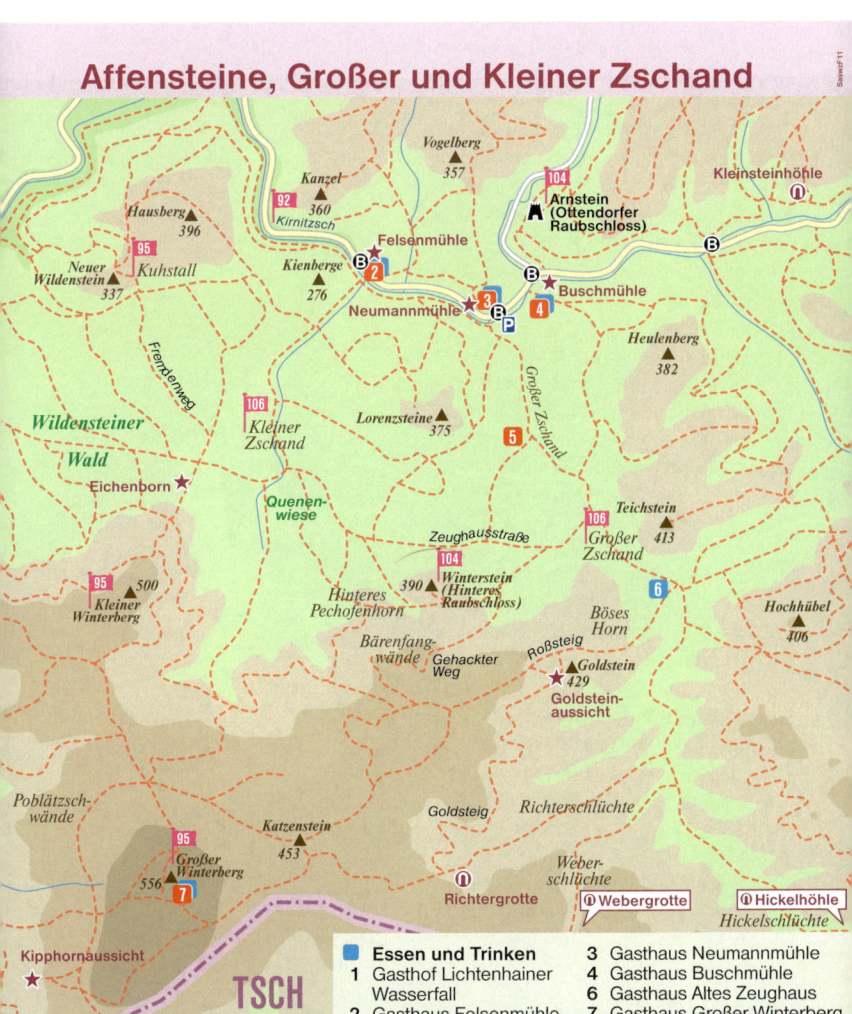

Affensteine, Großer und Kleiner Zschand

🟦 **Essen und Trinken**	3	Gasthaus Neumannmühle
1 Gasthof Lichtenhainer Wasserfall	4	Gasthaus Buschmühle
2 Gasthaus Felsenmühle	6	Gasthaus Altes Zeughaus
	7	Gasthaus Großer Winterberg

man seine Bildungsreise mit einer Visite des Pflanzengartens und des Heimatmuseums abschließen.

Lichtenhainer Wasserfall

Eines der klassischen Ausflugsziele der Sächsischen Schweiz, eine Station des Fremdenweges, ist der Lichtenhainer Wasserfall. Über eine fünf Meter hohe Grotte ergießt sich der Lichtenhainer Dorfbach in ein Staubecken, das zur Kirnitzsch geöffnet werden kann. Zu diesem 1830 angelegten Rauschen gehört eine Gastwirtschaft. Eine historische Tafel informiert über die Gebühren für Fremdenführer und Sesselträger.

204ss dk

Hintere Sächsische Schweiz

Kuhstall

MEIN TIPP: Der Fremdenweg führt bequem hinauf zur nächsten Attraktion, dem Kuhstall. An nichts weniger als an einen Stall erinnert dieses mächtige, durch Erosion entstandene **Felsentor.** Während des Dreißigjährigen Krieges hatten sich die Bauern der umliegenden Dörfer hier versteckt, mitsamt Vieh. Daher der Name. Die 24 Meter lange und 11 Meter hohe Halle ist seit der „Entdeckung" der Sächsischen Schweiz beliebtes Reiseziel. Ab 1807 wurde hinter der Halle Wegzehrung angeboten, 1823 die noch heute bestehende Gastwirtschaft eröffnet.

Eine **„Himmelsleiter"** klettert auf das Gipfelplateau hinauf. Hier oben haben Ende des 14. Jahrhunderts die Berken von der Duba die Einkünfte ihrer Raubtouren verprasst. Einige Spuren zeugen noch von früher Besiedlung, eine Zisterne und Falze für Türbeschläge. In der Felsengruppe an dem vom Gipfelplateau hinabführenden Weg kann man umherklettern und einiges entdecken: das Pfaffenloch, wie ein rundes Fenster im Fels; da hinaus soll ein Pfaffe in den Abgrund, die Pfaffenkluft, gestoßen worden sein. Die Schneiderhöhle bot einst Unterschlupf für einen Räuber. Immer wieder tun sich malerische Aussichten auf, deren schönste die aus der Halle ist.

Vielleicht haben Reisegesellschaften schon *Wilhelm Leberecht Götzingers* pathetischen „Rundgesang in der prächtigen Kuhstall-Höhle" angestimmt, nach der Melodie von „Freude schöner Götterfunken". Mit Pauken und Trompeten, denn „Saiteninstrumente machen hier nicht die schöne Wirkung der blasenden". Andere Tätigkeiten haben bleibende Spuren hinterlassen. Angesichts der zahlreichen Namenszüge an der Hallenwand bemerkte schon *Hans Christian Andersen* trocken: „Diese Unsterblichkeit hat doch etwas Mühe gekostet."

Die Winterberge

Weniger Mühe bereitet es, wieder dem Fremdenweg zu folgen, nun aber bergab in den Habichtsgrund und den Hinteren Wildensteiner Wald. Nachdem er die Zeughausstraße gekreuzt hat, steigt er stetig an. Bei der Wegkreuzung steht wieder einer der Sandsteinwegweiser aus dem vorigen Jahrhundert.

Der Fremdenweg windet sich in Serpentinen auf den **Kleinen Winterberg,** von dessen Felsterrassen (rote Markierung) sich wieder atemberaubende Sichten über den Kleinen Zschand öffnen. Der Wanderweg heißt nun **Unterer Fremdenweg** und führt, 50 Meter unterhalb des Gipfels, bequem über die Sandsteinterrassen des Kleinen zum Fuß des Großen Winterberges.

Der **Große Winterberg** ist mit 556 Metern der höchste rechtselbische Berg der Sächsischen Schweiz. Der Basaltkegel wird von dichtem Buchenwald verhüllt. 1841 wurde im Schweizer Stil das Gasthaus auf dem Gipfel erbaut, heute ist es ein Hotel. Am Südwesthang des Großen Winterberges ragt der Aussichtspunkt **Kipphorn** hervor. Die Winterbergstraße schlängelt sich zehn Minuten auf asphaltierter Straße hinab, bis sie den stillen Erlsgrund erreicht und bald auch Schmilka. Gleich am oberen Ortseingang sprudelt die Ilmenquelle.

◁ Der Lichtenhainer Wasserfall

2

Zum Frienstein

Wer nach dem Aufstieg zum Kleinen Winterberg nicht den eben beschriebenen Unteren Fremdenweg, sondern den grün markierten Pfad weiterwandert, gelangt an der Nordwestseite des Kleinen Winterberges durch einsam-wilde Felsszenerie in einer Stunde zum Frienstein (Vorderes Raubschloss, siehe Kapitel „Schrammsteine und Rauschengrund") mit der Friensteinhöhle. Dabei sind gleich mehrere schöne Aussichten zu erleben.

⌂ Der Kuhstall, ein mächtiges Felsentor

▷ Am Großen Bauerloch

Schmilka

In dem kleinen Ort ist es still geworden seit dem Wegfall der Grenzkontrollen. Die S-Bahn-Station Schmilka-Hirschmühle liegt auf der linken Elbseite (per Fähre zu erreichen).

Noch im 16. Jahrhundert war diese Gegend unbesiedelt; 1834 wohnten in Schmilka 128 Menschen: Holzfäller, Flößer, Schiffzieher und Fischer. Auf dem Weg zum Elbufer fallen zwei **„Brückenhäuser"** auf: Um Platz zu sparen, wurde ein Teil des Hauses wie eine Brücke über die Dorfstraße hinweg gebaut.

Schmilka ist Ausgangsort für Wanderungen in die Schrammsteine, in den Zschand und in die Böhmische Schweiz. Spaziergänge führen zu den Aussichtspunkten Kleine Bastei und Kipphorn. Alle Routen beginnen mit steilen Anstiegen auf befestigten Wegen.

Affensteine

Ein abenteuerlich-romantisches Wandergebiet zwischen Kirnitzschtal und Schrammsteinen sind die Affensteine. Dieses stark zerklüftete Areal senkrecht aufsteigender Felsen hat seinen Namen nicht, weil sich dort auch Affen wohlfühlen würden, sondern vom Jägerwort für den Uhu: „Auf". Die Affensteine sind die am weitesten nach Norden herausragenden Felsriffe des Schrammsteingebietes. Ein großartiges Felsrevier und einige der fantastischsten und anspruchsvollsten Wege in der Sächsischen Schweiz. Für eine Wanderung in den Affensteinen sollte man sich unbedingt genügend Zeit nehmen und frühzeitig aufbrechen.

Vom Beuthenfall gelangt man über eine Brücke in den **Dietrichsgrund,** dem man bis zur Weggabelung folgt, weiter geht es nach rechts auf dem Vorderen Haideweg bis zum Unteren Affensteinweg. Vor dem Massiv der Affensteine steht frei der Bloßstock, ein Stein wie gemeißelt. Der Weg führt zunächst direkt auf diesen Fels zu, zweigt dann als schmaler Pfad rechts ab und führt in das **Große Bauerloch,** eine hufeisenförmige Schlucht zwischen den Felswänden der Affensteine. Rechts steht die **Brosinnadel.**

Aus dem Großen Bauerloch führen zwei Stiegen auf die Obere Affensteinpromenade: die **Zwillingsstiege** und die **Häntzschelstiege;** kurze, senkrechte Kletterwege mit Eisenklammern, Leitern und Tritten. Beide erfordern Trittsicherheit und etwas Mut. Kinder benötigen ein Klettersteigset. Bei feuchtem Wetter oder Frost sollte man diese Stiegen meiden. Zunächst gelangt man über

Holzstufen zur Häntzschelstiege, weiter hinten im Bauerloch dann zur Zwillingsstiege. Begehen nur im Aufstieg erlaubt!

Auf der **Oberen Affensteinpromenade** angekommen, einem unmarkierten, aber übersichtlichen Bergpfad, steht die nächste Klettertour bevor, in den oberen Teil der Häntzschelstiege. Dieser Abschnitt ist weniger anstrengend und auch weniger riskant als der erste. Der Zugang liegt zwischen Felsbrocken versteckt im vorderen Teil der hufeisenförmigen Schlucht. Durch einen Riss geht es über Eisenklammern senkrecht nach oben, wobei man vor allem darauf achten sollte, sich nicht den Kopf zu stoßen. Der **Felskamin** endet auf dem **Langen Horn,** wo eine feierliche Sicht auf Falkenstein, Hohe Liebe, Kirnitzschtal, Königstein und Lilienstein die Kraxelei belohnt. Der Ausstieg und der weitere Weg über das zerklüftete Plateau sind spar-

www.fotolia.de © mwtierfoto

sam, aber ausreichend mit Eisenklammern gesichert.

Das Wegekonzept für den Nationalpark sieht für den eben beschriebenen Aufstieg und den Weiterweg über das Lange Horn **Richtungsverkehr** vor: Erlaubt ist also nur der Aufstieg, und auf dem Langen Horn wird ein Wanderweg vorgeschrieben, der die Renaturierung erodierender Bereiche nicht behindert. Dieses bewaldete Felsriff ist auch ein Brutplatz für Greifvögel und Refugium eiszeitlicher Pflanzen.

◺ Blick auf die Brosinnadel

◺ Bemooster „Wegelagerer"

Der Bergpfad mündet in den gelb/blau markierten Schrammsteinweg, von dort könnte man über die Heilige Stiege nach Schmilka absteigen oder auch zum ==Carolafelsen== (458 m) laufen; dies ist der höchste Punkt der Affensteine und einer der großartigsten Aussichtspunkte für Wanderer in der Sächsischen Schweiz. Von dort wäre der Abstieg über die Wilde Hölle zum Unteren Affensteinweg und ins Kirnitzschtal möglich.

Wer das Risiko der Zwillingsstiege oder der Unteren Häntzschelstiege meiden möchte, kann einen nicht minder schönen Weg wählen, um durch den Felskamin auf das Lange Horn zu gelangen: Vom Beuthenfall im Kirnitzschtal über Dietrichsgrund und Untere Affensteinpromenade zur **Wilden Hölle,** einem romantischen Pfad, der an das zerwühlte Bett eines ehemals rauschenden

Baches erinnert. Noch bevor der Wegweiser zum Carolafelsen erreicht wird, zweigt links ein schmaler Weg in den Birkenwald ab, der auf die Obere Affensteinpromenade führt. Die hält nun die Aussicht an der **Teufelsspitze** bereit, einem Felsplateau hinter der Brosinnadel (spektakulär der Sonnenuntergang über dem Falkenstein!). Nachdem man das Hufeisen des Bauerloches abgelaufen ist, erreicht man den Einstieg in die Obere Häntzschelstiege.

Der markierte Schrammsteinweg führt ins Dom-Gebiet, einem Areal „sakraler" Sandsteinarchitektur mit dem Aussichtspunkt am **Domriff.** Durch den **Kleinen Dom** wird der Zeughausweg erreicht: Links auf den Elbleitenweg Richtung Bad Schandau, rechts zum Unteren Affensteinweg Richtung Kirnitzschtal.

Hintere Sächsische Schweiz

205ss dk

Mit den Romantikern auf dem „Malerweg"

Die ersten Entdecker der Sächsischen Schweiz brachen von Dresden aus auf in die „ungeheuren Felsmassen" *(Nicolai)*. Sie benutzten dabei immer wieder denselben Weg über Pillnitz, Graupa, Liebethal und Lohmen. Die Schweizer Maler *Adrian Zingg* und *Anton Graff* sind so gewandert, *Nicolai* und *Götzinger* haben ihn in den ersten Reiseführern beschrieben, und unzählige Naturschwärmer und romantische Schöngeister sind ihm gefolgt, dem kürzesten Fußweg von Dresden, der zudem auch noch landschaftlich reizvoll ist und zeitig auf das Erlebnis des wilden, malerischen Gebirges einstimmt. Dieser Route nachzugehen, ist also nicht nur kulturhistorisch interessant, sondern nach wie vor ein Landschaftserlebnis, das man so auf der Bahnstrecke im Elbtal nicht und auf der Straße gleich gar nicht nachempfinden kann. Es lohnt sich, eines der klassischen Reisebücher von *Nicolai* oder *Götzinger*, die als Reprints erschienen sind, mitzunehmen und die Wegbeschreibungen mit den heutigen Ansichten zu vergleichen.

Als „Malerweg" ist eine 112 Kilometer lange Wanderroute durch das Elbsandsteingebirge beiderseits der Elbe markiert. Es ist der **attraktivste und traditionsreichste Wanderweg** in diesem Gebirge und einer der faszinierendsten in Deutschland. Die Route folgt sowohl dem historischen Wanderweg als auch weiteren vorwiegend naturbelassenen Wegen, die zu den malerischsten Gegenden und Aussichten des Elbsandsteingebirges führen. Rechts der Elbe führen 68 Kilometer des Malerwegs größtenteils durch den Nationalpark, eine Landschaft, die sich durch schroffe Felsen und romantische Schluchten auszeichnet und oft durch Treppen und Stiegen erschlossen ist. Links der Elbe geht

es auf 44 Wanderkilometern zumeist etwas bequemer zu. Vorgeschlagen werden acht Etappen und zahlreiche Abstecher, die mit einer kostenlos erhältlichen Broschüre des Tourismusverbandes, auf einer Faltkarte des Nationalparkamts sowie unter www.malerweg.de vorbereitet werden können.

Pillnitz

In diesen Wanderweg nicht einbezogen ist die klassische Anreise der frühen Künstler. Zunächst also nach Pillnitz. Mit der Buslinie 63 (am Großen Garten) erreicht man in rund 30 Minuten Pillnitz (Haltestelle Leonardo-da-Vinci-Straße oder Rathaus Pillnitz). Eine interessante Fahrt, denn dieser Bus passiert auch das Blaue Wunder, die berühmte Elbbrücke zwischen Blasewitz und Loschwitz. Jeder zweite Bus fährt von Pillnitz weiter nach Graupa (Richard-Wagner-Haus). Oder von der Karcherallee mit der Straßenbahnlinie 2 bis Endstation Kleinzschachwitz und mit der Fähre übersetzen. In Pillnitz geht es oberhalb des Schlossgeländes in den Ort und ab der Weinbergschänke auf den Lehrpfad **Weinbergweg**. Dieser Lehrpfad, von dem aus man schon den Königstein und den Lilienstein sehen kann, geht in den **Leitenweg** über, der durch den **Tiefen Grund** nach Graupa führt.

▷ Historischer Wegweiser am Malerweg

Graupa

Hier verbrachte im Jahr 1846 der königliche Hofkapellmeister *Richard Wagner* als Gast des „Schäferschen Gutes" einige erholsame Sommerwochen. In dieser Zeit schrieb er die Oper „Lohengrin". Das **„Richard-Wagner-Haus"** in seiner damaligen Pension erinnert heute liebevoll und detailreich an den Komponisten (mehr hierzu siehe „Dresden, Fünf Stadtwanderungen, Auf dem Dichter-Musiker-Maler-Weg"). Am Jagdschloss (1800) und Schlosspark vorbei führt der Wanderweg (Straße) durch **Neugraupa** und **Vorderjessen** bis **Liebethal** oder direkt in den Liebethaler Grund (markiert).

Liebethaler Grund

Die 1. Etappe beginnt am Eingang des Liebethaler Grundes und folgt der Wesenitz zunächst bis zu den Resten der einstigen **Lochmühle.** Kurz vor der Mühle steht ein gewaltig deutsches **Richard-Wagner-Denkmal** des Bildhauers *Richard Guhr* (von dem auch der Dresdner Rathausmann ist). *Wagner* mit Harfe, überlebensgroß als Gralsritter, umgeben von den allegorischen Figuren für das Tragische, das Dämonische, das Lyrische, das Sphärische und das Dionysische. Der Dargestellte hätte sich wohl ein wenig erschrocken, wäre er mit dem Lohengrin im Kopf noch einmal hier vorbeigekommen.

277ss dk

Die frühen „Schweiz-Reisenden" sind von hier die Treppe nach dem Dorf Daube hochgestiegen und von dort nach Lohmen gelaufen; man folgt aber besser dem markierten Weg am Liebethaler Grund, der auch bald auf die Dorfstraße mündet.

Lohmen

In Lohmen steht eine der schönsten **Dorfkirchen** Sachsens. Hier predigte von 1797 bis 1823 Pfarrer *Carl Heinrich Nicolai,* der Verfasser des ersten Reiseführers durch die Sächsische Schweiz. Sein Grab liegt auf dem Kirchhof. Lohmen ist Geburtsort des Steinbrechers und Schriftstellers *Bruno Bartel* (1885–1956), dessen Mundartbuch „Im di Bastei rim" 1955 erschien. Vor dem Erbgericht empfingen vor 150 Jahren Fremdenführer die Wanderer, und es wird von Harfenmädchen berichtet, die für eine stimmungsvolle Untermalung des Aufbruchs in die pittoreske Felsenlandschaft sorgten. Die Markierung des Malerwegs führt nun in den Uttewalder Grund, durch das berühmte Felsentor hinein in die besten Stuben der Sächsischen Schweiz. In Stadt Wehlen endet die 1. Etappe.

◳ Aussicht von der Bastei auf die Bärensteine

▷ Streuobstwiese in Blüte

Weitere Etappen

Der weitere Verlauf des Malerweges soll hier nur aufgezählt werden, da die Etappen an anderer Stelle in diesem Buch beschrieben werden und die Wegmarkierung im Gelände eindeutig ist.

2. Etappe: Stadt Wehlen – Bastei – Amselgrund – Hockstein – Hohnstein.

3. Etappe: Hohnstein – Brand – Waitzdorf – Kohlmühle – Altendorf.

4. Etappe: Altendorf – Ostrauer Mühle – Schrammsteine – Unterer Affensteinweg – Lichtenhainer Wasserfall – Kuhstall – Neumannmühle.

5. Etappe: Neumannmühle – Arnstein – Großes Pohlshorn – Zeughaus – Großer Winterberg – Schmilka.

6. Etappe: Schmilka – Elbfähre – Schöna – Wolfsberg – Liethenbachmühle – Papststein – Gohrisch – Kurort Gohrisch.

7. Etappe: Kurort Gohrisch – Pfaffendorf – Pfaffenstein – Quirl – Diebshöhle – Festung Königstein – Thürmsdorf – Weißig.

8. Etappe: Weißig – Rauenstein – Wehlen–Pötzscha – Naundorf – Obervogelgesang – Elberadweg – Pirna.

Praktische Tipps

Touristeninformationen gibt es in allen Ortschaften.

Infos außerdem im Internet unter:
- **www.malerweg.de**
- **www.saechsische-schweiz.de**

015ss ls

Winterstein und Arnstein

Drei einst berüchtigte **Raubritterburgen** verbindet eine Wanderung vom Kuhstall über den Winterstein zum Arnstein, abwechslungsreich zwischen anspruchsvollen Felspfaden und geruhsamen Waldwegen. Wenn nicht wieder vom Lichtenhainer Wasserfall, gelangt man zum Kuhstall auch auf dem Weg von der **Felsenmühle** in den Kleinen Zschand, bald nach rechts in die kurzen Ferkelschlüchte und weiter auf dem bequemen Haussteig. Nach Besteigung des Neuen Wildensteins, wie der Kuhstall ja in der Raubrittergeschichte heißt, geht es wieder hinunter in den Neuen Wildenstei-

Die **Burg auf dem Winterstein** wurde erstmals 1379 erwähnt. Sie ist demnach die älteste Burganlage der Hinteren Sächsischen Schweiz. Der **Recke vom Winterstein** war ein böhmischer Adliger, der wohl bessere Zeiten erlebt hatte, bevor er sich als Raubritter durchs Leben schlug. Seine Beute brachten Handelsreisende vorbei, die auf dem Weg zu den Märkten des **Oberlausitzer Sechsstädtebundes** waren. Da dieses Bündnis zwischen Löbau, Görlitz, Kamenz, Zittau, Bautzen und Lauban im Jahr 1346 als eine Art Rechtshilfeabkommen gegen die adlige „Landstörzerei" vereinbart worden war, hatte der Recke bald das Nachsehen. Die Sechsstädte schlugen 1441 zu, und daraufhin war von der Burg nicht mehr viel übrig. Fundstücke vom Hinteren Raubschloss sind im Heimatmuseum Bad Schandau ausgestellt.

ner Wald. Der Fremdenweg trifft am historischen Wegweiser auf die Zeughausstraße. Diese führt nun über die Quenenwiesen im Kleinen Zschand zum Winterstein (390 m). Am besten, man betritt diesen einsam aus dem Wald aufragenden Felsen, das **Hintere Raubschloss,** über die Buchschlüchte und verlässt ihn über die Hinteren Raubsteinschlüchte. Diese führen wieder auf die Zeughausstraße.

Nur wenige Spuren sind also vom Räubernest auf dem Winterstein erhalten, dennoch leben in diesem Monolithen noch die alten Geschichten. Die Natur hat nur einen einzigen Einstieg über die Südwand eingerichtet. Beim Aufstieg über die zum Teil noch originale Räuberleiter entdeckt man Falze und Widerlager für die Befestigung der hölzernen Vorburg, eine Nische für den Wachposten, eine Höhle mit Steinbänken, Rauchfang und der einstigen Zisterne. Weiter hinauf über alte Steinstufen und neue Eisenleitern bis auf das Plateau, wo zunächst weniger die Historie interessiert als die Aussicht. Ringsum Wald und Fels.

Südlich des Wintersteins liegt das „Böse Horn", ein Fels- und Waldgebiet in der Kernzone des Nationalparks. Die **Raubsteinschlüchte** münden in die Zeughausstraße und damit in den Großen Zschand, ganz in der Nähe des Zeughauses. Doch nicht in diese Richtung soll die Wanderung fortgesetzt werden, sondern wieder zum Kirnitzschtal. Am Ausgang des Großen Zschand steht

▷ Blick zu den Bärenfangwänden vom Hinteren Raubschloss

die Neumannmühle, Museum und Gasthaus, und ein paar Minuten bachaufwärts die **Buschmühle.** Über die Kirnitzsch hinweg führt der Wanderweg nun unter Felsen steil bergan zum **Arnstein,** der auch als „Ottendorfer Raubschloss" bekannt ist.

Von der Burg sind noch die in Stein gehauenen Stufen zu sehen sowie Falze und Balkenlager, eine Zisterne und vor allem die **Felszeichnungen.** Ob diese Ritzungen von den Raubrittern, von der Burgwache vielleicht, aus Langeweile in den Stein gebracht wurden, wer weiß. Bei den späteren Besuchern, die ihre Bilder hinzugefügt haben, war es sicherlich so. Dennoch sind einige dieser bis zu 80 Zentimeter großen Figuren noch gut zu erkennen. Sehenswerter ist aber die Aussicht auf Kirnitzschtal und Großen Zschand, Falkenstein und Königstein.

Vom Fuß des Arnsteins setzt sich dieser Wanderweg bachaufwärts fort bis

Im späten Mittelalter war der Arnstein, der als Wegwarte und Signalveste einst dem böhmischen *Berken von der Duba* gehörte, das gefürchtete **Raubnest der Wartenberger.** Diese „zehnteten" mehrere Dörfer an der Elbe und bedienten sich bei Kaufmannszügen der Oberlausitzer Sechsstädte. Der Städtebund schlug diesmal gemeinsam mit dem sächsischen Kurfürsten zu; 1451 wurde die Burg zerstört. Der Sage nach wurde der letzte Raubritter vom Arnstein am Amselfelsen aufs Rad geflochten.

zum **Kleinstein** (378 m). Der ist nun nicht als Räubernest bekannt, sondern seiner gotisch geformten **Kleinsteinhöhle** wegen als einer der Lieblingsplätze der Romantiker. *Ludwig Richter* hat

206ss dk

sie in einer Radierung festgehalten. Die Höhle liegt an der Südseite des Steins und ist nach beiden Seiten offen. Das spitzbogige Felstor ist zehn Meter hoch und fünf bis sieben Meter breit, die Höhle zehn Meter tief. Quarzadern auf dem Gestein und die sandbedeckte Sohle erinnern an die nur 400 Meter entfernte Lausitzer Störung.

Abschließend kann man über den Höhenweg „Hohes Gewände" zurück zum Arnstein laufen oder auf dem bereits begangenen Wanderweg nach **Saupsdorf** mit Anschluss an den Alfred-Meiche-Weg nach Sebnitz oder Hinterhermsdorf weiterwandern. Letztere Variante bietet sehr schöne Aussichten auf die Hintere Sächsische Schweiz.

Praktische Tipps

Unterkunft, Essen und Trinken

■ **Hotel und Gasthof am Lichtenhainer Wasserfall**②, Kirnitzschtal, Tel. (035971) 53733, www.lichtenhainer-wasserfall.de, April bis Okt. tgl. 9–22 Uhr. Spezialitäten des Restaurants sind Forellengerichte, dazu gibt es Weine aus deutschen und internationalen Anbaugebieten. Haltepunkt der Kirnitzschtalbahn.
■ **Hotel und Gasthof Forsthaus**②, Kirnitzschtal, Tel. (035022) 5840, www.pura-hotels.de. Historisches Haus im Schweizerstil, Haltepunkt der Kirnitzschtalbahn.
■ **Mittelndorfer Mühle**②, Kirnitzschtal, Gaststätte und Pension, Tel. (035022) 5850, www.mitteltelndorfer-muehle.de. Mo, Di, Do ab 17 Uhr, Sa, So ab 15 Uhr, Feiertage ab 12 Uhr, Historische Mühle, Haltepunkt der Kirnitzschtalbahn.

Großer und Kleiner Zschand

Der Große und der Kleine Zschand sind benachbarte, wasserarme **Seitentäler der Kirnitzsch.** Sie werden etwa in der Mitte durch den breiten Wanderweg **Zeughausstraße** (rot) verbunden und treffen beide an der Kirnitzsch auf Gasthäuser (Kleiner Zschand: Felsenmühle, Großer Zschand: Neumannmühle) sowie Haltestellen der Wanderbuslinie 241 (Königstein – Bad Schandau – Kirnitzschtal – Hinterhersmdorf); an der Neumannmühle gibt es einen (in der Saison oft vollen) Wandererparkplatz. Im Großen Zschand lädt die **Ausflugsgaststätte Zeughaus** ein (nur zu Fuß oder per Rad erreichbar). Als der Große Zschand noch ein Handelsweg zwischen Sachsen und Böhmen war, diente das Zeughaus als Zollstation.

207ss dk

▷ Im Frühdunst zu Berge … im Großen Zschand

2

Das Landschaftsbild bestimmen mächtige Felsen, Steilhänge, Felsbrocken und Querschluchten. Der größte Teil liegt in der Kernzone des Nationalparks, hier dürfen also nur die markierten Wege begangen werden. Dazu mehr in den Wanderbeschreibungen.

Durch den Großen und den Kleinen Zschand lassen sich zahlreiche herausragende **Wanderziele** in der Hinteren Sächsischen Schweiz erreichen. Sie sind sehr gut ausgeschildert, die Wege so markiert, dass man auch ohne Karte zurechtkommt. Über den Großen Zschand sind das zum Beispiel der Winterstein (Hinteres Raubschloss), die Aussichtsfelsen Teichstein und Großes Pohlshorn, die Hickelhöhle und Richtergrotte,

durch den Kleinen Zschand die Quenenwiesen (eine Waldlichtung), Kleiner und Großer Winterberg, Schmilka und die Schrammsteinkette. Für einen Rundweg durch beide Schluchten ist zu empfehlen, den etwas monotonen Wegabschnitt im Kleinen Zschand auf der Forststraße zwischen Quenenwiesen und Kirnitzsch (Felsenmühle) an den Schluss der Wanderung zu legen, dann geht es zügig bergab.

Durch den Großen Zschand

MEIN TIPP: Diese abwechslungsreiche Halbtagswanderung (Start Neumannmühle) führt durch einige der reizvollsten Gegenden der Hinteren Sächsischen Schweiz. Sie ist auch für wandererfahrene Kinder geeignet, sofern gesichert ist, dass sie auf den Wegen bleiben. Geländer vor den Abgründen gibt es hier nicht und wird es hoffentlich auch nie geben.

⌃ Rastplatz am Goldsteig

2

Für Kinderwagen ist der Große Zschand geeignet, nicht aber die weitere Tour. Der Rundweg lässt sich auch auf zwei Wanderungen aufteilen, einmal links, dann rechts des Großen Zschandes.

Zunächst wird der Große Zschand der Länge nach durchlaufen (rote Markierung). Bis zum Zeughaus ist er als Forststraße ausgebaut, dann verengt sich das Tal zur malerischen Schlucht. Mehrere nicht betretbare Seitenschlüchte führen in die zerklüfteten Felsreviere. Die letzten 500 Meter bis zur Grenze sind im Interesse des Naturschutzes gesperrt. Kurz vor der Sperre münden links die **Hickelschlüchte** in den Großen Zschand. Dort hinein führt nun der Wanderweg. Sanft ansteigend erreicht er die **Hickelhöhle**. Sie ist die zweitgrößte Höhle der Sächsischen Schweiz, 45 Meter breit und 15 Meter tief, und ein beliebter Rastplatz.

Wenige Meter oberhalb der Höhle beginnt der **Reitsteig** (grün). Er schlängelt sich unterhalb der Thorwalder Wände durch eine fantastische Felsenwelt. Hinter den Kletterfelsen Thorwalder Wächter und Thorwalder Turm verabschiedet sich der Reitsteig zum Großen Hochhübelweg, der unweit oberhalb des Zeughauses wieder auf den Großen Zschand trifft. Dieser wird nun über einige Hundert Meter ein zweites Mal durchlaufen, bis rechts, bei einer Schutzhütte, die Mündung der **Richterschlüchte** erreicht wird. Auch diese Seitenschlucht liegt malerisch geheimnisvoll im Schatten gewaltiger Felsen und ist übersät mit Sandsteinbrocken, auf denen Farn- und Mooswäldchen gedeihen. Anfangs steigt die Schlucht sanft an, später wird der Weg steiler, führt auch über Sandsteinstufen und Holzleitern.

209ss dk

Ihren Höhepunkt erreicht die Schlucht in der **Richtergrotte,** die ihre Besucher auch im Sommer mit kühlem Atem empfängt und im Winter meterdicke Eiszapfen bildet. Noch ein Stück bergan würde man den Roßsteig (Malerweg) erreichen und auf diesem den Großen Winterberg. Diese Wanderung jedoch soll nun auf dem **Goldsteig** fortgesetzt werden. Der Zugang befindet sich kurz unterhalb der Richtergrotte, auf der Höhe der Holzleitern. Er ist mit dem grünen Dreieck als Zeichen für Bergpfad markiert.

Der Goldsteig erhielt die Kategorie „Bergpfad" offenbar allein aus Gründen des Naturschutzes. Er ist für jeden umsichtigen Wanderer an keiner Stelle riskant oder mit besonderen Problemen verbunden, wie sie auf anderen Bergpfaden durchaus zu erwarten sind. Das mächtige Areal der **Bärenfangwände,** an dessen Ostseite sich der Goldsteig 3 Kilometer lang auf einem breiten Felsband über dem Tal schlängelt, ist Brutgebiet seltener Vögel. Deshalb gibt es für Kletterer im Goldsteingebiet zeitlich befristete Sperren, und auch Wanderern ist geboten, sich angemessen zu verhalten. Das Landschaftserlebnis ähnelt dem des anfangs durchlaufenen Reitsteigs, ist aber doch wieder einzigartig.

Für den **Namen** „Goldsteig" mögen in der von Fantasie überbordenden Fülle der Bezeichnungen von Felsen, Bergen und Wegen in der Sächsischen Schweiz manche Anregungen in Frage gekommen sein; Gold wurde hier jedenfalls nie in nennenswerter Menge gefunden. Wer

den Goldsteig einmal an einem sonnigen Herbsttag begeht, hat allerdings bei jedem Schritt Gold vor Augen.

Viel zu schnell wird das Ende dieses Weges erreicht, der zu den Perlen des Elbsandsteingebirges zählt. Gleich hinter dem **Goldstein** (429 m) erreicht er mit dem **Roßsteig** (Malerweg) einen der zentralen Wanderwege. Nach einem zwar kurzen, aber steilen Anstieg wandelt sich dieser zum bequemen Waldweg, auf dem der Große Winterberg erlaufen werden kann. Höhepunkt dieser Wanderung aber ist die nur 50 Meter vom Wanderweg entfernte **Goldsteinaussicht,** die zu den großartigsten der Sächsischen Schweiz gehört. Zwar bietet sie keinen Rundblick, aber das Panorama der Thorwalder Wände über dem Großen Zschand ist feierlich.

Den Rückweg bietet nun wieder der Roßsteig (rot), bergab bis zum Zeughaus und von dort zur Neumannmühle.

Pfade, Schluchten, Plateaus

Verschwiegene Bergpfade, kräftezehrende An- und Abstiege und grandiose Aussichten bietet diese **Tageswanderung** für erfahrene, ausdauernde Besucher der Hinteren Sächsischen Schweiz. Sie bewegt sich fast ausschließlich in der Kernzone des Nationalparks und fordert im Bereich der Bergpfade einiges Orientierungsvermögen. Eine Wanderkarte mindestens 1:25.000 gehört in den mit ausreichend Proviant gefüllten Rucksack. Die Wanderzeit sollte mit 6½ Stunden geplant werden. Das schließt einen zügigen Schritt im Großen Zschand ebenso ein wie das Verweilen an den schönsten Orten und rund eine Stunde Rast.

◁ Die Goldsteinaussicht gehört zu den großartigsten der Sächsischen Schweiz

2

210ss dk

Ausgangsort ist wiederum die Neumannmühle. Der Große Zschand wird durchlaufen bis zur nicht zu übersehenden Mündung der Richterschlüchte, dann sind es noch 200 Schritte bis zum unscheinbaren Einstieg in die **Weberschlüchte.** Nur ein kleines grünes Schild am Baum weist darauf hin, dass es sich hier um einen Bergpfad handelt und um eine Sackgasse. Das Ziel ist die **Webergrotte,** und dort ist Umkehren unausweichlich. Ein Weg, den man gleich zweimal sehen will! Eine Stunde mindestens ist dafür zu veranschlagen.

Die Weberschlüchte reichen weit in die abgelegenste Wildnis der Hinteren Sächsischen Schweiz. Sie sind von außergewöhnlicher Schönheit und Stille. Im Interesse des Naturschutzes sowie der

Wanderer und Bergsteiger, die diesen Weg auch künftig begehen und nicht gesperrt sehen wollen, nicht zuletzt im eigenen Interesse eines bezaubernden Naturerlebnisses, ist es für jeden Besucher unumgänglich, sich hier respektvoll zu bewegen, am besten schweigend, bedächtig, aufmerksam, jede Art von Abfällen und Müll vermeidend.

Wegzeichen gibt es, wie an allen Bergpfaden, nur sehr wenige. Der Pfad bleibt aber immer gut erkennbar. Einige Male taucht das schwarze Dreieck auf, das auf Kletterzugänge hinweist, für Wanderer aber ist grün maßgebend. Kurz vor dem Ende des Hinweges blickt man links in etwas lichteren Wald. Geradeaus geht es fußbreit über Steine und Gewurzel hart am Felsen. Letzteres ist der richtige Weg, eventuelle Irritationen werden schon ein paar Schritte später beruhigt, wenn der Pfad wieder deutlicher zu sehen ist. Schon steht man vor der düster-mächtigen Grotte.

Die **Webergrotte** ist ein geheimnisvoll einsamer Ort in den Vorderen Partschenhörnern. Doch so unbekannt, wie man vermuten mag, ist sie schon sehr lange nicht mehr. Davon erzählen stumm die ausgewaschenen Stufen in dem Felsbrocken am Eingang der Grotte. Sie markieren den heute verbotenen historischen Aufstieg zum Entenpfützenweg, über den schon vor Generationen das Prebischtor erwandert worden ist. Diese Sperrung gehört zu den umstrittensten im Nationalpark.

Nach der Rückkehr im Großen Zschand wird die Wanderung durch die Richterschlüchte und auf dem Goldsteig fortgesetzt (siehe Wanderung: Durch den Großen Zschand). Nach dem Blick von der Goldsteinaussicht folgt sie dem

Roßsteig (Malerweg) in Richtung Großer Winterberg. Nun heißt es achtgeben auf die Markierung Bergpfad, die nach rund einem Kilometer rechts an einem Baum auftaucht, nach weiteren rund 500 Meter gibt es noch einen Abzweig mit eben dieser Markierung, beide führen zum Ziel. Spätestens hier ist es wichtig, eine gute Karte zur Hand zu haben.

Dieser Bergpfad durchquert die **Bärenfangwände**. Nur auf wenigen Karten (*Rolf Böhm*: Kleiner Zschand, 1:10.000) wird er noch mit seinem historischen Namen benannt: **Der Gehackte Weg.** Er führt anfangs bequem durch den Wald, entfaltet aber bald seinen ganzen Charme. Dann geht es, in dieser Wegrichtung, sehr steil bergab über Felsbrocken durch eine urwüchsige Szenerie, sodass man auch mehrfach die Hände zu Hilfe nehmen muss. Niemand sollte diesen sportlich recht anspruchsvollen Bergpfad leichtfertig begehen. **Alternativ** lassen sich die Bärenfangwände auf dem Roßsteig und weiteren markierten Wanderwegen (rot, grün) umrunden, sodass man auch ohne Kraxelei zum abschließenden Ziel dieser Wanderung gelangt.

Der Gehackte Weg, zuletzt bequem im Wald, mündet in die Hinteren Raubsteinschlüchte (einem Abzweig der Zeughausstraße), denen nun, leicht bergan, nach links zu folgen ist. Bald wird das gewaltige Riff der Bärenfangwände sichtbar, und halbrechts geht es über Stufen weiter hinauf zum Fuß des Wintersteins, der auch als **Hinteres Raubschloss** bekannt ist (siehe „Winterstein und Arnstein"). Der nahezu senkrechte Aufstieg über Leitern und Sandsteinstufen auf das weitläufige Plateau ist die letzte Herausforderung dieses Wan-

Hintere Sächsische Schweiz

2

Hintere Sächsische Schweiz

dertages. Belohnt wird er mit einem grandiosen Rundblick.

Der kürzeste **Rückweg** führt nun wieder über die Zeughausstraße und den Großen Zschand bis zur Neumannmühle. Dafür sind 45 Minuten bis eine Stunde einzuplanen. Etwas länger braucht man auf dem **Knorrenweg,** der von der Zeughausstraße abzweigt und, am Großen und Kleinen Lorenzstein vorbei, in die düsteren **Spitzsteinschlüchte** führt. Diese münden kurz oberhalb der Neumannmühle in den Großen Zschand.

Praktische Tipps

Unterkunft, Essen und Trinken

■ **Pension Felsenmühle**①-②, Kirnitzschtalstr. 8, 01855 Ottendorf, Tel. (035974) 50088, www.pension-felsenmuehle.de. Historisches Ausflugslokal am Eingang zum Kleinen Zschand.

🦋 **Altes Zeughaus**①, Zeughausstraße 5, Tel. (035974) 55800, April bis Okt. tgl. 11–18 Uhr, www.alteszeughaus.de. Historisches Wandererlokal im Großen Zschand, eigene, vorwiegend vegetarische Küche, Gartenlokal.

■ **Pension Neumannmühle**①, Kirnitzschtal, Tel. (035974) 50565, www.saechsische-schweiz.com, April bis Okt. tgl. ab 12 Uhr. Beliebte Wanderer- und Bergsteigerherberge am Eingang zum Großen Zschand, Vierbett- und Gruppenzimmer, Schlafsackplätze 13,50 €/Person, einfaches, sehr schmackhaftes Speiseangebot.

■ **Buschmühle**①, Kirnitzschtal, Tel. (035974) 50415, www.die-buschmuehle.de, Gaststätte Fr–Mi ab 9 Uhr. Einfache Übernachtung für Wanderer, gemütliche Kneipe.

■ **Zeughaushütte im Großen Zschand**①, Tel. (035974) 55763, www.zeughaushuette.de. Für Gruppen bis 30 Pers., Schlafsack mitbringen. Mit Grillplatz.

Wanderungen

■ Neumannmühle – Lichtenhainer Wasserfall: 2½ Stunden.

■ Lichtenhainer Wasserfall – Kuhstall – Kleiner und Großer Winterberg – Schmilka: 4 Stunden.

■ Schmilka – Großer Winterberg – Zeughaus – Roßsteig – Wurzelweg – Schmilka: 5 Stunden.

■ Schmilka – Kleine Bastei – Rauschenstein – Frienstein – Affensteine – Dietrichsgrund – Beuthenfall: 5 Stunden.

■ Lichtenhainer Wasserfall – Kuhstall – Kleiner Winterberg – Großer Winterberg – Schmilka: 6 Stunden.

■ Beuthenfall – Affensteine – Schrammsteinweg – Kleiner Dom – Sandloch – Zeughausweg – Unterer Affensteinweg – Beuthenfall: 5 Stunden.

■ Felsenmühle – Winterstein – Raubsteinschlüchte – Buschmühle – Arnstein – Kleinsteinhöhle – Saupsdorf: 5 Stunden.

■ Felsenmühle – Kleiner Zschand – Bärenfangwände – Zeughaus: 3 Stunden.

■ Neumannmühle – Großer Zschand – Zeughaus – Hickelschlüchte – Reitsteig – Richterschlüchte – Goldsteig – Goldsteinaussicht – Neumannmühle: 5 Stunden.

◁ In den Weberschlüchten

2

Kahnfahrt in der Felsklamm

Hinterhermsdorf

Am Ostrand der Sächsischen Schweiz, nahe der tschechischen Grenze, liegt Hinterhermsdorf. Das von Wald und Wiesen umschlossene Bergdorf ist Ausgangsort für Wanderungen in die Hintere Sächsische Schweiz.

In Hinterhermsdorf stehen 62 **Umgebindehäuser,** die meisten aus dem 18./19., einige aus dem 17. Jahrhundert (siehe auch Exkurs „Umgebindehäuser"). Die Dorfkirche wurde 1690 als Pestkapelle errichtet. Böhmische Protestanten, die nach dem Dreißigjährigen Krieg ihres Glaubens wegen vertrieben worden waren, gründeten den heutigen Ortsteil Neudorf. Sie brachten die Leineweberei mit, die neben der ebenfalls aus Böhmen übernommenen Herstellung künstlicher Blumen lange Zeit Haupterwerb der Hermsdorfer Familien wurde. Einträglich war auch der Schmuggel über die sächsisch-böhmische Grenze.

Mitten durch den Ort verläuft die Grenze zwischen Elbsandstein und Lausitzer Granit.

Hinterhermsdorf ist der höchstgelegene Ort im rechtselbischen Teil der Sächsischen Schweiz. Eine Empfehlung für den **Winterurlaub** – dann gibt es hier viele Rodelberge und Skipisten, und die verschneiten Wege eignen sich sehr gut für Winterwanderungen.

Ins Weißbachtal

Nach Norden führt die Alte Nixdorfer Straße zum nahen **Weifberg** (478 m) mit Aussichtsturm, weiter über den Folgenweg zum Schäferräumicht, einer einsam gelegenen Gaststätte, und den Bammelweg ins Weißbachtal. Ob der Bammelweg seinen Namen vom sächsischen Wort für Angst hat? Jedenfalls waren hier die Schmuggler unterwegs, und die hatten wohl auch „Bammel" vor Zöllnern und sonstigen Beamten. Das Weißbachtal bildet die deutsch-tschechische Grenze und ist eines der abgelegensten Täler der Sächsischen Schweiz. Ein bequemer Wiesenweg begleitet den Bach bis zur Mündung in die Kirnitzsch, und es gibt mehrere markierte Wege, die zurück nach Hinterhermsdorf führen. Eine wenig anstrengende Tour zu allen Jahreszeiten. Vom Weifberg kann man auch weiter zum Grenzübergang (nur für Wanderer) und nach **Mikulášovice (Nixdorf)** laufen – einer kleinen Stadt mit barocker Kirche und einigen Kneipen. Für den Rückweg bietet sich der weithin sichtbare Aussichtsturm auf dem **Tanzplan (Tanečnice,** 597 m) an, eine seit über hundert Jahren beliebte Ausflugsgaststätte. Vom Tanzplan gelangt man bald zum Grenzübergang nach Sebnitz.

Durch die Kirnitzschklamm

Einladend bequem beginnen alle Wege in Hinterhermsdorf; ein Grund mehr, den beliebten Spaziergang zur **Oberen Schleuse** auf den frühen Morgen zu legen und diese Tagestour dranzuhängen: von der tief eingeschnittenen Klamm

Umgebindehäuser

In den Dörfern der Hinteren Sächsischen Schweiz, besonders häufig in Hinterhermsdorf und Saupsdorf, aber auch in der Böhmischen Schweiz, stehen noch die Sägemühlen und Dorfkneipen sowie die Häuser der Leineweber und Tuchmacher, der Kleinbauern und Handwerker, mit denen eine einzigartige und bis heute lebendige Volksarchitektur erhaltengeblieben ist.

Das Umgebindehaus entstand im Grenzgebiet zwischen dem traditionellen slawischen Blockbau und dem fränkischen Fachwerkbau. Es bewährte sich als ein ländliches Haus für viele Anforderungen.

Vermutlich begann die Geschichte des Umgebindehauses schon im 14. Jahrhundert. Die ältesten erhaltenen Umgebindehäuser, etwa das „Reiterhaus" in Neusalza-Spremberg in der Oberlausitz, sind um die 350 Jahre alt. Fränkische Siedler, die im Zuge der Ostexpansion ab dem 11. Jahrhundert über Elbe und Saale zogen, haben wohl zunächst die reine Holzbauweise der Slawen übernommen. Doch mit der zunehmenden Siedlungsdichte wurde Bauholz knapp und der Verbrauch durch die Landesherren eingeschränkt. Das dürfte ein Grund gewesen sein, der die Entstehung einer neuen Bauweise förderte.

Fachwerkhäuser mit senkrechten Holzbalken waren sehr stabil und schnell und holzsparend zu errichten; Blockbauten mit waagerechten Balken speicherten gut die Wärme und entsprachen dem wechselhaften Klima der Region. Beide Konstruktionsarten in einem Bau miteinander fest zu verbinden, ist aufgrund der Zellstruktur des Holzes nicht möglich: Längs zur Faser ist die Verkürzung des Holzes beim Austrocknen 15 mal kleiner als quer zur Faser. Die geniale Lösung bestand darin, zwei Häuser in einem zu bauen: Um die Blockstube wurde das Fachwerk errichtet, abgestützt durch eine Holzkonstruktion. Die Stützkonstruktion, das „Umgebinde", steht mit einigen Zentimetern Abstand vor der Blockstube; „umbindet" das Erdgeschoss und nimmt alle Lasten des oberen Geschosses (später auch der oberen Geschosse) auf.

Während den stehenden Hölzern alle Tragefunktionen zufallen, übernehmen die waagerecht liegenden Hölzer nur noch die Wärmefunktion. Eine technisch wie ästhetisch überzeugende Bauweise.

▷ Umgebindehaus in Sebnitz

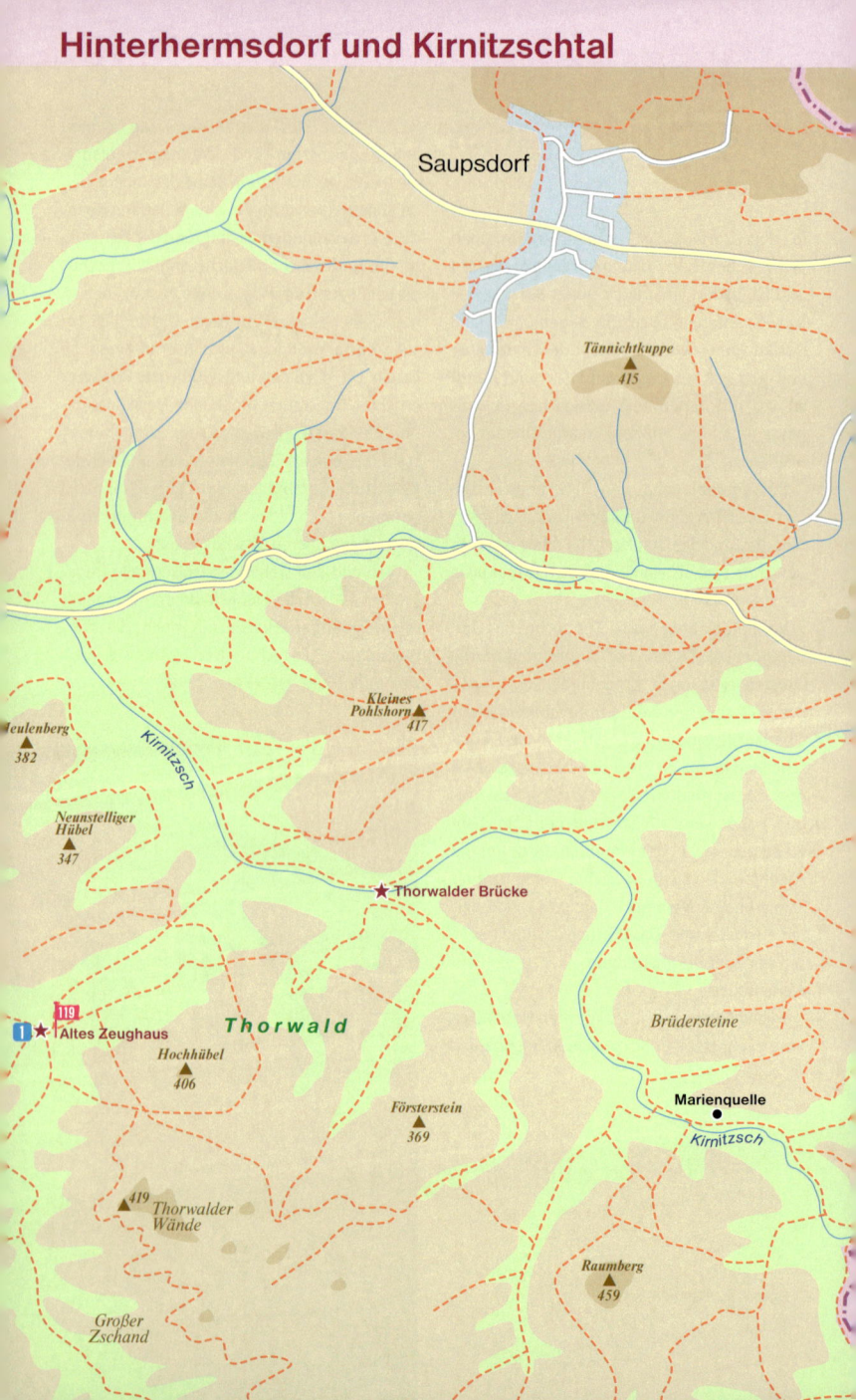

Hinterhermsdorf und Kirnitzschtal

Saupsdorf

Tännichtkuppe
415

Kirnitzsch

Kleines
Pohlshorn
417

Meulenberg
382

Neunstelliger
Hübel
347

★ Thorwalder Brücke

Brüdersteine

119

i ★ Altes Zeughaus

Thorwald

Hochhübel
406

Försterstein
369

● Marienquelle

Kirnitzsch

419
Thorwalder
Wände

Raumberg
459

Großer
Zschand

TSCHECHIEN

0 ⎯⎯ 400 m

Wandergrenzübergang
nach Mikulašovice

114 *Weifberg*
▲ 478

3

Steinberg
458

ℹ Haus des Gastes

Wandergrenzübergang
ins Khaatal und nach Kyjov

114
Hinterhermsdorf

Wandergrenz-
übergang

Kirnitzsch

Hackkuppe
424

ℹ P
2

Mühlhübel
▲ 403

Erlebnisareal
Waldhusche

Hohberg
418 ★ Dachshöhle

114
Bootsstation
Obere Schleuse

118
Quasengrund
Königsplatz
437

★ Wettinplatz

TSCHECHIEN

Schweinelöcher

*Oberer
Schleusensee*

★ Hermannseck

Hollweg

Wolfsschlucht

Wandergrenzübergang
Zadni Jedřichovice

Kirnitzsch

🟦 **Essen und Trinken**
1 Altes Zeughaus
2 Buchenparkhalle
3 Gaststätte
   Schäferäumicht

über trockene, einsame Täler zu atemberaubenden Aussichten. Ein Thema mit allen Variationen der Hinteren Sächsischen Schweiz.

Zunächst führt die Dorfstraße zur Ausflugsgaststätte Buchenparkhalle (dort ist auch der Wanderparkplatz), weiter durch einen lichten Buchenwald. Über Stufen geht es 150 Meter bergab, über Stock und Stein durch den Wald, an der Dachshöhle vorbei bis zur Kirnitzsch und der **Bootsstation Obere Schleuse.** Hier beginnt eine wildromantische Bootsfahrt, 20 Minuten lang durch die Klamm, zwischen haushoch aufragenden, moosüberzogenen Felsgebilden.

Die **Stauanlage „Obere Schleuse"** wurde wahrscheinlich im 16. Jahrhundert als Holzbau errichtet, 1816/17 in Stein, die jetzige Schleuse 1931. In der Schleuse wurde Wasser gesammelt, in der Kirnitzsch das zu flößende Holz. Mit der Flutwelle des Schleusenwassers wurden die Holzstämme zu Tal geschwemmt, bis zur Elbe. Die Flößer mussten dafür sorgen, dass sich die Stämme nicht im Bach verkanteten, eine lebensgefährliche Arbeit. Das Gleiche passierte noch einmal siebeneinhalb Kilometer bachabwärts, an der Niederen Schleuse. Bis 1965 wurde hier Holz geflößt, immer im Frühjahr und im Herbst. Heute ist die Schleuse ein **Technisches Denkmal.** Schon 1879 lud der Saxonia-Gebirgsverein zu Bootsfahrten auf dem 700 Meter langen Staubecken ein. Und sofort erkoren die Leute diese Attraktion zu einem ihrer beliebtesten Ausflugsziele.

Die Wartezeit an der Bootsstation kann man in der kleinen Gaststätte abkürzen. Oder man geht gleich zu Fuß; am Ufer schlängelt sich ein schmaler Pfad. Die Bootsfahrt endet an der Sperrmauer der oberen Schleuse; von dort kehren viele Ausflügler wieder zurück nach Hinterhermsdorf. Eine Kletterpartie führt auf das **Hermannseck,** über Leitern durch den Kamin bis zum Aussichtspunkt und wieder zurück.

Ein Wanderweg begleitet weiter die Kirnitzsch. Zunächst auf Schlängelweg über die Felsen, dann durch die **Wolfsschlucht** hinunter zur Talsohle. In der Wolfsschlucht gibt es einen niedrigen Felstunnel. Die nächsten beiden Stunden hält sich der Weg nahe der Kirnitzsch. Anfangs stehen die Felsen hart am Ufer, dann treten sie zurück in den Wald. Vor der dunklen Kulisse der Darnsteinwände und Rabensteine mäandert die Kirnitzsch durch eine breite Wiese, das so genannte Niemandsland.

Königsplatz

Kurz nach der Brücke zum ehemaligen Hinterdittersbach (Zadni Jetřichovice) verzweigt sich der Weg. Nach rechts geht es in die **Hölle,** ein finsteres Felsengebiet, das vom **Hollweg** durchquert wird. Die Namen sagen hier alles: Wo die Felsgasse noch schmaler wird, heißt sie Vorderes Schweineloch und Hinteres

▷ Wildromantische Bootsfahrt auf der Kirnitzsch

Schweineloch, dazwischen stecken die Schlüchte des Tunnelweges. Alle Wege führen auf den lichten Königsplatz, den der sächsische Monarch **Friedrich August II.** zu seiner liebsten Aussicht erkoren haben soll. Tatsächlich bietet sich vom Felsplateau ein großartiges Waldpanorama dar. Vom Königsplatz ist es nicht mehr weit bis nach Hinterhermsdorf.

Die **Kirnitzsch** plätschert an der Hölle vorbei, und der Wanderweg neben ihr wird nun etwas trockener. Die nächste Möglichkeit, nach Hinterhermsdorf abzukürzen, bietet ein paar Schritte nach der **Marienquelle** das **Lindigtgründel** unterhalb der **Mehlsäcke,** das man nicht durchlaufen sollte, ohne auf die **Brüdersteine** zu klettern und den **Lindigtblick** zu erleben.

Altes Zeughaus

Wer sich stattdessen weiter an die Kirnitzsch hält, leider auf geschottertem Fahrweg, kommt zur **Thorwalder Brücke** und von dort durch den Wald zum Alten Zeughaus am Großen Zschand.

Das 1642 mitten im wildreichen Wald errichtete Alte Zeughaus diente zur Aufbewahrung des Jagdzeuges und als Wohnung für den Zeichenschläger, den Mann also, der für die Kennzeichnung der Wege und der Jagdreviere zuständig war. Heute ist es eine beliebte Einkehrstätte. Zu erreichen ist es vom Kirnitzschtal auch für Rollstuhlfahrer sowie mit dem Fahrrad.

Hier gibt es nun wieder viele Möglichkeiten, diese Wanderung fortzusetzen. Wer genug hat, geht durch den Großen

Hintere Sächsische Schweiz

212ss dk

Zschand bis zur **Neumannmühle** im Kirnitzschtal (Busstation). Aufregender ist es, zum **Großen Winterberg** zu laufen. Dafür bieten sich zwei der schönsten Wege der Hinteren Sächsischen Schweiz an. Entweder über den Roßsteig mit der grandiosen Goldstein-Aussicht. Oder, treppauf treppab, durch die malerischen **Richterschlüchte.** Bei der Rast am Großen Winterberg kann man dann entscheiden, ob die Kraft noch für die **Schrammsteine** reicht. Oder nur noch für den Bergsteig nach **Schmilka.**

Praktische Tipps

Information

■ **Haus des Gastes,** Touristinformation, Weifbergstr. 1, 01855 Hinterhermsdorf, Tel. (035974) 5210, www.hinterhermsdorf.de. Mo, Mi–Fr 9–12 und 13–16 Uhr, Di 9–12 und 13–18 Uhr, Sa 9–12 Uhr, im Winter Mi geschlossen.

■ **Fremdenverkehrsamt Kirnitzschtal,** Sebnitzer Straße 2, 01855 Altendorf, Tel. (035022) 42774, www.saechsische-schweiz-urlaub.com. Mo–Fr 9–12.30 und 13–18 Uhr, Sa 9–12 Uhr, Nov. bis März Mo–Do 9–12.30 und 13–16 Uhr, Fr 9–12.30 Uhr.

Unterkunft, Essen und Trinken

■ **Hotel Sonnenhof**②, Hinterer Räumichtweg 12, Hinterhermsdorf, Tel. (035974) 50300, www.sonnenhof-hinterhermsdorf.de, tgl. 11–22 Uhr. Ruhig gelegen, Wellnessangebote.

■ **Waldpension Obere Mühle**①, Heidelbachweg 1, Hinterhermsdorf, Tel. (035974) 50320, www.obere-muehle-hinterhermsdorf.de. April bis Dez., im Wald gelegen.

■ **Pension und Gasthaus Zum Wanderstübel** ①, Schandauer Straße 64, Hinterhermsdorf, Tel. (035974) 50570, www.wanderstuebel.de. Ostern bis Okt. Fr–Mi ab 11 Uhr, Nov. bis Ostern Fr–Di ab 11 Uhr. Umgebindehaus, ländliche Gaststube: Lachs, Wild, Vegetarisches.

■ **Zeughaushütte**①, im Großen Zschand, Zeughausstraße 2, Ottendorf, Tel. (035974) 55763, www.zeughaushuette.de. Für Gruppen bis 30 Personen, Schlafsack mitbringen. Mit Grillplatz.

Essen und Trinken

🦋 **Altes Zeughaus,** im Großen Zschand, Zeughausstraße, Tel. (035974) 55800, April bis Okt. tgl. 11–18 Uhr. Seit 1648 Ausflugslokal und Raststätte für Wanderer, vegetarische und Biokost.

Bootsstation

■ **Obere Schleuse,** Hinterhermsdorf, Ostern bis Okt. Mo–Fr 9.30–16.30 Uhr, Sa/So 9–17 Uhr, mit Gastwirtschaft, 45 Min. Fußweg vom Parkplatz Buchenparkhalle, Fahrt auf der Kirnitzsch ca. 20 Min.

Museum

■ **Waldarbeiterstube,** Neudorfer Straße 1, Hinterhermsdorf, Mai bis Okt. täglich 10–12 und 13–17 Uhr.

◁ Die Kirche in Hinterhermsdorf

2

Wanderungen

- Hinterhermsdorf – Obere Schleuse: 40 Minuten.
- Hinterhermsdorf – Zeughaus: 4 Stunden.
- Zeughaus – Neumannmühle: 30 Minuten.
- Hinterhermsdorf – Obere Schleuse – Kirnitzsch – Zeughaus – Großer Winterberg – Schrammsteine – Postelwitz (Fähre nach Krippen): 8 Stunden.
- Sebnitz – Obere Schleuse: 4 Stunden.
- Hinterhermsdorf – Obere Schleuse – Kirnitzsch – Hollweg – Königsplatz – Hinterhermsdorf: 3 Stunden.
- Wanderung in die böhmische Schweiz siehe Kapitel „Um Krásná Lípa" unter „Na Tokani" (Balzhütte): 7 Stunden.

▽ Museum Waldarbeiterstube in Hinterhermsdorf

Sebnitz

Das **nordöstliche Eingangstor** in die Sächsische Schweiz ist Sebnitz. Textilindustrie und Seidenblumenproduktion, Manufakturen und Heimwerkstätten prägten die Entwicklung vom Bauerndorf am Sebnitzbach zu einer Kleinstadt, die sich weit in die umliegenden Berge drängt. Der große Marktplatz liegt auf 247 Meter Höhe, der nahe Bahnhof bereits 40 Meter höher, und die Randlagen klettern auf über 400 Höhenmeter. Wie Pirna hat auch Sebnitz, eine Stadt mit 9000 Einwohnern und Sachsens größter staatlich anerkannter Erholungsort, auf den ersten Blick scheinbar wenig zu bie-

214ss dk

ten. Dennoch hat die „Seidenblumenstadt" am Nationalpark ihre Reize: das Haus Deutsche Kunstblume, die Gründerzeit-Bauten der Textilindustrie, das klassizistisch-schlichte Zentrum, ländliche Viertel mit Umgebindehäusern und die einladende Umgebung.

Die Kulturgeschichte dieser Stadt, die vom **Weltruf einer Nischenproduktion** und der märchenhaften Volkskunst langer Winterabende bestimmt wurde, ist allemal einen spannenden Exkurs wert.

Die sanft hügelige Umgebung macht Sebnitz auch im Winter zum Reiseziel. Skiwanderer finden gespurte Loipen; im Böhmischen erstrecken sich weithin einsame Wälder.

Geschichte

Sebnitz wurde 1423 erstmals genannt, ist aber wahrscheinlich älter. Die Sebnitz als Grenzfluss fließt bereits in einer Urkunde von 1241. Der Name kommt aus dem Slawischen und bedeutet Finkenbach. Neben den bäuerlichen Höfen bestimmten beizeiten Leinewebereien das Leben in Sebnitz. 1509 wurde eine Leineweber-Innung gegründet. „Sebnitzer Zeuge" hatten einen Namen am Dresdner Hof und auf der Leipziger Messe. Erst Anfang des 18. Jahrhunderts zogen die Maurer, Tischler, Zimmerleute und Glaser nach. In dieser Zeit wurde Sebnitz das wirtschaftliche Zentrum des Amtes Hohnstein. Als Mitte des 18. Jahrhunderts die Leineweberei zusammenbrach, fanden die Leute in der Produktion von Petroleumlampen und Tapetenpapier, besonders aber in der aus den böhmischen Dörfern übernommenen **Kunstblumenherstellung** neue Erwerbszweige. In Sebnitz wurde die Kunstblumenfertigung industrialisiert. 1905 waren in der Stadt und den umliegenden Dörfern mehr als 10.000 Menschen mit der Anfertigung von künstlicher Blütenpracht beschäftigt, die meisten unter erbärmlichen Umständen in Heimarbeit. Sebnitz war das Zentrum deutscher Kunstblumenproduktion. Von 1909 bis 1921 gab es sogar eine Kunstblumenfachschule.

Mit dem Anschluss an das Eisenbahnnetz 1877 kamen auch Maschinenbau und Elektrotechnik nach Sebnitz. In der DDR-Administration war Sebnitz Kreisstadt. Der 1953 gegründete **VEB Kunstblume Sebnitz** exportierte für die DDR künstliche Blüten in 30 Länder. Zweimal im Jahr leuchtete republikweit Sebnitzer Blumenkunst am Revers der Werktätigen: am 1. Mai die rote Nelke und zum Internationalen Frauentag am 8. März ein breiteres floristisches Sortiment. Heute werden in der Seidenblumenstadt noch immer Kunst- und Seidenblumen gefertigt – für Besucher zu erleben im Haus Deutsche Kunstblume –, zudem bestimmen Handwerks- und Dienstleistungsunternehmen sowie der Tourismus das wirtschaftliche Leben der Stadt. Sebnitz ist Ausgangspunkt für Wanderungen in die Hintere Sächsische oder in die Böhmische Schweiz, am Stadtrand gibt es Skiabfahrtshänge und fantastische Loipen, Freibad und Gondelteich.

Von seinen böhmischen Nachbarorten Mikulášovice (Nixdorf) und Dolní Poustevna (Niedereinsiedel) war Sebnitz über 50 Jahre durch eine undurchlässige Grenze getrennt. Heute führen zwei **Straßen nach Tschechien,** ab Sommer 2014 verkehrt die Bahn zwischen Sebnitz und Dolní Poustevna im Zweistundentakt.

Sehenswertes

Der **Markt** wurde nach dem Stadtbrand 1854 im spätklassizistischen Stil neu bebaut. In der **Peter-Pauls-Kirche** steht ein geschnitzter Renaissancealtar (1586). Ein Kleinod ist die Holzskulptur der **„Sebnitzer Madonna"** aus dem späten 15. Jahrhundert. Sie steht am Mittelpfeiler des Schiffes und gehörte vermutlich zu einer Kreuzigungsgruppe. Das über der Madonnenfigur angebrachte Kruzifix ist von 1520. Biblische Szenen vor Motiven aus der Sächsischen Schweiz zeigen die Malereien (1688/89) auf der zweigeschossigen Empore. Ornamental bemalt ist die hölzerne Kassettendecke. Im Chor sind Reste einer spätgotischen Ausmalung zu sehen, Szenen aus der Passion Christi.

Die Straßen rund um den Markt überraschen mit vielen architektonischen Details, besonders an den Produktions- und Wohngebäuden aus der Gründerzeit. **Umgebindehäuser** stehen an der Bergstraße, bergab von der Kirche. An der Schillerstraße, Schandauer Straße und Kirchstraße dagegen reihen sich prächtige **Bürgerhäuser.**

Neben dem Fremdenverkehrsamt am Neustädter Weg wird im **Haus Deutsche Kunstblume** in traditionell-aufwendiger Handarbeit vorgeführt, wie „geblümelt" wird. Besucher können selbst versuchen, ihre Lieblingsblume anzufertigen.

Im Hof der Manufaktur führt eine Holzbrücke über den Sebnitzbach, und

⌃ Produktion Sebnitzer Kunstblumen

eine Treppe hinauf zum **Kunstblumen- und Heimatmuseum.** Benannt ist es nach dem Regionalhistoriker, Volkskundler und Sprachforscher Prof. *Alfred Meiche* (1870–1947), Mitglied des 1877 gegründeten Gebirgsvereins für die Sächsische Schweiz. Die Ausstellung zeigt Stadtgeschichte und in nachgestellten Wohn- und Arbeitsräumen den Alltag der Sebnitzer Kunstblumenarbeiter und Handwerker. Sie ist zugleich **Galerie** für Gemälde und Grafiken regionaler Künstler, von denen besonders *Ilse Ohnesorge* (1866–1937) und der Sterl-Schüler *Hanns Georgi* (1901–1989) beachtenswert sind.

An langen Abenden im Winter wurden in Sebnitzer Heimwerkerwohnungen die traditionellen „**Schattenspiele**" gebastelt. Das sind Laternen, die mit Papier bespannt und mit Scherenschnitten illustriert wurden. Der Schriftsetzer und Redaktionsgehilfe *Adolf Tannert* (1839–1913) hat mit seinen Scherenschnitten ein künstlerisches Werk fantasievoller Bildsprache geschaffen. Diese Schattenbilder zeigen das Leben der einfachen Leute von der Wiege bis zum Wirtshaus, Landschaften und Tiere. Genreszenen erzählen von Barbieren und Botenfrauen, Musikanten und Puppenspielern, von Kirmes und Hochzeit. Das Museum hat ihm einen eigenen Raum gewidmet.

Seit es 1978 eine Sonderausstellung zum 90. Geburtstag **Max Jacobs,** des „Hohnsteiner Kaspers", ausrichtete und dafür zahlreiche Schenkungen erhielt, hat der Puppenspieler hier einen ständigen Platz bekommen. Auch der „Entdecker" der Sächsischen Schweiz, **Wilhelm Leberecht Götzinger,** der ganz in der Nähe, in Neustadt, als Pfarrer wirkte, wird mit Originalexponaten vorgestellt.

Alfred-Meiche-Wanderweg

Am Stadtmuseum beginnt der bequeme und aussichtsreiche Alfred-Meiche-Wanderweg nach Hinterhermsdorf.

Vor der Gaststätte Waldhaus in Oberhertigswalde kreuzt der Wanderweg die **Hohe Straße,** einen der ältesten mitteleuropäischen Handelswege. Schon im frühen Mittelalter führte die vom Atlantik kommende Hohe Straße auf ihrem Weg zum Schwarzen Meer vom Elbtal beim heutigen Bad Schandau über Nordböhmen und die Oberlausitz nach Schlesien. Sie ist in vielen Orten als Straße oder, wie hier, als Wirtschaftsweg erhalten. An der Straßenkreuzung steht noch eine alte Wegsäule.

Bald darauf steigt der Wanderweg zum **Wachberg** (496 m) auf. Am Rande steht eine Berggaststätte mit Rundsicht auf die Sächsisch-Böhmische Schweiz und den Kamm des Osterzgebirges. Noch ein Aufstieg zum **Weifberg** (478 m), dann geht es über Wiesen nach Hinterhermsdorf.

Vom Wachberg kann man nach **Saupsdorf** laufen, wo viele Umgebindehäuser aus dem 18./19. Jahrhundert stehen und einige Gasthöfe einladen. Bemerkenswert an den Saupsdorfer Umgebindehäusern sind die Schieferornamente der Giebel. In der Nähe des stillen Dorfes liegt die Kleinsteinhöhle, von dort kann man weiterlaufen zum Arnstein und ins Kirnitzschtal.

Panoramaweg

Durchweg großartige Fernsichten über das Elbsandsteingebirge verbindet der Panoramaweg zwischen **Saupsdorf** und

2

Bad Schandau (18 km). Man kann den Weg in beiden Richtungen wandern, folgt aber mit morgendlichem Start in Saupsdorf der Sonne und hat so die Panoramen immer im besten Licht. Mehrmals werden Wege gekreuzt, die ins nahe Kirnitzschtal hinabführen. An einigen der schönsten Stellen gibt es Rastplätze, so an der Hohen Straße bei Ottendorf. Stationen des bequemen Wanderweges sind Ottendorf, Lichtenhain, Mittelndorf und Altendorf. Ein kostenloses Faltblatt dazu hat die Nationalparkverwaltung herausgegeben.

Zum Tanzplan

Sebnitzer Spaziergänge führen zum Erholungsgebiet **Forellenschänke,** mit Abenteuerspielplatz, Kneipp-Tretbecken und Urzeit-Park. Weiter auf einem Wanderweg zum böhmischen Tanzplan (Tanečnice), einem traditionellen Ausflugsziel mit dem 1904 erbauten Aussichtsturm und Gasthaus.

Goßdorfer Raubschloss

Vom Sebnitzer Ortsteil **Amtshainersdorf,** Station der Sebnitztalbahn (Städtebahn Sachsen), gelangt man auf einer bequemen Wanderung zum Aussichtsberg **Unger** (537 Meter), der schon zur Oberlausitz gehört. Zunächst erreicht der Wanderweg das Goldbachtal, wo früher tatsächlich nach Gold gesucht wurde, dann die Fachwerkhäuser des Dorfes Schönbach, und von dort ist es nicht mehr weit über die Wiesen bis zum Unger. Auf dem Gipfel warten ein Gasthaus und der steinerne Aussichtsturm

von 1885. Von der Plattform des Turmes reicht die Sicht – manchmal – über sechs Gebirge: im Vordergrund die Sächsisch-Böhmische Schweiz, dann das Böhmische Mittelgebirge mit seinen Vulkanbergen, das Zittauer Gebirge, das Erzgebirge, das Isergebirge, das Riesengebirge und die Elbtalweitung um Dresden. Die Gegend um den Unger ist ein beliebtes Skilauf- und Rodelgebiet.

Wer die Strecke nicht zurücklaufen oder ins nahegelegene Neustadt/S. fortsetzen will, kann über alte sächsische Dörfer gehen: zunächst auf einem Wiesenweg nach **Krumhermsdorf.** Das ehemalige Herrenhaus ist ein Barockbau mit hohem Mansardendach. Der Wanderweg verlässt die Dorfstraße auf dem Mühlsteig, begleitet den Schwarzbach und erreicht **Lohsdorf.** Auch hier stehen wieder alte Bauernhöfe, viele mit Fachwerk. Wieder geht es in das Tal des Schwarzbaches und damit in das Landschaftsschutzgebiet Sächsische Schweiz. Der dem Unger entsprungene **Schwarzbach** mündet schon nach kurzem Lauf in die Sebnitz. Auf dem Bergsporn über dem Zusammenfluss der beiden Bäche steht die sagenhafte Ruine Schwarzberg, auch bekannt als Goßdorfer Raubschloss. Hinauf führt ein steiler Serpentinenpfad, ein Weg, der sich besonders im Frühjahr lohnt. Dann blühen im Schwarzbachtal und auf diesem Berg viele seltene Pflanzen.

Erstmals urkundlich erwähnt wurde **Burg Schwarzberg** 1372. Sie gehörte, wem denn sonst, dem *Berken von der Duba* und gelangte im 15. Jahrhundert in sächsischen Besitz. Gesträuch und

▷ Quellflüsschen im Frühling

Gespenstergeschichten überwucherten das verfallende Goßdorfer Raubschloss. Mitte des 19. Jahrhunderts bekamen die Ruinenrudimente romantisch-neogotische Zubauten. Der Heimatkundler **Alfred Meiche** erzählt die Sage von den Schatzgräbern am Goßdorfer Raubschloss. Die sollen nach dem Schatz der längst vertriebenen Schwarzbergritter gesucht haben, von denen es heißt, „daß es ein wildes, raublustiges Geschlecht gewesen sei, das deshalb weit und breit verhaßt war. Diese adligen Strauchdiebe waren sogar genötigt, ihren Pferden die Hufeisen verkehrt aufschlagen zu lassen, um den Feinden den Zugang zu ihrem Raubneste zu verbergen."

Dem Schwarzberg gegenüber stand die **Buttermilchmühle,** die bis heute als die „ehemalige" auf Wanderkarten verzeichnet ist. Schon als Mühle war sie beliebtes Ausflugsziel. Nachdem sie in den 1920er Jahren Schankkonzession erhalten hatte, stellte sie den Mahlbetrieb ein und bewirtete ihre Gäste, dass es eine Freude gewesen sein muss. Jedenfalls berichten ältere Dresdner in höchsten Tönen von ihrer Buttermilchmühle, und es erübrigt sich die Nachfrage, ob sie dort etwa nur Buttermilch getrunken hätten. In den 1970er Jahren wurde die Mühle als Kinderferienlager genutzt, 1985 brannte sie nach einem Blitzschlag ab, und das war es dann.

Hier wird's daher nichts mit Einkehr, also weiter zum Haltepunkt **Mittelndorf,** wo man die Wanderung mit der Sebnitztalbahn, auch „Sächsisch-Böhmische Semmeringbahn", abkürzen kann. Es sei denn, sie fährt schnöde am Haltepunkt vorbei. Dann hat der oder die Reisende vergessen, rechtzeitig dem Lokführer zu winken!

Wer wandern will, bleibt bachaufwärts im einsamen **Sebnitztal** und wird es nicht bereuen. Manchmal muss man

279ss dk

den Bach ein Stück weit in den Wald verlassen, er weist aber immer, neben der Markierung, zuverlässig die Richtung. Am Wege liegt ein Berg, der auf Karten zumeist als „**Altes Schloss**" bezeichnet ist. Dort stand „Raschgärtners Raubschloss", das restlos verschwunden ist.

Der Wanderweg erreicht den Bahn-Haltepunkt **Ulbersdorf** und bald den Ort selbst. Die Pfarrkirche aus dem 17. Jahrhundert besitzt einen hölzernen Altar von *Gottfried Schaicker*, 1685, eine Sandstein-Taufe von 1602 und eine Holzkanzel. Das ehemalige Herrenhaus, heute Sitz der Gemeindeverwaltung, wurde erbaut im 16. und erweitert im 18. Jahrhundert. Ein ländlich-schlichtes, zweigeschossiges Barockgebäude. Von hier ist es nicht mehr weit bis nach Amtshainersdorf, wo der Tagesausflug begonnen hat.

Praktische Tipps

Information

■ **Tourist-Information Sebnitz,** Neustädter Weg 10, 01855 Sebnitz, Tel. (035971) 70960, www.sebnitz.de. Tgl. 10–17 Uhr.

Unterkunft, Essen und Trinken

■ **Hotel Sebnitzer Hof**②-③, Markt 13, Tel. (035971) 9010, www.sebnitzer-hof.de. Exklusive Themen- und Komfortzimmer.

◁ Umgebindehaus in Sebnitz

■ **Hotel/Erlebnisrestaurant Ungerberg**②, Ungerbergstraße 1, Tel. (03596) 509533, www.unger berg.com, Di–Sa 11–14.30 Uhr, 17.30–20.30 Uhr, So 11–16 Uhr. Traditionsreiches Bergrestaurant mit Gartenplätzen, Unterkunft in großzügigen, ruhig gelegenen Zimmern.

■ **Kinder- und Jugenderholungszentrum An der Grenzbaude**①, Bergweg 28, Tel. (035971) 5980, www.kiez-sebnitz.de. Für Kindergruppen, Vereine, Familien.

■ **Wachbergbaude**①, Wachbergstraße 66, Saupsdorf, Tel. (035974) 50330, www.wachberg baude.de. Mai bis Okt. Do–Di, März, April Fr–Di Dez. bis Feb. Fr–Mo jeweils ab 11 Uhr. Doppel- und Dreibettzimmer, gutbürgerliche Küche.

■ **Forellenschenke**①, Mannsgrabenweg 14, Tel. (035971) 80668, www.gasthof-forellenschenke.de. Mi–So ab 11 Uhr. Fangfrische Forellen, Garten, Minigolf, Spielplatz.

Museum

■ **Haus Deutsche Kunstblume Sebnitz,** Neustädter Weg 10, Tel. (035971) 53181, www.seb nitz.de. Di–So, Feiertage 10–17 Uhr, Verkauf tgl. 10–17 Uhr. Schaumanufaktur und Museum.

■ **Kunstblumen- und Heimatmuseum „Prof. Dr. Alfred Meiche",** Hertigswalder Straße 12, Tel. (035971) 52590, www.sebnitz.de. Di–So 10–17 Uhr. Stadtgeschichte, Kunstblume, Scherenschnitt.

Wanderungen

■ Sebnitz – Alfred-Meiche-Weg – Hinterhermsdorf: 3½ Stunden.

■ Sebnitz – Lichtenhainer Wasserfall – Nasser Grund – Hohe Liebe – Bad Schandau: 4½ Stunden.

■ Amtshainersdorf – Schönbach – Unger – Krumhermsdorf – Schwarzbachtal – Sebnitztal – Ulbersdorf: 7 Stunden.

■ Sebnitz – Grenzübergang – Tanzplan: 1½ Std.

3 **Links der Elbe**

Zwischen Dörfern, hügeligen Wiesen und Feldern ragen die auf Sichtweite verstreuten Tafelberge hervor. Rauenstein, Bärensteine und Pfaffenstein werden auf engen Felspfaden erlebt. Die Festung Königstein erzählt acht Jahrhunderte sächsischer Geschichte. Einmal wurde sie bezwungen: von einem Schornsteinfegergesellen. Im Labyrinth verirrt sich jedes Kind gern, immer wieder neu. Bizarre Felsgebilde stehen Spalier im Bielatal.

 Die Herkulessäulen im Bielatal

Links der Elbe

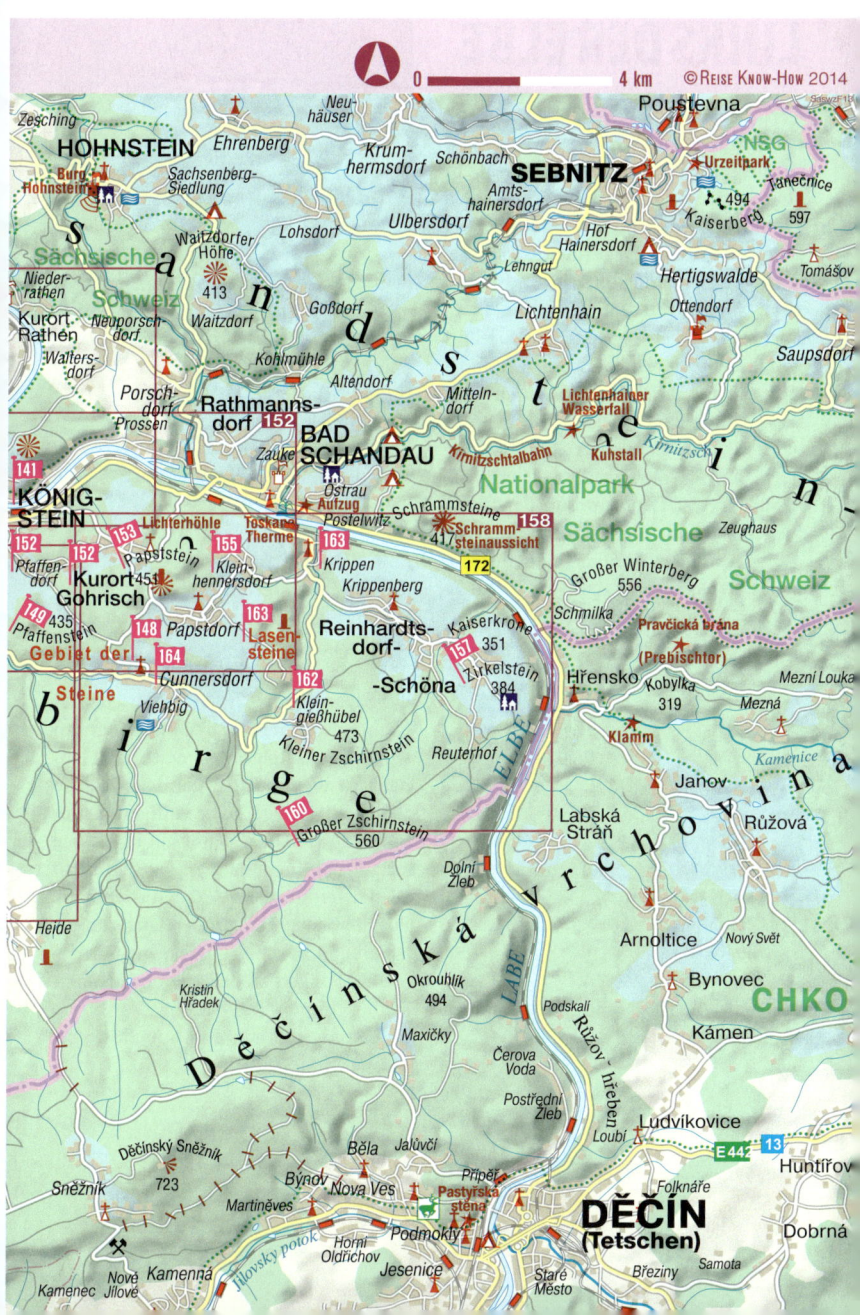

0   4 km   © REISE KNOW-HOW 2014

LINKS DER ELBE

215ss dk

Im Elbebogen zwischen Königstein und Stadt Wehlen warten der **Rauenstein** und die Bärensteine. Sie bieten großartige Aussichten und einige der schönsten Wanderwege im Elbsandstein.

Eine der architektonisch und historisch wertvollsten Bergfestungen in Europa ist der Königstein. Das Erlebnis von fast 800 Jahren Geschichte verbindet sich mit Fernblicken ins Elbtal und in das Gebirge. Nach dem Festungsrundgang wird das **Gebiet der Steine** erwandert. Quirl, Gohrisch, Zirkelstein und Wolfsberg, Pfaffenstein und Papststein liegen zwischen Dörfern und Feldern an abwechslungsreichen, nicht zu anstrengenden Wegen.

Der **Große Zschirnstein** markiert den höchsten Punkt der Region Sächsische Schweiz. Eine Wanderung durch das **Bielatal** verbindet die schönsten Stellen dieses beliebten kleineren Klettergebietes.

Der spannendste Abenteuerspielplatz der Sächsischen Schweiz ist das von der Natur geschaffene **Labyrinth.** Hier und auf der Festung geht es meist recht lebhaft zu, aber sonst ist die linkselbische Sächsische Schweiz eine **ruhigere Erholungslandschaft.** Es gibt gut markierte Wege auch für Urlauber, die sich nicht zu den erfahrenen Wanderern zählen. Für die bequeme Anreise bietet sich die S-Bahn S 1 (Meißen – Dresden – Pirna – Schöna) an, bis zu den Stationen Königstein, Krippen und Schöna. Von Pirna und Königstein fahren Linienbusse ins Bielatal.

NICHT VERPASSEN!

Diese Tipps erkennt man an der <mark>gelben Hinterlegung.</mark>

⌃ ⌄ Von der Natur geschaffener Abenteuerspielplatz: das Labyrinth

3

Rund um den Rauenstein

Die Elbe gönnt sich zwischen Königstein und Stadt Wehlen in ihrem Flusslauf zwei Bögen durch den Sandstein, als ob sie noch verweilen wollte, vor den Mühen der Ebene. Hier sind an ihren Ufern die beiden wohl berühmtesten Tafelberge dieses Gebirges entstanden, der Lilienstein und der Königstein. Weniger bekannt ist der Rauenstein, ein **stark zerklüftetes Felsmassiv,** das in dieser begnadeten Lage Aussichten über die gesamte Sächsische Schweiz, bis hin zur Böhmischen Schweiz, ins Osterzgebirge und nach Dresden bietet. Zwischen Stadt Wehlen und Oberrathen liegt auf dem Rauenstein – oder auf den Rauensteinen, wie sie ihrer Zerrissenheit wegen eher noch genannt werden – einer der **schönsten Kammwege des Elbsandsteins.** Er ist zu **allen Jahreszeiten** auch für weniger geübte Wanderer geeignet. Für Kinder ist er allemal ein Er-

288ss dk

Rund um den Rauenstein

0 ━━━ 400 m

Teufels-grund
Wehlener Grund
Stadt Wehlen
291
Tümpel-grund
Gries-grund
Felsenbühne Rathen ★
Bastei ★
Felsen-burg Neurathen
ELBE

Dorf Wehlen
Fähre
Elbradweg
Oberrathen

Wilkeaussicht ★
Pötzscha
Robert-Sterl-Haus
135
137
Rauenstein
2
304
Nonne

Knöchel
268

ELBE
Großer Bärenstein
327
Naundorf
Kleiner Bärenstein
338
Weißig
3

Diebshöhle

Struppen
136

Thürmsdorf

Elbradweg

Behnefall ★
Ebenheit
Halbestadt
172
ELBE
Fähre

Waldbach
142
Festung Königstein
Königstein
36L

Übernachtung
1 Pension Schöne Höhe
2 Berggasthof Fels Rauenstein
3 Touristenherberge auf dem Kulm

Essen und Trinken
1 Gasthaus Schöne Höhe
2 Berggasthof Fels Rauenstein

lebnis, das seine Zeit verdient. Dieser nur zweistündige Weg zum Kennenlernen lässt sich als Rundweg um die **Ebenheit im Elbebogen** zu einer abwechslungsreichen Halbtageswanderung anreichern.

Struppen

Die Dörfer hier gehören zur **Gemeinde Struppen**. Im Struppener Pfarrhaus (1750) wurde *Wilhelm Leberecht Götzinger* (1758–1818) geboren, der Autor ei-

gen, die Sakristei, das Südportal und die Chorpforte. Neben dem Triumphbogen sind mittelalterliche Fresken zu sehen. Das Chorgewölbe ist gotisch. Das **Kunst- und Handwerkerforum Schloss Struppen** lädt im barocken Schloss zu Konzerten, Weinabenden, Ausstellungen und Führungen ein. Im Juli wird das Struppener Schlossfest gefeiert.

Bei Robert Sterl

MEIN TIPP: Im Struppener Ortsteil Naundorf steht das Wohn- und Atelierhaus von *Robert Sterl* (1867–1932), dem neben *Max Liebermann, Max Slevogt* und *Lovis Corinth* wichtigsten deutschen Maler des **Impressionismus.** *Sterl* lehrte von 1904 bis zu seinem Tod an der Dresdner Kunstakademie. Er malte die Steinbrecher und Steinlader in den Sandsteinbrüchen zwischen Pirna und Schmilka, die Musiker in den Konzertsälen, die Landschaft seiner zeitweiligen Wahlheimat in Hessen. Die Sammelstiftungen des Bezirkes Dresden haben das Künstlerhaus zu einem musealen Kleinod hergerichtet. Das unter alten Bäumen versteckte **Robert-Sterl-Haus** erinnert an den Maler, als ob dieser nur mal kurz ausgegangen wäre, um Farben zu kaufen. Hundert Gemälde aus dem Nachlass *Sterls* hängen in den Wohn- und Arbeitsräumen, die durchwegs mit dem Originalmobiliar eingerichtet sind. Zum Bestand des Hauses gehören Skizzen und Vorarbeiten zu dessen bedeutendsten Werken, Fotos und Erinnerungsstücke. Zweimal im Jahr werden Sonderausstellungen gezeigt. Im Garten liegt, für Besucher zugänglich, die Ruhestätte des Ehepaares *Robert* und *Helene Sterl*.

ner der ersten Beschreibungen „der so genannten Sächsischen Schweiz". Die **Pfarrkirche** aus der zweiten Hälfte des 13. Jahrhunderts wurde 1736 überbaut und neu ausgestaltet. Romanisch blieben der quadratische Chor, der Triumphbo-

3

Auf dem links-
elbischen Kammweg

Von der S-Bahn-Station Stadt Wehlen, in deren linkselbischem Ortsteil **Pötz-scha,** führt der gelb markierte Wanderweg (Parkplätze auf beiden Elbseiten) zunächst ein Stück die Robert-Sterl-Straße hinauf; an der Haarnadelkurve zweigt er links ab und gewinnt allmählich wei-

⌂ Der Rauenstein im Herbstkleid

▷ Die Felsengruppe Bastei, im Vordergrund der beliebte Kletterfelsen Nonne

ter an Höhe. Links werden die am anderen Elbufer gelegenen Weißen Brüche bei Wehlen sichtbar, ein verlassenes Steinbruchrevier. Bald ist der **Rauenstein** (304 m) erreicht, den nun felsauf und treppab der Kammweg überquert. Der Weg führt über Felspfade, Sandsteinstufen und Waldwege und passiert dabei einige großartige Aussichtsplätze. Hier bietet sich ein Panorama von den Dresdner Türmen über die Vordere Sächsische Schweiz, die Winterberge, die Böhmische Schweiz bis zum Geising im Osterzgebirge.

Es gibt hier immer wieder verführerische Rastplätze an den schönsten Aussichten. Das **Berggasthaus Fels Rauenstein** erwartet hungrige Wanderer mit klassisch deftiger Kost, mit Kuchen und – wie gesagt, das Osterzgebirge liegt in Sichtweite – dem köstlichen Rechenberger Pilsner.

Nach einem steilem Abstieg gibt sich der Wanderweg nun wieder etwas gemächlicher. Er passiert mit dem einsam stolzen Kletterfelsen **Nonne,** vor dichtem Wald und dem Basteigebiet, wiederum eines der unvergesslichen Bilder dieser Landschaft. So erreicht er die S-Bahn-Station Kurort Rathen (Parkplatz Oberrathen).

Wer diesen charmanten kleinen Weg auf eine bequeme **Halbtageswanderung** (4 Stunden) ausweiten möchte, folgt ab S-Bahnhof Stadt Wehlen zunächst der roten Markierung nach Naundorf und in den **Damengrund.** Bald werden der **Große** (327 m) und der **Kleine Bärenstein** (338 m) sichtbar. Zwei unmarkierte, aber ausgewiesene Pfade führen zu Rundwegen um diese Tafelberge, auf Letzteren ein schöner Kraxelweg, und

die Aussicht belohnt den Aufstieg über alle Maßen.

Wieder am rot markierten Weg liegt die **Diebshöhle,** auch „Götzingerhöhle" genannt, der Gedenktafel wegen, nicht etwa, weil der wandernde Pastor sich mal danebenbenommen hätte. Gleich hinter der Straße befindet sich an einem Weiler ein überdachter Rastplatz, dann sind es noch ein paar Schritte nach **Thürmsdorf** mit seinem 1909 angelegten exotischen Park. Am unteren Ende des Dorfes rauscht der **Behnefall,** einer der schönsten Wasserfälle der Sächsischen Schweiz. Der Name Behne kommt vom slawischen *pehne* = die Tosende, Schäumende.

Über dem Panorama thront im Süden die Festung Königstein, die von hier in kurzer Zeit erreichbar ist. Auf der Eben-

024ss ls

heit geht der Rundweg weiter, hoch über der parallel zum Wanderweg fließenden Elbe. Bald bietet sich ein großartiger **Rundblick** dar: Bastei und Brand, Lilienstein und Königstein, die Bärensteine und der Rauenstein. Mitten auf dem Feld liegen die **Eulensteine,** Überreste eines Tafelberges.

Im idyllisch gelegenen **Weißig** stehen stattliche Bauernhöfe aus dem 19. Jahrhundert und die alte Dorfschule. Kurz vor dem unteren Dorfausgang führt eine Treppe zur **Touristenherberge Auf dem Kulm.** Und wieder stehen sie wie aufgereiht: einsam im Vordergrund die Nonne, am Horizont die Basteikette, der Lilienstein, der Pfaffenstein und der Königstein. Erst über Felder, dann steil hinauf geht es nun zum Rauenstein, zum Gasthaus und durch die Felsengen. Der gemächliche Abstieg erreicht bald Pötzscha und dort die S-Bahn.

☑ Die Eulensteine, Überreste eines Tafelbergs

039ss ls

Praktische Tipps

Unterkunft, Essen und Trinken

■ **Pension und Gasthaus Schöne Höhe**②, Naundorf, Am Bärenstein 18, Tel. (035020) 70931, www.pension-schoene-hoehe.de, April bis Okt. Mi–Mo ab 11 Uhr. Ruhige Zimmer, schöne Aussicht, Restaurant mit deutscher Küche, Biergarten.
■ **Touristenherberge Auf dem Kulm**①, Weißig bei Struppen, Tel. (035021) 68714, 68522, www. touristenherberge.de. Sehr preisgünstige Wanderer- und Bergsteigerunterkunft, Zwei- bis Zehn-Bett-Zimmer, Bungalow, Schlafboden, Zeltwiese, Parkplatz am Haus, Halb- und Vollpension möglich.

Essen und Trinken

■ **Berggaststätte Fels Rauenstein**①, Tel. (035021) 67881, www.fels-rauenstein.de, April bis Okt. tgl. 10–17 Uhr. Historisches Wandererlokal, alles, was man zur Rast braucht.

Museum

■ **Robert-Sterl-Haus,** Naundorf, Robert-Sterl-Straße 30, Tel. (035020) 70216, www.robert-sterl-haus.de, Mai bis Okt. Do–So, Feiertage 10–17 Uhr, 4/2 €. Atelierhaus des impressionistischen Malers, authentische Wohnräume mit original erhaltenem Interieur, Künstlerbibliothek, Garten, Grabstätte.
■ **Schloss Struppen,** www.schloss-struppen.de. Kleines barockes Schloss mit Park, durch einen Verein als Veranstaltungs- und Ausstellungsort geöffnet, im Juli Schlossfest.

Stadt und Festung Königstein

Links der Elbe

Stadt Königstein

Die Kirche, die Festung und das tiefeingeschnittene Mündungstal der Biela prägen das Stadtbild von Königstein (3200 Einwohner). Sie ist keine planmäßig angelegte Stadt. Wo das enge Bielatal es erlaubte, wurde gebaut. Da ist es durchaus reizvoll, nicht gleich die Festung zu stürmen, sondern zunächst einen kleinen Bummel durch die verwinkelten Gassen zu unternehmen.

1379 wurde die Burgsiedlung erstmals als Stadt genannt. Bis 1408 gehörte sie zu Böhmen. Königstein war vor allem eine Stadt der Handwerker und, wie alle Orte am Elbufer, der Steinbrecher und Flößer. Berühmt war das **Königsteiner Bier.** Im 18. Jahrhundert war die Brauerei Lieferantin für die kurfürstliche Hofkellerei. Jede Woche schipperte ein Bierkahn nach Dresden. In Rathen und Dorf Wehlen gedieh der gute Hopfen.

In Königstein wuchsen namhafte **Komponisten, Instrumentalisten** und **Musikwissenschaftler** auf: *Christian Petzold* (1677–1733) war Dresdner Hoforganist und Komponist. Konzertmeister *Hermann Franke* (1848–1913) machte *Richard Wagner* in England bekannt. Stadtmusikdirektor *Clemens Schumann* (1839–1913) prägte eine Komponisten-Familie: *Georg Schumann* (1866–1952), Direktor der Berliner Singakademie und Komponist, und *Camillo Schumann* (1872–1946), Organist an der Eisenacher Bach-Kirche.

3

Festung Königstein

© Reise Know-How 2014

0 — 100 m

Essen und Trinken
1 Imbiss an der Napoleonsküche
2 Ausschank Zum Musketier
3 Restaurant In den Kasematten

Map labels: Georgenburg, Georgenbastion, Hungerturm, Rothe Brücke, Streichwehr, Torhaus, Neues Zeughaus, Kommandantenhaus, Friedrichsburg, Aufgang, Markt, Brunnenhaus, Schatzhaus, Magdalenenburg, Garnisonkirche, Blitzeiche ★, Kasse, Aufzug, Garnisonshaus, Altes Zeughaus, Königsnase, 3. Wachturm Abratzkykamin, 2. Wachturm Pestkasematte, 1. Wachturm Zobels Ecke

---

1901 bis 1904 verkehrte in Königstein die erste **O-Bus-Linie** der Welt. Sie brachte die Leute zur Kaltwasserheilanstalt Königsbrunn. Einige Oberleitungshaken sind noch vorhanden.

Die **Stadtkirche St. Marien** wurde 1720 bis 1724 unter dem Einfluss *George Bährs* erbaut. Nach einem Brand erhielt sie 1823 eine klassizistische Innenausstattung. Neben Bürgerhäusern mit hohen Wasserstandsmarken und dem Bahnviadukt ist die kursächsische **Postdistanzsäule** von 1727 sehenswert.

Festung Königstein

Auf der Sandsteintafel des Königsteins, 240 Meter über der Elbe, steht ein 9,5 Hektar großes Ensemble von Bauwerken der Spätgotik, der Renaissance, des Barock und des 19. Jahrhunderts. Als geschichtsträchtiger Monolith an der Elbschleife ist der Königstein das Pendant zum Lilienstein: Der eine Stein bietet die beste Sicht auf den anderen.

Geschichte

Die überlieferte Geschichte des Königsteins beginnt mit einem diplomatischen Akt: 1241 unterschrieb und besiegelte Böhmenkönig *Wenzel I.* auf dem „Stein der Könige" die Oberlausitzer **Grenzurkunde,** die den Grenzverlauf zwischen dem Königreich Böhmen und dem Bistum Meißen festlegte.

1336 wurde der Name „**Chunigstein**" in einer Urkunde benutzt. 1359 weilte Kaiser *Karl IV.* im seither „Kaiserburg" genannten Westteil der Festung.

Nach einigem Hin und Her übernahmen schließlich 1408 die Wettiner den Königstein, wogegen Böhmenkönig Sigismund Einspruch erhob. Im **Vertrag zu Eger** 1459 zwischen der Mark Meißen und dem Königreich Böhmen, der die (bis heute gültige) sächsisch-böhmische Grenze festschrieb, erhielt der Königstein einen Sonderstatus. Böhmen behielt, bis 1806, die Lehnsoberhoheit; praktisch ging der Königstein aber an die Mark Meißen.

Seit Menschengedenken wurde auf dem einst zerklüfteten Königstein gebaut. So entstand über Jahrhunderte die heutige Kleinstadt auf dem Plateau. 1515 wurde der Königstein zum **Kloster** umgewandelt, die Reformation beendete 1524 dieses Kapitel.

Das folgende dauerte deutlich länger: Nutzung und Ausbau des Königsteins als **Festung** und Kaserne. Womit beginnt ein Festungsbau? Mit dem Graben eines Brunnens! 1563 begannen die Arbeiten unter Leitung des Freiberger Bergmeisters *Martin Planer*. Nach sechs Jahren, in 139 Metern Tiefe, stießen die Brunnenbauer auf Wasser. Letztlich grub man den **Brunnen** in eine Tiefe von 152,47 Meter; das sind immer noch 88 Meter über dem Elbspiegel. Das Wasser wurde zuerst mit Pferdegöpel und Kübel heraufgeholt, später mit einem Tonnenhebewerk – angetrieben von Menschen, Ochsen, Dampf und Elektroenergie.

Von 1590 an wurde der Königstein von über 500 Bauleuten zu einer der stärksten Festungen des Landes ausgebaut. Auch die Festung blieb nie ganz ohne Baustelle. Sie galt als uneinnehmbar. Doch weder im Dreißigjährigen noch im Siebenjährigen Krieg wurde sie als militärisches Objekt ernsthaft auf die Probe gestellt. Angeblich als Trutzburg gegen Angreifer hochgemauert, bewährte sich die Festung als **Gefängnis** für Oppositionelle, Kriegsgefangene und internierte Militärs. Zwischen 1591 und 1922 saßen auf Königstein über 1000 Häftlinge ein.

Prominente **Gefangene:** *Johann Friedrich Böttger* (1682–1719), der Meister des europäischen Porzellans, der russische Anarchist *Michail Bakunin* (1814–1876) mit vielen anderen Barrikaden-

kämpfern des Dresdner Maiaufstandes von 1849, der wegen „Vorbereitung zum Hochverrat" verurteilte Sozialdemokrat *August Bebel* (1840–1913), der Dichter *Frank Wedekind* (1864–1918) und der Mitbegründer der Kommunistischen Partei Deutschlands, *Fritz Heckert* (1884–1936). Während des Zweiten Weltkrieges waren auf der Festung französische Offiziere festgesetzt. Seit 1940 lagerte in den Kasematten ein Teil der Bestände der Dresdner Gemäldegalerie und des Grünen Gewölbes.

Nach dem Krieg war die Festung einige Jahre Jugendwerkhof (Gefängnis); dann ließ das Institut für Denkmalpflege sie restaurieren. Seitdem ist Königstein als **militärhistorisches Freilichtmuseum** eines der beliebtesten Ausflugsziele in der Sächsischen Schweiz.

Einer der ersten Gefangenen war der sächsische Kanzler **Nikolaus Krell** (1551–1601). Der aus Leipzig stammende Anhänger der calvinistischen Lehre hatte in der Regierungszeit von Kurfürst *Christian I.* **politisch-humanistische Reformen** im Staatswesen durchgesetzt, die auf eine Stärkung der landesherrlichen Zentralgewalt und des Bürgertums bedacht waren, gegen die Dominanz von Kirche und Adel. Nach dem frühen Tod *Christians I.* ging die Reaktion in die Offensive. *Krell* wurde verhaftet und auf den Königstein gebracht. Während er im „Krellturm" auf den Prozess wartete, wurden seine Reformen gekippt und die Calvinisten im Lande verfolgt. 1601 wurde *Krell* in Dresden mit dem Fallbeil hingerichtet.

3

Sehenswertes

Schon während der Festungszeit war es Besuchern möglich, den Königstein zu besichtigen. Man klopfte am Tor an und ließ sich zum Kommandanten bringen, der vielleicht froh war über die zivile Abwechslung. Ein Offizier wurde als Fremdenführer abgestellt, es sei denn, die Besucher hatten schon einen guten Bekannten unter den höheren Dienstgraden, der das übernehmen konnte.

Von der Stadt zur Festung gibt es zwei **Aufstiegswege,** einen bequemeren, gepflasterten und einen steilen Waldweg. Vom Parkplatz am Fuß der Festung fährt ein **Fahrstuhl** zum Plateau, aber der **Fußweg** ist interessanter.

Über die **Rothe Brücke,** eine 1800 angelegten Zugbrücke, betritt man das Festungsgelände. Unterhalb der zwischen Felsen hochgezogenen Mauer aus Sandsteinquadern geht es stetig bergan zum **Medusentor:** Das Haupt der Medusa wacht über den Zugang zur Festung, und gleich dahinter wird die Abschreckung konkret. Zum **Torhaus** (1589) gehört das aus einschlägigen Filmen bekannte Verteidigungs-Arsenal: Schießscharte und Steinschmeiße, Pechnase und Fallpalisade.

Das Eingangsensemble ist der älteste Teil der Festung, eine geschlossene Gebäudefront: rechts das **Kommandantenhaus,** links vom Torhaus die **Streichwehr** (1589) zur „Bestreichung" (Beschießung) von Leuten, die kein Eintrittsgeld bezahlt haben. An die Streichwehr schließen die **Georgenburg** und die **Georgenbastion** an.

Durch den Dunklen und Hellen Aufgang im **Neuen Zeughaus** (1631) betritt man das Zentrum der Festung. Eine Ausstellung zeigt Festungs- und Militär-

geschichte von 1806 bis 1945. In der 1621 erbauten **Magdalenenburg** residierten der Hof und seine Gäste, im Keller lagerte der Wein und was sonst an Proviant nötig war. 1725–1818 lag im heute zugänglichen Kellergewölbe das von *August dem Starken* beim Baumeister *Pöppelmann* in Auftrag gegebene **Riesenfass**. 250.000 Liter Wein im größten Fass der Welt! *August der Starke* wollte unbedingt den Kurfürsten von der Pfalz ausstechen und dessen Heidelberger Fässer überbieten. Nach einem Entwurf *Pöppelmanns* bauten vier Böttcher drei Jahre lang an dem Fass. Nur ein einziges Mal soll es mit Meißner Wein gefüllt gewesen sein. Beim Umbau der Magdalenenburg zum Proviantlager 1819 wurde es abgetragen.

Am „Marktplatz" der Festungsstadt steht auch das **Brunnenhaus**. Das gegenüberliegende, 113 Meter lange Garnisonshaus (1589) ist die älteste erhaltene deutsche Kaserne. Hier wohnten 32 Soldatenfamilien.

Ein Durchgang führt zum nächsten Platz, mit dem **Alten Zeughaus** (1594). Wie der Name sagt, wurden hier früher Waffen und Ausrüstungen gelagert. Nach 1871 wurden Zellen für Gefangene eingebaut. Heute zeigt ein Museum die sächsische Artillerie-Geschichte. Die 500-jährige „Faule Magd" ist eines der ältesten Geschütze Europas. Sie wurde mit Steinkugeln geladen. Im Erdgeschoss ist das von drei Säulen getragene Kreuzgratgewölbe des Renaissancebaus zu sehen.

Der Abratzkykamin ist nach dem einzigen Eroberer der Festung Königstein benannt, nach dem Schornsteinfegergesellen **Sebastian Abratzky** aus Mahlis, einem Dorf bei Oschatz. Der 18-Jährige wollte sich eines Montagmorgens in Königstein für den Eisenbahnbau bewerben. Doch vor der Plackerei kommt das Vergnügen. Seinen letzten freien Sonntag, den 19. März 1848, nutzte er, um in dreistündiger Kaminkletterei ohne Hilfsmittel die militärisch bewachte Festung zu besteigen. Die Meldung von dieser Bezwingung des Königsteins ging durch die internationale Presse. Festungskommandant *Birnbaum* ließ *Abratzky* 12 Tage einsperren

Eine der schönsten Sichten vom Königstein hat man an **„Zobels Ecke"**, dem südlichsten Felsvorsprung. Der Blick reicht von den Schrammsteinen über den großen Winterberg zum Gebiet der Steine und den Zschirnsteinen, vorn das Tal der Biela.

Ein schmaler Gang führt nun an der Brustwehr der Festungsmauer entlang. Dieser Zickzack-Weg gibt noch eine Ahnung vom ursprünglichen Aussehen des Königsteins. Hinter dem zweiten **Wachturm** liegt die **Pestkasematte,** von der man nicht genau weiß, ob da unten wirklich einmal Pestkranke auf ihr Ende warten mussten; nach dem dritten der **Abratzkykamin.**

Die Ostspitze des Massivs heißt **Königsnase.** Von hier sieht man ein Bild von der Bastei über Lilienstein,

☐ Die Kirche St. Marien in der Stadt Königstein

3

Ein schmales Gesims an der äußeren Festungsmauer hinter der Friedrichsburg wird „**Pagenbett**" genannt. Kurfürst *Johann Georg II.* hatte am 12. August 1675 auf der Christiansburg ein Gelage gegeben. Dazu floss reichlich Wein. Auch Page *Heinrich Carl von Grunau* ließ sich immer wieder einschenken. Irgendwann nach Mitternacht brauchte er Kühle und Ruhe. Also torkelte der Page um den Pavillon herum bis zu einer Schießscharte, durch die er hindurchkroch, um sich auf das Gesims zu betten.

Als der Kurfürst im Morgengrauen seinen Kater lüften ging, entdeckte er den Pagen am Abgrund. Er ließ, ganz Landesvater, Seile um den Schlafenden werfen und festzurren. Dann pfiff er den Hofstaat heran und ließ *Grunau* mit Pauken und Trompeten wecken. Der wurde schlagartig nüchtern, als er unter sich in die Tiefe blickte. *Johann Georg* ließ *Heinrich Carl* noch eine Weile zappeln, der Spaß war ein fürstlicher, und schließlich auf festen Boden stellen. Der Page bat um Pardon, was ihm auch gewährt wurde.

Schrammstein- und Winterberggebiet, die linkselbischen Berge, im Hintergrund den Děčíner Schneeberg und den Spičák, im Vordergrund die Stadt Königstein. Aber den „**klassischen**" Blick vom Königstein hat man in der Nähe der Blitzeiche – ausgerechnet dem Ort, an dem 1925 eine Wandergruppe durch Blitzschlag getötet wurde. Von hier sieht

der Lilienstein aus, als ob er auf einer Insel stünde. Im weiten Bogen liegt der Strom um die Hochebene, aus der der Lilienstein aufragt.

Mehr Lusthaus als Wachturm war die Christians- oder **Friedrichsburg**. Sie wurde 1591 zu militärischen Zwecken erbaut, im Obersaal fanden bald Feste statt. *August der Starke* ließ die barocke Freitreppe und auch die Balustrade anbauen.

Der Rundgang entlang der Festungsmauer endet vor der 1619 entstandenen **Georgenburg**. Sie wurde auf Resten der alten „Kayserburg" errichtet und erst als Jagdschloss, später als Gefängnis genutzt. Von den Gefangenen erzählt ein kleines Museum in der Burg.

Durch den Park gelangt man zurück zum „Marktplatz", von dort kann man sich treiben lassen, zu dem einen oder anderen Aussichtspunkt, in eines der Museen oder aber in die Schänke.

Praktische Tipps

Information

■ **Haus des Gastes,** Schreiberberg 2, 01824 Königstein, Tel. (035021) 68261, www.koenigstein-sachsen.de. Mai bis Okt. Mo–Fr 9–18 Uhr, Sa 9–12 Uhr, So 10–13 Uhr. Bücherei im Haus Di und Mi 10–16 Uhr.
■ **Touristinformation im Parkhaus Festung Königstein,** An der Festung, Tel. (035021) 99541, Ostern bis Okt. tgl. 9–18 Uhr. Direkt am Fuß der Festung gelegen.

> Blick von der Friedrichsburg

Links der Elbe

Unterkunft, Essen und Trinken

🔴 **Hotel Lindenhof**②, Gohrischer Straße 2, Königstein, Tel. (035021) 68243, www.lindenhof-koe nigstein.de, tgl. ab 11 Uhr, Gründerzeitbau, Blick auf Königstein und Lilienstein.

🔴 **Hotel Neue Schänke**②, Am Königstein, Königstein, Tel. (035021) 99960, www.neue-schaen ke.de. Traditionsreiches, modern eingerichtetes Haus, auch für Busgesellschaften.

🔴 **Schrägers Gasthaus**②, Kirchgasse 1, Königstein, Tel. (035021) 68352, www.schraegers-gast haus.de. Kleines historisches Gasthaus mit Pension in der Altstadt, sächsische Küche.

🔴 **Hotel Pension Vogelsberg**②, Elbhäuser Weg 20, Königstein, Tel. (035021) 7650, www.hotel-vogelsberg.de. Fachwerkhaus an der Elbe, unter der Festung.

🔴 **Pension zur Festung Königstein**②, Hohe Straße 57, Struppen, Tel. (035020) 70615, www. pension-festung-koenigstein.de. Nahe der Festung im Grünen gelegen, Appartement, Doppel- und Dreibettzimmer.

🔴 **Rock-Hostel,** Schandauer Straße 36, Tel. (035021) 59616, www.rock-hostel.de. Kleine, für Wanderer zentral gelegene Herberge, 15 Min. Fußweg von der S-Bahnstation Königstein.

🔴 **Ferdinands Homestay,** Halbestadt 51, Tel. (035022) 54775, www.ferdinandshomestay.de. Hostel und Zeltplatz am Fuß des Liliensteins, ideal für Wanderer, Paddler, Radler, Familien; April bis Okt., Nov./Dez. nur an Wochenenden.

🔴 **Natur- und Familienoase Königstein,** Halbestadt 13, Tel. (035022) 99480, www.familien oase-koenigstein.de. Am Fuß des Liliensteins, Angebote für Familien, Behinderte sowie für Einkommensschwache, Gaststätte.

Essen und Trinken

🔴 **Restaurants auf der Festung,** Tel. (035021) 64444. Erlebnisrestaurant **In den Kasematten,** Offizierskasino, Ausschank **Zum Musketier,** Bäckerei, Imbiss an der Napoleonküche, Biergarten.

www.fotolia.de © Ole Jensen

Museen

■ **Festung Königstein,** Tel. (035021) 64607, www.festung-koenigstein.de, Apr. bis Okt. tgl. 9–18 Uhr, Nov.–März 9–17 Uhr, Eintritt 8/6 € (Nov.–März 7/5 €), Familienkarte 21/13 € (18/11 €). Einzigartiges Zeugnis von 750 Jahren sächsischer und europäischer Geschichte; barrierefreie und weitere Angebote für Besucher mit Handicap.

Ausstellungen auf der Festung
■ **Neues Zeughaus,** Festungsbau und Geschütze.
■ **Altes Zeughaus,** Geschichte des sächsischen Zeugwesens.
■ **Brunnenhaus,** Geschichte des Brunnens und der Wasserförderung.
■ **Garnisonskirche,** Geschichte der ersten Garnisonskirche Sachsens.
■ **Georgenburg,** Königstein als Staatsgefängnis.
■ **Kommandantenwohnung und -pferdestall** um 1900.
■ **Kranichkasematte,** historische und moderne Hebewerke auf der Festung.
■ **Magdalenenburg,** Modell der Festung 1:150; Geschichte des Riesenfasses; Riesenweinfasskeller nur mit Führung, Mai bis Okt. tgl. 15 Uhr, 7/5 €.
■ **Schatzhaus,** Tresor der sächsischen Staatsreserve im 19. Jh.
■ **Kommandantengarten,** Nutzgarten am Schatzhaus.
■ **Führungen mit Audio-Guide,** acht Sprachen, 2,50 €.

Wanderungen

■ Aufstieg von der Stadt zur Festung, Rundgang, Abstieg: 2 bis 3 Stunden.
■ Königstein – Quirl – Pfaffendorf – Königstein: 3 Stunden.
■ Königstein – Pfaffenstein – Königstein: 3 Std.
■ Königstein – Fähre – Halbestadt – Lilienstein (Aufstieg/Abstieg) – Königstein: 3 Stunden.

Das Gebiet der Steine

Die Landschaft links der Elbe **zwischen Königstein und der böhmischen Grenze** wird „Gebiet der Steine" genannt. Es ist ein Miniaturgebirge, das sich durch einen sanften Wechsel von kleineren Tafelbergen, hügeligen Wiesen und Wäldern auszeichnet. Die Wanderziele sind schon aus der Ferne sichtbar, die Wanderwege meist nicht so steil und überlaufen, die Gastwirtschaften liegen etwas weiter auseinander.

Mit dieser Charakterisierung könnte das Gebiet der Steine ja auch einladen zu rasanten Mountainbike-Touren. Das aber wäre für die Landschaft auf Dauer tödlich: Besonders die Hangfüße sind hochgradig **erosionsgefährdet,** also nachtragend empfindlich gegen jegliche Zerstörung des Bewuchses. Das Landschaftsbild mit seinen weitflächig ausgewaschenen Ebenheiten und stark zerklüfteten Steinen führt selbst vor, wie sensibel der zumeist nährstoffarme Boden auf Belastungen reagiert. Deshalb ist es auch hier, obwohl außerhalb der Grenzen des Nationalparks, dringend geboten, Wege nicht zu verlassen. Radfahren ist auf allen befestigten Wegen und Forstwegen erlaubt.

Eine dreistündige **Rundwanderung** führt von Königstein zum Quirl und zum Pfaffenstein (rote Markierung).

▷ Hundsköpfe vor dem Papststein

3

Quirl

Gleich hinter Königstein steht das kleine Felsmassiv Quirl. **14 Höhlen** gibt es hier, darunter die größte der Sächsischen Schweiz, den **Diebskeller:** 29 Meter tief, 8 Meter breit und bis zu 4 Meter hoch. Ein Rundweg führt um den Quirl herum und auf das größte geschlossene Plateau aller „Schweiz"-Steine: Einen Kilometer lang und über 300 Meter breit. Sogar Getreidefelder wurden hier oben bestellt. Zu Zeiten, als die Festung Königstein eine militärische Bedeutung besaß, war das Plateau gesperrt. 1866 wurde an der Nordseite ein Zugang gesprengt, um zu verhindern, dass die Preußen ihre Kanonen hinaufschaffen und den Königstein beschießen.

Pfaffenstein

Der nächste Stein ragt in greifbarer Nähe aus der Wiese auf. Er ist ein paar Meter höher und nicht so kompakt wie der Lilienstein, zerklüftet in 32 Klettergipfel mit über 400 Aufstiegswegen: der Pfaffenstein (427 m). Drei Wege gibt es am Massiv: den steilen Aufstieg durch das **Nadelöhr,** den **Klammweg** und die „bequeme" Tour. Interessant sind sie alle.

Vor dem Südzipfel steht die 43 Meter aufragende Felsnadel Barbarine, ein Wahrzeichen der Sächsischen Schweiz und wohl ihr berühmtester Einzelfelsen. Der Weg ist ausgewiesen, die letzten Schritte in einer Felsgasse (links) markiert ein Pfeil am Felsen. Von der Gaststätte läuft man fünf Minuten.

036ss ls

Der Sage nach soll die Barbarine als **versteinerte Jungfrau** ungehorsame Mädchen warnen. Eine Frau aus Pfaffendorf hatte ihre Tochter nach Königstein zur Kirche geschickt. Die aber fand es interessanter, am Pfaffenstein in die Blaubeeren zu gehen und dort den Förster zu treffen. Als die Alte dies entdeckte, sprach sie kein Vaterunser, sondern verfluchte ihre Tochter zu Stein. So steht die Jungfrau noch heute, und der Förster an ihrer Seite.

1905 wurde die Felsnadel erstmals bestiegen. Seit 1975 ist das Klettern an der versteinerten Jungfrau verboten. Blitzschläge hatten den Gipfelkopf beschädigt, die Erosion den Stein angegriffen. Mehrfach haben Bergsteiger die Barbarine saniert. Informationen gibt es am Aussichtspunkt.

Nicht nur der Blick auf die Barbarine zeichnet den Pfaffenstein aus. Auf dem Plateau gibt es mehrere großartige **Aussichtsplätze** auf nahestehende Gipfel und die linkselbische Landschaft: den Glatten Turm mit der Nordaussicht, den Dom und den Opferkessel und den über eine Kluft zu erreichenden Wilden Pfaffenstein mit der Aussicht nach Osten. Es gibt hier nur wenige Geländer. Kinder sollte man also stets im Auge behalten!

An der Westseite des Pfaffensteins, wo der **Bequeme Weg** entlangführt, liegt ein von Gesträuch und Bäumen überwucherter **bronzezeitlicher Wall.** Vor 3000 Jahren lebten über mehrere Generationen Menschen auf dem Pfaffenstein. Trinkwasser bezogen sie aus einer

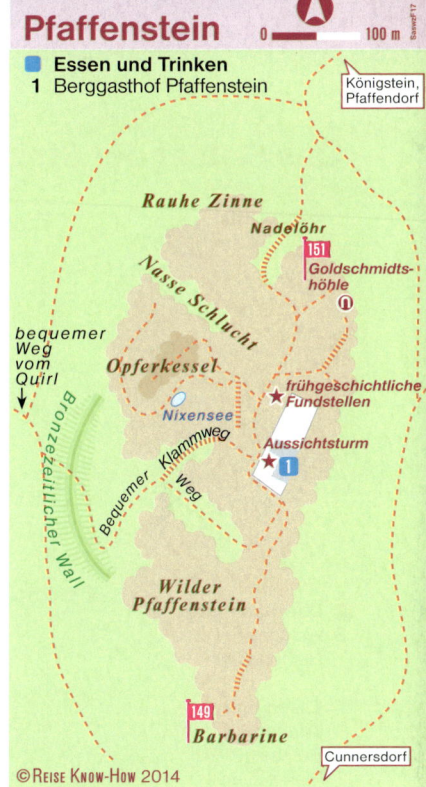

Quelle. Eine Wasserstelle ist bis heute als „Nixensee" erhalten. Auf dem fruchtbaren, während der letzten Eiszeit aufgewehten Lösslehm war auch Getreideanbau möglich. So gehörten zu den Fundstücken neben keramischen Erzeugnissen zahlreiche Mahlsteine. Die meisten Stücke wurden im Jahr 1880 gefunden, beim Bau der heute denkmalgeschützten Schänke.

Ende des 19. Jahrhunderts wurde der Pfaffenstein für Wanderer erschlossen. Neben der Gastwirtschaft steht ein steinerner **Aussichtsturm** von 1904.

An der Ostseite, auf einer Terrasse, liegt die **Goldschmidtshöhle.** Dort un-

◁ Die Felsnadel Barbarine am Pfaffenstein, eines der Wahrzeichen der Sächsischen Schweiz

3

Das Gebiet der Steine

Struppen · Thürmsdorf · Ebenheit · Halbestadt · 172 · ELBE · Fähre · Struppen Siedlung · 172 · Waldbach · Festung Königstein · Königstein · 36L · Königstein · Leupoldishain · Diebskeller · 149 · Quirl · 350 · Nikolsdorf · Cunnersdorfer Bach

■ **Übernachtung**
3 Waldgasthof Liethenmühle

■ **Essen und Trinken**
1 Bergasthof Pfaffenstein
2 Berggaststätte Papststein
3 Waldgasthof Liethenmühle

---

terhielt 1854 der Papiergeldfälscher *Goldschmidt* seine Werkstatt. Es gibt auch eine Kuhstall-Höhle, wo während der Kriege das Vieh versteckt wurde. Markante **Verwitterungsformen** am Pfaffenstein tragen Namen wie Schildkröte, Pfaffenmütze, Hafersäcke.

Pfaffendorf

In Pfaffendorf stehen Dreiseitenhöfe und Umgebindehäuser aus dem 18. und 19. Jahrhundert. Bei seiner Gründung 1437 wurde das Dorf dem Pfarrer von Königstein als Besitz untergeordnet, daher der Name.

Gohrisch

Bis zum nächsten Stein läuft man nun etwas länger und auch noch auf dem **„Todweg"**. Der Gohrisch (440 m) wird „kleiner Bruder des Pfaffensteins" genannt und nicht so oft besucht. Er weist

3

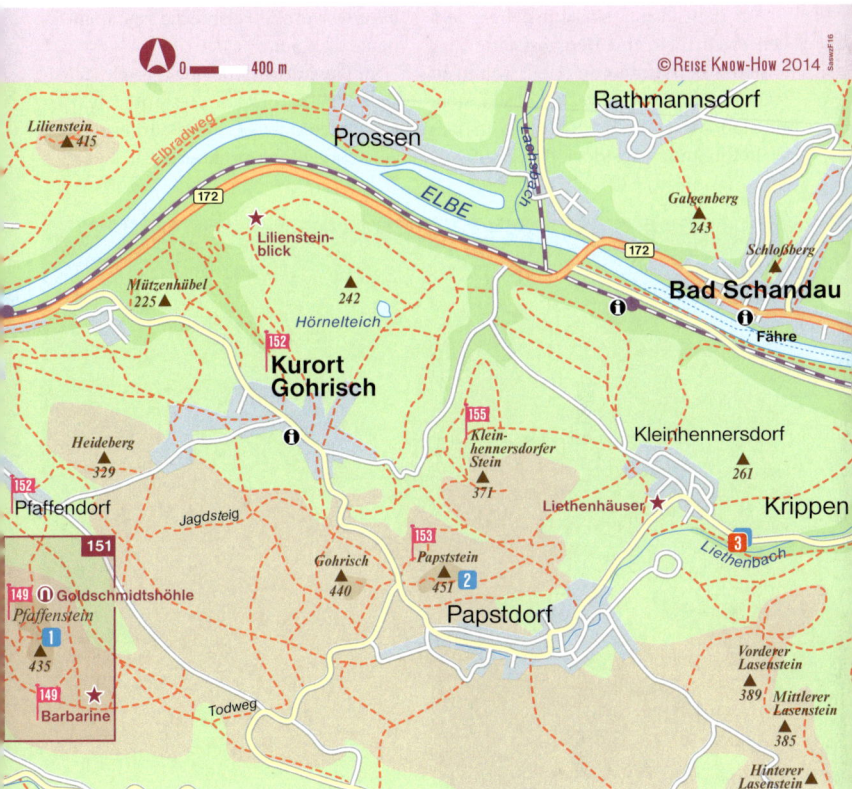

nur fünf Klettergipfel auf, kein Gasthaus, aber doch einige Aussichtspunkte. Der Name des Tafelberges ist vom slawischen *gora* = Berg abgeleitet.

Kurort Gohrisch ist der älteste Fremdenverkehrsort im Elbsandsteingebirge. 1869 wurden im Erbgericht des Bauern *Adalbert Hauffe* erstmals „Sommerfrischler" beherbergt.

Eine Arbeitsgruppe des Runden Tisches schrieb in der Ruhe dieses Kurortes 1990 den **„Gohrischer Entwurf"** für die sächsische Landesverfassung.

Papststein

Auch die Rundsicht vom Papststein (451 m) ist eindrucksvoll, besonders von der Nordecke auf die Kletterfelsen Große und Kleine Hunskirche mit den Schrammsteinen im Hintergrund, Königstein, Lilienstein und Falkenstein als Nachbarn. Der Name kommt vom Mittelhochdeutschen *huns kerk* = schroffe Spitze. Es heißt, man könne vom Papststein 45 Ortschaften, zehn Kirchen und sieben Schlösser entdecken.

Auf dem Papststein lädt neben dem Feuerwehrturm eine Berggaststätte ein.

Beim **Felssturz** von 1972 schlugen 3000 Kubikmeter abbrechendes Gestein eine 30 Meter breite Schneise in den Wald Richtung Papstdorf. Bis zu 100 Kubikmeter große Felsblöcke zeichnen bis heute die Spur.

In **Papstdorf** steht eine typisch sächsische, spätbarocke protestantische Kirche, deren unbekannter Baumeister sich an George Bähr orientierte.

037ss ls

Kleinhennersdorfer Stein

Der letzte dieser Reihe linkselbischer Steine ist der Kleinhennersdorfer Stein (371 m). Einen Besuch wert sind die beiden großen Höhlen, in denen Ende vorigen Jahrhunderts Sandstein abgebaut wurde – für Scheuersand.

Von Bad Schandau

Eine kürzere Tour beginnt an der **Bornfähre** in Bad Schandau, gegenüber dem Elbkai. Unter den Bahngleisen hindurch führt der markierte Weg nach rechts hinauf in den **Täppichtgrund** und nach **Kleinhennersdorf.**

Weiter geht es am Waldrand auf unmarkiertem Weg Richtung Papstdorf. Von hier sieht man sehr gut den Falkenstein. Dieser Feldweg führt direkt auf den Papstein zu. Um den Aufstieg zu finden, geht man an der Weggabelung nicht nach links weiter am Waldrand entlang, sondern nach rechts in den Wald hinein. Bald zeigen Wegweiser, dass hier die beiden Höhlen am Kleinhennersdorfer Stein liegen.

Geradeaus geht es zum Gohrisch, links nach 100 Metern zum **Papststein-Aufstieg.** Der Abstieg vom Papstein erfolgt an seiner Westseite über Stahltreppen zum Parkplatz zwischen Gohrisch und Papststein. Kurz vor dem Parkplatz führt links ein schmaler Weg oberhalb der Straße zum Beginn des

Hans-Förster-Weges. Auf diesem Weg gelangt man, am Felssturz vorbei, wieder nach Papstdorf. Nach Erreichen der Fahrstraße 300 Meter nach links bis zum Wegweiser in Richtung Liethenmühle, einem gemütlichen Gasthaus auf halbem Weg zwischen Papstdorf und Krippen. In dem Fachwerkbau am Liethenbach klapperte schon im 16. Jahrhundert eine Mühle.

Praktische Tipps

Information

■ **Tourist-Information,** Neue Hauptstraße 116b, 01824 Kurort Gohrisch, Tel. (035021) 66166, www. gohrisch.de. Mai bis Okt. Mo–Fr 9–18 Uhr, Sa 9–12 Uhr, April Mo–Fr 9–16 Uhr.

Unterkunft, Essen und Trinken

■ **Parkhotel Margarethenhof**③, Pfaffendorfer Straße 89, Kurort Gohrisch, Tel. (035021) 6230, www.margarethenhof.de, tgl. 12–23 Uhr, internationale Küche im Fachwerkbau, großzügiger, ruhig gelegener Hotelkomplex unweit des Malerweges.
■ **Hotel Deutsches Haus**②, Cunnersdorfer Straße 20, Kurort Gohrisch, Tel. (035021) 68937, www. hotel-deutscheshaus.de. Landhotel, Freibad in der Nähe.
■ **Hotel Annas Hof**②, Neue Hauptstraße 118, Kurort Gohrisch, Tel. (035021) 68781, www.annas-hof.de. Tgl. 12–21 Uhr Gaststätte und Pension, Gartenwirtschaft und Grünanlage.
■ **Landgasthof und Hotel Zum Erbgericht**②, Cunnersdorfer Straße 30, Kurort Gohrisch, Tel. (035021) 9910, www.landhotel-erbgericht.de. April bis Okt. tgl. ab 11.30 Uhr, Dez. Sa, So ab 12 Uhr, 25.12.–1.1. tgl. ab 12 Uhr. Traditionsreiches Haus, ruhig gelegen.

◁ Papststein, im Hintergrund der Königstein

Links der Elbe

3

■ **Landgasthof und Pension Erholung**②, Neue Hauptstraße 119, Gohrisch, Tel. (035021) 68341, www.bergblick-erholung.de, Mi–Sa 17–23 Uhr, So 11–23 Uhr. Pension mit Appartement und Doppelzimmer, Ferienhaus.

■ **Hotel Sennerhütte**②, Königsteiner Straße 11, Kurort Gohrisch, Tel. (035021) 68469, www.senner huette.de. Kleines Haus am Berg Gohrisch, Großmutters Küche.

■ **Waldgasthof Liethenmühle**①, Kurort Gohrisch, OT Kleinhennersdorf, Tel. (035028) 80240, www.liethenmuehle.de. Tgl. 11–22 Uhr. 1572 erbaute Mühle, romantisch im Wald und am Bach gelegen, Pension mit zehn einfachen, gemütlichen Doppelzimmern, Mühlenstube und Biergarten.

■ **Kinder- und Jugenddorf „Erna"**①, Gohrisch/Papstdorf, Tel. (035028) 80513, www.oberelbe.de/erna. Ferienlager, Klassenfahrtziel.

Essen und Trinken

 Berggaststätte Papststein①, Kurort Gohrisch, Tel. (035021) 60956, www.papststein.de. Mai bis August tgl. 11–22 Uhr, April, Sept., Okt. tgl. 11–18 Uhr, Jan. bis März, Nov., Dez. Sa, So 11–18 Uhr. Ausflugslokal auf dem Papststein, 452 m, auch vegetarische und vegane Speisen im Angebot.

 Berggasthof Pfaffenstein①, Pfaffendorf, Tel. (035021) 59410, www.pfaffenstein.com, Mitte März bis Anfang Nov. tgl. 11–18 Uhr, sonst So 11–16 Uhr. Vegetarische und vegane Gerichte sowie Biofleisch in der historischen Berggaststätte, großer, teils überdachter Biergarten.

Museum

■ **Grenzstein-Lapidarium,** Sandweg 43b, Kurort Gohrisch, im Garten private Sammlung historischer Grenzsteine.

Wanderungen

■ Königstein – Quirl: 2 Stunden.
■ Quirl – Pfaffenstein: 1 Stunde.
■ Pfaffendorf – Pfaffenstein: 1 Stunde.
■ Fels Gohrisch – Kurort Gohrisch: 1 Stunde.
■ Fels Gohrisch – Papststein: 30 Minuten.
■ Königstein – Quirl – Pfaffenstein – Gohrisch – Kurort Gohrisch – Pfaffendorf – Königstein: 5 Stunden (ohne Aufstiege).
■ Papstdorf – Liethenmühle – Krippen: 1 Stunde.

216ss.dk

◁ Blick vom Großen Zschirnstein

Links der Elbe

Um den Großen Zschirnstein

Kaiserkrone und Zirkelstein

Vom S-Bahn-Haltepunkt Schmilka-Hirschmühle führt diese **Tageswande-rung** zu den schönsten Steinen links der Elbe und auf den höchsten Punkt der Sächsischen Schweiz bis nach Krippen und dort wieder zur S-Bahn. Autofahrer parken in Schöna oder Reinhardtsdorf und gelangen von dort auf den beschriebenen Weg.

Zunächst geht es vom Haltepunkt ein paar Schritte stromaufwärts parallel zu den Gleisen bis zu einem kleinen Rastplatz, dann unter den Gleisen hindurch zur steilen Treppe des Aschersteigs. Dieser führt auf die Hochebene, wo am Feld- und Wiesenrand die Dorfstraße von Schöna erreicht wird. Rechts ragt die **Kaiserkrone** (351 m) mit den drei Gipfelzacken auf, deren jede bestiegen werden kann. Wer allerdings noch bis Krippen wandern möchte, sollte sich dies für ein andermal aufheben. In der Ortsmitte von Schöna erscheint die gelbe Markierung, der nun bis an den Fuß des Großen Zschirnsteins zu folgen ist.

Schöna ist ein stilles Dörfchen mit **Umgebindehäusern.** Die **Barockkirche** (1675/89) wird unter den Dorfkirchen der Sächsischen Schweiz gleich nach der von Lohmen genannt. Ein Kleinod ist der spätgotische Flügelaltar von 1521 mit geschnitzten Figuren der heiligen Anna und der Maria mit Jesus. Die far-

benfrohen Bemalungen der Emporen (1711) zeigen Landschaften der Sächsischen Schweiz sowie biblische Szenen.

Der nahe gelegene **Wolfsberg** (343 m) bietet eine malerische Sicht auf die Schrammsteine und den Zirkelstein. *Caspar David Friedrich* hat in seinem Gemälde „Wanderer über dem Nebelmeer" (1818), einem Schlüsselbild der deutschen Romantik, einen Zacken der Kaiserkrone und Ausblicke vom Wolfsberg und anderen Gipfeln auf markante Steine und Berge der Sächsischen Schweiz (Zirkelstein, Rosenberg, Gamrig) komponiert.

Auch die Kirche in **Reinhardtsdorf** (das mit Schöna eine Gemeinde bildet) ist sehenswert. Ihre Geschichte reicht bis in die Zeit um 1200 zurück, das heutige Bauwerk entstand Anfang des 16. Jahr-

Der **Teufelsturm** in den Schrammsteinen, einer der schwierigsten **Kletterfelsen,** diente bis zur „sozialistischen Umgestaltung der Landwirtschaft" den Bauern in Reinhardtsdorf als **Sonnenuhr.** Seine Schattenbilder markierten für die Bauern auf den gegenüberliegenden Feldern den Tageslauf. Eine halbkreisförmige Felspartie hieß bei den Bauern „Henkel": Ihr Schatten gab zur rechten Zeit das Bild einer Kaffeekanne, und die Bauern setzten sich zur Kaffeepause. Nach der Zusammenlegung der Handtuchfelder zu einem LPG-Großfeld verlor diese Sonnenuhr ihre Bedeutung; die Bauern leisteten sich Armbanduhren. „Sonnenuhr" heißt immer noch ein Aufstiegsweg am Teufelsturm.

3

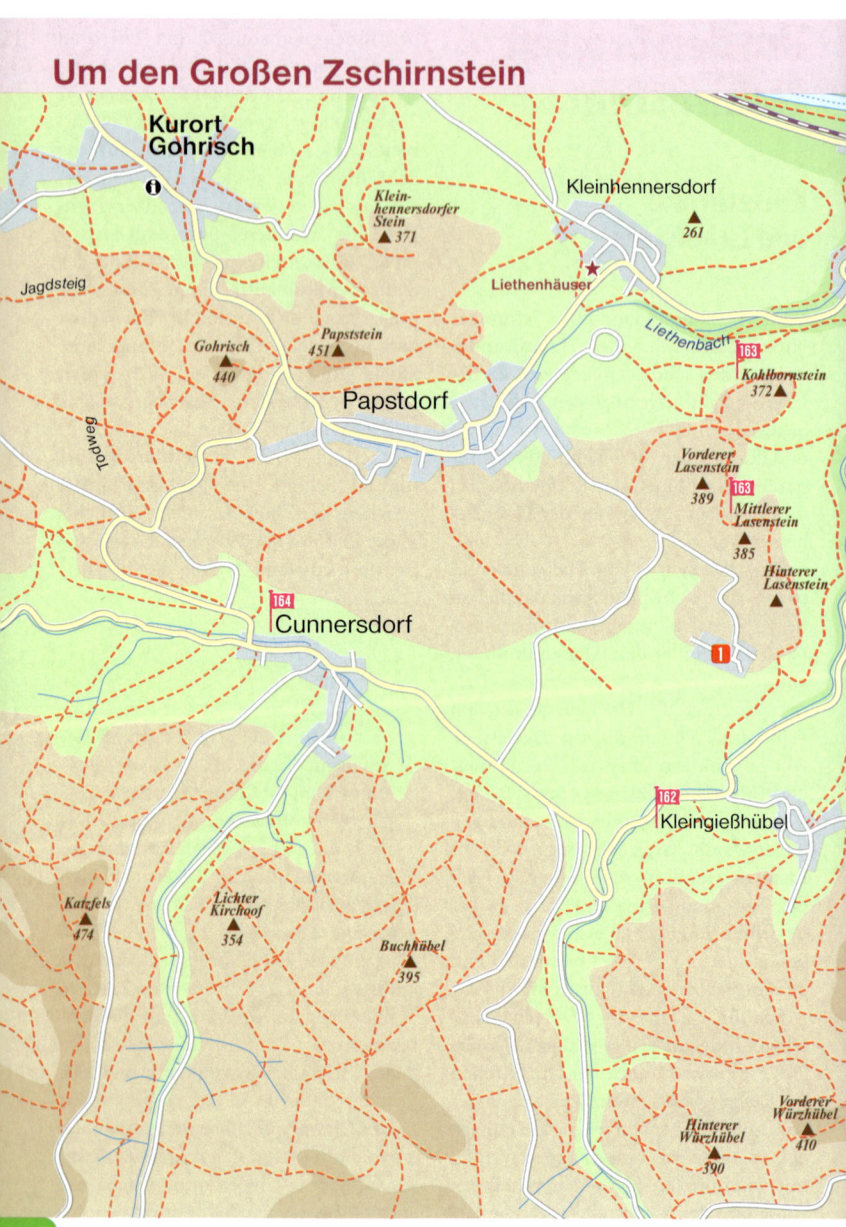

Um den Großen Zschirnstein

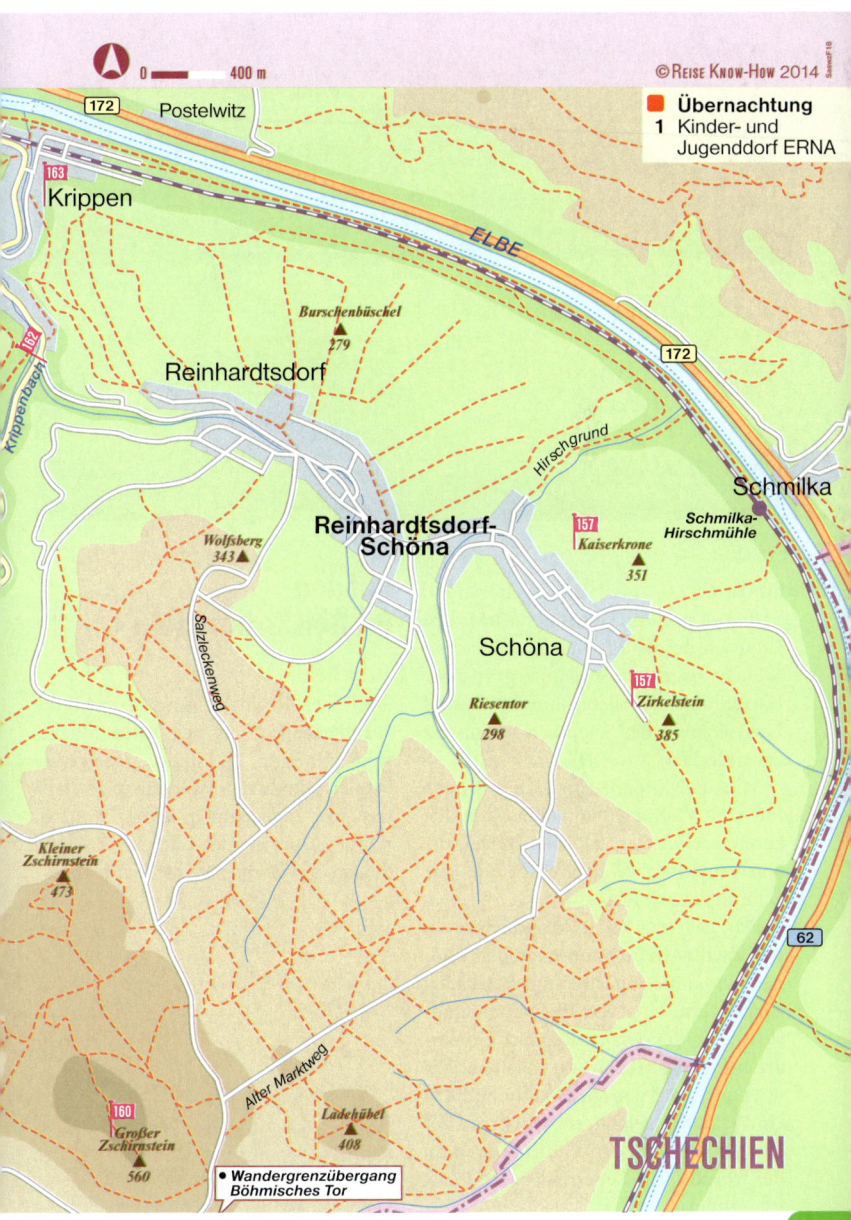

hunderts. Zur Ausstattung gehören ein barocker und ein gotischer Altar. Um 1700 wurde die Kirche mit biblischen Szenen ausgemalt. Im Hintergrund der Darstellungen auf dem Chorgestühl sind Landschaften der Sächsischen Schweiz zu entdecken.

Von der Reinhardtsdorfer Kirche führt der **Viehweg** (blau) über die Weide zur linkselbischen **Kleinen Bastei,** die einen eindrucksvollen Blick auf die Schrammsteine bietet.

Der gelb markierte **Wanderweg zu den Zschirnsteinen** führt von der Schönaer Ortsmitte zunächst zum markanten **Zirkelstein.** Hier war die Natur offensichtlich besonders gut gelaunt, ein derart anmutiges Gebilde zu schaffen. Wie mit dem Zirkel gezogen, bis zur Hüfte in ein Wäldchen gehüllt, so steht er auf der Hochebene. Auf den Gipfel führen an der Nordostseite Leitern, der Rundblick ist grandios.

Auf den Großen Zschirnstein

Nach der Rechtsbiegung erreicht die Wandermarkierung den **Alten Marktweg,** der nun als stetig ansteigende Schneise durch den Wald führt, geschottert, aber angenehm zu laufen. Am Horizont ist bereits das pultartige Massiv des Großen Zschirnsteins zu erkennen.

⌃ Auf dem Weg zum Zirkelstein

▷ Blick vom Großen Zschirnstein zur Böhmischen Schweiz

3

An einer Schutzhütte biegt der historische Marktweg in Richtung Böhmen ab, der Weg zum Wandergrenzübergang Böhmisches Tor ist gleichfalls markiert (gelb, grün). Zum mächtig aufragenden **Zschirnstein** geht es nun bergan (rot), in einem weiten Bogen ausholend und deshalb mit einem recht moderaten Anstieg. Bald wird auf dem einzig möglichen Weg das weitläufige, von einem Birkenwald bewachsene Gipfelplateau erreicht. Hier gibt es mehrere **Aussichtspunkte,** sodass man an diesem schönen, aber dennoch nicht überlaufenen Ort immer sein ruhiges Rastplätzchen findet. Es gibt eine Schutzhütte, aber keine Gaststätte. Am Südende des Plateaus steht der **Mittagsstein,** 80 Meter senkrecht über dem Wald und mit 562 Metern über dem Meer der höchste Punkt der Sächsischen Schweiz (aber nicht des Elbsandsteingebirges, das ist mit 722 Metern der Hohe Schneeberg/Děčínský Sněžník in der Böhmischen Schweiz, sein langgezogenes Gipfelplateau ist von hier aus gut zu sehen).

Welch ein großartiges Panorama bietet sich hier! Wenn die Luft klar ist, reicht die Sicht vom Isergebirge bis zu den Türmen des Meißner Doms. Doch auch bei diesiger Luft, bei jedem Wetter lohnt sich der gar nicht so anstrengende Aufstieg auf den Großen Zschirnstein. Einige muldenförmige Vertiefungen auf dem Gipfel heißen im Volksmund zwar „Opferkessel" und „Rabenbäder", doch sie entstanden durch Verwitterung alaunhaltigen Sandes und haben nichts mit frühgeschichtlichen Kulthandlungen zu tun.

218ss dk

Kleingießhübel

Der **Abstieg** führt auf dem eben begangenen Zschirnsteinweg bis zu einer Weggabelung, von der nach links der roten Markierung zu folgen ist. Bald geht es steil bergab über Holzstufen durch eine wilde Felsszenerie. Am Passweg zwischen Großem und Kleinem Zschirnstein liegt die **Wildbrethöhle,** hier wurde in kurfürstlichen Zeiten das erlegte Wild zwischengelagert. Folgerichtig liegt am Berghang der **Hirschgrund,** durch den nun der Wanderweg (gelb, rot) ins Dorf Kleingießhübel führt. Wer abkürzen oder den Parkplatz in Reinhardtsdorf-Schöna erreichen möchte, folgt bei der Wildbrethöhle in die entgegengesetzte Richtung der grünen Markierung.

In Kleingießhübel wurden früher mehrere Brauneisenerzgruben und eine Eisenhütte betrieben. Am Rande der Dorfstraße gehend (1,5 km), erreicht man den **Krippenbach.** Die Rölligmühle ist auf einigen Karten noch immer verzeichnet; einst Sägemühle, war sie ab den 1870er Jahren eine Ausflugsgaststätte, die aber schon seit Jahrzehnten leer steht und verfällt.

Nach Überqueren der Straße führt der Wanderweg (rot) nun wieder bergauf in den Wald. An einer nahen Wegkreuzung trifft man auf ein Bergbächlein, das muss überquert werden, wie es die Markierung vorgibt; nicht auf dem recht breiten Waldweg nach links abbiegen, dieser führt zum Feldrand und somit in die Irre.

168ss ls

Lasensteine und Kohlbornaussicht

Der Wanderweg passiert nun die drei Lasensteine: den Hinteren, den Mittleren und den Vorderen. Es sind bewaldete Bergkuppen. Einen lohnenden Aussichtsplatz bietet der **Kohlbornstein** (372 m), auf den Sandsteinstufen führen. Vom Gipfel sind der Papststein, Lilienstein, Falkenstein, die Schrammsteine und die beiden Zschirnsteine zu sehen.

Auf dem Koppelsbergweg wird nun schließlich **Krippen** erreicht, das zu Bad Schandau gehört. Wer einkehren möchte, biegt, kurz bevor der Wanderweg die Straße erreicht, nach links ab zur Ausflugsgaststätte Liethenmühle (siehe unter: Gebiet der Steine). Zur Bushaltestelle (Linie 251/252, Schöna – Bad Schandau – Schmilka) und zum S-Bahnhof Krippen folgt man einfach stromabwärts dem Krippenbach, vom Waldrand bis zur S-Bahn sind es rund 1,5 Kilometer. Zwischen Krippen und Postelwitz pendelt eine Elbfähre.

Krippen

Die Geschichte des 1379 erstmals erwähnten Ortes Krippen wurde jahrhundertelang von Elbehandel, Holzverarbeitung und Schiffbau bestimmt. Bis zum Dreißigjährigen Krieg war Krippen ein städtischer Handels- und Gewerbeplatz mit zwei Märkten und bedeutenden Ge-

werken, ein gleichrangiger Konkurrent für Schandau. Zwischen Oberlauf und Elbmündung des Krippenbaches arbeiteten vier Sägemühlen. Seit 1592 ist Schiffbau nachgewiesen. 1833 wurde auf der Krippener Werft der Rumpf für den ersten Elbdampfer angefertigt.

Im historischen Wohnhaus **Friedrich Gottlob Kellers** auf der gleichnamigen Straße wird des Erfinders des Holzschliffpapiers gedacht. *Keller (1816–1895)* lebte ab 1852 in Krippen. Das Holzschliffpapier ließ er 1845 in Sachsen patentieren. Achtzig Texttafeln vermitteln am **Lehrpfad** eine kulturgeschichtliche Exkursion durch Krippen.

Praktische Tipps

Museum

■ **Keller-Haus,** Krippen, Friedrich-Gottlob-Keller-Straße 76, Tel. (035028) 80516, Mai bis Okt. Sa 9.30–11.30 Uhr, www.bad-schandau.de. Leben und Schaffen von *Friedrich Gottlob Keller,* Anfänge der Papierindustrie.

🐛 **Naturfreunde** sollten sich Zeit nehmen für die stillen Wälder und Bachtäler bei Krippen. An den schattigen Ufern des Krippenbaches leben seltene Vögel: Wasseramseln, Eisvögel und Gebirgsbachstelzen. Auf dem feuchten Gestein sonnen sich Feuersalamander. Dieser flinke, klare Bach ist auch für seinen Forellenreichtum bekannt. Am Ufer des Gliedenbaches im hinteren Bereich des Krippentales wächst der seltene Bärlapp. Ein „melodisches" Naturerlebnis bietet die Hirschbrunft in den Wäldern bei Cunnersdorf.

☐ Mit etwas Glück sieht man hier eine Wasseramsel oder einen Eisvogel

3

Cunnersdorf

Ein idyllischer Ort mitten in der linkselbischen Sächsischen Schweiz ist Cunnersdorf. Ringsum liegen die Wanderziele in bequemer Nähe: Gohrisch und Papststein, Königstein und Krippen, die Zschirnsteine oder einfach nur Wald.

Im Dorf stehen einige ansehnliche Dreiseit-Bauernhöfe mit Sandsteinunterbau und Fachwerkobergeschoss. Deren bedeutendster ist der kurfürstliche **Forsthof** (1604) mit Herrenhaus, Torhaus und Wirtschaftsgebäuden.

In der **neoromanischen Kirche** von 1854/55 steht ein barockes Altarbild. Eine Heimatstube im Umgebindehaus zeigt die im Ort gepflegte Volkskunst.

Vom Gasthof Erbgericht aus führt ein Naturlehrpfad durch das **Katzsteingebiet.** Höchster Punkt ist das Katzsteinplateau (444 m) mit dem **Katzfels** (474 m). Weiter geht es zum **Rotstein** (458 m), zurück über den **Nässeweg** und durch das Cunnersdorfer-Bach-Tal.

Praktische Tipps

Information

■ **Kurverwaltung Bad Schandau,** Markt 12, Tel. (035022) 90030, www.bad-schandau.de. Mai bis Sept. tgl. 9–21 Uhr, April, Okt. tgl. 9–18 Uhr, Nov. bis März Mo–Fr 9–18 Uhr, Sa, So, Feiertage 9–13 Uhr, Jan./Feb. Mi geschlossen.

059ss ls

Im Bielatal

🟥 **Touristinformation im Bahnhof Bad Schandau,** Tel. (035022) 41247, Mai bis Sept. Mo–Fr 8-18 Uhr, Sa, So, Feiertage 9–17 Uhr; Okt. bis April Mo–Fr 8–17 Uhr, Sa, So, Feiertage 9–12 Uhr, Jan./Feb. Mi geschlossen.

🟥 **Touristinformation Reinhardtsdorf-Schöna,** Waldbadstraße 52d, Tel. (035028) 80737, www.reinhardtsdorf-schoena.de. Geöffnet Mo, Mi, Fr 9–12 Uhr, Di 9–12 und 14–18 Uhr, Do 9–12 und 14–16 Uhr.

Unterkunft, Essen und Trinken

🟥 **Panoramahotel Wolfsberg**②, Zum Wolfsberg 102, Reinhardtsdorf-Schöna, Tel. (035028) 859900, www.panoramahotel-wolfsberg.de. April bis Okt. tgl. ab 11 Uhr, Nov. bis März Sa/So 11–17 Uhr. Prächtiger Fachwerkbau auf dem Wolfsberg, mit Panoramablick aus den Zimmern und aus der Sauna, sächsische Küche.

🟥 **Gästehaus Kaiserkrone**①, Am Feldrain 46, Schöna, Tel. (035028) 80425, www.zirkelsteinresort.de. Angebote für Familien mit Kindern: ab 26 €/Erw., 17 € Kind, inkl. Halbpension.

🟥 **Landgasthaus und Pension Zum Zirkelstein**①, Hauptstr. 37b, Schöna, Tel. (035028) 80224, www.gasthaus-zirkelstein.de. Sächsische Küche, Biergarten.

🟥 **Zirkelsteinresort**①, Schöna, Tel. (035028) 80 425, www.zirkelsteinresort.de. Holzbungalowdorf am Zirkelstein, für Kindergruppen und Familien.

Wanderungen

🟥 Krippen – Kleingießhübel – Großer Zschirnstein – Krippen: 4 Stunden.

🟥 Schöna – Zirkelstein – Kaiserkrone – Schöna: 3 Stunden.

◁ Blick von der Kleinen Bastei

Am südwestlichen Rand der Sächsischen Schweiz liegt das kleine Wandergebiet des Bielatales. Die **Biela** entspringt am Hohen Schneeberg in Böhmen. Auf ihrem nur 18 Kilometer langen Lauf zwischen ihrer Quelle und der Elbmündung in Königstein verliert die Biela 405 Meter Höhe. Sie ist ein flinkes Bächlein mit klarem Wasser, was ihr wohl auch den Namen gegeben hat. Das slawische Wort *biela* bedeutet „weiß". Bei ihrem Lauf durch Bielagrund und Bielatal passiert sie wie durch eine Gasse eine bizarre Felsenstadt.

Hier stehen auf kurzer Distanz 90 Gipfel mit über 300 Kletterwegen aller Schwierigkeitsgrade beieinander, es laden kurze, attraktive Wanderwege ein. Nirgendwo sonst in der Sächsischen Schweiz sind die Sandsteinsäulen so dürr und „windschief" wie hier. Die Klettergipfel stehen meist verhältnismäßig nahe an den Wegen, sodass Wanderer hier auch sehr gut die Bergsteiger beobachten können.

Anreise

Wanderer, die mit dem **Pkw** anreisen, wählen am besten den (allerdings oft sehr vollen) Parkplatz kurz vor der Ottomühle als Ausgangsort für ihre Touren. Wanderer, die den **Regionalbus** nutzen, fahren bis Bielatal, Brausenstein (Linien 242 Königstein – Rosenthal, 245 Pirna – Leupoldishain – Rosenthal) oder Rosenthal, Schweizermühle (Linie 242).

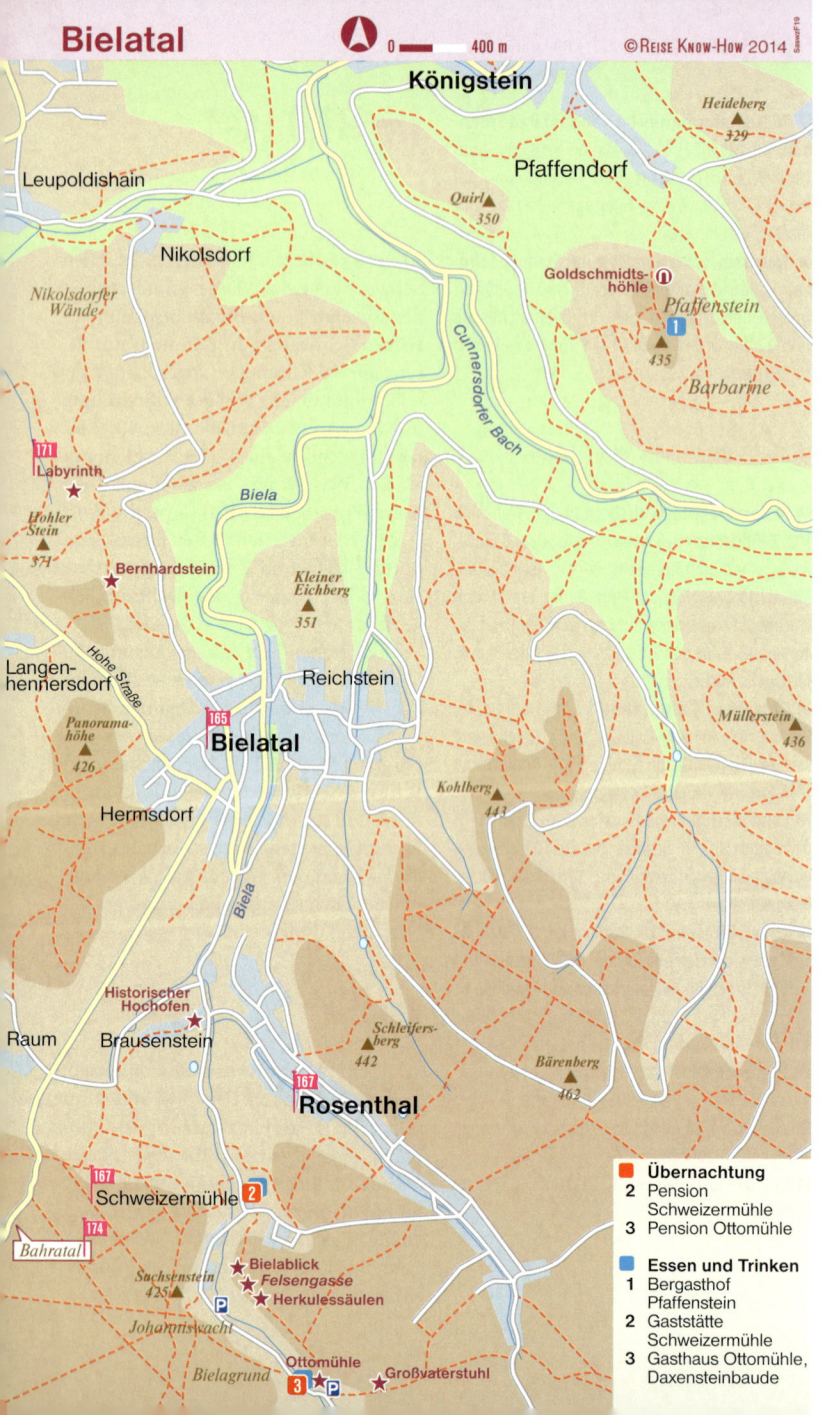

Bielatal

© REISE KNOW-HOW 2014

0 — 400 m

Königstein

Heideberg
329

Pfaffendorf

Leupoldishain

Quirl
350

Nikolsdorf

Goldschmidts-
höhle

Nikolsdorfer
Wände

Pfaffenstein

1

435

Barbarine

171
Labyrinth

Biela

Hohler
Stein
371

Bernhardstein

Kleiner
Eichberg
351

Langen-
hennersdorf

Reichstein

Müllerstein
436

165
Bielatal

Panorama-
höhe
426

Kohlberg
443

Hermsdorf

Biela

Historischer
Hochofen

Raum

Brausenstein

Schleifers-
berg
442

Bärenberg
462

167
Rosenthal

167
Schweizermühle

2

174

Bahratal

Bielablick
Felsengasse

Suchsenstein
425

Herkulessäulen

Johanniswacht

Ottomühle

Großvaterstuhl

3

Bielagrund

Erzhütten

Schon im Mittelalter rauchten Erzhütten im Bielatal, klapperten am Bachufer die Hammerwerke. Die Ausbeute war so groß nicht, doch sind Spuren der frühen Erzverarbeitung bis heute in Flur- und Ortsnamen und in einer historischen Betriebsstätte erhalten. Für „Pirnisch Eisen", diese kunsthandwerklich wertvollen Erzeugnisse Pirnaer Eisengusses, wurde Roheisen aus den Hütten des Bielatals verwendet. Weitere Erzhütten standen im Tal der Bahra, einem Nebenfluss der Gottleuba. Das Erz kam aus dem Berggießhübeler Bergbau. Außer für Kunstguss und Gebrauchsgegenstände wurde Roheisen auch für Kanonenkugeln gebraucht – Festung Königstein liegt in Sichtweite.

Gemeinde Rosenthal-Bielatal

Die Gemeinde Rosenthal-Bielatal entstand erst 1933 durch Zusammenschluss des einstigen Ritterguts **Hermsdorf** und der **Hammersiedlungen Brausenstein** und **Reichstein.** Erzverarbeitung in Reichstein ist seit Ende des 15. Jahrhunderts nachgewiesen, sie fand ihr Ende mit dem Dreißigjährigen Krieg. Ein historischer **Hochofen** steht in Brausenstein, direkt an der Bielatal-Straße. Er wurde in der Zeit um 1700 betrieben und ist das einzige erhaltene Denkmal einer Betriebsstätte in diesem Tal.

Schweizermühle

Ein Stück bachaufwärts liegt Schweizermühle, heute ein Ortsteil von Rosenthal. Hier arbeiteten im 16. Jahrhundert ein Hammerwerk und eine Brettmühle. Die Mühle des *Johann Gottlob Geissler* galt schon *Götzinger* und *Nicolai* als vorzügliches Quartier. Im Juni 1824 erhielt sie bei einer Feier mit gebürtigen Schweizern zur „Einweihung der westlichen Sächsischen Schweiz" den Namen „Schweizermühle". Die Brettmühle wurde Gasthaus. 1837 ließ der Müller eine Kaltwasserheilanstalt einbauen. Frisches Bielawasser ließ jede **Kneipp-Kur** zum unvergesslichen Erlebnis werden.

So entstand bald eine Kursiedlung. Der kleinste **Kurort** in der Sächsischen Schweiz; 1838 entstand das Alte Kurhaus, 1866 das Neue. 1912 wurde die Anlage Erholungsheim und ab 1945 Lungenheilstätte. Heute lädt hier die Pension und Gaststätte Zur Schweizermühle ein.

Links der Elbe

▷ Historischer Hochofen in Brausenstein

Wandern im Bielatal

Vom **historischen Hochofen** in Brausenstein (Bushaltestelle) gelangt man auf einem unmarkierten Wanderweg (Aufstieg direkt hinter dem Hochofen, nicht von der Bushaltestelle) oder entlang der Straße (15 Min.) zur Pension Schweizermühle. Hier beginnen mehrere markierte Wanderwege, von denen nun der mit dem gelben Punkt skizziert werden soll.

Die beiden nächstgelegenen Aussichtspunkte sind der **Berthablick** und die **Kleine Bastei.** Im Bielatal ist ein neogotisches Kapellchen zu sehen, es wurde 1891 errichtet und diente den Kurgästen zur Andacht, war auch Hochzeitskirche. Heute wird es privat genutzt. Der Wanderweg führt durch die Wald- und Felslandschaft zum **Gedächtnishain,** einem düsteren Felsenkessel, dessen Geschichte vor Ort erklärt wird. Über Sandsteinstufen geht es hinauf und durch den Wald zum **Rosengarten,** einem gleichfalls von Felsen gebildeten Platz, der einst als Gebetsort diente. Heute treten hier gelegentlich Bergsteigerchöre auf.

Am Geländer entlang führt der Wanderweg zum nächsten Aussichtspunkt, dem **Wetterfahnenfels.** Der folgende Abschnitt ist etwas sparsam gekennzeichnet, man geht Richtung Waldrand am Feld und dann nach rechts, und sobald nur noch ein Weg möglich ist, taucht wieder an jedem dritten Baum der gelbe Punkt auf. Der **Bielablick** ist ein markanter Fels mit einem putzigtrutzigen Häuschen auf dem Gipfel. Dieser **Pavillon** wurde 1880 von einem Rosenthaler Baumeister namens *Kaiser* – deshalb auch Kaiserpavillon – gleich als Ruine errichtet.

219ss dk

Höhepunkt einer Wanderung im Bielatal ist zweifellos die **Felsengasse,** von der Zerklüfteten Wand zu den bizarren Herkulessäulen und zu Füßen weiterer Felsgebilde, die von den Bergsteigern geliebt werden und so schöne Namen wie Schiefer Turm, Chinesischer Turm und Kanzelturm bekommen haben. Aber auch Wanderern bieten sich immer wieder entzückende Ansichten und Aussichten. Die **Herkulessäulen** sind schräg verwitterte Felsriffe inmitten des Klettergebietes, sie gehören zu den bekanntesten Felsformationen des Elbsandsteingebirges. Hier kann man bei schönem Wetter nicht erwarten allein zu sein, im Gegenteil. Ruhiger wird es nur nach kräftigem Regen, denn auf nassem Fels darf nicht geklettert werden. Dann aber ist auch Wanderern geboten, auf den Wegen zu bleiben und den aufgrund der Nässe besonders empfindlichen Sandstein zu schonen.

Vom abschließenden Felsportal dieser spannenden Gasse ist es nicht mehr weit bis zur **Ottomühle,** der beliebten und sehr preisgünstigen Wanderherberge im Bielatal. Dort kann man einkehren, oder auch die Rast gleich nebenan mit Selbstbedienung in der Daxensteinbaude einlegen. Unweit der Ottomühle befindet sich der Wandererparkplatz.

Der Rückweg zur Schweizermühle/ Haltestelle Brausenstein passiert auf Wanderwegen zunächst den Aussichtsfelsen **Johanniswacht,** der über eine kleine Steiganlage erklommen werden kann, und dann den **Sachsenstein,** auf den nun eine lange, recht steile und signalgelb gestrichene Leiter hinaufführt. Der Rundblick von der kleinen Plattform über ein Meer aus Wald und Fels lohnt sich unbedingt, nur muss man sich auf der Leiter mit den entgegenkommenden Wanderern einig werden. Rucksäcke am besten unten lassen, es gibt nämlich einige sehr enge Stellen. Von hier ist es nicht mehr weit bis zur Schweizermühle.

Zur Grenzplatte

Hinter der Ottomühle steht der **Großvaterstuhl,** eine Felsgruppe mit mehreren Aussichtsplätzen. In den Felswänden hinter der Straßengabelung liegt an der rechten Seite die **Bennohöhle,** darin künstlich erleuchtet die – leider gefälschte – „älteste Felsinschrift in der Sächsischen Schweiz". Neben einem Kelch steht: „M. v. Donjn ††† 1401 Benno". Damit sollte wohl der Dohnaische Burggraf gemeint sein, der damals im Gefecht mit wettinischen Soldaten gefallen war; und „Benno", vielleicht der Knappe, hat die Sache geritzt. Eine andere Interpretation besagt, *von Dohna* habe auf der Flucht die Gebeine des Meißner Bischofs *Benno,* des Weinkenners also, im Gepäck gehabt. Selbstentlarvend ist dieses Sgraffito so oder so, weil in der Zeit der Gotik die Zahl 4 eben nicht wie heute geschrieben wurde, sondern als „nach oben offene 8". Naja, egal. Jedenfalls hat die Höhle

◁ Der Bielablick mit seinem kleinen Pavillon

3

so ihren Namen bekommen, und sie wurde zum beliebten Wanderziel.

Zwischen den Felsen beginnt der **Wormsbergweg,** der in den Wald führt und leicht ansteigend, die **Grenzplatte** (533 m) erreicht, einen beliebten Aussichtspunkt. Von hier schaut man ins Böhmische hinein, in den Talkessel von Biela und **Hammerbach,** auf den Urlaubsort Ostrov (Eiland), auf Felstürme und den **Hohen Schneeberg (Děčínský Sněčník,** 722 m), die höchste Erhebung des Elbsandsteingebirges.

90 Meter unter der Grenzplatte liegt das Tal des Hammerbaches, da hinunter führt nun der Wanderweg in Richtung Dürre Biela. Der **„Grenzwächter"** bewacht als Kletterfelsen die deutsch-tschechische Grenze.

Beim **Wachsamen Förster** überquert der Wanderweg den Hammerbach und folgt nun dem Bielagrundweg bis zur Mündung der **Dürren Biela.** Ein reizvolles Tal dieses meist spärlichen, manchmal aber auch recht munteren Wassers. Einer der markanten Türme ist die **Dürrebielenadel.** Der steile **Dürrebielegrund** führt über die Grenze hinweg, der Wanderweg aber nimmt am Grenzstein eine Linkskurve in den Wald. Auf dem **Steinbornweg** gelangt man nun bald zum Wanderweg ins Böhmische bei Rosenthal. Von hier aus kann man zum Hohen Schneeberg und den Tyssaer Wänden wandern. Aber nicht mehr als Fortsetzung dieser Tour.

◁ Felsengasse im Bielatal

Noch vor dem Grenzübergang zweigt vom Steinbornweg ein unmarkierter Weg in den Wald ab, dieser führt wieder in den Bielagrund. Zunächst zur **Falkenwand,** dann zur Verlassenen Wand und zum **Schwedenloch.** Dieser höhlenartige Gang wird auch „Franzosenloch" genannt. Eines der unzähligen Verstecke aus Kriegszeiten; im Dreißigjährigen Krieg vor den Schweden und im Napoleon-Krieg vor den Franzosen. Neben dem Schwedenloch liegt das **Eisloch,** hier hält sich bis in den Sommer hinein der Schnee.

Der Bielagrundweg erreicht entlang des Baches bald die Ottomühle. Nach rechts auf dem **Mühlweg** (Hilma-Weg) geht es über Felder nach Rosenthal.

Im Labyrinth

Der schönste Abenteuerspielplatz im Elbsandsteingebirge kostet keinen Eintritt. Im Labyrinth liegen die Felsbrocken herum wie Bauklötzer in einem Kinderzimmer. Hier hat die Natur eine Fülle von Gassen, Tunneln, Höhlen, Minifelsen und Irrwegen geschaffen, die zum Kraxeln, Kriechen, Springen und Verstecken einlädt. Entsprechend lebhaft geht es hier an schönen Tagen zu, dann sind ständig Kindergruppen oder Familien mit Kindern auf Erlebnistour. Oft sind hier auch Bergsteiger zu sehen, die ihren Kleinsten die ersten Schritte im Fels beibringen.

Das Labyrinth liegt rund fünf Kilometer von Königstein entfernt, einen ausgeschilderten Parkplatz gibt es an der Hohen Straße bei Langenhennersdorf. Der Regionalbus (Linie 245 Pirna – Rosenthal) hält an dieser Straße, Station Lan-

3

genhennersdorf, Abzweig Labyrinth. Von dort ist es eine Viertelstunde Fußweg bis zum Ziel. Für eine **Rundwanderung** (8 km) fährt man mit eben diesem Bus oder mit dem Auto bis **Leupoldishain,** Dorfplatz, und folgt dem grünen Punkt. Zunächst geht es zum Spielplatz, über eine Wiese und zum kleinen Labyrinth-Parkplatz, dessen Autodichte man schon mal auf den Trubel in den Felsen hochrechnen kann.

Das Labyrinth erscheint vielleicht auf den ersten Blick verwirrend, aber verlaufen kann man sich hier nicht. Nach dem Einstieg gibt es zwei Möglichkeiten: geradeaus und gleich in den ersten Tunnel hinein, oder nach links, wo es sich zunächst etwas bequemer geht. Enger wird es allemal, und die neueste Kleidung sollte an diesem Tag im Schrank bleiben. Den weiteren Weg weisen sogar kleine

Zahlen an den Felsen, aber wirklich nötig sind sie nicht. Bei allem Spaß in den zerklüfteten Steinen sollte nicht vergessen werden, dass das Labyrinth ein **Naturdenkmal** ist und kein TÜV-geprüftes Klettergerüst. Die Klüfte zwischen den Felsen, die man auf dem Plateau überspringen kann, sind immerhin mehrere Meter tief. Wenn der Sandstein nass ist, muss das Labyrinth geschont werden.

⌃ ⌄ Das Labyrinth ist ein einziger riesiger Abenteuerspielplatz

3

Vom Labyrinth führt der Wanderweg als breiter Forstweg weiter zu den **Nikolsdorfer Wänden,** einem zwar kleinen, aber auch stark zerklüfteten Felsgebiet, und wieder nach Leupoldishain. Vorher lohnt sich ein Abstecher zum **Bernhardstein** (Wegweiser). Man erreicht ihn über eine Steiganlage und Sandsteinstufen. Der **Panoramablick** über Lilienstein, Königstein, Pfaffenstein und Schrammsteine ist einer der eindrucksvollsten im Elbsandstein. Tafeln informieren über die **Franzosenschanze,** die hier im Jahr 1813 angelegt worden war, und über die seltsame Geschichte des **Taufsteins.**

Von der Biela zur Elbe

Nach diesen Besuchen in engzerklüfteten Felsrevieren nun noch eine Wanderung über Felder, Wiesen und Waldwege von der Biela bis an die Elbe. Sie beginnt in **Rosenthal,** unterhalb der Pfarrkirche (1856). Die **Winterleitenstraße** führt durch die Felder hinunter in den Wald. Dort zweigt nach links der Wurzelweg ab. Mitten im Wald liegt der **Rotstein** (458 m). Er hat vier Gipfel, auf einen kann man hinaufsteigen. Weiter geht es auf dem Mäusebornweg zum **Katzstein** (474 m). Wieder eine Leiter, noch eine Aussicht. Die dritte in dieser Reihe bietet

221ss dk

der **Spitze Stein** (410 m), zu erreichen über einen kleinen Umweg. Im Tal liegt **Cunnersdorf** mit Gasthäusern, Bauernhöfen und Heimatmuseum.

Über die Höhe führt von dort der Kirchsteig nach **Papstdorf**. Zum Pfaffenstein oder zum Gohrisch ist es auch nicht weit. Wer über Papstdorf läuft, kann weiter nach Kleinhennersdorf gehen, dort in der Liethenmühle einkehren und die S-Bahn in Krippen erreichen. Der kürzeste Weg: Noch vor Kleinhennersdorf nach links auf den **Täppichtsteig** und hinunter zur **Bornfähre** nach Bad Schandau. Fußmüde S-Bahn-Nutzer können sich von der Bornfähre übersetzen lassen, umsteigen in die Personenfähre und so bis zum Bahnhof Bad Schandau fahren.

Im Bahratal

Die Bahra ist ein Nebenbach der Gottleuba. In den Talmulden der Bahra und zweier weiterer Bäche liegt die Gemeinde Bahratal. Auch hier wurde schon im 15. Jahrhundert Eisenerz verhüttet. Im Ortsteil Markersbach steht eine Barockkirche aus dem 17. Jahrhundert.

Bahratal ist ein günstiger Ausgangsort für bequeme Wanderungen ins Bielatal oder zur Talsperre Gottleuba. Vom Tal der Bahra ins Tal der Biela führt eine Tour, die im Ortsteil Kleppisch beginnt. Hier stand früher ein Hammerwerk. Zuerst geht es zum **Zeisigstein** (551 m), einer Sandsteingruppe, die auf Erzgebirgsgneis steht. Auf den Gipfel führt eine Treppe, zu sehen sind das Osterzgebirge mit den drei markanten Basaltkegeln **Kahleberg** (905 m), **Geisingberg** (825 m) und **Luchberg** (576 m) sowie in

Böhmen der nahe Špičák (725 m). Nach dem Abstieg geht es durch den Wald, am Naturreservat entlang, bis zur Grenzplatte und von dort ins Tal der Biela.

Am interessantesten aber sind die Möglichkeiten für Touren von Bahratal in die **Böhmische Schweiz.** Tagestouren führen über das langgezogene Dorf Petrovice auf den kegelförmigen **Špičák** hinauf oder durch den Wald in die Felsenstadt **Tyssaer Wände.**

Praktische Tipps

Information

■ **Touristinformation Rosenthal-Bielatal,** Schulstraße 1, OT Bielatal, Tel. (035033) 70291, www.rosenthal-bielatal.de, Mo–Mi 9.30–14 Uhr, Do 9.30–16 Uhr, Fr 9–12 Uhr.

Unterkunft, Essen und Trinken

■ **Zum Kaulehof**②, Nentmannsdorf 51, Gemeinde Bahratal, Tel. (035025) 51110, www.kaulehof.de. Ruhige, preisgünstige Ferienwohnungen für zwei bis vier Personen im Dorf am Rand der Sächsischen Schweiz.

■ **Pension und Restaurant Schweizermühle** ①, Schweizermühle 3, Rosenthal-Bielatal, Tel. (035033) 76788, www.saechsische-schweiz-touris

▷ Blick ins Böhmische

3

tik.de, April bis Okt. Do–Di ab 11.30 Uhr, Nov. bis März Fr ab 17 Uhr, Sa, So/Feiertage ab 11.30 Uhr. Historisches Lokal, an dem sich mehrere Wanderwege treffen, Restaurant mit Terrasse zwischen den Felsen, Doppelzimmer und Ferienwohnungen.

■ **Rittergut Bielatal**①, Bergstraße 1-2, Rosenthal-Bielatal, Tel. (035033) 70602, www.rittergut-bielatal.de. Ferienwohnungen bis sechs Personen auf dem Gutshof, mit Pferd, Hund, Hahn und weiteren Tieren als Nachbarn.

■ **Pension und Herberge Ottomühle**①, Ottomühle 9, Tel. (035033) 76800, www.ottomuehle.com, Di–So ab 11.30 Uhr. Traditionsreiche Bergsteiger- und Wandererherberge mitten im Felsrevier.

■ **Daxensteinbaude**①, Ottomühle 1a, Tel. (035033) 71533, Mo–Fr 11.30–18.30 Uhr, Sa, So 10–19.30 Uhr. Wandererraststätte bei der Ottomühle, Selbstbedienung, Öffnungszeiten variieren nach Witterung.

■ **Jugendbildungsstätte „Spukschloss"**①, Buchenhain 34f, Bahratal, Tel. (035023) 62844, www. kasimir.de. Für Gruppen und Einzelreisende.

Wanderungen

■ Bielatal – Schweizermühle – Herkulessäulen – Ottomühle – Sachsenstein – Großvaterstuhl – Bennohöhle – Grenzplatte – Dürre Biela – Schwedenloch – Rosenthal: 6 Stunden.

■ Bielatal – Bernhardstein – Labyrinth – Königstein: 4 Stunden.

■ Rosenthal – Rotstein – Katzstein – Spitzer Stein – Papstdorf – Bornfähre: 5 Stunden.

■ Berggießhübel – Bahra – Bielatal – Lampertsbachtal – Cunnersdorf – Papstdorf – Kleinhennersdorf – Bad Schandau: 6 Stunden.

■ Bahratal – Zeisigstein – Grenzplatte: 2 Stunden.

Links der Elbe

054ss ls

Böhmische **4** Schweiz (Tschechien)

Einsame Waldwege zu längst verlassenen Burgen, einzigartige Felsformationen und böhmische Gastlichkeit gestalten das Erlebnis des Elbsandsteingebirges jenseits der offenen Grenze in der Tschechischen Republik. Das Prebischtor ist berühmt, der Schauenstein ein offenes Geheimnis, die Elbstadt Děčín darf noch entdeckt werden.

◁ Aussicht vom Marienfelsen

4

Böhmische Schweiz

BÖHMISCHE SCHWEIZ

www.fotolia.de © Nina

Das **Prebischtor** war schon Reiseziel der Romantikmaler, die als erste Besucher das Gebirge für sich erkundet haben. Sie alle waren und die Betrachter sind bis heute fasziniert von der längsten natürlichen Sandsteinbrücke Europas. Eine beliebte Attraktion sind die **Kahnfahrten** durch die Felsenklammen der Kamnitz. Ausgangsort für mehrere interessante und aussichtsreiche Touren ist die Sommerfrische **Jetřichovice** (Dittersbach). Das **Khaatal** ist die böhmische Kindheit und Jugend der Kirnitzsch, eine reizende Landschaft für Wanderer und Radfahrer, und wie anscheinend alle diese böhmischen Täler auch mit geheimnisvollen Spuren mittelalterlicher Besiedlung ausgezeichnet. In **Krásná Lípa** (Schönlinde), am Übergang zum Lausitzer Gebirge, gibt es das Haus Böhmische Schweiz, das Brauhaus und die verführerischen Wegweiser. Neben der Bastei und dem Brand auf sächsischer Seite ist das böhmische **Belvedere** der klassische Aussichtspunkt ins Elbtal. Eine Felsenstadt mit namhaften Bewohnern, so dem Hageren Doktor und dem Eingeklemmten Schneider, sind die **Tyssaer Wände.** Ein Stadtrundgang beiderseits der Elbe durch die von Reisenden wieder zu entdeckende Hafen- und Industriestadt **Děčín** (Tetschen/Bodenbach) schließt die böhmische Exkursion im Elbsandsteingebirge ab.

NICHT VERPASSEN!

Diese Tipps erkennt man an der gelben Hinterlegung.

⌃ Wanderweg an der Kamnitz

Prebischtor und Edmundsklamm

Hřensko

Mit einer Gastwirtschaft begann die Geschichte des böhmischen Grenzortes Hřensko (sprich: Chrschensko), deutsch: **Herrnskretschen.** Der Name ist abgeleitet von den tschechischen Worten *hranica* für Grenze und *krcma* für Kretscham, Wirtshaus. An der Elbmündung des Kamnitzbaches stand ein Gasthaus für die Flößer und Holzhändler.

Vom Grenzübergang bis ins Ortszentrum an der sehenswerten Barockkirche läuft man eine halbe Stunde, was hier wenig angenehm ist. Deshalb empfiehlt es sich, mit der S-Bahn bis Schöna zu fahren und mit der Fähre überzusetzen.

Hřensko ist der am tiefsten gelegene Ort Böhmens: 115 Meter über dem Meeresspiegel. Am Ortsausgang beginnt ein **Rundweg** über das Prebischtor (Pravčická Brána) und durch die Edmundsklamm (Edmundova Soutěska). Anfangs führt der Weg entlang einer mäßig befahrenen Asphaltstraße, dann geht es nach links in den Wald hinein und sogleich steil bergan.

Prebischtor

Das Prebischtor (Pravčická Brána) ist mit seiner lichten Weite von 26 Metern die längste **natürliche Sandsteinbrücke** Europas. Der waagerecht geschichtete Felsen spannt sich in 16 Metern Höhe zwischen zwei Sandsteinriffen. Er ist an den dünnsten Stellen nur drei Meter dick und sieben Meter breit. Das Felsentor entstand durch die Auswitterung einer Nische. Irgendeines fernen Tages wird es einstürzen. Damit die Erosion nicht noch künstlich beschleunigt wird, darf der filigrane Brückensteg nicht mehr betreten werden. Doch die gegenüberliegende „**Felsenbühne**" auf dem **Kreuzstein** erlaubt die beste Sicht auf das imposante Naturbauwerk. Im Hintergrund ragt der Kegel des Rosenberges aus der malerisch-hügeligen Landschaft auf. Es sei denn, das Prebischtor schwebt über dem Nebel.

Seit der Romantik gehörte das Prebischtor zu den beliebtesten Reisezielen und Bildmotiven. Schon 1826 konnten Reisende in einer einfachen Gastwirtschaft einkehren. Die heutige, 1881 im Blockhausstil erbaute Wirtschaft fügt sich wohltuend in die Landschaft ein.

■ **Aussichtstableau mit Gaststätte,** April bis Okt. tgl. 10–18 Uhr, Nov. Fr–So 10–16 Uhr, Dez. bis März Sa, So 10–14 Uhr, bei schlechtem Wetter geschlossen, Eintritt 75 CZK, ermäßigt 25 CZK (3/1 €).

Edmundsklamm

Der bequeme, 1885 angelegte **Gabrielensteig** (Gabrielina Stezka, ehem. Julius-Fučik-Steig) führt an der trockenen Südseite der haushoch aufragenden **Flügelwände** (Křidělni Stěna) in den Ferienort **Mezní Louka** (Rainwiese) – geradewegs auf das Hotel mit Gasthaus zu. Dort bieten sich zwei markierte Wege an, beide führen ins Tal der Kamnitz: Entweder zwei Kilometer Landstraße (eine Ahornallee, wenig befahren) nach **Mezná** (Stimmersdorf); oder ein beque-

mer, aber etwas längerer Waldweg in den **Soorgrund.**

Mezná ist ein historischer Ferienort mit vielen Umgebindehäusern und Gastwirtschaften. Ein sehr steiler, kurvenreicher Abstieg erreicht die Edmundsklamm, auch **Stille Klamm** (Ticha Soutěska) genannt. Eine geruhsame Wanderung entlang der wilden Kamnitz gehört zu den großartigsten Erlebnissen in der Böhmischen Schweiz. Moosüberzogene, pilzbewachsene Baumstümpfe; grünbepelzte, prismenartige Steine; Grotten, Farnwälder, Felstunnel, Schwemmholzberge, eine wunderbare Mikrowelt. Gleich hinter der bescheidenen Gaststätte endet der Fußweg, und Bootsleute übernehmen die (oft sehr vielen) Wanderer. Während der etwa zwanzigminütigen **Bootsfahrt** erzählen die Fährleute allerlei Geschichten.

Wer die Zeit hat, könnte den etwa drei Kilometer längeren Weg von Mezní Louka über den Soorgrund in die **Wilde Klamm** (Divoká Soutěska) wählen. Auch hier gibt es eine Bootspartie, und nach rund 500 Metern Fußweg, jeder Meter ein neues Bild, wird die „Anschlussstelle" in der Edmundsklamm erreicht.

Nach dieser Bootsfahrt führt ein bequemer Weg schließlich aus der Klamm heraus wieder nach Hřensko.

⌃ Das Prebischtor

4

Böhmische Schweiz

Praktische Tipps

Information

■ **Touristinformation Prebischtor,** Hřensko, April bis Okt. Mo–Sa 10–18 Uhr, www.pbrana.cz.

■ **Touristinformation Hřensko** (Herrnskretschen), Hřensko 71 (bei der Mündung der Kirnitzsch), Tel. (00420) 412554286 (Reservierungen), www.ceskosaske-svycarsko.cz. April bis Okt. tgl. 9–18 Uhr, Nov. bis März tgl. 9–16 Uhr.

■ **Haus Böhmische Schweiz,** siehe Krásná Lípa.

■ **Wechselstuben** (Směnárna) findet man in Hřensko.

Bootsfahrten

■ **Kahnpartie:** Wilde Klamm (Divoká Soutěska) bis 17 Uhr; Stille (Edmunds-)Klamm (Tichá Soutěska) bis 18 Uhr. Wartezeit einplanen, bei großem Andrang durchaus 30 Minuten. Tickets an den Kassen vor den Bootsstationen oder, falls geschlossen, nach der Fahrt beim Bootsmann. Fahrpreis für eine Partie: 80 CZK, Kinder bis 15 Jahre 40 CZK (Wilde Klamm 60/30 CZK). Die Kähne pendeln in beide Richtungen mit Fahrgästen. Von November bis Ostern ist Winterruhe! Informationen: www.ceskesvycarsko.cz.

Essen und Trinken

■ **Hřensko:** Von Imbissstand bis Hotelrestaurant breites Angebot; besser als im Zentrum sind die Wirtshäuser am Eingang zur Kamnitzklamm.

Wanderungen

■ Hřensko, Ortsausgang – Prebischtor – Edmundsklamm – Hřensko: 4 Stunden (zzgl. evtl. Wartezeit für Bootsfahrt)

Die Felsenwelt von Jetřichovice

Mehrere attraktive Wanderwege führen von dem Ferienort Jetřichovice (**Dittersbach**) in die Böhmische Schweiz. In dem einstigen Glasbläserort stehen viele farbenfrohe Umgebindehäuser und eine barocke Kirche (1752), es gibt gemütliche Restaurants und Unterkünfte. Die **Anreise** ist mit dem Auto von Děčín (Tetschen) und Krásná Lípa (Schönlinde) möglich, von beiden Städten im Sommer täglich sowie im Winter an den Wochenenden auch mit dem Bus (*Turistický autobus*, Linie 434, Děčín – Hřensko – Mezní Louka – Jetřichovice – Chřibská – Doubice – Krásná Lípa).

Markierte Wanderwege beginnen an der Bushaltestelle/am Parkplatz in der Mitte des Ortes. Zu den schönsten Wanderungen in der Böhmischen Schweiz gehört der **Naturlehrpfad Dittersbacher Felsen** (Naučná Jetřichovicke Skalý, 12 km) von Jetřichovice nach Mezní Louka (Rainwiese), von dort ist die Rückfahrt mit Bus Linie 434 möglich. Als Rundweg läuft man vom Abzweig an der Burg Schauenstein (Šaunštejn) über Vysoká Lípa (Hohenlinde, 16 km).

Der **Marienfelsen** (Mariina Skála) als erstes Wanderziel ist schon vom Ort aus zu erkennen. Mehr als 200 Stufen führen durch den Wald zum Gipfel, wo Fürstin *Maria Anna Kinski*, geborene *Liechtenstein*, sich 1856 ein Lustschloss im Stil eines griechischen Tempels errichten ließ. Das Schloss gibt es nicht mehr, aber eine Holzhütte, die der Gipfelrast ein schützendes Dach gewährt. Der Sonnenunter-

4

gang soll von hier aus betrachtet besonders schön sein.

Der Marienfelsen ist auch vom nächsten Aussichtspunkt schön zu sehen, der **Wilhelminenwand** (Vilemínina Stěna). Sie hat ihren Namen von der Fürstin *Wilhelmine Kinsky*. Zu Füßen dieses Felsens befindet sich **Balzers Lager** (Tetřevná), ein höhlenartiger Felsüberhang, der während des Dreißigjährigen Krieges den Bauern der umliegenden Dörfer als Versteck und später dem fürstlichen Falkner (für die Beizjagd, daher der Name) als Unterschlupf gedient hatte.

Bald darauf kann man die Wanderung **zum Rundweg abkürzen** und der gelben Markierung nach rechts folgen. Es geht bequem durch den Wald zur Siedlung **Na Tokaní** (Balzhütte). Hier ließ Fürst *Kinsky* im 19. Jahrhundert ein Jagdschloss bauen, die Wälder waren voll von Auerhähnen. Heute stehen hier touristische Bauden, in denen man auch

einkehren kann. Danach sollte man sich den Abstecher (500 m, gelb) zur Engen Stiege (Uzke Schody, sprich: s-chody) gönnen. Auf dem Rückweg folgt man der blauen und gelben Markierung.

Der Naturlehrpfad aber erreicht gleich nach der Wegkreuzung einen der schönsten Aussichtspunkte der Böhmischen Schweiz, den **Rudolfstein** (Rudolfův Kámen, auch Ostroh). Der Aufstieg ist recht steil, aber gefahrlos. Auch auf seinem Gipfel steht ein Häuschen aus dem 19. Jahrhundert.

Inmitten einer faszinierenden Felslandschaft liegt die **Burgruine Schauenstein** (Šaunštejn), auch Hohenleipaer Raubschloss genannt. Hinauf geht es angemessen mühsam über schmale Leitern und Sandsteinstufen. Von der Burg ist nicht mehr viel zu sehen, aber die Aussicht ist großartig, der Blick schweift über die Böhmische Schweiz bis zur Lausche in der Oberlausitz und in das

065ss ls

Böhmische Schweiz

Erzgebirge. Die Burg wurde im 14. Jahrhundert zum Schutz eines Handelsweges von Böhmen in die Oberlausitz angelegt und hundert Jahre später durch den Oberlausitzer Sechsstädtebund als Raubnest zerstört. Neben einigen Fundamenten blieb die Zisterne erhalten.

Nach dem Abstieg durch den Felstunnel schlängelt sich der Weg weiter zum **Kleinen Prebischtor** (Malá Pravčická Brána). Dieses Naturgebilde bleibt doch hinter dem rund acht Kilometer entfernten „Großen" zurück, früher hieß es noch „Löchriger Stein". Es ist 3,30 Meter breit und 2,30 Meter hoch, die Sandsteinbrücke ist gesperrt.

Um den Gipfel des **Windberges** (Větrovec, 450 m) herum wird auf diesem Naturpfad die touristische Siedlung **Mezní Louka** (Rainwiese) erreicht, von dort sind es zwei Kilometer bis Mezná (Stimmersdorf) und zu den Stationen der Kahnfahrten in der Kamnitz (siehe „Prebischtor und Kamnitzklamm"). Durch die Edmundsklamm (Stille Klamm, Ticha Soutěska) gelangt man nach Hřensko (Herrnskretschen), dort mit der Elbfähre nach Schöna (S-Bahn) oder zu Fuß (2,5 km) nach Schmilka-Hirschmühle (Fähre, S-Bahn).

Praktische Tipps

Unterkunft, Essen und Trinken

■ **Pension Starý Mlýn**①, Jetřichovice 43, Tel. (00420) 602587431, www.starymlynjetrichovice. cz. Gemütliche Pension im böhmischen Umgebindehaus, mit Gasthaus, direkt an den Wanderwegen.

◁ Der Marienfelsen bei Jetřichovice

Um Krásná Lípa

Eine junge Linde steht auf dem Marktplatz von Krásna Lípa (**Schönlinde**). Krásná Lípa ist wieder ein touristisches Zentrum der Böhmischen Schweiz geworden. Die kleine Stadt (3500 Einwohner) im Kirnitzschtal ist Sitz der Nationalparkverwaltung Böhmische Schweiz. Von hier aus lassen sich auch Wanderungen und Ausflüge ins Lausitzer Gebirge unternehmen.

Am **Marktplatz** (Kirnitzschplatz, Křinické naměstí) stehen sanierte Bürger- und Geschäftshäuser des 18./19. Jahrhunderts. Die Sandsteinstufen einer Freitreppe (1818) führen hinauf zur spätbarock-neoklassizistischen **Maria-Magdalenen-Kirche** (1754/58). Im modernen **„Haus Böhmische Schweiz"** gibt es neben touristischen Informationen und Angeboten auch Ausstellungen und ein Internetcafé.

MEIN TIPP: In dem neoklassizistischen Gebäude neben der Freitreppe wird seit Sommer 2013 das „Falkenštejn" ausgeschenkt, das einzige im Elbsandsteingebirge gebraute Bier. Böhmische Braukunst vom Feinsten wird hier im **Kirnitzsch-Brauhaus** gepflegt. Das kleine Lokal verbindet beste böhmische Kneipentradition mit zeitgemäßem Design. Auf der kleinen, aber erlesenen Speisekarte findet man Spezialitäten zum Bier und zum mährischen Wein von Erzeugern aus der Region. Sehr schmackhafte Backwaren nach böhmischer Art gibt es in der **Bäckerei „U Šedivých"** in einem der ältesten Häuser der Stadt an der gerade gegenüberliegenden Marktecke zu kaufen.

4

Eine **Installation** mit Sandsteinskulpturen markiert auf dem Platz den heute unterirdischen **Verlauf der Kirnitzsch** und erinnert an die historische Brücke an dieser Stelle.

Von Hinterhermsdorf ins Khaatal

Am Oberlauf der Kirnitzsch, drei Kilometer westlich von Krásná Lípa (Schönlinde), liegt die mit Umgebindehäusern bebaute Streusiedlung **Kyjov** (Khaa). Der Name könnte von der bergmännischen Kaue abgeleitet sein und auf mittelterlichen Bergbau hindeuten. Belege gibt es dafür nicht, aber auch weitere Namen im Khaatal, wie das Kirnitzschtal hier heißt, deuten darauf hin: Goldbach,

Eisengrube, Schatzkammer. Seit dem 19. Jahrhundert ist Khaa ein beliebter Erholungsort und Ausgangspunkt für Wanderungen in der Böhmischen und Hinteren Sächsischen Schweiz.

Das rund sieben Kilometer lange **Khaatal** (Kyjovské Údolí) zwischen dem Ort und der Grenze nach Deutschland bietet eine großartige Landschaft. Entlang des mäandernden Baches stehen gigantische Felsen und riesige Bäume. Bedrohlich wirkende Felsüberhänge wechseln mit glatten Sandsteinwänden, die von gelber Schwefelflechte überzogen sind, und mit geheimnisvollen Seitenschlüchten. Moosüberzogene Sandsteinbrocken liegen überall herum.

Der den Bach begleitende Weg ist asphaltiert; für Radfahrer ideal, aber leider weniger angenehm für Wanderer. Die Naturschönheiten im Tal lassen sich

223ss dk

doch am besten zu Fuß erleben. Ein Fest für die Sinne, besonders an einem sonnigen Herbsttag, ist die Rundwanderung (23 km) von Hinterhermsdorf nach Kyjov, über den Felsenpfad und durch das Tal zurück. Für eine kleine Variante fährt man nach Khaa und folgt dort der gelben Markierung zur Felsenburg im Khaatal (Kyjovský Hrádek, 4 km). Während die kleine Runde für kletterfreudige Kinder spannend ist, sollte man ihnen die lange Tour am Bach nicht zumuten.

In **Hinterhermsdorf** kann man zur Einstimmung den sehr schönen Weg über die Kahnstation **Obere Schleuse**

⌃ Herbst im Khaatal

‹ Die Linde auf dem Marktplatz von Krásná Lípa, Im Hintergrund die Magdalenenkirche

wählen und von dort der roten Markierung bachaufwärts über die ehemalige Niedermühle bis zum touristischen **Grenzübergang Khaatal** folgen. Bequemer und zudem etwas kürzer ist es, sich bereits im Dorf dem Wegweiser zu diesem Grenzübergang anzuvertrauen (an der Buchenstraße). Nach rund einer halben Stunde ist der Grenzübergang erreicht, und von nun an weist die Kirnitzsch den Weg (und die rote Markierung auch).

Bis Khaa sind sechs Kilometer zu laufen. Auf halber Strecke liegt die **historische Wegkreuzung „Touristenbrücke"** (Turistický Most). Hier gibt es einen überdachten Rastplatz, und es zweigt der grün markierte Weg nach Brtníky (Zeidler, 4,5 km) ab.

An der Wegkreuzung **Pod Praporkem** (Unter dem Fähnchen) zweigt rechts ein gelb markierter Weg ab. Er

4

■ **Essen und Trinken**
1 Na Fakultě

Brtniky

Krásná Lípa

Křinice (Kirnitzsch)

Grenzübergang,
Hinterhermsdorf,
**Wegkreuzung
Touristenbrücke**

Weinkeller ⟨⟩

★ **Fürst-Kinsky-Höhe**
▲ *Hund und Katze*

Hundekopf *Brüdersteine*
Felsenburg ⛰ ★ **Höllentor**
⟨⟩ **Löwenhöhle**

●
**Wegkreuzung
Pod Praporkem**

⟨⟩
Schatzkammer

**Kyjov
(Khaa)**

1

● **Freibad**

Talsperre

Chřibska

---

führt zur **Felsenburg im Khaatal** (Kyjovský Hrádek) und schließlich in den
Ort hinein (1,6 km, aber dazu gehören
mehrere steile An- und Abstiege). Das
namengebende Fähnchen sieht man
schon von unten auf einem steil und
spitz aufragenden Felsen wehen, der seiner Form wegen auch **„Schiff"** genannt
wird und über Sandsteinstufen bestiegen
werden kann. Es ist der erste Höhepunkt
auf dem nun folgenden Pfad über die
Felsen. Weiter geht es durch die „Enge
Stiege" und auf ein Plateau, das eine reizvolle Sicht ins Khaatal eröffnet.

Felsenburg und Weinkeller

Die **Felsenburg im Khaatal,** auch Oberkarlstein genannt, ist ein rätselhafter
Ort. Ihre Geschichte wird durch keinerlei bekannte Dokumente belegt, aber
Spuren im Sandstein weisen auf eine Besiedlung hin. Forscher vermuten, dass
hier keine Wachburg stand, wie zunächst
angenommen, sondern eine Bergmannssiedlung. Auf dem Felsenpfad
kann man über Stufen und Brücken steigen und das Areal besichtigen, auch einen Rastplatz gibt es. Anschließend geht

es steil hinab in eine Schlucht und auf der anderen Seite gleich ebenso steil hinauf, dort in die kleine **Löwenhöhle** (Lvi Doupě) und auf die **Brüdersteine** (Skalní Bratři), die Aussicht ist jedoch zugewachsen. Und erneut geht es steil hinab und hinauf, durch das **Höllentor** (Pekelná Brána) und zu den Felsgebilden „**Hund und Katze**" (Pes a Kočka). Über die Himmelsleiter wird schließlich die **Fürst-Kinsky-Höhe** (Kinkého Výšina) erreicht, auch diese Aussicht ist weitgehend zugewachsen. Über sehr schmale, manchmal etwas wacklige Holzstufen im Fels könnte man von hier direkt ins Khaatal absteigen, aber um den Rundgang in den Ort hinein zu vollenden, ist es besser, der gelben Makierung weiter zu folgen. Der Weg erreicht am einstigen deutschen Friedhof und der ehemaligen Schule das Dorf, folgt nach links der Dorfstraße und erreicht direkt das „Na Fakultě" (An der Fakultät, früher eine Ferienhütte der Prager Karlsuniversität), ein einfaches Lokal, wo böhmisches Bier und Knödelgerichte warten. In Khaa gibt es weitere Einkehrmöglichkeiten.

Die „Fakultät" liegt direkt am Einstieg in das Khaatal, durch das nun der Rückweg angetreten wird. Unweit des bereits bekannten Abzweigs unter dem „Fähnchen" liegen in der Kirnitzsch ein Tor aus Felsbrocken sowie eine „**Weinkeller**" (Vinný Skleb) genannte Höhle, in der im Winter flaschenförmige Eistropfsteine entstehen. Ähnlich passiert es in der **Feengrotte** (auch Elfengrotte, Jeskyně Víl), zu der man kurz darauf rechts über einen abzweigenden, unmarkierten Weg und eine Holzbrücke über die Kirnitzsch gelangt. Der Heimweg nach Hinterhermsdorf erscheint nun, einige Stunden später, in einem anderen Licht.

Das Imkerdorf Brtníky

Die Gemeinde **Brtníky** (Zeidler) ist im 14. Jahrhundert aus einer Siedlung von Imkern entstanden. Sie liegt weit gestreut zwischen Böhmischer Schweiz und Lausitzer Gebirge und hat eine Bahnstation (Mikulašovice – Rumburk). Über die bereits erwähnte Wegkreuzung **Touristenbrücke** ist eine Rundwanderung (12 km) von Hinterhermsdorf möglich. In beeindruckender Felsszenerie liegt das **Wüste Schloss auf der Zeidler Heide** (Brtnický Hrádek), von dem weder viel bekannt noch viel zu sehen ist, lediglich einige Balkenfalze und Vertiefungen können hier die Fantasie beschäftigen. Nach weiteren 100 Metern erreicht der Wanderweg das **Große Preußenlager** (Velký Pruský Tabor, von der Touristenbrücke 1 km), ein Felsriff, das in Kriegszeiten Unterschlupf für 200 Menschen gewesen sein soll. Das preußische Heer hinterließ hier seinen Namen. Die **Eulenlöcher** (Soví Dira) sind eine weitere Sandsteinhöhle, die im Winter ungewöhnliche Eisgebilde hervorbringt. Vom einst nahegelegenen **Jagdschloss Sternberg** blieb gar nichts mehr, heute ist es eine Lichtung, über die der Wanderweg führt. Die Reste des 1771 erbauten Schlosses wurden 1993 abgerissen, auf Wegweisern und Wanderkarten taucht es noch immer auf.

Der Rückweg von Brtníky (Zeidler) über das winzige Dorf **Kopec** (Hemmehübel) mit seinen reizenden böhmischen Umgebindehäusern nach Hinterhermsdorf folgt der blauen Markierung, noch etwa 1½ Stunden sind dafür einzuplanen. Auch an diesem Weg stehen sehenswerte Felsformationen.

4

Südöstlich von Zeidler erhebt sich der **Wolfsberg** (Vlčí Hora, 581 m). Dieser dominante Basaltkegel konzentriert in seinen orgelartigen Basaltsäulen so viel Magneteisenstein, dass Kompassnadeln die Orientierung verlieren. Der rot markierte Wanderweg (3,5 km) folgt im Ort zunächst kurz der Straße, biegt dann über ein Feld zum Wald ab. Vom Aussichtsturm hat man einen prächtigen Rundblick. Ein Gasthaus gibt es nicht, nur einen Andenkenverkauf. Im gleichnamigen Dorf, 20 Minuten vom Berg entfernt, gibt es Einkehrmöglichkeiten.

Praktische Tipps

Anreise

■ Mit dem Auto sind es von Bad Schandau bis Krásná Lípa rund 40 km (über Sebnitz oder Schmilka). Ein Touristenbus verkehrt im Sommer täglich sowie im Winter an den Wochenenden (*Turistický autobus,* Linie 434, Děčín – Hřensko – Mezní Louka – Jetřichovice – Chřibská – Doubice – Krásná Lípa). Täglich im Zweistundentakt verkehren die Buslinien 401/402 (Děčín – Dolní Poustevna) über Krásná Lípa (siehe „Děčín und Belvedere")

Information

■ **Haus Böhmische Schweiz,** Dům Českého Švýcarska, Krásná Lípa, Křinické náměstí 1161/10, Tel. (00420) 412383413, www.ceskesvycarsko.cz, Jan., Feb. tgl. 9–16 Uhr, März, April, Sept. bis Dez. tgl. 9–17 Uhr, Juni bis Aug. tgl. 9–18 Uhr. Touristische Informationen und Leistungen, Buchhandlung, Internetcafé, Ausstellung, Veranstaltungsraum, WC.

Unterkunft, Essen und Trinken

■ **Lipa Resort**①-②, Krásná Lípa, Křinické náměstí 1180/7, Tel. (00420) 412331262, www.lipa-resort.cz. Modernes Aparthotel am Marktplatz, spezialisiert auf aktive Erholung, Sporttouristik, Familienerholung, zudem gibt es eine Pension und in einem ehemaligen Fabrikgebäude ein Hostel, alles modern und komfortabel eingerichtet.

■ **Hotel Beseda**①, Křinické náměstí 2, Krásná Lípa, www.beseda-krasna-lipa.rs-hotel.net. Verkehrsgünstig am Hauptplatz gelegen, hoteleigener Parkplatz, böhmische Küche.

Essen und Trinken

■ **Křinický Pivovar** (Kirnitzsch-Brauhaus)①, Krásná Lípa, Křinické náměstí 7, Di–Fr 14–22 Uhr, Sa 13–22 Uhr, So 13–20 Uhr, www.krinickypivovar.cz. Brauhaus und Bierstube, gezapft wird „Falkenštejn" hell, dunkel und Spezial, auch mährische Weine werden ausgeschenkt; dazu kleine, gediegene Auswahl an Speisen: Wurst-, Fleisch- und Käsespezialitäten von Erzeugern aus der Region.

Wanderungen

■ Rundweg durch die Felsenstadt: 2 Stunden.

■ Kyjov – Kirnitzschtal – Touristenbrücke – Brtniky (Zeidler) – Wolfsberg – Krásny Buk (Schönbüchel) – Kyjov: 5 Stunden.

■ Wander-Übergang Hinterhermsdorf/Zadní Doubice – Na Tokáni (Balzhütte) – Doubice (Daubitz) – Turisticky Most (Touristenbrücke) – Hinterhermsdorf: 7 Stunden.

■ Gipfel des Wolfsberges, vom gleichnamigen Ort in 20 Minuten, Aussichtsturm Mai bis Sept. Di–Sa 10–18 Uhr, So 10–15 Uhr, Okt. bis März Sa 10–16, So 10–15 Uhr, vom Fuß des Turmes nur stark eingeschränkte Sicht.

Děčín und Belvedere

Děčín

Von Bad Schandau mit Regionalzügen (30 Min.) oder vom Grenzübergang Schmilka mit dem Auto (15 km) erreicht man Děčín **(Tetschen/Bodenbach),** eine seltsam faszinierende Industrie- und Hafenstadt (50.300 Einwohner), gelegen zwischen Elbsandsteingebirge, Böhmischem Mittelgebirge und Erzgebirge. Auf der linken Elbseite liegt das einstige **Bodenbach,** das **zwischen Fels und Fluss** entstanden ist. Hier befinden sich der **Hauptbahnhof** und die **zentrale Bushaltestelle.** Die früher eigenständige Stadt (Stadtrecht 1901) wird von Bauwerken des 19. und 20. Jahrhunderts geprägt. Viele kleine Läden, Märkte, Kneipen und Restaurants blieben von oberflächlichen Modernisierungen bisher verschont und konnten gerade deshalb ihr böhmisches Flair bewahren.

In der Žižková, fünf Minuten vom Hauptbahnhof, steht die **Synagoge.** Sie wurde 1907 im Jugendstil nach maurischen Vorbildern erbaut, als zunehmend jüdische Kaufleute und Unternehmer sich in der aufstrebenden Elbstadt niedergelassen hatten. Von den Nationalsozialisten wurde die Synagoge verwüstet. 1996 erhielt die neu gegründete Jüdische Gemeinde das restaurierte Gotteshaus zurück. Auch mit Konzerten und Ausstellungen steht die Synagoge nun Besuchern offen.

Auf dieser Straße weiter bergan gehend, erreicht man nach wenigen Minu-

ten den **Zoologischen Garten** und kurz darauf die **Ausflugsgaststätte Schäferwand** (Pastýřská Stěna). Von der Terrasse auf dem höchstgelegenen Ort der Stadt bietet sich ein beeindruckender Blick ins Elbtal, dazu werden böhmische und internationale Gerichte serviert. Für den Rückweg (nicht im Winter) bietet sich der **Abstieg** auf einem **Wanderpfad** an, immer entlang des grünen Geländers, mit Zwischenhalt an einem weiteren Aussichtspunkt, der vor allem das Schloss auf der gegenüberliegenden Elbseite in den Blick rückt. Dieser Pfad endet zwischen Haus und Fels unmittelbar an der Bahnstrecke beim Felstunnel. Wer also von hier aufsteigen und zum Aussichtsplatz gelangen möchte, orientiert sich am besten an dem weithin sichtbaren Geländer am Fels, dann ist der Weg nicht zu verfehlen.

Direkt beim Hauptbahnhof befindet sich das spätbarocke Gebäude des **Regionalmuseums** (Oblastní Muzeum). Hier werden ständige Ausstellungen zur Geschichte der Elbschifffahrt, zur Stadtgeschichte und eine Sammlung gotischer Skulpturen gezeigt.

Tetschen

Auf die **andere Elbseite,** ins einstige Tetschen, läuft man (20 Min.) am besten über die markante Stahlbogenbrücke (Tyršův Most, 1933). Parkplätze gibt es direkt an der Brücke an beiden Elbufern. Auf einer 50 Meter hohen Landzunge über die Elbe ragt das **Renaissanceschloss** auf wie ein Schiff in der Brandung. Die von der Brücke kommende Hauptstraße führt direkt zum Rathaus und über die Křížová (Kreuzstraße) zur

Böhmische Schweiz

4

◁ Nach maurischen Vorbildern
erbaut ist die Synagoge

⌂ Blick über die Elbe zum Schloss

4

barocken Heilig-Kreuz-Kirche (1687/91). Von hier geleitet die **Lange Fahrt** steil hinauf zum Schloss, eine 292 Meter lange und 10 Meter breite, stellenweise in den Fels hineingebrochene Promenade mit Bogengalerien. Kurz bevor sie den Schlosshof erreicht, öffnet sich rechts ein Tor zum **Rosengarten** (Růžová Zahrada). Dieser frühbarocke Ziergarten (1670er Jahre) ist einer der reizvollsten und kulturhistorisch wertvollsten Orte der Stadt. Im Sommer werden hier Konzerte gegeben.

Das aus einer gotischen Burg hervorgegangene, in der heutigen Form im 16. Jahrhundert errichtete Schloss wurde von 1932 an als Kaserne missbraucht, zuletzt von der sowjetischen Besatzungsarmee. Seit dem Abzug der Truppen wird es restauriert und als Museum sowie für das Kreisarchiv genutzt.

Zwei **Besichtigungsrouten** geleiten durch das Schloss: durch den ehemaligen Repräsentationsflügel mit den Privatgemächern der einstigen Schlossherren und in die Gesellschaftsräume sowie in den monumentalen Pferdestall, in den Rosengarten und in die barocke Kirche. Man kann auch nur den Rosengarten oder die Ausstellungen des Regionalmuseums besuchen. Eine kleine Galerie zeigt Werke des Tetschener Landschaftsmalers *Josef Stegl* (1895–1966).

Die kleine sympathische **Altstadt** in den Gassen zwischen Masarykovo náměstí (Masarykplatz) und Schlossteich lädt zum Bummeln und Flanieren ein, wenngleich hier keine außergewöhnlichen Bauwerke stehen. Es ist der Alltag der Tetschener, in den man hier eintauchen kann. Touristen sind erst noch dabei, diese Stadt allmählich zu entdecken.

225ss dk

Rundreise mit der Bahn

Eine rund zweistündige Bahnfahrt von **Děčín** über **Česká Kamenice** (Böhmisch Kamnitz) und **Krásná Lípa** (Schönlinde) nach **Dolní Poustevna** (Niedereinsiedel), an der Grenze bei Sebnitz, durchquert Landschaftspartien des **Elbsandsteingebirges** und des **Lausitzer Gebirges.** Von der Endstation läuft man rund eine halbe Stunde zum Bahnhof (dort Weiterfahrt mit der Sächsischen Städtebahn bis Bad Schandau/Pirna) oder auf den Markt von Sebnitz. Ab Sommer 2014 soll diese Lücke mit Zügen im Zweistundentakt geschlossen werden. Dann wird man die Reise mit Umsteigen bis zur S-Bahnstrecke Dresden – Pirna – Schöna fortsetzen und als Gebirgsrundfahrt gestalten können. Zwischen Děčín und Dolní Poustevna, und weitgehend auf etwa der gleichen Strecke, verkehren auch täglich im Zweistundentakt die Buslinien 401/402. Auf der gesamten Reise gilt für Bahn und Bus das Elbe-Labe-Ticket.

Hoch über **Česká Kamenice** (Böhmisch Kamnitz) ragt der **Schlossberg** (Zamecký Vrch, 529 m) auf, weithin sichtbar die Burgruine aus dem 15. Jahrhundert und der moderne Aussichtsturm. Der Wanderweg (5 km mit Rückweg) ist grün markiert. Eine großartige **Rundsicht über drei Gebirge** belohnt den auch für Kinder geeigneten Aufstieg über Serpentinen: Elbsandsteingebirge, Lausitzer Gebirge und Böhmisches Mittelgebirge.

Auch in **Chřibska** (Kreibitz) lohnt sich ein Aufenthalt. Am Marktplatz stehen barocke Skulpturen, das neogotische Rathaus und das Stadtmuseum im Geburtshaus des Botanikers und Weltreisenden *Thaddäus Haenke* (1761–1816). Mehrere markierte Wanderwege werden angeboten.

An der waldeinsamen Bahnstation **Jedlová** kann man aussteigen und auf den nahen **Tannenberg** (Jedlová, 774 m) wandern, den „Rigi Nordböhmens", wie er auch genannt wird. Dort gibt es eine Gaststätte und ein Hotel.

Elbeblick ins Belvedere

Einer der klassischen Aussichtspunkte über das Elbtal – neben Bastei und Brand – ist das Belvedere. Es liegt 130 m über dem Fluss, bei der Ortschaft **Labská Strán** (Elbleiten). Von Hřensko (Herrnskretschen) aus gibt es einen rot markierten Wanderweg durch die malerisch wilde Klamm der Dürrkammnitz nach Elbleiten und von dort zum Belvedere. Schon 1701 bis 1710 hat hier Fürst *Franz-Karl Clary-Aldringen* ein Amphitheater mit Aussichtsterrasse angelegt. Im 19. Jahrhundert wurde der Platz für Reisende zugänglich, 1889 eröffnete das Gasthaus. Mit dem Auto kann der Aussichtspunkt über Arnoltice (Arnsdorf) angefahren werden. Geleitet vom roten Wanderstrich geht es vom Belvedere weiter über die Hochebene weiter zur Rosenkammaussicht (Růžový Hřeben, 433 m), zur Aussicht vom Quaderberg (Kvadrberk, 289 m) und hinunter nach Tetschen.

◁ Das Renaissanceschloss in Děčín

4

Praktische Tipps

Unterkunft, Essen und Trinken

■ **Hotel Výpřež**②, Děčín, Kamenická 692, Tel. (00420) 776 116640, www.hotel-wyprzez.cz. Kleines (Nichtraucher-)Neubauhotel am Rand von Tetschen, Wellnessangebote, Restaurant.

Essen und Trinken

■ **Restaurace Pastýřska stěna**②, Zižková 236/6, Tel. (00420) 724122787, www.pastyrskastena.eu, Fr–So ab 10.30 Uhr. Ausflugsgaststätte auf dem Aussichtspunkt Schäferwand hoch über Děčín, böhmische und internationale Küche.

■ **Restaurace Na Škřivance** (Zu den Lerchen)①, Děčín, Na Škřivance 1965, www.facebook.com/restaurace.naskrivance, Mo–Do 11–22 Uhr, Fr 11–23 Uhr, Sa 12–23 Uhr, So 12–21 Uhr. Typisch böhmische Kneipe mit regionaler Küche, wochentags Gericht ab 79 CZK, abends oft Livejazz, Parkplätze vor dem Haus.

Museen

■ **Schloss (Zámek) Děčín,** Dlouha jízda 1254, Tel. (00420) 412 518905, www.zamekdecin.cz (auch deutsch), Besichtigung der Innenräume März bis Juni, Sept., Okt. tgl. 9–17 Uhr, Juli, Aug. tgl. 9–18 Uhr, Nov. bis Feb. Mo–Fr 10–16 Uhr, Sa, So, Feiertage 10–17 Uhr; Besichtigungsroute „Barockperlen" April bis Okt. tgl. 11, 14, 15.30 Uhr, Rosengarten Mai bis Aug. tgl. 10–20 Uhr, Sept. tgl. 10–18 Uhr, April, Okt. Sa, So, Feiertage 10–18 Uhr; Schlosscafé, Ausstellungen, Eintritt 70–130 CZK, Zuschlag für fremdsprachige Führung 30 CZK pro Person.

■ **Regionalmuseum** (Oblastní muzeum), Cs. mládeže 1/31 (beim Hauptbahnhof), www.muzeumdc.cz, Di–So 9–12 Uhr, 13–17 Uhr. Stadtgeschichte, gotische Plastik, Vogelkunde, Elbschifffahrt.

Die Tyssaer Wände

Felsenstadt, Labyrinth, Klettergebiet, Spielplatz der Natur, alles das trifft auf die Tyssaer Wände (Tiské Stěny) zu. Ein **stark zerklüftetes Sandsteingebiet** am Rand der Böhmischen Schweiz und des Erzgebirges mit einer Höhe von bis zu 615 Metern. Der kürzeste Weg dorthin führt vom Grenzübergang Bahratal nach Tisá (Tyssa).

Felsengewirr

Die Wände stehen oberhalb dieses Ortes, dessen einzige Bestimmung zu sein scheint, Wanderer und Bergsteiger zu begrüßen. Wer den steilen Aufstieg von der Dorfkirche zum Kassenhäuschen (der Besuch dieses Gebietes kostet Eintrittsgeld) hinter sich hat, kann sich auf einen Spaziergang durch das Minigebirge einrichten. Hier läuft man auf Sandwegen wie an der See und zwischen Felswänden wie in den Schrammsteinen. An trockenen Tagen kommt es zur sächsisch-böhmischen Vollversammlung der

▷ Zerklüfteter Sandstein

4

Kletterkundigen. In den Tyssaer Wänden gibt es über hundert Gipfel. Ein ideales **Wandergebiet für Kinder:** abwechslungsreich und fast ohne drohende Abgründe. Ein Sandkasten mit Höhepunkten.

Bildkräftige Namen

Vom Kassenhäuschen geht ein Pfad links in die Kleinen Tyssaer Wände (Male Tiské Stěny), nach rechts in die Großen (Velke Tiské Stěny). Verirren ist unmöglich. Die Felsen sind nummeriert und tragen aussagekräftige Namen. In den „Großen" gibt es den Riesenelefanten und den Tanzbär; den **Eingeklemmten Schneider** und den Schmugglerrucksack; den Bürgermeister der Felsenstadt und den **Hageren Doktor;** die Umrisse von Afrika, den Enthaupteten Major,

Schmalfuß, Steinpilz und Schildkröte. In den „Kleinen" findet man den Januskopf und den Beichtstuhl; den Steinernen Tisch und die Höhle der Ungeheuer, Warzenstein und **Elefantenfuß.** Wer also einen interessanten Namen sucht, wende sich an die Tyssaer Wände.

Einen gemütlichen **Gasthof** (Turisticka Chata) findet man am Rand der Großen Wände nach der Hälfte des Rundganges.

Weiterfahrt

Vor dieser Gaststätte nimmt die Straße vom Grenzübergang (über Petrovice) nach Sněžnik (beim Hohen Schneeberg) eine scharfe Kurve (Busstation nach Děčin). Aus den Tyssaer Wänden führt auch ein Wanderweg nach **Ostrov** (Eiland) und zum Schneeberg.

Praktische Tipps

Unterkunft, Essen und Trinken

🔴 **Hotel Belveder**①, Labská strán (Elbleiten), Tel. (00420) 412553121, www.belvederhotel.cz. Historisches Haus an einem der bedeutendsten Aussichtsplätze der Böhmischen Schweiz, Zufahrt über Labská strán, mehrere markierte Wanderwege.
🔴 **Pension und Restaurant Zlatá Koruna** (Goldene Krone)①, Tisá 129 (Nähe Kirche), Tel. (00420) 475222526, www.zlata-koruna.com. Beliebtes Ausflugslokal bei den Tyssaer Wänden mit böhmischer Küche.
🔴 **Hotel Jedlová**①, Tel. (00420) 775379046, www.jedlova.cz. Hotel, Restaurant und Aussichtsturm auf dem Tannenberg, 774 m, im Lausitzer Gebirge, Wanderweg von der gleichnamigen Bahnstation, böhmische Küche.

4

5 Dresden zu Fuß

In vier sanften Bögen fließt die Elbe durch das von grünen Hügeln eingefasste Tal. Der Fluss durchströmt Dresden wie eine Lebensader. Jeder der Stadtteile hat seinen unverwechselbaren Charme. Fünf Stadtteilrundgänge laden zum Flanieren, Besichtigen und Einkehren ein. Fünf Wanderungen führen durch das Stadtgrün zwischen Heide, Fluss und Hügeln.

◁ Die Brühlsche Terrasse

Dresden und Umgebung

0 _____ 3 km © REISE KNOW-HOW 2014

DRESDEN ZU FUSS

Die berühmte **Elbsilhouette** am Altstädter Ufer ist die Visitenkarte des von Barock und Historismus geprägten alten Dresden, einer Stadt, die im Feuersturm der alliierten Bombenangriffe vom 13./14. Februar 1945 untergegangen ist. Der konfliktreiche Wiederaufbau und Neubau Dresdens dauert bis heute an. Dresden ist international eines der beliebtesten Ziele für Städtetourismus in Deutschland.

Im **Flächenvergleich** bundesdeutscher Städte liegt Dresden nach Berlin, Hamburg und Köln an vierter Stelle. Ein Fünftel der Stadtfläche wird vom Landschaftsschutzgebiet Dresdner Heide bedeckt. Seit 2009 werden in keiner anderen bundesdeutschen Großstadt, im Verhältnis zur Bevölkerungszahl, **so viele Kinder geboren** wie in Dresden. Die Stadt steht im Bevölkerungsvergleich an elfter Stelle. Im Ballungsraum Oberes Elbtal zwischen Meißen und Pirna leben 753.000 Menschen.

Dresden ist **Hauptstadt des Freistaates Sachsen,** ein ambitionierter Wissenschafts- und Hightech-Standort, eine Kulturstadt mit weltberühmten Museen und Bauwerken, vielgestaltigem Kulturleben, feinen Restaurants und einladenden Kneipen. An heißen Sommertagen scheint die ganze Stadt auf den Neustädter **Elbwiesen** beiderseits der Augustusbrücke zu lagern oder an den Ufern zu flanieren. Auch im Winter ist Dresden mit dem **Striezelmarkt** und anderen anheimelnden **Weihnachtsmärkten** einen längeren Besuch wert.

Von besonderem Reiz ist die Lage und großartige **Umgebung.** Neben der Sächsischen Schweiz und dem Meißner Weinbaugebiet können das Erzgebirge, die Oberlausitz, der Spreewald, die Kulturmetropolen Berlin, Breslau und Prag, sogar der Harz und das Riesengebirge auf Tagestouren besucht werden.

Für den Bau einer vierspurigen Brücke über die Elbe am Waldschlösschen – dem Pavillon an der Bautzner Straße, von wo einst die eindrucksvollste Sicht auf die Stadt möglich war –, hat Dresden auf das **Weltkulturerbe Elbtal verzichtet.** Der UNESCO-Titel wurde 2009 aberkannt, die 800 Meter lange und mit 180 Millionen Euro teuerste Brücke Deutschlands im August 2013 dem Verkehr übergeben, ihre Auslastung liegt seitdem bei 50 Prozent.

NICHT VERPASSEN!

Diese Tipps erkennt man an der gelben Hinterlegung.

Dresden zu Fuß

Der **Zwinger** ist eines der berühmtesten deutschen Bauwerke, das heiter harmonische Sinnbild des Dresdner Barock. Hier beginnt der Spaziergang durch die wiederentstandene **Altstadt**. Besichtigt werden das Residenzschloss, der Theaterplatz mit der Semperoper, die Brühlsche Terrasse, der Neumarkt mit der Frauenkirche, der Altmarkt, die Prager Straße und das Ostragehege. Nach dem Überqueren der Elbe auf der Augustusbrücke wird der Weg fortgesetzt in der **Inneren Neustadt** zwischen Goldenem Reiter und Stürmischen Wogen. Die längsten Dresdner Abende gibt es in der **Äußeren Neustadt** und im **Hechtviertel**. An der Südhöhe gelegen, behält das **Campusviertel** der Universität und Hochschule für Technik und Wirtschaft die Übersicht. Die **Gartenstadt Hellerau** im Norden war ein sozialreformerisches Projekt des Städtebaus, das erste seiner Art in Deutschland, und in seinen Anfangsjahren auch eine Begegnungsstätte europäischer Kultur.

Dresden ist eine **grüne Stadt**. Naturschönheiten und Denkmale der Kulturgeschichte begleiten **fünf Stadtwanderungen**. Sie führen durch die Dresdner Heide, über den Heller, zu Wasser, Wein und Musen an den Elbhängen, zur Babisnauer Pappel und durch den Zschonergrund.

Geschichte

Erstmals erwähnt wurde Dresden 1206 in einer Urkunde des Markgrafen *Dietrich des Bedrängten*, 1216 in einer weiteren Urkunde schließlich erstmals als Stadt. Schon vorher bestand an der Elbe eine **slawische Siedlung** „Drezdany" (Ort der Auen- und Sumpfwaldbewohner), neben der eine Burg zum Schutz des Elbüberganges der Frankenstraße errichtet wurde. Bis zum Ausgang des Mittelalters blieb Dresden eine eher unbedeutende Stadt.

1485, nach der Leipziger Teilung des wettinischen Besitzes, wählte Herzog *Albrecht* für die „albertinische Linie" des Hauses *Wettin* Dresden zur **Residenz**. Eine Entscheidung, die den späteren Ruhm Dresdens begründete. Leipzig den Handel, dem Erzgebirge mit Freiberg und Annaberg den Erzbergbau, Dresden die Repräsentation; wettinische Arbeitsteilung.

Unter Herzog *Moritz von Sachsen* wurde Dresden **Hauptstadt** des führenden protestantischen deutschen Landes. *Moritz*, Erzmarschall des Heiligen Römischen Reiches Deutscher Nation und Kurfürst von Sachsen, ließ die Stadtbefestigung – die Brühlsche Terrasse – modernisieren und das Schloss erweitern. Auch die Geschichte der heutigen Sächsischen Staatskapelle, an der *Heinrich Schütz, Richard Wagner, Richard Strauss* und *Carl Maria von Weber* wirkten, begann unter *Moritz* mit der 1548 gegründete „Hofcantorey". Er starb 1553; sein Denkmal an der Hasenbastei der Brühlschen Terrasse ist das älteste historische Denkmal Sachsens.

5

Nachfolger von Moritz wurde Kurfürst **August von Sachsen** (1526–1586), noch nicht der legendäre „Starke", sondern der fromme „Vater August", ein Freund der Jagd und der Musen. Mit seiner Privatbibliothek legte er den Grundbestand der heutigen Sächsischen Landesbibliothek an, mit der 1560 gegründeten Kunstkammer den der Dresdner Kunstsammlungen.

Hofkapellmeister *Heinrich Schütz* schrieb 1627 mit „Daphne" in Dresden die erste deutsche Oper.

 „Stürmische Wogen" am Albertplatz

Barockzeit

Von den Folgen des Dreißigjährigen Krieges erholte sich Dresden, Residenzstadt nun für Kurfürst *Johann Georg I.* (1585–1656), recht schnell. Im anschließenden „augusteischen Zeitalter", das bis zum Siebenjährigen Krieg dauern sollte, stieg die Stadt zu einer Metropole von europäischem Rang auf.

August der Starke, wie der populäre, einem barocken Lebensstil frönende Kurfürst *Friedrich August I.* (1670–1733) bis heute genannt wird, übernahm 1694 das Zepter. Er soll Hufeisen verbogen, Grenadiere am steifen Arm aus dem Fenster gehalten und (anschließend) 365 Kinder gezeugt haben. Um die polnische

Krone zu erhalten, konvertierte er 1697 zum Katholizismus.

August der Starke prägte das Bild dieser Stadt wie kein anderer Herrscher vor und nach ihm. Er ließ den Zwinger bauen, das Japanische Palais, und er holte Architekten, Musiker und Maler aus den europäischen Kunstmetropolen an die Elbe. 1600 zählte Dresden 15.000 und 1756 bereits 63.000 Einwohner.

Den Schleizer Alchimisten *Johann Friedrich Böttger* ließ *August der Starke* auf Festung Königstein und in die Dresdner Kasematten einsperren: *Böttger* sollte „Gold machen" und *Augusts* Leidenschaft für Porzellan finanzieren helfen. Gold machte *Böttger* nicht, doch er vermarktete als Erster die seinem Lehrmeister *Ehrenfried Walther von Tschirnhaus* (1651–1708) zugeschriebene Erfindung des europäischen Porzellans. Bereits 1710 wurde die bis heute weltberühmte Meissener Porzellanmanufaktur gegründet. **Meissener Porzellan** – nur echt mit den gekreuzten, blauen Schwertern.

Schlimmer als unter dem Dreißigjährigen Krieg litt die Stadt unter der preußischen Besatzung während des Siebenjährigen Krieges. Am 19. Juli 1760 schoss die preußische Artillerie die Altstadt zusammen. Der Wiederaufbau zog sich hin. Um 1800 schrieb *Johann Gottfried Herder* die Worte: „Blühe, deutsches Florenz, mit deinen Schätzen der Kunstwelt!" Daraus entstand bald das geflügelte Wort vom **„Elbflorenz"**, das von zugereisten Politikern und Journalisten immer wieder gern, von den Dresdnern selbst jedoch bestenfalls ironisch verwendet wird. Eine Schokoladen-Fabrik der DDR-Zeit hieß „VEB Elbflorenz".

Frühromantik

1806 wurde Sachsen Königreich. In der ersten Hälfte des 19. Jahrhunderts, zur Zeit der Frühromantik, war Dresden ein intellektuelles Zentrum des aufstrebenden Bürgertums. In den Häusern von *Christian Gottfried Körner* (Loschwitz) und *Gerhard von Kügelgen* (Neustadt) trafen sich junge, revolutionäre Maler, Dichter und Wissenschaftler. *Carl Maria von Weber* war Musikdirektor in der Elbestadt. Seine in Dresdens Umgebung entstandene romantische Oper „Der Freischütz" wurde allerdings nicht in Dresden, sondern in Berlin uraufgeführt.

Im Mai 1849 erreichte die bürgerliche **48er-Revolution** auch die Residenzstadt. Auf dem Altmarkt standen Barrikaden, unter den Aufständischen waren *Richard Wagner, Gottfried Semper* und *Michail Bakunin*.

Industrialisierung

Dresdens Industrialisierung setzte in der zweiten Hälfte des 19. Jahrhunderts ein. 1839 fuhr von Leipzig nach Dresden die erste Ferneisenbahnlinie Deutschlands, 1851 eröffnete man die Eisenbahnlinie Dresden – Prag. 1850 hatte Dresden 100.000 Einwohner, 1875 schon 200.000 – die viertgrößte Stadt Deutschlands. In Dresden produzierte Deutschlands erste Zigarettenfabrik (1862), die der Stadtsilhouette 1909 mit ihrem moscheeähnlichen Tabakkontor „Yenidze" (auf sächsisch: „Schenietse") ein orientalisches Licht aufsetzte. Dieses Kontor war der erste Stahlskelettbau Deutschlands. Für den industriellen Aufstieg der Stadt stehen die Kamerafabrik Ernemann (1889), in der die erste Spiegelreflex-Kamera der Welt gebaut wurde, die Lingnerwerke (1888) als Erfinder von Zahnpastatube und Odol-Mundwasser, die Technische Hochschule (1890), 1893 die erste elektrische Straßenbahn und 1900 am Loschwitzer Elbhang die erste Bergschwebebahn der Welt.

1905 gründeten die jungen Maler *Ernst Ludwig Kirchner, Erich Heckel, Karl Schmidt-Rottluff* und *Fritz Bleyl* in einem verlassenen Metzgerladen der Dresdner Vorstadt die Künstlergruppe „Brücke". Das war die Geburtsstunde des deutschen **Expressionismus;** doch die vier Wilden hielten es nur bis 1910 in Dresden aus, dann gingen sie nach Berlin.

1909 legte der Werkbundarchitekt *Richard Riemerschmid* mit dem Bau der Deutschen Werkstätten Hellerau den Grundstein für die erste deutsche **Gartenstadt,** ein einzigartiges städtebauliches Experiment. Das von *Heinrich Tessenow* in Hellerau erbaute Festspielhaus war bis zum Ersten Weltkrieg ein Treffpunkt der europäischen Theater- und Tanz-Avantgarde.

Im Zirkus „Sarrasani" wurde nach der **Novemberrevolution 1918** die Republik ausgerufen. König *Friedrich August III.* verabschiedete sich der Legende nach mit den Worten: „Macht euren Dreck alleene!" Als später die Bürger auf der Straße ihren Ex-König ehrfürchtig grüßten, soll er geseufzt haben: „Ihr seid mir scheene Rebubligoaner."

068ss ls

1920 gründete die Tänzerin und Choreografin *Mary Wigman,* die am Festspielhaus in Dresden-Hellerau gewirkt hatte, ihre **Tanzschule** mit Zweigstellen in Berlin, München, Hamburg und New York. Aus dieser Wigman-Schule, die den Ausdruckstanz der 1920er Jahre prägte, ging auch die später international gefeierte Tänzerin *Gret Palucca* hervor. 1925 gründete die *Palucca* ihre eigene, bis heute fortbestehende Tanzschule.

Nationalsozialismus

Im November 1920, in der **Weimarer Republik,** wurde Dresden zur Hauptstadt des Freistaates Sachsen.

Am 8. März 1933 brannten Bücher auf dem Wettiner Platz, vor einer sozialdemokratischen Verlagsdruckerei. Im September 1933 inszenierte die Kunstakademie im Rathaus eine Ausstellung „Spiegelbild des Verfalls in der Kunst", mit Werken der „Brücke"-Mitglieder und anderer Künstler, die schließlich 1937 in München mit der berüchtigten Schau „Entartete Kunst" verfemt werden sollten. Am 9. November 1938 wurde von den Nazis die von *Gottfried Semper* erbaute Synagoge in Brand gesetzt. Über die Jahre der **Nazidiktatur** und das Schicksal der Dresdner Juden hat der Romanistikprofessor *Viktor Klemperer* minutiös authentische, atemberaubende Tagebücher geschrieben.

◁ Das Kronentor des Zwingers

Am 13. und 14. Februar 1945 flogen britische und amerikanische Bomber drei **Angriffe auf Dresden** – die Stadt brannte aus zu einem Trümmerhaufen. In den Luftschutzkellern, auf den Straßen und in der von Phosphor brennenden Elbe starben 32.000 Menschen. Die Industrie- und Kasernenviertel am Stadtrand blieben unzerstört.

Sowjetische Panzer rollten am 8. Mai 1945 über die Hauptstraße, die deshalb später „Straße der Befreiung" heißen sollte, in die von den Nazis zur „Festung" erklärte Stadt. Am 10. Mai trat die provisorische Stadtverwaltung zusammen, *Rudolf Friedrichs* wurde zum Oberbürgermeister berufen.

Bei Kriegsausbruch hatte Dresden 629.713 Einwohner (Volkszählung 17.5.39); die Volkszählung am 3. November 1945 registrierte 454.249 Einwohner.

DDR-Zeit

Eine Wende zur Demokratie brachte die Befreiung von der Nazidiktatur nicht. Die Dresdner, zuerst tausende Trümmerfrauen, begannen unter unsäglichen Bedingungen mit dem **Wiederaufbau** ihrer Stadt. Bis 1964 wurde der Zwinger denkmalgerecht rekonstruiert. Aufgebaut wurden auch die Hofkirche und andere historische Bauten, vor allem aber Wohnungen. Dieser Wiederaufbau war von Anfang an auch durch ideologische Prämissen geprägt. Die historische Struktur der Stadt wurde preisgegeben zugunsten einer damals (nicht nur in der DDR) als modern empfundenen und auch ideologisch begründeten „großzügigen" Bauweise.

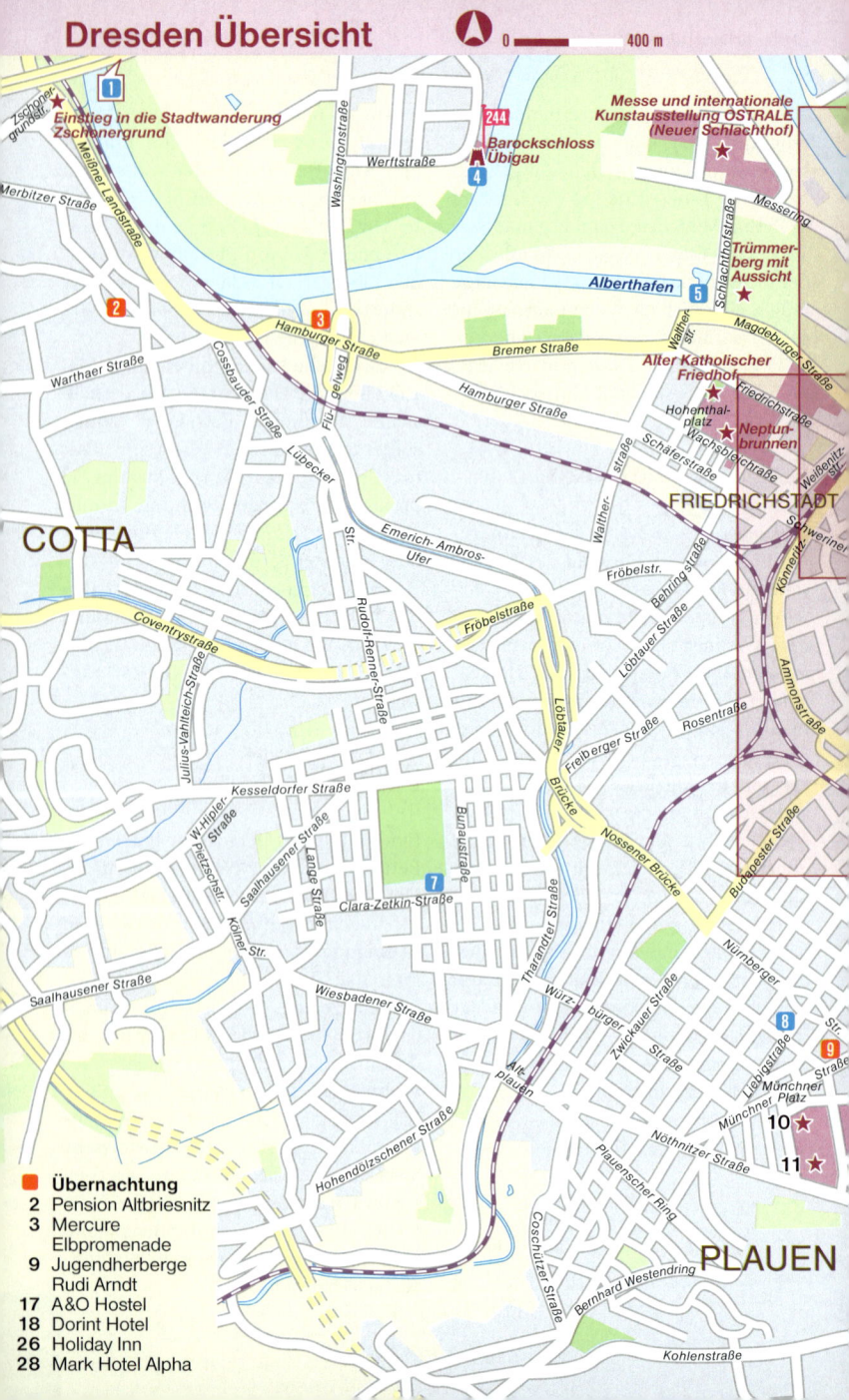

Dresden Übersicht

0 — 400 m

1 Einstieg in die Stadtwanderung Zschonergrund

Zschonergrund

Meißner Landstraße

Merbitzer Straße

Washingtonstraße

Werftstraße

244

Barockschloss Übigau

4

Messe und internationale Kunstausstellung OSTRALE (Neuer Schlachthof)

Messering

Schlachthofstraße

Trümmerberg mit Aussicht

Alberthafen

5

Magdeburger Straße

2

3

Hamburger Straße

Bremer Straße

Walther str.

Alter Katholischer Friedhof

Friedrichstraße

Warthaer Straße

Cossebauder Straße

Flügelweg

Str.

Hamburger Straße

Hohenthalplatz

Wachsbleichstraße

Neptunbrunnen

Schäferstraße

Lübecker

Walther straße

FRIEDRICHSTADT

Schweriner

Weißeritz

Konkordi

COTTA

Emerich-Ambros-Ufer

Fröbelstr.

Coventrystraße

Rudolf-Renner-Straße

Fröbelstraße

Behring straße

Löbtauer Straße

Ammonstraße

Löbtauer

Freiberger Straße

Rosentraße

Kesseldorfer Straße

Julius-Vahlteich-Straße

W. Hipler-Str.

Pelzschstr.

Saalhausener Straße

Lange Straße

Bünaustraße

Löbtauer Brücke

Nossener Brücke

Budapester Straße

Nürnberger

7

Clara-Zetkin-Straße

Kölner Str.

Saalhausener Straße

Wiesbadener Straße

Tharandter Straße

Würz-burger Straße

Alt-plauen

Zwickauer Straße

Straße

Münchner Platz

Löbigstraße

8

Str.

9

10

Münchner Straße

Nöthnitzer Straße

11

Hohendölzschener Straße

Coschützer Straße

Plauenscher Ring

Bernhard Westendring

PLAUEN

Kohlenstraße

■ Übernachtung
- **2** Pension Altbriesnitz
- **3** Mercure Elbpromenade
- **9** Jugendherberge Rudi Arndt
- **17** A&O Hostel
- **18** Dorint Hotel
- **26** Holiday Inn
- **28** Mark Hotel Alpha

HELLERAU
HECHTVIERTEL
28
27
26
242
Reuter Straße
Stauffenbergallee
Bischofsweg
Leipziger Straße
Hansastraße
Königsbrücker Straße
NEUSTADT
Radeberger Straße
Bautzner Straße
Waldschlößchenbrücke
Eisenbahnstr.
Antonstraße
Albertplatz
Bautzner Straße
Elbfähre
Marienbrücke
Hainstraße
Glacisstraße
24
25
Große Meißner Straße
Albertstraße
Rosa-Luxemburg-Platz
Käthe-Kollwitz-Ufer
Fetscherstr.
Devrienstr.
Carolaplatz
Wigardstr.
Albertbrücke
Augustusbrücke
Carolabrücke
Ostra-Allee
Terrassenufer
Terrassenufer
Gerokstr.
Str.
Rathenauplatz
Wilsdruffer Straße
Pillnitzer Straße
ALTSTADT
Pirnaischer Platz
Striesener Str.
Grunaer Straße
Dippoldiswalder Platz
Dr.-Külz-Ring
Waisenhausstr.
18
Güntzstraße
St-Petersburger Straße
Bürgerwiese
Stübelallee
Deutsches Hygienemuseum
Parkeisenbahn
Lennéstraße
230
Blüherstr.
20
Comeniusplatz
Großer
Mosaikbrunnen
Parkstraße
212
Friedrich-List-Platz
Italienisches Palais
Stübelallee
Wiener Straße
Lennéplatz
Neuer Teich
21
Strehlener Straße
Palaisteich
Richard-strauss-Platz
Garten
17
Zoo
Fritz-Löffler-Straße
Russisch-Orthodoxe Kirche
Tiergartenstraße
Uhlandstraße
22
Freilichtbühne Junge Garde
Fritz-Löffler-Platz
Reichenbachstraße
Carolasee
Bodenbacher Str.
Zwinglistr.
Beutlerpark
Oskarstraße
Karcherallee
Winterbergstraße
15
Bergstr.
16
23
Neue Mensa
Weberplatz
14
Teplitzer Straße
Sächsische Landes- und Universitätsbibliothek
Hörsaalzentrum
13
261
Rektorat und Alte Mensa
Universitätsgelände
Zellescher Weg
C.-D.-Fr.-Str.
Caspar-David-Friedrich-Str.
Räcknitzhöhe
Teplitzer Straße
12
Bergstraße
Südhöhe
Essen und Trinken
1 Ballhaus Watzke
4 Sommerwirtschaft Schloss Übigau
5 Fischhaus Alberthafen
7 Weinrestaurant Bacchus
8 Café B'liebig
12 Müllers Café
16 Bierstube in der Neuen Mensa
20 Torwirtschaft „Großer Garten"
21 Sommercafé am Palaisteich
22 Restaurant Carolaschlösschen
23 Restaurant Kamasutra
24 Lingnerterrassen
25 Fährgarten Johannstadt
27 Falscher Hase
10 Georg-Schumann-Bau der TU
11 Barkhausen-Bau der TU
13 Fritz-Foerster-Bau der TU
14 Beyer-Bau der TU
15 Zeuner- und Mollierbau der TU

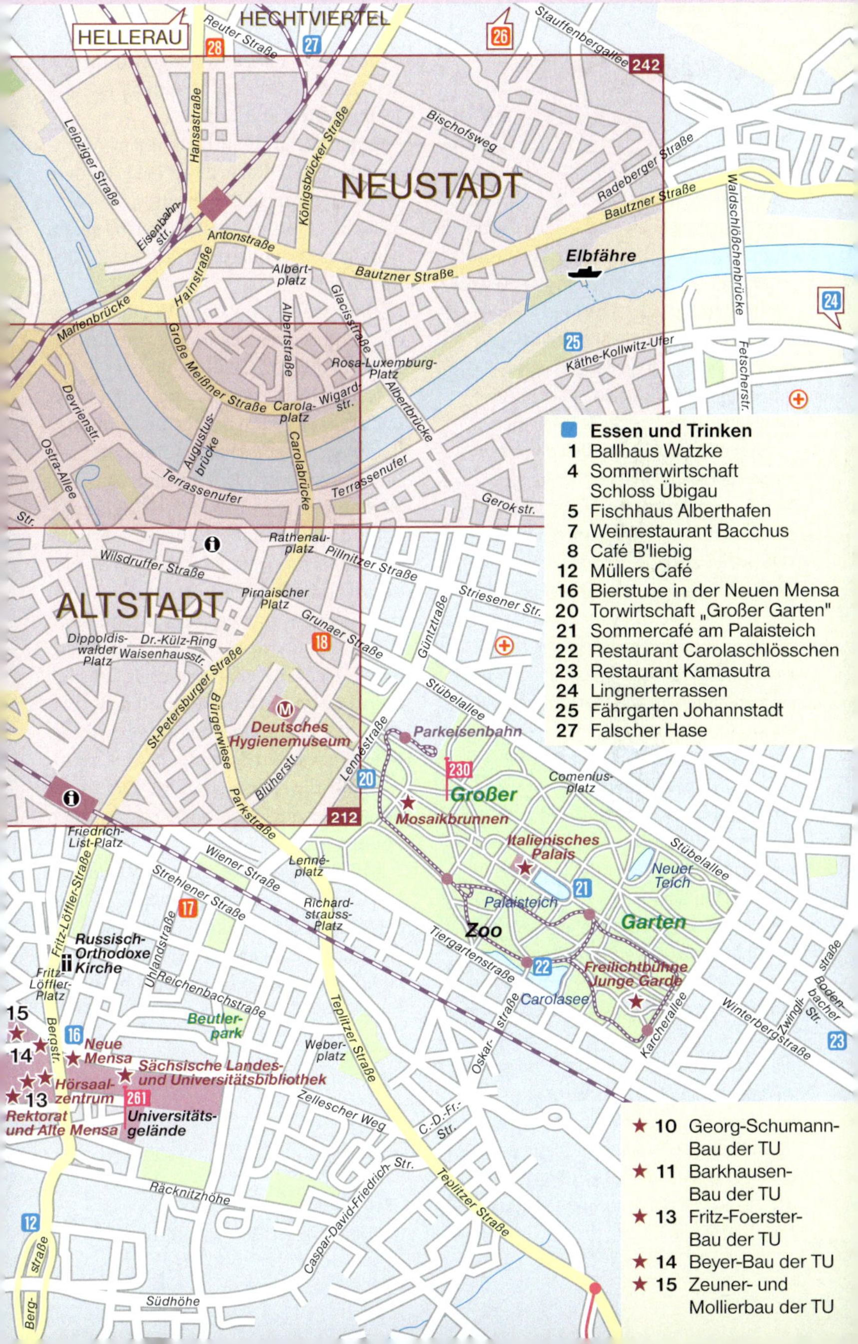

Februar 1945

Der fünfte Kriegswinter. 70 Kilometer östlich stand die Rote Armee. Die Stadt war überfüllt mit mehr als einer halben Million Flüchtlingen. Am 13. Februar 1945 um 22.03 Uhr flog die britische Royal Air Force den ersten Angriff. Er dauerte 25 Minuten. Drei Stunden später kamen die nächsten Bomber. Gegen Mittag des 14. Februar flogen amerikanische Staffeln über Dresden, sie bombardierten die Stadt 15 Minuten.

25.000 Menschen starben damals unter den Bombenteppichen. Sie wurden von Trümmern erschlagen und in Luftschutzkellern verschüttet, sie verbrannten oder erstickten, ertranken in der brennenden, eisigen Elbe. Dresdens Zentrum war ein einziges Trümmerfeld. Die Toten wurden zunächst in Massengräbern beerdigt. Als Seuchen auszubrechen drohten, mussten die Leichen mitten in der Stadt, auf dem Altmarkt, verbrannt werden.

An der Ruine der Frauenkirche, der versunkenen „Glocke" über dem barocken, alten Dresden, und auf dem Heidefriedhof gedachten die Dresdner und Dresdnerinnen seit diesen Schreckensnächten ihrer Toten und ihrer Stadt. Der 13. Februar ist für viele Menschen in Dresden auch ein persönlicher Tag der Trauer und Besinnung – so in den achtziger Jahren des vergangenen Jahrhunderts zunehmend als Protest gegen waffenstarrende Großmachtpolitik, heute gegen dessen Missbrauch durch Neonazis aus ganz Europa. Der zuweilen größte Naziaufmarsch Europas wird seit dem Jahr 2010 durch ein breites Bündnis der Dresdner und ihrer Gäste verhindert. Die Trümmer Dresdens liegen bis heute als grasbewachsene Hügel am Stadtrand.

Von 1952 bis zur Wiedereinführung der Länder 1990 war Dresden eine von **15 DDR-Bezirksstädten.**

Eines der größten Plattenbau-Wohngebiete der DDR wurde ab 1981 auf dem Westhang der Stadt errichtet: Im Neubaugebiet Gorbitz, benannt nach seinem winzigen Nachbardorf, leben 20.000 Menschen.

1985 wurde mit dem Wiederaufbau der Semperoper begonnen, im Jahr darauf mit dem des Schlosses.

In der Nacht vom 3. zum 4. Oktober 1989, als „Republikflüchtlinge" in Sonderzügen aus der Prager Botschaft der Bundesrepublik über Dresden nach dem Westen gefahren werden sollten, knüppelte die Volkspolizei auf dem Hauptbahnhof Hunderte von Menschen nieder, die gehofft hatten, diese Gelegenheit zur Ausreise nutzen zu können. Vom 7. Oktober an, dem 40. und letzten Jahrestag der DDR, gingen auch in Dresden **Zehntausende Demonstranten** für Demokratie und Reformen auf die Straße. Dresden war am Sonntag, dem 8. Oktober 1989 die erste Stadt der DDR, in der ohne Gewalt demonstriert werden konnte.

Mit der konstituierenden Sitzung des 1. Sächsischen Landtages am 27. Oktober 1990 in der Dreikönigskirche auf der Hauptstraße wurde Dresden wieder Hauptstadt des **Freistaates Sachsen.**

▷ Blick auf die Altstadt vom Königsufer

Die Altstadt

Postplatz

Dresden liegt am Postplatz. Hier kreuzen sich die Wege dieser Stadt. Von hier ist es zum Kaufhaus ungefähr so weit wie zur Semperoper, zum Hauptbahnhof wie zum Neustädter. Am Postplatz begegnen sich das barocke Dresden, das 19. und 20. Jahrhundert und die Gegenwart. Der Postplatz wird nicht besucht, sondern überquert.

An einen fernöstlichen Gartenpavillon erinnert das Häuschen inmitten des weitläufig gepflasterten Platzes. Die Dresdner nennen es **„Käseglocke".** Das Wartehäuschen wurde 1928 erbaut und markierte jahrzehntelang den Nabel der Stadt. Seit die zentrale Straßenbahnhaltestelle in die benachbarte Wall- und Wilsdruffer Straße verlegt und mit einer Stahl- und Glaskonstruktion überdacht wurde, harrt die „Käseglocke" auf dem seltsam brachliegend wirkenden Postplatz einer neuen Aufgabe. Vorerst lädt sie nun als Caféhaus ein.

Kürzester Stadtrundgang

Einmal um die Käseglocke herum führt der kürzeste Stadtrundgang. Auf diesen **60 Schritten** werden nicht nur einige der stadtprägenden Bauwerke sichtbar, sondern die zerrissene Seele der Stadt, das bewahrte und rekonstruierte Alte, das Neue zwischen Gefälligkeit und Vision, die Geschäftigkeit des Alltags. Zuerst der schönste Blick auf den Zwinger

228ss dk

Dresden Altstadt

FRIEDRICH-STADT

Friedrichstraße

Könneritzstraße

Weißeritzstraße

Bahnhof Mitte

Löbtauer Str.

Schäferstr.

Könneritzstraße

Ritzenbergstr.

Laurinstr.

Jahnstr.

Am Schießhaus

Maxstr.

Kleine Packhofstr.

Ostra-Allee

An der Herzogin-Garten

Ostra-Ufer

Devrientstraße

Ostragehege, Alberthafen

Yenidze

Kongresszentrum

Erlwein-Speicher

Sächsischer Landtag

Terrassenufer

Schützengasse

Grüne Straße

Schweriner Straße

Wettiner Platz

Alfred-Althus-Straße

Ehrlichstraße

Ermischstraße

Ammonstraße

World Trade Center

Bibliothek

Materni straße

Rosenstraße

Freiberger Straße

Freiberger Str.

H.-Lindner-Str.

H.-Lindner-Str.

Schweriner Str.

Theaterstr.

Theaterstr.

Fundbüro

Am Zwingerteich

Semperoper

Gemäldegalerie Alte Meister

Zwinger

Theater-Platz

Sophienstraße

Kath. Hofkirche

Residenz-schloss

Taschenberg

Schauspiel-haus

Taschenbergpalais

Schlossstr.

Post-Platz

Kulturpalast (Baustelle)

Wilsdruffer Straße

Zentr.-H Bahn/Bus

Annenstraße

Am See

Marienstraße

Wallstraße

Webergasse

Seestraße

An der

Rosenstraße

Rosenstraße

Güter-bahnhofstr.

Maternistraße

Falkenstr.

Polierstraße

Josephinenstr.

Liliengasse

Josephinenstraße

Reitbahnstraße

Budapester Straße

Dippoldis-walder Platz

Dr.-Külz-Ring

Waisenhausstr.

Prager Straße

Sankt-

Ammonstraße

Ammonstraße

Budapester Straße

Wiener Straße

Hauptbahnhof

Universität

Moscinsky

Sidonienstraße

Elbe

5

Übernachtung
1 Jugendgästehaus
4 Art'otel
7 Hotel Bellevue
12 Hilton
16 Kempinski-Hotel
   Taschenbergpalais
20 Hotel Gewandhaus
21 Dorint Hotel
22 City Herberge
24 Ibis Hotel Lilienstein
25 Ibis Hotel Königstein
26 Ibis Hotel Bastei
27 A&O Hostel

Essen und Trinken
2 brennNessel
3 Zum Schießhaus
5 Kuppelrestaurant
   auf der Yenidze
6 Chiaveri
8 Kahnaletto
9 Italienisches
   Dörfchen
10 Radeberger
   Spezialausschank
11 Secundo Genitur
13 Pulverturm
14 Bärenzwinger
15 Sophienkeller
18 Markthalle
   Café Prag
23 Borowski
28 Fährgarten
   Johannstadt

Nachtleben
19 Kneipenviertel
   Weiße Gasse

Einkaufen
17 Altmarkt-Galerie

5

mit Kronentor, das wiederaufgebaute Residenzschloss mit dem Hausmannsturm, das luxuriöse Hotel im barocken Taschenbergpalais, der Cholerabrunnen als *Gottfried Sempers* einziges gotisierendes Bauwerk, der Blick in die Wilsdruffer Straße mit ihren Bauten aus den 1950ern bis zur Gegenwart, die in Sichtweite des Zwingers von einem gewaltig geflügelten Stahlmast („Schmetterling") dominierte Zentralhaltestelle für Straßenbahnen und Busse, die ewige Ruine des Hauptpostamtes, ein mit Weisheiten verziertes neues Hotel, das spätexpressionistische Stadthaus (1922/23, die gekrümmte Hauptfassade und das Foyer an der Theaterstraße ansehen), schließ-

lich, gegenüber dem Zwinger, das Schauspielhaus (1913, 1945/48) und davor das rote, torartige Wasserspiel (2008), das an einen Bühnenvorhang erinnern soll und zur öffentlichen Kurzdusche verführt.

◹ Der Zwingerhof mit dem Wallpavillon

▷ Der Glockenspielpavillon

Der Zwinger

Der Zwinger ist das weltberühmte **Sinnbild des Dresdner Barock,** „die eigenwilligste deutsche Barockschöpfung" *(Hugo Ermisch).* Ein heiteres, harmonisches Bauwerk überschwenglicher Gestaltungslust. Der Architekt *Matthäus Daniel Pöppelmann* (1662–1736) und der Bildhauer *Balthasar Permoser* (1651–1732) haben zwischen 1709 und 1728 dieses Ensemble aus sächsischem Sandstein geschaffen. Neben *Permoser* formten *Johann Benjamin Thomae* (1682–1751), *Johann Joachim Kretzschmar* (1677–1740) und *Johann Christian Kirchner* (1691–1732) die Skulpturen des Zwingers. Zuordnungen der einzelnen Plastiken zu ihren Schöpfern sind nur über stilkritische Analysen möglich, denn signiert sind die Figuren – bis auf

Permosers Herkules auf dem Wallpavillon – nicht, und die Baurechnungen Ende des 19. Jahrhunderts vernichtet worden. Unbekannt bleiben die Namen der zahlreichen Gehilfen, der Gesellen und anderen Mitarbeiter in den Werkstätten.

Eine kleine Brücke führt über den Zwingergraben direkt zum **Kronentor,** das als Triumphbogen die beiden Langgalerien verbindet und von einer Turmzwiebel bekrönt ist. Vier Adler halten die polnische Königskrone. Das Kronentor öffnet sich auf den von Langgalerien, Bogengalerien und Pavillons eingefassten **Festplatz** mit seinen Brunnen und Rasenrabatten. Rechts, zum Schloss hin, steht der früher einfach „Stadttor" genannte **Glockenspielpavillon.** Sein jetziger Name bürgerte sich ein, als 1936 ein Glockenspiel aus Meissener Porzellan eingefügt wurde.

609ss ls

Ihm gegenüber, direkt an der alten Stadtbefestigung, liegt der **Wallpavillon.** Er ist das grandiose Finale von *Pöppelmanns* „zu Stein gewordener Musik". Eine breite, geschwungene Treppe führt hinein, teilt sich vor einer Grotte symmetrisch in zwei schmalere Treppen, die auf den Wall führen und vor dem Festsaal wieder zusammenfinden. Die sechs Pfeiler sind von *Permoser* paarweise als Satyrhermen ausgearbeitet worden, in denen sich die unbändige Kraft der Natur darstellt. Jeder der Satyrn zeigt seine ausdrucksvolle, teils derbe Mimik. Das Obergeschoss ist ein ovaler Festsaal, der heute von der Zwingerbauhütte genutzt wird. Die reich verzierte Mittelkartusche

am Giebelaufbau, zum Zwingerhof hin, ist eine Arbeit *Kirchners,* sie trägt die polnische Königskrone; und über allem ragt Herkules – *August der Starke* – auf, der die Weltkugel trägt.

Vom Zwingerwall führen wiederum zwei geschwungene Treppen hinab zum **Nymphenbad,** das hinter dem Französischen Pavillon liegt, „eines der köstlichsten Wasserwerke, das die Zeit des Barock in Europa ersann" *(Fritz Löffler).* Vom Wall her fließt das Wasser über eine Kaskade in den Brunnen; Delfine,

⌃ Das Nymphenbad

5

Dresden zu Fuß

Tritonen und Nymphen ergehen sich zwischen Springbrunnen und Tropfsteingrotten in heiteren Wasserspielen; Nymphen in den Nischen schauen dem Treiben anmutig angeregt zu und werden ihrerseits von Wassermännern beäugt. Sechs Nymphen an der Südwestseite (links von der Kaskade) werden *Permoser* und seiner Werkstatt zugeschrieben, die anderen wurden während der Restaurierung des Zwingers in den 1920er Jahren unter *Georg Wrba* geschaffen.

Von der figurenreichen **Terrasse** des Nymphenbades lässt sich der Rundgang über die Dachterrassen der Bogen- und Langgalerien rund um den Zwingerhof fortsetzen, durch die Obergeschosse des Kronentores und des Glockenspielpavillons bis zur Treppe, die hinunter zum Taschenberg führt. In der anderen Richtung erreicht man gleich vom Nymphenbad aus den Parkweg hinunter zum Zwingerteich, die Semperoper und den Theaterplatz.

Im Zwinger sind mehrere ehemals kurfürstliche Sammlungen zu besichtigen. Der **Mathematisch-Physikalische Salon** ist das älteste Museum im Zwinger (1728) und eine der weltweit attraktivsten Sammlungen für historische wissenschaftliche Instrumente, darunter die älteste Rechenmaschine Deutschlands. Bis hinein ins 20. Jahrhundert wurde mit den Instrumenten im Zwinger geforscht. Dagegen geht es in der **Porzellansammlung** beschaulich zu: Hier ruht in sich die weltweit erstrangige keramische Spezialsammlung. Zu ihr gehören frühes Meissener Porzellan und ostasiatische Porzellane des 17. und 18. Jahrhunderts. Der Starke August, heißt es, war süchtig nach Porzellan; aber nicht jede Sucht bringt eine derart berauschende Sammlung zustande. Der Eingang befindet sich im Glockenspielpavillon.

Die von *Gottfried Semper* erbaute **Gemäldegalerie** schließt den Zwingerhof zum Theaterplatz hin ab. Flüchtige Besucher mögen den Stilbruch zwischen Hochbarock und Neorenaissance gar nicht auf den ersten Blick bemerken. Das zweiflügelige Bauwerk beheimatet die weltberühmte **Galerie Alte Meister** (siehe auch gleichnamigen Exkurs). Viele Jahrzehnte war hier auch die Rüstkammer mit ihren Rüstungen und Waffen untergebracht, bis diese Sammlung Anfang 2013 in das Residenzschloss umziehen konnte und deren bisherige Räume für Sonderausstellungen der Alten Meister frei wurden. Bis voraussichtlich 2017 wird der Semperbau saniert, in dieser Zeit ist die Galerie Alte Meister mit ausgewählten Werken in einer **Interimsausstellung** zu sehen.

Taschenbergpalais

Am Glockenspielpavillon liegen die vom Postplatz kommende Sophienstraße und der **Taschenberg** mit dem gleichnamigen Grand-Hotel gegenüber dem Residenzschloss. Den schönsten Blick auf dieses Bauensemble bietet die Dachterrasse neben dem Glockenspielpavillon. Das Taschenbergpalais entstand ab 1707 zunächst als Wohnsitz der Gräfin *Cosel*, seine Architekten sind *Johann Friedrich Karcher*, der zuvor das Palais im Großen Garten errichtet hatte, *Matthäus Daniel Pöppelmann* – sein erster Auftrag unter *August II.* – und *Johann Christoph Knöffel*, der Begründer des sächsischen Rokoko. In der Bombennacht 1945 bis auf die

Geschichte des Zwingers

Zunächst sollte für *Augusts des Starken* über tausend Exemplare zählende Sammlung von Orangenbäumen eine **Orangerie** gebaut werden. Der Name „Zwinger" verweist auf den spitzwinklig zulaufenden Festungswall, der für den Orangeriegarten geöffnet wurde. Entstanden ist eine triumphale Festarchitektur und die „architektonische Dokumentation" *(Fritz Löffler)* des Kaiser-Traumes *Augusts des Starken*. Der Zweck, **Schauplatz höfischer Aufzüge und Maskeraden,** auch militärischer Paraden zu sein, trat aber in den 1730er Jahren in den Hintergrund. Die Bäume waren bereits in das neue Orangeriehaus in der Herzogin Garten überführt worden. Noch unter Leitung *Pöppelmanns* wurden in den Langgalerien **Kunstkammern** für die kurfürstlichen Sammlungen eingerichtet und ab 1728 dafür genutzt. So befand sich das Dresdner Naturalienkabinett, eines der bedeutendsten in Europa, im Zwinger. *Pöppelmanns* Bauwerk kam nicht zur Vollendung, die zur Elbe gelegene vierte Seite wurde zunächst nur provisorisch mit einer Mauer geschlossen.

Im Siebenjährigen Krieg erlitt der Zwinger, als einstige Festungsanlage, schwere Schäden, und in dem darauffolgenden Jahrhundert, als sich bürgerliches Selbstverständnis in den Formen des Klassizismus zu artikulieren begann und am sächsischen Hof andere, weniger öffentliche Repräsentationsorte den Vorrang bekamen, wurde das Barockbauwerk vernachlässigt. Ein Gemälde *Canalettos* von 1754 zeigt den Zwingerhof als normalen städtischen Platz, mit Reitern, Pferdewagen und Fußgängern. Erst ab 1783 wurden die Kriegsschäden beseitigt. Die **Schleifung der Festungsanlagen** unter *Napoleon,* die wechsel-

229ss dk

hafte Kriegslage, erneute Sanierungen und die Neuordnung der Sammlungen 1813 unter dem russischen Militärgouverneur bestimmten die Zwingergeschichte im frühen 19. Jahrhundert. Mit der Aufnahme der **Rüstkammer** wurde das Historische Museum gegründet. An bestimmten Tagen waren die Sammlungen nun auch der Allgemeinheit unentgeltlich zugänglich.

Einen großartigen städtebaulichen Entwurf legte der 1834 nach Dresden berufene Architekt *Gottfried Semper* (1803–1879) mit seinem **Forumplan** vor. Er vereinte den Neubau eines Opernhauses und einer Gemäldegalerie sowie einer Orangerie mit der Öffnung des Zwingerhofes zur Elbe hin. Die Hauptachse der Anlage hätte vom Kronentor zur Elbe geführt. Leider konnte er sich damit nicht gegen die Stände durchsetzen. Letztlich musste er seinen **Galeriebau** im Stil der Hochrenaissance als Abschluss des Zwingerhofes errichten, dabei sollte er auch die als nicht mehr zeitgemäß deklarierten Barockformen verdecken.

Auch *Semper* konnte seinen Bau nicht vollenden; als Sympathisant und – durch Beratung beim Bau von Barrikaden – Teilnehmer der bürgerlichen Maikämpfe 1849 musste er Dresden verlassen und ins Exil gehen.

Für den Zwinger folgten wechselvolle Jahrzehnte zwischen gelungener Erhaltung und tragischen Irrtümern bei der Restaurierung sowie folgenschweren Kompetenzstreitigkeiten. Erst ab 1910 unter dem Stadtbaurat *Hans Erlwein* und 1924–1936 durch die **Zwingerbauhütte** wurde der Zwinger gerettet. Der Leiter der Zwingerbauhütte, *Hubert Georg Ermisch* (1883–1951), war auch bis zu seinem Tod für den Wiederaufbau nach der Zerstörung bei den Bombenangriffen am 13. Februar 1945 verantwortlich. 1951 wurde das Kronentor vollendet, 1963 der Zwinger wieder den Dresdnern und ihren Gästen übergeben. *Ermischs* Buch „Der Dresdner Zwinger" (Dresden 1953) gilt bis heute als ein Standardwerk.

Der Zwinger ist Teil des **Staatsbetriebes** „Staatliche Schlösser, Burgen und Gärten Sachsen". Für die Erhaltung und Restaurierung zeichnet wiederum die Zwingerbauhütte verantwortlich. Das Bauwerk kann jederzeit unentgeltlich besichtigt werden, lediglich von 22 bis 5 Uhr sind die Tore zum Innenhof geschlossen.

⌃ Putten am Nymphenbad

⟨ Der Zwinger im Frühling

5

Grundmauern ausgebrannt und danach als Ruine liegengeblieben, wurde das Palais 1995 mit historischer Fassade und modernem Innenleben als Fünf-Sterne-Hotel eröffnet.

Residenzschloss

Der Wiederaufbau des Residenzschlosses ist weitgehend abgeschlossen. Über Jahrhunderte war dieses prächtige Bauensemble an der Elbe das Machtzentrum der sächsischen Kurfürsten und Könige.

Vor allem Renaissance und Barock, aber auch Romanik, Gotik und Historismus prägen das markante Bauwerk. Das Residenzschloss der Wettiner ist mit dem Wiederaufbau seit 1986 als eine **Residenz der Kunst und Wissenschaften** im Herzen der Altstadt wiedererstanden.

In seinen Räumen sind fünf erstrangige Museen untergebracht: das **Historische Grüne Gewölbe** – ein spätbarockes Gesamtkunstwerk von 1733 –, das **Neue Grüne Gewölbe** – Kunsthandwerk aus drei Jahrhunderten –, das **Münzkabinett** – 300.000 Münzen seit der Antike –, das

075ss ls

Kupferstichkabinett – von *Dürer* und *Michelangelo* bis zur Klassischen Moderne und Dresdner Gegenwart – und die **Rüstkammer** – Turnierwesen und Prunkwaffen des 15. bis 18. Jahrhunderts im 57 Meter langen und 13 Meter breiten Riesensaal, dem Hauptsaal des Schlosses, sowie die „Türckischen Cammer", eine der weltweit reichsten Sammlungen orientalischer Kunst. Diese Museen gehören zu den Staatlichen Kunstsammlungen Dresden, ein jedes lohnt den ausführlichen Besuch. Außerdem werden im Schloss Sonderausstellungen gezeigt. Der erst im Jahr 2013 wieder eröffnete **Riesensaal** wurde übrigens im 16. Jahrhundert für das höfische Zeremoniell geschaffen. Seinen Namen verdankte er den zwischen den Fenstern aufgemalten Figuren von Riesen, allein sein Format hätte ihn aber auch gerechtfertigt. Nach dem Tod *Augusts des Starken* wurde der Saal in kleinere Räume aufgeteilt, sodass er nun erst seit der Rekonstruktion des Schlosses wieder erlebbar ist und an seinen einstigen Zweck erinnert.

Das **Besucherfoyer** im Kleinen Schlosshof wird von einem transparenten Rauten-Membrandach des Architekten *Peter Kulka* überspannt. Im Großen Schlosshof markiert das **„Schöne Tor"**, ein prächtiges Renaissanceportal von europäischem Rang (1556), nach dem Vorbild römischer Triumphbögen, den Zugang zur rekonstruierten **Schlosskapelle**. Das Tor wurde unter weitestmögli-

Schlossbaumeister in der zweiten Hälfte des 16. Jahrhunderts unter Kurfürst Moritz war *Caspar Voigt von Wierandt*. Die bedeutendsten Räume dieser Zeit waren der nach seiner figürlichen Ausmalung so benannte Riesensaal und die Schlosskapelle am Hausmannsturm. Im Riesensaal wurden die Staatszeremonien zelebriert und Feste gefeiert. Baumeister der Barockzeit war *Wolf Caspar von Klengel*. Er erhöhte den Hausmannsturm und gestaltete die Innenräume. Nach einem Brand 1701 ließ *August der Starke* das Schloss erneuern. *Louis de Silvestre* gestaltete die Festetage mit Audienzgemach und Paradeschlafzimmer; *Matthäus Daniel Pöppelmann, Johann Melchior Dinglinger, Zacharias Longuelune* und andere Künstler die **Grünes Gewölbe** genannte Schatzkammer. Weitere Teile der Renaissancearchitektur wurden im 18. Jahrhundert aufgegeben. In dieser Zeit entstand auch ein Übergang zum Taschenbergpalais. Umfangreiche Bauarbeiten unter *Dunger & Fröhlich* gingen der 800-Jahr-Feier der Wettiner 1901 voraus.

◁ Die Altstadt an der Elbe: Kathedrale, Brühlsche Terrasse, Schlossturm und ein Schiff der Weißen Flotte

Dresden zu Fuß

5

Die Gemäldegalerie Alte Meister

Eine der **bedeutendsten Kunstsammlungen der Welt** befindet sich im Zwinger, in der Gemäldegalerie Alte Meister. Sie steht geradezu sinnbildlich für den Ruhm der Stadt als Hort der Künste. Ihre Geschichte begann 1560 mit der Gründung der Dresdner Kunstkammer durch das Haus *Wettin*. Die Galerie selbst entstand im 18. Jahrhundert und wurde durch den Geschmack *Augusts des Starken*, mehr noch seines Nachfolgers König *August III.* geprägt. Allein während der augusteischen Zeit wurden über 4000 Gemälde zusammengetragen. Erst der Siebenjährige Krieg ab 1756 setzte dem Erwerbsfreude ein Ende.

Erst zwei Jahre zuvor war das berühmteste Bild der Dresdner Galerie, *Raffaels „Sixtinische Madonna"*, dem Kloster Piacenza abgekauft worden. *Bernardo Bellotto*, genannt *Canaletto* und ab 1748 Hofmaler, musste monatlich ein Bild liefern. Seine Veduten Dresdens und Pirnas sind Hauptwerke der Landschaftsmalerei.

Die Dresdner Galerie vereint Spitzenwerke der europäischen Renaissance und des Barock: Italiener des 15. bis 18. Jahrhunderts, vor allem die venezianische Schule *(Antonella da Messina, Giorgione, Tizian)*, eine kleine spanische Abteilung *(El Greco, Luis de Morales, Bartolomé Esteban Murillo, Diego Velasquez)*, Franzosen des 17. und 18. Jahrhunderts *(Nicolas Poussin, Claude Lorrain, Valentin de Boulogne)*, altniederländische *(Jan van Eyck)* und flämische Malerei *(Peter Paul Rubens, Anton van Dyck)*, eine großartige Sammlung holländischer Malerei *(Rembrandt, Gerard Terborch)*, die deutsche Malerei *(Albrecht Dürer, Lucas Cranach, Hans Holbein, der Hausbuchmeister, Hans Baldung Grien)*. Neben großen Namen sind besonders bei den Flamen und Holländern auch weniger bekannte Maler vertreten und immer wieder eine Entdeckung wert. Bis zum Jahr 2017 wird die Sempergalerie in zwei Bauabschnitten saniert und modernisiert. In dieser Zeit kommt es zu Einschränkungen, da jeweils nur eine Hälfte des Bauwerkes geöffnet werden kann. Die Hauptwerke der Sammlung sollen während der gesamten Zeit für Besucher zugänglich bleiben.

cher Verwendung von Originalteilen, insbesondere der Nischenfiguren, rekonstruiert, nachdem es über Jahrzehnte am Johanneum (Verkehrsmuseum) gestanden hat.

Vom 100 Meter hohen **Hausmannsturm** (1676, *Wolf Caspar von Klengel*) bietet sich eine großartige Sicht auf die Altstadt. Die Aussichtsplattform befindet sich in 38 Meter Höhe. Im Unterbau des Turmes fanden die Restauratoren Reste der Burg aus dem 12. Jahrhundert.

Verändert und umgebaut wurde die Wettiner-Residenz in ihrer 800-jährigen Geschichte immer wieder, doch blieb sie im Kern eine **vierflügelige Anlage aus der Zeit der Renaissance.** Beim Bombenangriff 1945 war die Außenfassade stehen geblieben. Der Innenhof, ein Renaissancegiebel des Westflügels und die barocke Ausstattung gingen verloren. Also wurde für den Wiederaufbau entschieden, sich vorrangig auf die für das Kulturdenkmal bedeutendste Periode, das 16. Jahrhundert, zu beziehen. Die Sgraffito-Bemalung der Fassade wurde aus kleinsten Funden rekonstruiert und dort, wo eindeutige Hinweise fehlen, neu inszeniert. Die Fassaden an der West- und Nordwand geben den Zustand um 1900 wieder.

Das der Augustusbrücke zugewandte, mächtige **Georgentor** (Umbau 1899) wurde bereits in den 1960er Jahren wiederhergestellt. Rekonstruiert wurde auch die zum Georgentor führende, repräsentative **Schlossstraße,** in der sich heute ein Hotel, Restaurants und eine Buchhandlung befinden. Bei einer besinnlichen Runde durch Kanzleigässchen und Schössergasse erlebt man das neue alte Dresden; kleine Lokale, Läden und die Touristinformation liegen nahe am Weg.

Theaterplatz

Der wohl schönste Platz Dresdens und der einzige historische, der nun nahezu wieder so aussieht wir vor der Zerstörung, ist der von *Gottfried Semper* konzipierte Theaterplatz; ein großartiger städtischer Raum, der **alte kulturelle Mittelpunkt der Stadt,** mit Semperoper, Residenzschloss und Hofkirche, Sempergalerie, *Erlweins* Italienischem Dörfchen und *Schinkels* Altstädter Wache (Theaterkasse). Hier beginnen zumeist auch die Stadtrundfahrten, und es gibt Haltestellen der für Touristen wichtigen Straßenbahnlinien 4 (Radebeul, Laubegast) und 9 (Hauptbahnhof, Neustädter Bahnhof, Zoo).

Im Zentrum des kopfsteingepflasterten Platzes, der im Sommer auch Aufführungsort von Konzerten ist, steht das **Reiterdenkmal** für König *Johann*

(1801–1873), ein Werk von *Johannes Schilling. Johann von Sachsen* hatte sich als Förderer des Hochschulwesens und als Übersetzer von *Dantes* „Göttlicher Komödie" verdient gemacht. An das **Italienische Dörfchen,** die Wohnsiedlung der Bauleute in der augusteischen Zeit, erinnert die 1913 von *Hans Erlwein* erbaute Gaststätte mit schattigem Garten.

Semperoper

Semper berief sich mit seinem „Forumplan" auf die nicht ausgeführten Pläne *Pöppelmanns.* Sein **Opernhaus** setzte Maßstäbe für den europäischen Theaterbau. Jedoch brannte das erste schon 1869 ab, das zweite 1945. *Carl Maria von Webers* „Freischütz" erklang am 31. August 1944 als letzte Vorstellung. 1977 wurde der Grundstein für den Wiederaufbau der Semperoper gelegt. Chefarchitekt war *Wolfgang Hänsch* (Kulturpalast). Am 13. Februar 1985 wurde sie wiedereröffnet, mit dem „Freischütz" und dem „Rosenkavalier" in der Regie von *Joachim Herz.*

Hofkirche

Die Katholische Hofkirche am Brückenkopf der Augustusbrücke war der letzte Barockbau in Dresden, und sie ist **eine der größten Kirchen Sachsens.** Baumeister war der Italiener *Gaetano Chiaveri* (1689–1770). Er verließ die Stadt 1749 infolge von Intrigen, den Kirchbau führten *Johann Christoph Knöffel* und *Julius Heinrich Schwarze* weiter.

Bauherr *Friedrich August I.,* Kurfürst des protestantischen Sachsen, war der polnischen Krone wegen zum Katholizismus übergetreten. So erhielt die Residenzstadt eine katholische Hofkirche, aus der ein Verbindungsgang direkt ins Schloss führt. Ihr Turm dominiert die Altstadtsilhouette. Charakteristisch sind die überlebensgroßen Skulpturen in den Turmnischen und auf den Balustraden; 78 Heilige aus der Hand des Italieners *Lorenzo Mattieli* (1687–1748), der vor seiner Dresdner Zeit in Wien tätig war. Eine Besonderheit, die sich in der weit ausladenden Form des Hauptschiffes darstellt, ist der in den Bau einbezogene Prozessionsgang. Katholische Prozessionen unter freiem Himmel waren in Dresden nicht gestattet.

Brühlsche Terrasse

Eine breit gelagerte Freitreppe verbindet den Schlossplatz mit der Brühlschen Terrasse, dem **„Balkon Europas"**, wie diese einstige Stadtbefestigung an der Elbe schon vor hundert Jahren genannt wurde. Sie ist wohl zu jeder Jahreszeit der schönste Ort dieser Stadt. Der Zwinger ist festlich, großartig der Theaterplatz, das Residenzschloss repräsentativ – die Brühlsche Terrasse vereint alles dies und hat dazu diesen **einzigartigen Charme,** der ihren Gästen das Gefühl intimer Geselligkeit gibt. Sie schauen Dresden in die Augen, und damit beginnt doch allemal eine neue Liebe.

076ss ls

Staatsminister *Heinrich Graf Brühl* (1700–1763), der engste Vertraute *Augusts des Starken,* hatte die Terrasse als Wohnsitz erworben. Aus den Festungszeiten übriggeblieben sind die um 1550 ausgebauten Kasematten, die heute noch besichtigt werden können. Der Zugang befindet sich am Georg-Treu-Platz. Auch von der Terrasse aus, nahe des Parks, ist ein Blick von oben in die Gewölbe möglich.

Von den Brühl-Bauten sind lediglich der **Delfinbrunnen** am Park und das schmiedeeiserne Geländer erhalten geblieben. 1814 gab der russische Militärgouverneur Fürst *Repnin-Wolkonski* die Brühlsche Terrasse für die Öffentlichkeit frei. *Gottlob Friedrich Thormeyer* entwarf im gleichen Jahr die Freitreppe. Darauf stellte 1868 der Bildhauer *Johannes Schilling* seine allegorische Figurengruppe „Vier Jahreszeiten". Neben der Freitreppe, an der Augustusstraße, steht der historische Landtag, das **Ständehaus** (1907). Dort tagte das sächsische Parlament. Heute ist es Sitz des Präsidenten des Sächsischen Landtags, des Oberlandesgerichtes sowie des Landesamtes für Denkmalpflege.

Das **Café „Secundo Genitur"** ist im zierlichen Neobarock 1897 als Bibliothek für den zweitgeborenen Prinzen erbaut worden.

Der monumentale Neorenaissancebau der **Kunstakademie** (1885/94) ist Sitz der Hochschule für Bildende Künste. Hier wird alljährlich auch die Diplomausstellung der Absolventen gezeigt. Baumeister *Constantin Lipsius* krönte sein Werk mit einer 48 Meter hohen Glaskuppel, die von den Dresdnern „**Zitronenpresse**" genannt wird. Als Symbol der Dresdner Kunst tanzt auf der Kuppel die **Fama,** die griechische Göttin der Sage und des Gerüchtes. Die 4,80 Meter hohe vergoldete Skulptur des Dresdner Bildhauers *Eduard Robert Henze* (1827–1906) wurde 1893 aufgestellt. Sie überstand das Bombardement vom 13. Februar 1945 – auch darin Sinnbild der Kunststadt Dresden. Für wechselnde Ausstellungen der Staatlichen Kunstsammlungen Dresden wird die Kunsthalle am Lipsiusbau genutzt.

Ihr zur Seite, neben der neobarocken Treppe zum Georg-Treu-Platz, steht das **Albertinum,** das aus dem einstigen Zeughaus hervorgegangen ist. Hier zeigen die Staatlichen Kunstsammlungen Dresden **Kunst von der Romantik bis zur Gegenwart** sowie die **Skulpturensammlung.** Erste Begegnungen mit der Kunst bietet schon der frei zugängliche Lichthof (Eingang Georg-Treu-Platz).

Ein spektakulärer Anblick ist die „Arche für die Kunst", die in 17 Metern Höhe „schwebt", eine hochwassersicheres Depot für die Kunstwerke der Alten und Neuen Meister. Die Rettung der Dresdner Kunstschätze vor dem Elbehochwasser 2002 war die größte derartige Aktion in Friedenszeiten, danach wurde dieser Neubau errichtet, der in die historische Bausubstanz nicht eingreift, aber die Kunstwerke sicher aufzunehmen vermag.

◁ Die Semperoper mit dem Reiterstandbild König Johanns

Zu der hochrangigen Sammlung der Neuen Meister gehören Werke von *Caspar David Friedrich, Carl Gustav Carus, Ludwig Richter,* von *Hermann Glöckner, A.R. Penck* und *Gerhard Richter;* Skulpturen sind zu sehen von *Auguste Rodin* bis *Wieland Förster.* Zudem bietet ein **Schaudepot** einen spannenden Blick in die **Kulturen des antiken Mittelmeerraumes.**

Zwischen dem Albertinum und der Terrassenbrüstung liegt ein reizvoller **Parkhügel** mit uralten Bäumen. Eine Skulptur von *Wolf-Eike Kuntsche* erinnert an den Maler *Caspar David Friedrich.* Sie zitiert dessen Leitsatz: „Der Maler soll nicht bloß malen, was er vor sich sieht, sondern auch, was er in sich sieht. Sieht er also nichts in sich, so unterlasse er auch zu malen, was er vor sich sieht." Der Dresdner *Peter Makolies* schuf aus Sandstein und Meissener Porzellan eine Plastik zum Gedenken an *Johann Friedrich Böttger.*

Drei **Porträtskulpturen** in der Nähe der Kunstakademie versinnbildlichen die Bildenden Künste: bei der Sekundogenitur ein Denkmal für den Bildhauer *Ernst Rietschel,* beim Aufgang vom Georg-Treu-Platz eines für den Architekten *Gottfried Semper;* beide wurden von *Johannes Schilling* (1829–1910) geschaffen. Das Denkmal für den Maler *Ludwig Richter* aus der Hand des Schilling-Schülers *Victor Eugen Kircheisen,* das 1943 für die Rüstung eingeschmolzen worden ist, steht als Kopie wieder beim Albertinum.

Den Abschluss der Brühlschen Terrasse bildet der **Bärenzwinger.** Dieser historische Teil der Festung, dessen Name nichts mit Bärenhatz, sondern mit Begriffen aus dem Festungsbau zu tun hat, ist seit den 1960er Jahren **einer der ältesten Dresdens Studentenclubs.** Wer in der Elbestadt studiert hat oder jemanden kannte, der einen kennt, der in Dresden studiert hat, hat dort gefeiert, getanzt, Bands erlebt und manches mehr; und das ist bis heute so.

Neue Synagoge

Zwischen Brühlscher Terrasse und Carolabrücke steht die Neue Synagoge. Am 9. November 2001 wurde das Bauwerk geweiht. Die historische Neue Synagoge *Gottfried Sempers* am selben Ort ist von den Nazis in der „Reichskristallnacht" angezündet und zerstört worden, die Ruine wurde abgetragen und für den Straßenbau verwendet. *Semper* hatte damals einen neoromanischen Bau entworfen und so an christliche Kirchen erinnert – die Jüdische Gemeinde sollte auch äußerlich in das Stadtleben integriert sein.

Im Neubau verbindet das Architekturbüro Wandel Hoefer Lorch aus Saarbrücken eine massive Hülle, die an die Klagemauer in Jerusalem erinnert, mit einem zeltartigen Innenraum – das erste Gotteshaus der nomadisierenden Israeliten war ein Zelt. Zum Gemeindezentrum gehören auch eine Bibliothek und ein Archiv. Im Garten markieren Bäume den Grundriss der Semper-Synagoge.

5

Neumarkt

Fürstenzug

Vom Schlossplatz begleitet der Fürstenzug die Augustusstraße zum Neumarkt. Das **102 Meter lange Wandbild** an der Außenmauer des Stallhofes wurde 1872 von dem aus dem Erzgebirge stammenden Professor der Kunstakademie, *Wilhelm Walter,* zunächst als Sgraffito geschaffen. 1906 wurde das verwitternde Bild unter seiner Leitung auf 25.000 Meissener Porzellankacheln übertragen. 35 Fürsten und Könige aus dem Haus *Wettin* ziehen dahin – zum Neumarkt, der mit seinen Bürgerhäusern und Gassen rund um die Frauenkirche bis zur Zerstörung 1945 als Flächendenkmal der Barockbaukunst von europäischem Rang galt.

Barock und Postmoderne

Heute wird der Neumarkt wieder von dem einzigartigen Kuppelbau der **Frauenkirche** (siehe unten) *George Bährs* (1666–1738) bekrönt und bildet mit diesem zusammen das Zentrum der historischen Altstadt. Jahrzehntelang war dieser Platz mit der Ruine der Frauenkirche und dem wiedererrichteten Johanneum (Verkehrsmuseum) ansonsten unbebaut geblieben. Das Hilton-Hotel war 1987 der erste Versuch, postmodernistisch an die historische Bebauung anzuschließen. Inzwischen sind im Gefolge des Wiederaufbaus der Frauenkirche das **Coselpalais** (1746) als Café und Bürohaus sowie Hotels und Einkaufspassagen eröffnet worden. Auf dem historischen Grundriss soll das einst barocke Ensemble re-

konstruiert – das heißt nachempfunden – werden. Dieses Konzept ist umstritten. Eine neue Seele hat der Neumarkt bis heute nicht. Aber unbestritten ist er einer der meistbesuchten Orte der Dresdner Altstadt. In den zahlreichen Cafés und Restaurants lassen sich nach dem Altstadtbummel oder dem Besuch der Frauenkirche angenehme Stunden verbringen.

Frauenkirche

George Bährs „Glocke über dem alten Dresden" genannter Kirchenbau stürzte zwei Tage nach der Bombardierung der Stadt in sich zusammen. Die **Ruine** stand als Mahnmal gegen den Krieg. Vom 13. Februar 1982 an war sie alljährlich Treffpunkt oppositioneller DDR-Friedensgruppen. Am 27. Mai 1994 wurde der erste Stein für den **Wiederaufbau** gesetzt. Mit der festlichen Weihe am 30. Oktober 2005 öffnete die Frauenkirche nach über 60 Jahren wieder ihre Pforten. Für den Wiederaufbau wurden so weit wie möglich historische Steine des Bauwerkes verwendet. Aus der offenen Wunde, die an die Schrecken des Krieges gemahnte, ist eine geheilte Wunde entstanden, in der die Mahnung der Geschichte lebendig bleibt, die aber zugleich Zeugnis für Frieden und Versöhnung ablegt.

Mit dem Wiederaufbau der Frauenkirche wurde „der vom Kriege schwer verwundeten Stadt Dresden ihr Wahrzeichen, ihre Seele und ein wichtiger Teil ihrer besonderen Schönheit wiedergegeben" (Gesellschaft zur Förderung des Wiederaufbaus der Frauenkirche). Die Kirche wird für Gottesdienste genutzt,

Dresden zu Fuß

5

als Stätte der Begegnung, für Konzerte, Ausstellungen und Symposien. Besucher aus der ganzen Welt erfreuen sich an ihr.

George Bährs Frauenkirche „stellt sich als ein geschlossener **Zentralbau** dar, den ruhige, ernste Linien umgrenzen, und dessen Risalite, Pilaster, Giebel und Türme alles Schnörkelwerk verschmähen" (*Max Osborn*). Im Innenraum mit seinen fünf Emporen finden 1818 Menschen einen Sitzplatz. Die Steinkuppel wurde erst nach *Bährs* Tod 1738 durch dessen Schüler *Johann Georg Schmid* vollendet. Allen Zweifeln an ihrer Standfestigkeit zum Trotz überdauerte sie mehr als 200 Jahre.

Bereits 1996 wurde die neu entstandene **Unterkirche** eingeweiht. Sie befindet sich in den Gewölben des Kellers und hat die Form eines griechischen Kreuzes. In der historischen Kirche befanden sich dort die Zugänge zu den Grabanlagen. Die Unterkirche wird mit ihren 300 Plätzen für Vorträge, Konzerte und Andachten egnutzt und kann auch besichtigt werden. Den **Altar** aus irischem Sandstein schuf der in Indien geborene und jetzt in Großbritannien lebende Künstler *Anish Kapoor*.

Rund um den Altmarkt

Südlich des Neumarktes liegt der Altmarkt, beide Plätze tangiert die Wilsdruffer Straße. Der Altmarkt wurde 1370 erstmals erwähnt, den Namen trägt er seit 1550. Heute werden hier **Märkte** abgehalten. Deren bekanntester ist alljährlich in der Adventszeit der nach dem Dresdner Weihnachtsstollen benannte **Striezelmarkt,** einer der ältesten Weihnachtsmärkte Deutschlands. Mehrere Restaurants haben am Rande des Altmarktes ihre Außenplätze eingerichtet. Unter dem Platz befindet sich eine Tiefgarage.

Der Altmarkt und das anschließende Geviert zwischen Kreuzstraße, Weißer Gasse und Gewandhausstraße sind ein exemplarisches Beispiel für die **Architektur der frühen 1950er Jahre.** Der Neuaufbau ab 1953 orientierte sich mit Sandsteinfassaden, Arkaden, Durchgängen an der barocken Dresdner Architektur. Markante Bauwerke sind das **Warenhaus** und das **Haus Altmarkt** (mit mehreren Restaurants, soll nach Jahrzehnten des Leerstands zum Hotel umgebaut werden), beides Kopfbauten mit Arkaden, sowie das einstige legendäre Varietétheater Café Prag, heute Markthalle mit Bistros und internationaler Küche. Im denkmalgeschützten Treppenaufgang wurde dort das Wandgemälde des Dresdner Künstlers *Hans Kinder* (1900–1986), eines bedeutenden Malers des Spätkubismus, restauriert.

Die **Weiße Gasse** ist eine empfehlenswerte Adresse für gutes Essen und lange Abende. Ein Lokal neben dem anderen versorgt die Gäste hier auf dieser Altstädter Kneipenmeile zwischen Frühstück und Absacker.

☐ Die Frauenkirche

Der Große Garten

Der Große Garten, die „grüne Lunge" des Stadt-
zentrums, liegt nur eine Viertelstunde vom Rathaus entfernt (davon zehn Minuten durch den
Blüherpark, der praktisch dazugehört). Er ist der
älteste Park der Stadt, ab 1676 angelegt als
kurfürstliche Fasanerie, ab 1684 von *Johann
Friedrich Karcher* erweitert zum Lustgarten im
französischen Stil. Das **Italienische Palais**
(1678–91) am Schnittpunkt der Hauptwege war
der erste Barockbau Dresdens und der erste Mo-
numentalbau nach dem Dreißigjährigen Krieg.
1945 wurde es zerstört. Inzwischen ist mit dem
Wiederaufbau begonnen worden. Genutzt wird
das Palais für Konzerte und Ausstellungen. Um
den Palaisteich standen ursprünglich acht, heute sind es nur noch fünf Kavaliershäuser. Im
Parktheater gibt es im Sommer Konzerte und
kleine Feste.

Nachdem im Siebenjährigen Krieg die Preußen im Großen Garten Quartier bezogen, über

600 Linden gefällt und mehrere Skulpturen zer-
trümmert hatten, wurde er am Rande durch
Friedrich Bouché zum **englischen Landschafts-
park** umgewandelt. Besonders reizvoll ist die
Gegend um den Carolasee.

1861 öffnete der **Zoo,** 1889 der **Botanische
Garten.** *Joseph Peter Lenné* legte 1846 die „Bürgerwiese" an. Für die Internationale Gartenbau-
ausstellung 1926 schuf *Hans Poelzig* den expres-
siv schillernden Mosaikbrunnen: fünf Blütenkel-
che, die aus einer Schale emporwachsen.

Nach dem Krieg bauten viele Dresdner auf zu-
gewiesenem „Grabeland" Kartoffeln an. Im „Nationalen Aufbauwerk", unbezahlten Arbeitsstun-
den der Bevölkerung, entstand aus einer Kies-
grube die **Freilichtbühne** „Junge Garde" (1953/
55) mit 5000 Plätzen: legendäre Bühne für die
Abschlusskonzerte der Dixielandfestivals, die
Frühlingsleidenschaft der Dresdner.

Nicht nur Kinder fahren gern mit der **Parkeisenbahn.** Auf der 5,6 Kilometer langen Rund-
strecke durch den Barockgarten kann man die
Landschaft genießen und an fünf Bahnhöfen
aussteigen. 1950 startete der dampfende Liliput

231ss dk

auf 15 Zoll breiten Gleisen als erste Pioniereisen-bahn der DDR. 250 Kinder sind hier als Freizeitei-senbahner tätig.

Im Blüherpark, zwischen Rathaus und Gro-ßem Garten, steht der neoklassizistische Bau des **Hygiene-Museums.** Größte Sensation zur Eröffnung 1930 war die „Gläserne Frau", ein Mo-dell für die Funktionsweise der menschlichen Organe. Die Gründung des Museums geht zu-rück auf die zur Internationalen Hygieneausstel-lung 1911 in Dresden vom Odol-Fabrikanten *Karl August Lingner* eingerichtete Stiftung.

■ **Dresdner Zoo,** Tiergartenstraße 1, Tel. (0351) 478060, Fax (0351) 4780660, www.zoo-dres den.de, tgl. 8.30–18.30 Uhr, im Winter bis 16.30 Uhr. 3000 Tiere in 400 Arten, traditionsreiche Affen-haltung, Streichelgehege, Station der Parkeisen-bahn.

■ **Deutsches Hygiene-Museum,** Lingnerplatz 1, Tel. (0351) 4846400, www.dhmd.de, Di–So, Feier-tag 10–18 Uhr, Eintritt: 6 €, ermäßigt 3 €. Abenteu-er Mensch.

■ **www.palais-grosser-garten.de**
■ **www.offenes-palais.de**

Bauten der 1950er bis zur Gegenwart prägen die Ost-West-Magistrale Wilsdruffer Straße. Auf der Höhe des Altmarkts steht der **Kulturpalast** (1966/69) des Architekten *Wolfgang Hänsch* (1929–2013). Ob mit Konzerten der Dresdner Philharmonie, Dixielandfestival, Jazz und Rock, Schlager und Volksmusik, das multifunktionale Gebäude war seit der Eröffnung das kulturelle Zentrum Dresdens. Derzeit und bis mindestens 2017 wird das denkmalgeschützte Haus **komplett umgebaut** zu einem Konzertsaal für die Philharmonie und die Sächsische Staatskapelle sowie als Standort der Stadtbibliothek und Heimstatt des Kabaretts „Die Herkuleskeule". Dieses Unterfangen, bei dem nur die denkmalgeschützte Hülle sowie das markante Kupferdach erhalten bleiben sollen, ist umstritten, zumal den beiden Spitzenorchestern durchaus ein eigenes Konzerthaus angemessen wäre und die Unterhaltungsveranstaltungen verbannt werden.

Einzige Erinnerung an das alte Dresden an dieser Straße ist das spätbarocke **Landhaus** (1770/76), erbaut als Tagungsstätte für die sächsischen Landstände. Heute beherbergt es das **Stadtmuseum** und die **Städtische Galerie.** Drei Stockwerke werden durch ein imposantes Rokoko-Treppenhaus verbunden. Für die im Jahr 2006 an den Giebel angebaute Rettungstreppe fehlen einem die Worte.

Bei der Neugestaltung des Altmarkts wurde erstmals die **Kreuzkirche** (1764/92) in diesen Platz einbezogen; vor der Zerstörung standen um den kleinen Kirchplatz die Häuser der Altmarkt-Südseite. Auf Dresdens ältestem Stadtkern wurde 1165 die Nikolaikirche mit Kreuzkapelle errichtet, der dort gegründete Knabenchor besteht noch heute, als weltberühmter Dresdner Kreuzchor.

Die spätbarocke Kirche überrascht mit einem beinahe düsteren Innenraum. Nur Rudimente an Altar und Orgelempore blieben von den Jugendstilmalereien. Beim Wiederaufbau wurde Rauputz aufgetragen. Vom Frühjahr bis Herbst ist die Aussichtsplattform im Kirchturm geöffnet.

Auf dem 98 Meter hohen Turm des benachbarten **Neuen Rathauses** (1905/10) steht der vergoldete Rathausmann, der mit seiner die Stadt segnenden Hand alle anderen Türme überragt. Das Portal des Rathauses wird von einem vergoldeten, schmiedeeisernen Gitter verziert, der „Goldenen Pforte". Auf dem schattigen Platz davor steht die **„Trümmerfrau"**, ein Denkmal für die Frauen, die nach Ende des Krieges die Stadt von den Trümmern beräumt und so den Wiederaufbau vorbereitet haben.

An der Rückseite des als Hotel wiederaufgebauten spätbarocken **Gewandhauses** (1768) befindet sich der **Dinglingerbrunnen** (1718), den sich der Hofjuwelier und Goldschmied *Johann Melchior Dinglinger* anfertigen ließ. Das benachbarte Eckhaus Ringstraße ist mit einem **Kinderfries** aus dem Jahr 1535 verziert, das Relief befand sich einst am Wohnhaus des Komponisten *Heinrich Schütz.*

▷ Das moderne Dresden: die Prager Straße

5

Prager Straße

Die Prager Straße zwischen Altmarkt und Hauptbahnhof ist die **wichtigste Fußgängermagistrale der Stadt.** Vor dem Zweiten Weltkrieg wurde sie neben den Champs-Elysees, dem Kurfürstendamm und dem Wenzelsplatz als eine der attraktivsten Adressen Europas genannt. Zwischen 1965 und 1972 entstand sie neu als großzügiges städtebauliches Ensemble im Geist der Moderne, das den traditionellen Stil des Altmarktes ablöst. Zwischen einer 250 Meter langen Wohnzeile mit Durchgängen und Läden und dazu kammartig angeordneten Hotelbauten mit flachen Ladenzeilen entstanden Laden- und Cafépavillons und Brunnen, viel Platz zum Flanieren, ein einzigartiger Stadtraum, zu dem auch das „Rundkino" als Premierenort sowie das 1973 bis 1975 erbaute Centrum-Warenhaus gehörten. Durch die seit den 1990ern vorgenommene „Verdichtung" mit Imbissbuden und die Degradierung des Rundkinos zur Spaßschachtel ist von der Authentizität leider viel verlorengegangen. Aber noch immer, und besonders an sonnigen Tagen, ist die Prager Straße doch recht unterhaltsam und ein beliebter Ort zum Flanieren und Einkaufen. Nach dem heftig diskutierten Abriss des Warenhauses entstand die Centrum-Galerie, an der Architekt *Kulka* die Waben-Fassade des beliebten Vorgängerbaus zitiert.

Dresden zu Fuß

233ss dk

Elbabwärts

Auf der Altstädter Seite elbabwärts gelangt man vom Theaterplatz mit wenigen Schritten zum **Sächsischen Landtag.** Der Architekt *Peter Kulka* hat einen Neubau mit transparentem Plenarsaal entworfen, der an das 1928/31 errichtete Gebäude des ehemaligen Landesfinanzministeriums (zuletzt Sitz der SED-Bezirksleitung) anschließt. Das dahinter aufragende **Speichergebäude,** 1913 von *Hans Erlwein* erbaut, wurde zu einem Kongresshotel umgebaut und um den Neubau eines Kongresssaales ergänzt. Dort, von der Freitreppe, hat man einen schönen Blick auf die Elbsilhouette.

Das orientalisch anmutende Bauwerk hinter der Marienbrücke ist die **Yenidze.** Unter der Kuppel dieses maurischen Traumschlosses werden an Sommerabenden Märchen gelesen. Außergewöhnliches Flair zeichnet das Terrassencafé aus. Der Zigarettenfabrikant *Hugo Zietz* hatte die werbeträchtige Idee, sein **Tabakkontor** an die Bahnlinie Prag – Berlin zu stellen. Architekt war der damals 29-jährige *Hermann Hammitzsch.* Hinter der Fassade aus Minaretten, mosaikverzierten Portalen und 600 Fenstern waren 1500 Arbeiterinnen mit der Zigarettenproduktion beschäftigt.

Ostragehege

Hinter Marienbrücke und Yenidze erstreckt sich zur Elbe hin das Ostragehege. Hierher kommt man am besten mit dem Fahrrad oder als Fußgänger auf einem eigenen Ausflug ins Grüne nach dem Rundgang durch die Altstadt. Das Ostragehege ist eine durch die Weißeritz

und Elbe gebildete **Auenlandschaft** – der Name leitet sich vom slawischen *ostrov* = Insel ab –, die heute von der Elbe in einem weiten Bogen „umarmt" wird. Wunderbar ruhig ist es hier, man kann direkt an der Elbe laufen, und wenn der Pfad mal wieder überschwemmt ist, ein Stück oberhalb auf befestigtem Weg. Hinter den Kleingärten beginnt die **Pieschener Allee,** die 1720 angelegt und auf das Residenzschloss ausgerichtet wurde. Ebenfalls aus dieser Zeit stammt die vom Barockschloss Übigau aus angelegte Allee (siehe Exkurs „Barockschloss Übigau"). Die Runde mit dem Elbbogen endet am **Alberthafen,** Dresdens größtem Binnenhafen, dort lädt das Fischrestaurant ein. Den Rückweg kann man von hier mit der Straßenbahn Linie 10 nehmen (Hauptbahnhof, Prager Straße).

Inmitten des Ostrageheges liegt der **Neue Schlachthof,** der 1906/10 durch *Hans Erlwein* im ländlich wirkenden „Heimatschutzstil" errichtet wurde und damals als modernste Anlage ihrer Art in Europa galt. Er wurde bis 1995 betrieben. Mehrere Gebäude werden durch die Messe Dresden und als Tagungszentrum genutzt.

MEIN TIPP: Alljährlich im Sommer wird in den ehemaligen Futterställen und anderen Räumen sowie auf Freiflächen des einstigen Schlachthofgeländes die **Internationale Ausstellung für zeitgenössische Kunst OSTRALE** gezeigt, mit Werken von über hundert Künstlern aus aller Welt: Malerei und Plastik, Licht-, Klang- und Videoinstallationen sowie Performances. Ein Raum für spannende Entdeckungen.

Dieser Schlachthof ist auch Schauplatz des Romans **„Schlachthof 5"**

(1969) von *Kurt Vonnegut* (1922–2007). Der US-amerikanische Autor hat hier als Kriegsgefangener die Luftangriffe auf Dresden überlebt. Einer der **Trümmerberge** des alten Dresden liegt als grasbewachsener Hügel gegenüber dem Alberthafen. Wiesenpfade führen auf das Plateau, von dem aus man über das Ostragehege, zum Hafen mit der Hafenmühle (1913) sowie in die Altstadt schauen kann.

⌃ Der Zwingerteich,
im Hintergrund der Erlweinspeicher

Friedrichstadt

Kulturgeschichtlich interessant ist der sich anschließende Stadtteil **Friedrichstadt.** Im barocken **Brühl-Marcolini-Palais** wohnte u.a. *Richard Wagner* und verhandelte *Napoleon.* Seit 1849 wird es als Krankenhaus genutzt. In der Gartenanlage des Palais steht der dreigeschossige, über 40 Meter breite **Neptunbrunnen** von *Lorenzo Mattielli* (1746), eine barocke Brunnenanlage von europäischem Rang (Zugänge über Haupteingang oder Wachsbleichstraße). Berühmte Dresdner ruhen auf dem **Alten Ka-**

tholischen **Friedhof** neben dem Krankenhaus, so *Balthasar Permoser, Carl Maria von Weber* und *Gerhard von Kügelgen*, aber auch zahlreiche polnische Emigranten, die in der Zeit der Teilung Polens in Dresden eine neue Heimat gefunden hatten. In der Friedrichstadt geboren wurde der Maler **Adrian Ludwig Richter,** sein Geburtshaus (Friedrichstraße 44) ist erhalten geblieben.

Praktische Tipps

Information

■ **Dresden-Information an der Frauenkirche,** Neumarkt 2, April bis Sept. Mo–Fr 10–19 Uhr, Sa 10–18 Uhr, So, Feiertage 10–15 Uhr, Jan. bis März verkürzte Öffnungszeiten.

■ **Dresden-Information** im Hbhf., tgl. 9–19 Uhr.

■ **Service-Center,** Tel. (0351) 501501, www. dresden.de.

Essen und Trinken

■ **Chiaveri**②, Bernhard-von-Lindenau-Platz 1, Tel. (0351) 4960399, tgl. ab 11 Uhr. Restaurant im Sächsischen Landtag, modernes, großzügiges Ambiente, Blick auf die Elbe und die Altstadt, sächsische und mediterrane Küche.

■ **Italienisches Dörfchen**②, Theaterplatz 3, Tel. (0351) 498160, www.italienisches-doerfchen.de, tgl. ab 10 Uhr. Italienische Küche an einem der schönsten Plätze Europas.

■ **Kahnaletto**②, Terrassenufer/Augustusbrücke, Tel. (0351) 4953037, tgl. 12–15 Uhr, 18–24 Uhr. Italienische Küche auf dem Theaterkahn.

■ **Kuppelrestaurant auf der Yenidze**②, Weißeritzstraße 3, Tel. (0351) 4905990, www.kuppel restaurant.de, tgl. 11–24 Uhr. Orientalische und sächsische Spezialitäten, höchstgelegener Biergarten der Innenstadt.

■ **Pulverturm**②, An der Frauenkirche 12, Tel. (0351) 262600, www.pulverturm-dresden.de, tgl. 11–1 Uhr. Gewölbe mit Terrassenplätzen, türkische, russische, schwedische und sächsische Küche.

234ss dk

■ **Radeberger Spezialausschank**②, Terrassenufer 1, Tel. (0351) 4848660, www.radeberger-spezialausschank.de, tgl. ab 10 Uhr. Im ehemaligen Brückenmeistereihaus unterhalb der Brühlschen Terrasse, alles, was zum Radeberger Pilsner gehört.

■ **Sophienkeller**②, Taschenberg 3, Tel. (0351) 497260, www.sophienkeller-dresden.de, tgl. ab 11 Uhr. Gewölberestaurant im Taschenbergpalais, Deftiges aus der Feldküche und andere sächsische Spezialitäten.

■ **Borowski**①, Prager Straße 8a, Tel. (0351) 4906 411, tgl. ab 9 Uhr. Der zuverlässige Treffpunkt in der Einkaufsmeile, modernes Interieur, Terrasse mit abwechslungsreicher Aussicht.

🦋 **brennNessel**①, Schützengasse 18, Tel. (0351) 4943319, www.brennnessel-dresden.de, tgl. ab 11 Uhr. Vegetarisches in einem 300 Jahre alten Fachwerkhaus, Biergarten im Innenhof, 3 Min. vom Zwinger.

■ **Fischhaus Alberthafen**①-②, Magdeburger Straße 58, Tel. (0351) 4982110, www.fischhaus-alberthafen.de, So/Mo 11–18 Uhr, Di–Do 11–22 Uhr, Fr, Sa 11–24 Uhr. Im historischen Hafen, wochentags 7–14 Uhr Hafenkantine.

■ **Carolaschlösschen**①, Querallee 7, Großer Garten, Tel. (0351) 2506000, www.carolaschloesschen.de, Mo–Fr ab 11 Uhr, Sa, So ab 10 Uhr. Traditionsreiche Ausflugsgaststätte am Carolasee im Großen Garten, wunderbar gelegen, sächsische und internationale Küche, Kaffeespezialitäten, große Gartenterrasse mit Seeblick, Sonntagsbrunch ab 10 Uhr.

■ **Torwirtschaft „Großer Garten"**①, Lennéstraße 11, Tel. (0351) 4595200, www.torwirtschaft-dresden.de, tgl. ab 10 Uhr. Das Tor zum Großen Garten, sächsische und bayerische Küche, großer schattiger Biergarten.

■ **Sommercafé am Palaisteich**①, Großer Garten, April bis Okt. tgl. ab 11 Uhr. Schattige Plätze unter alten Bäumen, von Currywurst bis zu Puffern und vegetarischen Salaten, Eis und Kuchen, Dresdner Rote Grütze; Kinderspielecke; vom Altmarkt 30 Min. Spazierweg.

■ **Zum Schießhaus**①, Am Schießhaus 19, Tel. (0351) 4845990, www.zum-schiesshaus.de, tgl. ab 11 Uhr. Uriges Lokal im Stil des „Freischütz", Biergarten.

■ **Weiße Gasse**①-②, das Kneipenviertel zwischen Kulturpalast und Kreuzkirche, mit mehr als einem Dutzend Restaurants.

MEIN TIPP: **Fährgarten Johannstadt**①, Käthe-Kollwitz-Ufer 23b, Tel. (0351) 4596262, www.faehrgarten.de, April bis Okt. tgl. ab 10 Uhr. Liegt nicht in der Altstadt, aber von der Augustusbrücke ist es zu Fuß an der Elbe entlang nur eine halbe Stunde zu einem der schönsten Biergärten der Stadt mit viel Grün und Ruhe. Kinderspielplatz, Elbfähre zur Äußeren Neustadt.

Museen

■ **Residenzschloss** (Historisches Grünes Gewölbe, Neues Grünes Gewölbe, Rüstkammer, Türkische Kammer, Kupferstichkabinett, Münzkabinett, Kunstbibliothek, Hausmannsturm, Sonderausstellungen), Schlossplatz, Mi–Mo 10–18 Uhr, 10/7,50 €, Historisches Grünes Gewölbe 12 €. Museen der Staatlichen Kunstsammlungen Dresden.

■ **Zwinger** (Gemäldegalerie Alte Meister, Mathematisch-Physikalischer Salon, Porzellansammlung), Di–So 10–18 Uhr, 10/7,50 €. Museen der Staatlichen Kunstsammlungen Dresden. Galerie Alte Meister bis 2017 Interimsausstellung wegen der Sanierung der Sempergalerie.

◁ Der Elbhafen am Ostragehege

078ss ls

■ **Albertinum** (Gemäldegalerie Neue Meister, Skulpturensammlung), Di–So 10–18 Uhr, 10/7,50 €. Museen der Staatlichen Kunstsammlungen Dresden.

■ **Staatliche Kunstsammlungen Dresden,** Besucherservice Tel. (0351) 49142000, www.skd.museum. Für Eintritt Kombinationen und weitere Ermäßigungen angeboten; Kinder und Jugendliche unter 17 Jahre Eintritt frei.

■ **Verkehrsmuseum,** Augustusstraße 1 (Johanneum), Tel. (0351) 86440, www.vkmd.de, Di–So 10–18 Uhr, 7/3 €. Originalexponate der sächsischen und deutschen Verkehrsgeschichte zu Land, zu Wasser und in der Luft; Modelleisenbahnanlage.

■ **Stadtmuseum und Städtische Galerie,** Wilsdruffer Straße 2, Tel. (0351) 4887301, www.museen-dresden.de, Di–Do, Sa, So 10–18 Uhr, Fr 10–19 Uhr. Exponate und Medienstationen zur Stadtgeschichte, Dresdner Kunst des 20./21. Jh., Sonderausstellungen.

■ **Deutsches Hygienemuseum,** Lingnerplatz 1, Tel. (0351) 4846400, www.dhmd.de, Di–So 10–18 Uhr, 7/3 €. Das Museum vom Menschen, Dauerausstellung „Abenteuer Mensch", Kindermuseum: Unsere fünf Sinne, Sonderausstellungen: Forum für Wissenschaft, Kultur und Gesellschaft. Museumscafé, Buchhandlung. Barrierefreies Haus. Vom Altmarkt 15 Min. Fußweg.

⌃ Albertinum

⌄ Blick durch die Münzgasse auf die Frauenkirche

5

Elbufer und Innere Neustadt

Das **Neustädter Elbufer** zwischen Marienbrücke und Albertbrücke verbindet die repräsentativen Ansichten der Altstadt mit der Intimität der breiten Uferwiesen. Hier lagert bei Sonnenschein anscheinend die halbe Stadt samt ihren Gästen auf den Wiesen und Bänken, und Spaziergänger, Radfahrer, Jogger, Skater, Kinder auf ihrem ersten Roller und Rollstuhlfahrer teilen sich die breiten Uferpromenaden. Am **Königsufer** – unterhalb des neobarocken Sächsischen Finanzministeriums, aber dieser Begriff ist auch für das gesamte Neustädter Ufer

gebräuchlich – erleben alljährlich Tausende unter dem Sommerhimmel die **Filmnächte am Elbufer,** dazu gehören auch Konzerte international renommierter Musiker.

Das elbnahe Quartier heißt Neustadt, weil es dort gebrannt hat, 1685, als es noch Altendresden hieß und erst seit reichlich hundert Jahren zu Dresden gehörte. Der Wiederaufbau nach Plänen des frühbarocken Oberlandbaumeisters *Wolf Caspar von Klengel* (Dresdens erstes Opernhaus am Taschenberg) sowie von *Matthäus Daniel Pöppelmann* (Zwinger), *Johann Christoph Knöffel* (Barockschloss Großsedlitz) und *Julius Heinrich Schwarze* (Coselpalais am Neumarkt) ordnete sich der historischen Stadtsilhouette unter und schuf eigene Blickachsen.

236ss dk

Dresden zu Fuß

Am Neustädter Markt

Im Zentrum der Inneren Neustadt liegt der Neustädter Markt mit dem **Goldenen Reiter,** einem 1736 aufgestellten Reiterstandbild *Augusts des Starken.* Vom Schloss kommend, wird er mit Blick nach Osten, nach Warschau, dargestellt. Flankiert ist die Skulptur von barocken Brunnenplastiken des einst hier befindlichen Neustädter Rathauses. Den historischen Platz kann man sich kaum noch vorstellen, wird er doch von Wohnbauten aus den 1980er Jahren und von der vielbefahrenen Großen Meißner Straße und Köpckestraße dominiert.

Am Brückenkopf steht das **Blockhaus,** die Neustädter Wache. Das barocke Gebäude wurde 1732/37 nach Plänen von *Zacharias Longuelune* errichtet, es ist heute Sitz der Sächsischen Akademie der Künste. An der gegenüberliegenden Brückenseite erinnert eine kleine Skulptur an den Hofnarren *Joseph Fröhlich,* der hier seinen Wohnsitz hatte. Das „Narrenhäusel" war lange Zeit eine beliebte innerstädtische Ausflugsgaststätte, heute liegt hier ein Gartenrestaurant.

Dem Blockhaus schließt sich das langgestreckte, 1984 eröffnete **Hotel Bellevue** an. In den Neubau wurde das barocke Kanzleihaus mit einbezogen. Es ist das letzte Bauwerk *Pöppelmanns* und war als einziges Bauwerk auf der 1945 zerstörten Straße stehengeblieben.

Flanieren an der Elbe

Die **Elbpromenade** unterhalb des Hotels mit den alten Bäumen und der für eine Großstadt einmalig breiten Uferwiese ist eine zu allen Jahreszeiten gern begangene Flanierstrecke. Bei Sonnenschein lagert man auf der Wiese oder sitzt auf einer der vielen Bänke. Vom Pavillon mit dem Glockenspiel aus Meissener Porzellan schaut man auf die Altstadt, beinahe wie einst *Canaletto.* In der Parkanlage stehen Skulpturen aus den 1980er Jahren, darunter ein weiblicher Akt von *Gerd Jaeger,* der Brunnen „Drei Grazien" von *Vinzenz Wanitschke* und das Gebrochene Band von *Hermann Glöckner.*

Das **Japanische Palais** ist einer der bedeutendsten Barockbauten Dresdens. *August der Starke* brachte hier seine Porzellan- und Kunstsammlung unter. Der intime Park öffnet sich zur Elbe hin und bietet ein schönes Ambiente auch für das Frühstück im Freien. Im August wird hier der **„Palaissommer"** gefeiert, ein feines, stilles Kunstfest. Dazu gehören ein Mal-Pleinair, Klavierkonzerte, Hörspiel- und Filmnächte, alles bei freiem Eintritt.

Den Umbau des Palais zwischen 1727 und 1731 leitete *Matthäus Daniel Pöppelmann. Johann Benjamin Thomae* schuf den Fries im Giebel der Hauptfassade. *Gottfried Semper* übernahm 1835/36 den Umbau des Erdgeschosses für die Antikensammlung. Nach schweren Zerstörungen am Ende des Zweiten Weltkrieges wurde das Palais zwischen 1951 und 1987 schrittweise wieder aufgebaut. Es dient als Ausstellungsort des Landesmuseums für Vorgeschichte, des Museums für Völkerkunde und der Naturhistorischen Sammlungen.

◁ „Bunte Republik Neustadt" mit Straßenmusik

5

Dresden, Innere und Äußere Neustadt

Schweizstraße

Innerer Neustädter Friedhof

1 A4 **Hechtviertel**

Gothaer Str.

B 170

Rudolfstraße

Friedrichstraße

Party- und Konzert-location Alter Schlachthof

2

Fritz-Hoffmann-Str.

Hansastraße

Lößnitzstr.

Königsbrückerstr.

Kulturhaus Blaue Fabrik

Katharinen-

Leipziger Straße

Stadtstrand Puro beach

3

Bahnhof D.-Neustadt

Dr.-Friedrich-Wolf-Str.

Turnerweg

15

Artesischer Brunnen ★

Elberadweg

Antonstraße

Erna-Berger-Str.

M

Erich-Kästner-Museum

Albert-platz

ELBE

Pieschener Allee

Antonstraße

R.- Blüm- Straße

Hainstraße

Theresienstr.

Nieritzstr.

Museum Körnigreich

14

Innere Neusta

Königstraße

12

Weißeritzstraße

M

Wallgäßchen

13

Königstraße

ⅱ

Dreikönigs-kirche

11

Albertstraße

10

Palaisplatz

Jahnstraße

Japanisches Palais ★

Obergraben

Heinrichstr.

6

9

8 **Societätstheater**

7

Marienbrücke

Hauptstraße

4

Yenidze 🏭

Ostra-Ufer

Kongresszentrum Erlwein-Speicher

Hotel Bellevue ★

Neustädter Markt

Museum für Sächsische Volkskunst

M

Köpckestr.

Könneritzstraße

Devrientstraße

Große Meißner Str.

Elbpromenade

Blockhaus/ Sächsische Akademie der Künste ★

Elberadweg

Sächsisches Finanzministerium ●

Carolabrücke

5

Sächsischer Landtag

Ostra-Allee

Am Zwingerteich

Terrassenufer

Augustusbrücke

Weiße Flotte

Brühlsche Terrasse ★

Umwelt-zentrum

Semperoper

Theater-Platz

Schloss-Platz

Zwinger

Neue Synagoge

© Reise Know-How 2014

0   200 m

Filmtheater Schauburg

19   20

18

M **Militärhistorisches Museum der Bundeswehr**

Alaungarten

Kraszewski-Museum M

Jägerstr.

Nordstr.

Jägerstr.

Bischofsweg   Alaunplatz

Förstereistr.

Jordanstr.

Äußere Neustadt

22   21

Alaunstraße

Görlitzer Str.

Kunsthofpassage ★

Projekttheater

6

17

23   24

Louisenstraße

straße

Kulturzentrum Scheune

Nordbad

Böhmische   Straße

28   27

29

30

Rothenburger Straße

Seifhennersdorfer Straße

Abenteuerspielplatz Panama

Sebnitzer Str.

25

Schönfelder Str.

26

Kamenzer Str.

Talstr.

Pulsnitzer Straße

Luther-Kirche ⛪

Bischofsweg

Hohnsteiner Str.

Prießnitzstraße

Forststr.

Zittauer Str.

Kunstgalerie Kühl

Löbauer Str.

Nordstr.

Radeberger Str.

Prießnitz

Jüdischer Friedhof

31

32 ★ **Pfunds Molkerei**

33

Sächsischer Weinwanderweg

Elberadweg

Bautzner   Straße

Holzhofgasse

Elbfähre 🚢 36

Glacisstraße

Hoyerswerdaer Straße

Carusufer

Elberadweg

34

35

Rosengarten ★

Hospitalstr.

Wigardstraße

Sächsische Staatskanzlei

Königsufer

Elbpromenade

Albertbrücke

ELBE

Käthe- Kollwitz- Straße

Sachsenallee

Terrassenufer

Gerokstraße

Güntzstraße

Steinstr.

■ **Übernachtung**
2 Astron Hotel
6 Bülow Residenz
14 Marta Hospiz
15 Hostel kangoroo-stop
17 Hostel Louise 20
19 Gästehaus Mezcalero
21 Hostel Lollis Homestay
26 Hostel Mondpalast
33 Schloss Eckberg
35 Park Inn Dresden

■ **Essen und Trinken**
1 Kolja, Falscher Hase, Leonardo, AnTon, Café Saite
3 Puro Beach
4 Kuppelrestaurant auf der Yenidze
5 Chiaveri
7 St. Petersburg
8 Rest. L'art de vie
9 Kügelgenhaus
10 Schwarzmarktcafé
11 Restaurant Der Löwe
13 Wenzel Prager Bierstuben
16 Planwirtschaft
18 Café Europa
20 Restaurant To
22 Hofcafé
23 Scheunecafé
29 Stilbruch
30 Raskolnikoff
31 Café Neustadt
32 Pfunds Molkerei
34 Kaffee Rosengarten
36 Fährgarten Johannstadt

■ **Nachtleben**
12 Jazzklub Tonne
24 Blue Note
25 Laika
27 Bottoms Up
28 Hebeda's

Königstraße

Auf dem **Palaisplatz** vor dem Japanischen Palais tanzt eine Brunnenfontäne. In dem kleinen Park am Rande des Platzes steht das von *Gottlob Friedrich Thormeyer* im Jahr 1829 errichtete klassizistische **Torhaus**. Viele Jahre befand sich darin ein Standesamt. In der Königstraße zwischen Palaisplatz und Albertplatz und ihren Passagen wechseln exklusive Läden und Kunstgalerien mit schicken Cafés und Restaurants ab – Dresdens königliche Adresse. Wallgäßchen 2 war in den 1950er Jahren die Adresse des Malers und Grafikers *Hans Körnig* (1905–1989). Zwei Ausstellungen seiner Werke richtete der Meister der Aquatinta-Radierung 1955 und 1956 auf dem Dachboden ein, weil er zum offiziellen Kunstbetrieb keinen Zugang fand. Heute ist dieses Haus das **„Körnigreich"** höchster Malkultur, ein Museum seines Lebenswerkes.

Barockschloss Übigau

An der Elbe kann man vom Japanischen Palais weiter stromabwärts gehen oder radeln, unter der Marienbrücke hindurch zu den Citystränden oder noch weiter zu den **historischen Dorfkernen** von Mickten und Übigau. Schließlich gelangt man zum Barockschloss Übigau.

Der Drehkran an der Elbe, ein technisches Denkmal von 1891, deutet auf das Besondere in der **wechselvollen Geschichte** dieses Bauwerkes hin, die es mit der **Industriellen Revolution** in Deutschland verbindet. Geplant mit großem Entwurf unter *August dem Starken* als westliches Finale seines in Pillnitz beginnenden „Canale Grande", verwahrloste das Lustschloss nach dem Siebenjährigen Krieg. Später wurde es Gartenlokal, 1813 gar von französischen und russischen Truppen umkämpft, dann Fabrikgebäude. In der Maschinenbauanstalt Übigau, unter *Johann Andreas Schubert* (1808–1870), wurde der Antrieb für die „Königin Maria" konstruiert und gebaut, das erste Dampfschiff auf der Oberelbe. 1837/39 entstand auf den Reißbrettern und in den Maschinenhallen die „Saxonia", die erste funktionstüchtige deutsche Dampflok. Ende des 19. Jahrhunderts arbeitete auf dem Schlossgelände eine der bedeutendsten deutschen Binnenwerften. In der DDR-Zeit war es Verwaltungssitz des Dampfkesselbaus, dann stand es leer und erlebte nach der Wende mehrere neue Besitzer, saniert wurde es bis heute nicht.

Ein **Förderverein** engagiert sich für eine nachhaltige Nutzung des Schlosses. Er hat im Schlosspark eine „Sommerwirtschaft" mit Bierausschank und Imbiss eingerichtet, die es zumindest ermöglicht, dieses Kulturerbe aus der Nähe kennenzulernen und nach der Fahrradtour einzukehren. Zum Tag des offenen Denkmals und bei anderen Gelegenheiten werden Führungen angeboten. Von der Bogenhalle in der Beletage, die an italienische Renaissance erinnert, blickt man über die Elbe hinweg zum Ostragehege und auf eine Lindenallee, die noch die Sichtachse zum Residenzschloss markiert.

■ **www.foerderverein-schloss-uebigau.de.**
■ **Sommerwirtschaft Schloss Übigau**①, Rethelstraße 47, Tel. (0172) 8604078, www.schlosspark-uebigau.de, Ostern bis Okt. Di–Fr ab 14 Uhr, Sa, So ab 11 Uhr (wetterabhängig). Im kleinen Park am Elbufer, Selbstbedienung.

Die Königstraße ist als **barockes Gesamtkunstwerk** ab 1722 nach Plänen *Wolf Casper von Klengels* unter der Leitung von *Pöppelmann* entstanden. Klassische Harmonie als städtebaulicher Wert galt hier als Programm. Die Straße hatte sich als Sichtachse dem Japanischen Palais unterzuordnen, und dennoch erhielt jedes Haus sein Gesicht. Mit dem selben hohen Anspruch sind die **Nebenstraßen** gebaut worden. Vor allem Obergraben, Rähnitzgasse und Heinrichstraße sind als gut erhaltene barocke Straßenzüge zu nennen. In der anderen Richtung verläuft die Nieritzstraße als geschlossene Biedermeierzeile.

⌃ Planschen unter Platanen:
Wasserspiel auf der Hauptstraße

Hauptstraße

Der Obergraben (hier liegen mehrere Galerien, u.a. mit Dresdner Kunst der 1920er und 1930er Jahre) und die Heinrichstraße führen auf die Hauptstraße, einen Boulevard im Schatten **mächtiger Platanen,** mit Läden und Restaurants. In den barocken Bürgerhäusern laden die Handwerkerpassagen ein, im Hof zwischen Obergraben und Dreikönigskirche („Haus der Kirche") steht das **Societätstheater.** Das älteste Bürgertheater Dresdens zeigt als Kammertheater ein internationales Programm.

Die Hauptstraße wurde schon 1687 als Allee zwischen Neustädter Markt und Schwarzem Tor (beim heutigen Albertplatz) angelegt. Sie war lange Zeit Dresdens prächtigste Straße. 1945 fiel sie

5

in Trümmer. Beim Neubau bis 1980 wurden an der Westseite die historischen Bürgerhäuser saniert, ansonsten bekam die „Straße der Befreiung" niedrige Neubauten mit Läden.

Neben dem klassizistischen Haus Nr. 11 steht als Nr. 13 das barocke **Kügelgenhaus.** Es war Wohnsitz des Malers *Gerhard von Kügelgen,* der 1820 ermordet wurde. Sein Sohn, *Wilhelm von Kügelgen,* beschrieb in den „Jugenderinnerungen eines alten Mannes" die Dresdner Zeit. Seines Fassadenspruches wegen wird das Haus auch „Gottessegen" genannt. *Kügelgens* Wohnung in der zweiten Etage ist heute Museum zur Dresdner Frühromantik. Im Barockhaus Nr. 17 wohnten die Bildhauer *Johann Benjamin Thomae* und *Gottfried Knöffler,* Letzterer gilt als ein Wegbereiter des Klassizismus in Deutschland.

Die **Dreikönigskirche** wurde 1732/39 nach Plänen von *Pöppelmann* und *Bähr* erbaut. Sie war der provisorische Tagungsort des ersten sächsischen Landtages nach Neugründung des Freistaates. Heute dient sie als „Haus der Kirche", Konzertsaal und Tagungsort. Vom Kirchturm bietet sich ein fantastischer Blick auf die Stadt.

Einer der fröhlichsten Orte der Innenstadt ist das **Wasserspiel** mitten auf der Promenade. Hier können sich schon die Kleinsten austoben, und die Eltern machen entweder mit oder beobachten das Treiben vom Rasen oder einer schattigen Bank aus.

⌃ Das Societätstheater, im Hintergrund die Dreikönigskirche

Dresden zu Fuß

Zwei **Denkmäler** stehen am Übergang der Hauptstraße zum Albertplatz. Links in dem kleinen Park die überlebensgroße Skulptur *Friedrich Schillers.* Die Marmorfigur von *Selmar Werner* wurde 1913 enthüllt. Ein Relief zeigt Szenen aus den Werken des Dichters. Auf der gegenüberliegenden Seite steht der Gedenkstein für den Mosambikaner *Jorge Gomondai,* das erste Todesopfer fremdenfeindlichen Hasses im wiedervereinigten Deutschland. Der 28-Jährige wurde am frühen Morgen des 31. März 1991 von einer Gruppe Jugendlicher aus der fahrenden Straßenbahn gestoßen und erlag eine Woche darauf im Krankenhaus seinen Verletzungen.

Hinter den Wohnzeilen an der Köpckestraße steht der Jägerhof (1568–1613), einer der wenigen Dresdner Renaissancebauten und seit 1913 **Museum für Volkskunst,** speziell der sächsischen von der Lausitz bis zum Vogtland. An der Archivstraße steht der Jugendstilbau des Stadtarchivs (1911–1915).

Elbaufwärts

Der Rundgang durch die Innere Neustadt wird nun auf der Hauptstraße abgeschlossen, um noch einmal hinunter zur Elbe zu gehen und dem Fluss nunmehr ein Stück stromaufwärts zu folgen.

Der Uferweg führt zunächst vor die neobarocken Repräsentationsbauten des **Finanzministeriums** und, mit Kupferdach, der **Sächsischen Staatskanzlei.** Zwischen den Regierungsbauten überquert die Carolabrücke (1971) den Fluss. Kurz vor der Albertbrücke (1877, 1946, erste wiederhergestellte Elbbrücke) steht die Skulptur des Bogenschützen (1902)

von *Ernst Moritz Geyger* (1861–1941). Nach der Brücke kommt der Rosengarten und dahinter bald die Mündung der Prießnitz. Von dort sind es nur wenige Schritte bis in die Äußere Neustadt oder zur Fähre nach Johannstadt.

Praktische Tipps

Essen und Trinken

■ **Restaurant Der Löwe**②, Hauptstraße 46, Tel. (0351) 8041138, www.derloewe.de, tgl. 10–24 Uhr. Speiserestaurant mit Wintergarten, Interieur von 1987 mit Skulpturen von *Peter Makolies* und *Lothar Sell,* Menü vom Heißen Tisch.

■ **L'art de vie**②, An der Dreikönigskirche 1a, Tel. (0351) 8027300, www.l-art-de-vie.de, tgl. 10–24 Uhr. Stilvolles Restaurant am Societätstheater, ruhiger, schattiger Garten, wochentags Mittagsangebot um 5 €, auch Vegetarisches, abends Kleinkunstprogramme.

■ **Restaurant Kügelgenhaus**②, Hauptstraße 13, Tel. (0351) 5633126, www.hb-kuegelgenhaus.de. Speiserestaurant im historischen Gewölbe, Straßenplätze in der Fußgängerpromenade.

■ **Restaurant St. Petersburg**②, Hauptstraße 11, Tel. (0351) 5633233, www.st-petersburg-dd.de, Mo–Fr 11.30–14.30 Uhr, 17–24 Uhr, Sa, So 11.30–24 Uhr. Russische und usbekische Küche im historischen Gewölbe, Straßenplätze in der Fußgängerpromenade.

■ **Wenzel Prager Bierstuben**①, Königstraße 1, Tel. (0351) 8042010, www.wenzel-bierstuben.de, tgl. 11–23 Uhr. Küche, Bier und Gastlichkeit: alles böhmisch.

■ **Schwarzmarktcafé**①, Hauptstraße 36, Tel. (0351) 8010833, www.cafe-eisold.de, tgl. 8–21 Uhr. Das Café zum Verabreden, Zeitunglesen und Entspannen, schmackhafter Kuchen.

■ **Kaffee Rosengarten**①, Carusufer 12, Tel. (0351) 8020774, www.rosengarten-elbflorenz.de,

5

082ss ld

Mo–Fr ab 11 Uhr, Sa/So ab 10 Uhr. Café und Restaurant am Landschaftsgarten und Elbufer, Sommergarten, Pastagerichte, Eisstand.

■ **PuroBeach**①, Leipziger Straße 15b, Tel. (0351) 7952902, www.purobeach.de, bei schönem Wetter Mai bis Sept. tgl. ab 11 Uhr. Stadtstrand am Neustädter Elbhafen, direkt am Elbradweg, Sonnenliegen, Pool, Volleyballfeld.

allem aus dem Erzgebirge und der Oberlausitz, Puppentheatersammlung.

■ **Kunsthaus Dresden,** Galerie für Gegenwartskunst, Rähnitzgasse 8, www.kunsthausdresden.de, Di–Fr 12–19 Uhr, Sa, So 12–20 Uhr. Wechselnde Ausstellungen.

Museen

■ **Museum für Sächsische Volkskunst,** Jägerhof, Köpckestraße 1, Tel. (0351) 49142000, www.skd-museum.de, Di–So 10–18 Uhr. Volkskunst vor

⌃ Die Neustädter Markthalle an der Hauptstraße

Äußere Neustadt und Hecht

In Dresdens lebendigsten Stadtteilen gedeiht die **Alltagskultur** wie Löwenzahn. In der Neustadt und im Hechtviertel gibt es Dutzende offene Türen – zu Kneipen und Galerien, Theater und Kinos, Cafés und Restaurants, Innenhöfen und Gewölben, trendigen Läden, „Spätis" und anderen Verführungen. Die beiden kinderreichsten Stadtviertel Dresdens liegen beiderseits der Königsbrücker Straße, zwischen Bahndamm und Heide. Sie sind beliebte Wohngebiete, verlässliche Orte zum Ausgehen und Shoppen und begehrte Adressen für Geschäfte und Büros.

Geschichte

Das heutige Straßennetz entstand ab 1745, als das bis dahin unbebaute Gelände vor der Stadtmauer in Parzellen aufgeteilt wurde. Im 19. Jahrhundert erlebte das Viertel einen derartigen Zuspruch, dass dort eines der heute größten geschlossenen Gründerzeitensembles Europas entstand. Von den Bombardements am 13. Februar 1945 blieb das Viertel verschont. Ab Anfang der 1980er Jahre war die Äußere Neustadt weitflächig für den Abriss vorgesehen. Gegen die zunehmende Verwahrlosung des Viertels wehrten sich die Menschen, die dort noch lebten. Im Zuge des politischen Umbruchs gründete sich 1989 die Bürgerinitiative IG Äußere Neustadt, die sich für eine sozial ausgewogene Erneuerung des Stadtteils engagierte. 1991 wurde die Neustadt zum Sanierungsgebiet erklärt.

Aus der aufmüpfigen **„Bunten Republik Neustadt"**, die im Juni 1990 proklamiert wurde, mit „Ordentlicher provisorischer Regierung", einem „Monarchen ohne Geschäftsbereich" und eigener Währung, ist das größte und wohl eigenartigste Stadtteilfest Ostdeutschlands entstanden, das alljährlich am dritten Juniwochenende gefeiert wird.

Albertplatz

Den Übergang von der Inneren zur Äußeren Neustadt markiert der Albertplatz. Er ist neben dem Pirnaischen Platz in der Altstadt der belebteste **Verkehrsknotenpunkt** im Dresdner Zentrum. Ab 1817 wurde er als klassizistischer Sternplatz angelegt. Damals zählte er zu den schönsten Plätzen im Lande. Diesen Superlativ wird heute niemand mehr bemühen wollen, aber einen besonderen Reiz hat er sich bewahrt.

Ruhezonen in dem hektischen Treiben sind die beiden einander gegenüberstehenden figürlichen **Brunnen** von *Robert Diez* (1844–1922): „Stilles Wasser" und „Stürmische Wogen". Sie wurden 1894 in Betrieb genommen.

An der Nordseite des Platzes, vor dem verfallenden ersten Dresdner Hochhaus (1929), tritt unter einer Holzpyramide der **Artesische Brunnen** zutage, also allein durch seinen natürlichen Druck. Das Wasser wird aber nicht hier, sondern auf der gegenüberliegenden Straßenseite ins Freie gelassen, der damalige Stadtbaurat *Hans Erlwein* (1872–1914) hat ihm einen neoklassizistischen, tempelartigen Rundbau mit Wasserbecken (1906) geschaffen, der 1945 zerstört und 1990 rekonstruiert wurde.

Auf der Grundstücksmauer neben der den Platz tangierenden Antonstraße lümmelt ein kleiner Junge: *Erich Kästner* (1899–1974) an seinem Lieblingsplatz vor der Villa seines Onkels, eine Skulptur des Ungarn Matyas Varga. Das **Erich-Kästner-Museum** in der Villa Augustin verführt als multimediale Schatzkiste zur Exkursion in Leben und Werk des in Dresden – zehn Wegminuten von hier, Königsbrücker Straße 66 – geborenen Schriftstellers. In „Als ich ein kleiner Junge war" (1957) erzählt er seine Kindheit in Dresden.

Über die Antonstraße gelangt man von hier in wenigen Schritten zum **Bahnhof Neustadt** (1898–1901). Vom Leipziger Bahnhof (heute Teil des Güterbahnhofs Neustadt) dampfte 1839 die „Saxonia" nach Leipzig, mit 120 Kilometern Fahrstrecke Deutschlands erste Ferneisenbahn.

Im Uhrzeigersinn die nächste „Strahlen" vom Albertplatz sind die **Königsbrücker Straße,** sie verbindet die Äußere Neustadt mit dem Hechtviertel, und die direkt in die Neustadt führende **Alaunstraße,** an deren Zugang ein Erich-Kästner-Denkmal steht, das die Neustadt-Spatzen als Tränke zu schätzen gelernt haben.

238ss dk

Dresden zu Fuß

Hechtviertel

Zwischen Königsbrücker Straße und Bahndamm, nördlich des **Filmtheaters Schauburg** – das in den 1920er Jahren erbaut wurde und heute eines der beliebtesten Programmkinos der Stadt ist – liegt das Hechtviertel. Der Name des einstigen Arbeiterquartiers geht auf das Ausflugslokal „Zum Blauen Hecht" zurück. Hier gibt es viele Kinder, deshalb auch einen großen öffentlichen **Spielplatz,** dazu Kneipen und Cafés, kleine Läden und in der glasüberdachten Ruine der neoromanischen Kirche St. Pauli ein **Theater,** das von einem Verein betrieben wird. Alljährlich Mitte August feiern die Bewohner mit ihren Gästen das Hechtfest. Besonders die **Rudolf-Leonhard-Straße** ist eine verlässlich vielfältige Adresse, um gut essen zu gehen.

Äußere Neustadt

Die Äußere Neustadt liegt im spitzen Winkel der vom Albertplatz ausgehenden Königsbrücker und Bautzner Straße, darin eingeschlossen sind die Alaunstraße und die Rothenburger/Görlitzer Straße. Beide münden in den **Alaunplatz,** eine große Wiese, auf der gefeiert, gechillt, geliebt und gegrillt wird, bis der Frost kommt. Der ehemalige königlich-sächsische Infanterie-Exerzierplatz ist die Lunge der Neustadt, Kinderspielplatz, gelegentlich Rummelplatz oder Gemüsemarkt, Drachenflugplatz und Fußweg in den Prießnitzgrund der Dresdner Heide.

MEIN TIPP: Alljährlich im Juli wird im Kulturzentrum Scheune an der Alaunstraße der „**Schaubudensommer**" gefeiert, das ist ein „Internationales Sommerfestival für Theater, Vergnügen und Musik". Im Hof der Scheune – die in den 1950er Jahren als „Zentraler Klub der Jugend und Sportler" erbaut wurde und seit den frühen 1980er Jahren eine der kreativsten Dresdner Kulturstätten ist – haben dann die Narren, Mimen und Musikanten ihre Buden aufgebaut, und Abend für Abend bleibt den Besuchern die Freude der Auswahl. Ein Zauber liegt dann über diesem kleinen Jahrmarkt des Lächelns und Wunderns.

Ein außergewöhnliches Flair zu jeder Jahreszeit zeichnet die **Kunsthofpassage** aus, sie verbindet die Höfe zwischen der oberen Alaunstraße und der Görlitzer Straße. Hier gibt es einige stimmungsvolle Restaurants, außergewöhnliche Läden und viele charmante Details in der Gestaltung der Wege und Gemäuer. Kinder und andere Tierfreunde zieht es seit Jahren immer wieder nach **Panama.** Denn Panama, das wissen wir seit *Janosch,* liegt dort, wo es schön und spannend ist: auf dem **Tierhof** und **Abenteuerspielplatz** an der Seifhennersdorfer Straße. Betreut wird er von der Treberhilfe, und neben den Neustadtkindern sind auch Besucher eingeladen, die Pferde, Schafe, Ziegen, Hühner und Katzen und sonstigen Tiere zu beobachten und andere Abenteuer zu erleben.

Im Hinterhof der Louisenstraße 47 verbirgt sich eine städtebauliche Perle. Das 1894 erbaute **Nordbad** ist zwar äußerlich unauffällig, erweist sich innen aber als intimes Jugendstilbad. Generationen haben hier das Schwimmen gelernt, bis das Bad in den 1970er Jahren

◁ In der Alaunstraße

5

baufällig wurde. Auf Initiative der Neustädter wurde es 1993 denkmalgerecht saniert und zu seinem Jubiläum wiedereröffnet.

Zwei Straßenecken weiter liegt der Martin-Luther-Platz, hier stehen prächtige Gründerzeithäuser und die 1883–1887 erbaute, neoromanische **Lutherkirche,** deren spitzer Turm die Neustadt überragt. Zur Bunten Republik Neustadt sowie im Sommer freitagabends ist der Turm zur Besteigung geöffnet.

Die Pulsnitzer Straße hieß bis 1861 „Judengasse". Hinter einer hohen Mauer verborgen liegt der **Jüdische Friedhof.** Er wurde 1751 für die Juden in Sachsen angelegt und ist in Sachsen der älteste erhaltene. Ein Gittertor gewährt flüchtigen Einblick. Zu Führungen über den Friedhof lädt der Verein HATIKVA ein, dessen Sitz sich nur wenige Meter entfernt befindet.

Zur Prießnitz und über die Elbe

Nach Osten wird die Äußere Neustadt vom Prießnitzbach begrenzt. Kurz vor der Prießnitz, an der verkehrsreichen Bautzner Straße, gibt es einen Milchladen. Das allein wäre ja heute schon der Erwähnung wert, hier handelt es sich aber um **Pfunds Molkerei,** den „schönsten Milchladen der Welt", wie die Dresdner in der ihnen eigenen Bescheidenheit sagen. 1881/92 verkleidete die

⌃ Der schönste Milchladen der Welt: Pfunds Molkerei

Keramikfirma Villeroy & Boch den gesamten Laden mit bemalten Fliesen. Im denkmalgeschützten Laden gibt es immer noch Milch zu kaufen, aber auch vorzüglichen Käse und Wein. Beim Auswählen oder bei einem Imbiss ist Gelegenheit, sich die Bilder auf den Fliesen anzusehen: Pflanzenornamente, Fabeltiere und den Weg der Milch von der Kuh bis in Pfunds Molkereiflasche. In der oberen Etage gibt es ein Restaurant und das Milchmuseum.

Sechs Kühe stellte 1879 der Landwirt *Paul Pfund* in seine „Milchkuranstalt" auf der Waldstraße (heute Görlitzer Straße). Seine Kunden konnten die im sauberen Stall zufriedenen Kühe beobachten und durften wählen, von welcher Kuh sie Milch haben wollten. Die Großstädter waren begeistert. 1880 gründete *Pfund* auf der Bautzner Straße samt Hinterhof zur Prießnitzstraße seine Molkerei, die bald zu einem der größten Milchunternehmen Deutschlands werden sollte. Die Dresdner Molkerei Gebrüder Pfund stellte 1887 als erste deutsche Firma Kondensmilch her; sie hatte 55 Filialen in Dresden, eine Fabrik in Böhmen, eine Spedition in Hamburg. *Pfunds* produktionstechnische Anlagen haben die Milchwirtschaft verändert. Bis 1979 produzierte „Pfund" in diesem Betrieb Milch. Dann wurden große Teile des Betriebes abgerissen, der Laden bestand weiter und wird heute als Geschäft, Restaurant und Museum genutzt.

Vom Milchladen kann man hinunter zur Elbe gehen und mit der **Fähre** übersetzen nach Johannstadt. Dort warten breite Wiesen und der Fährgarten, eines der schönsten Dresdner Lokale. Jenseits der Prießnitz liegt das „Preußische Viertel", das stattliche Villen aus der Zeit der Jahrhundertwende auszeichnen. Nordstraße 5 ist die Adresse der traditionsreichen **Kunstgalerie Kühl,** seit 1924 eine Heimstatt der Moderne.

Es wäre müßig, einen Rundgang durch die Äußere Neustadt und den Hecht vorschreiben zu wollen. Am besten, man lässt sich treiben, kommt nicht zu früh am Tag und bringt Zeit für den Abend mit. Cafés, Bars und Restaurants gibt es für jeden Geschmack, jede Stimmung und beinahe jeden Geldbeutel. Aktuelle Informationen und Tipps verzeichnen die Stadtmagazine „SAX" und „Dresdner" sowie www.cybersax.de und www.dresden-neustadt-online.de.

Praktische Tipps

Information/Veranstaltungen

■ **Bunte Republik Neustadt,** Stadtteilfest am dritten Juni-Wochenende, www.brn-dresden.de.
■ **Schaubudensommer,** Internationales Sommerfestival für Theater, Vergnügen und Musik, im Juli, Scheune, Alaunstraße 36/40, www.schaubudensommer.de.
■ **HATIKVA,** Bildungs- und Begegnungsstätte für jüdische Geschichte und Kultur Sachsen, Pulsnitzer Straße 10, Mo–Do 13–16 Uhr, Führung auf dem Jüdischen Friedhof anmelden: Tel. (0351) 8020489, www.hatikva.de. Stadtplan „Jüdisches Dresden" sowie Termine für öffentliche Führungen in der Synagoge finden sich auf der Webseite. Bibliothek, Veranstaltungen.

5

■ **Panama,** Abenteuerspielplatz, Seifhennersdorfer Str. 2, Tel. (0351) 8038748, www.asp-panama.de, offen für Besucher: Mo, Do 9–14 Uhr, Di, Mi, Fr, So 9–19 Uhr, Sa, Feiertage 9–12 Uhr, 17–19 Uhr, Angebot für Familien So 11–17 Uhr (2 €). Tiere, Spiele für Kinder ab 6; Futterspenden willkommen.

Essen und Trinken

■ **Scheunecafé**①, Alaunstraße 36/40, Tel. (0351) 8026619, www.scheunecafe.de, Mo–Do 16–24 Uhr, Fr 16–1 Uhr, Sa 10–1 Uhr, So 10–24 Uhr. Das Neustädter Wohnzimmer mit einem Hauch Indien, schöner Biergarten, Konzerte im Haus.

■ **Planwirtschaft**①, Louisenstraße 20, Tel. (0351) 8013187, www.planwirtschaft.de, Mo–Do 17–1 Uhr, Fr, Sa 17–2 Uhr, So 9–18 Uhr. Eine der ältesten Dresdner Szenekneipen, Keller, Café und Biergarten.

■ **Hofcafé**①, Görlitzer Straße 25, Tel. (0351) 32334066, www.hofcafe-dresden.de, April bis Sept. 10–19 Uhr, Okt. bis März 11–18 Uhr. Café in der Kunsthofpassage, hausgebackene Torte wie bei Oma.

■ **Blue Note**①, Görlitzer Straße 2b, Tel. (0351) 8014275, www.jazzdepartment.de, tgl. ab 20 Uhr. Eine der besten Dresdner Jazzkneipen, internationale Livekonzerte.

■ **Hebeda's**①, Rothenburger Straße 30, Tel. (0351) 8951010, www.hebedas.de, tgl. ab 19.30 Uhr. Seit 1914 beliebte Eckkneipe „Hebeda's Familieneinkehr", heute Szenetreff, auch familiär, Billard, Film und Tanz.

■ **Bottoms Up**①, Martin-Luther-Straße 31, Tel. (0351) 8020158, Mo–Fr ab 17 Uhr, Sa, So ab 10 Uhr. Eine Kneipe, wie sie im Buche steht, sehr einladender Stadtgarten, schmackhaftes Essen.

■ **Raskolnikoff**①, Böhmische Straße 34, Tel. (0351) 8045706, www.raskolnikoff.de, Mo–Fr 10–

239ss dk

2 Uhr, Sa, So 9–2 Uhr. Mediterranes Ambiente im Hofgarten, gemütliche Kneipenräume für Raucher und Nichtraucher. Badisch, russisch, türkisch ... feine Auswahl an schmackhaften Gerichten.

■ **Stilbruch**①, Böhmische Straße 30, Tel. (0351) 8108610, www.stilbruch-dresden.de, Mo–Sa ab 18 Uhr. Stilvoll schräg, Whisky, bis alles wieder gerade steht, schmackhaftes Essen, auch wenn es nicht so heißt, mit Rauchersalon.

■ **Laika**①, Kamenzer Straße 20, Tel. (0351) 88943200, www.laika-dresden.de, Mo–Do 17–1 Uhr, Fr 17–3 Uhr, Sa 10–3 Uhr, So 10–24 Uhr. Gemütliche Eckkneipe im 1950er-Jahre-Stil, am Rande des Szeneviertels, Straßenplätze, hervorragender Kaffee und Kuchen; Laika war 1957 im Sputnik 2 die erste Weltraumhündin.

■ **Café Neustadt**①, Bautzner Straße, Ecke Pulsnitzer Straße, Tel. (0351) 8996649, Mo–Fr 7.30–1 Uhr, Sa, So 9–16 Uhr. Das Frühstückscafé für den ganzen Tag.

■ **Café Europa**①, Königsbrücker Straße 64, Tel. (0351) 8044810, www.cafe-europa-dresden.de, geöffnet rund um die Uhr. Am Scharnier der Szeneviertel Neustadt und Hecht das stets verfügbare Lokal, 14 deutsche und internationale Zeitungen, gratis Internet-Terminal, 12 Min. Fußweg zum Bahnhof Neustadt/S-Bahn zum Flughafen.

■ **To**①, Bischofsweg 15, Tel. (0351) 8996183, www.to-dresden.de, tgl. 12–23 Uhr. Vietnamesisches Restaurant, mit Garten.

🦋 **Falscher Hase**①, Rudolf-Leonhard-Straße 3, Tel. (0351) 30959112, So–Do 11–22 Uhr, Fr, Sa 11–1 Uhr. Kleines veganes Restaurant.

■ **Leonardo**①, Rudolf-Leonhard-Straße 24, Tel. (0351) 8042247, www.leonardo-im-hecht.de, Mo–

Fr 19–2 Uhr, Sa, So, Feiertage 10–14.30 Uhr, 18–2 Uhr. Gemütliche Kneipe und Szenetreff, Straßenplätze, deutsche und internationale Küche, mehrere vegetarische Angebote, wechselnde Ausstellungen.

■ **AnTon**①, Rudolf-Leonhard-Straße 35, Tel. (0351) 8105318, www.anton-dresden.de, Mo–Sa ab 17 Uhr. Gemütliche Eckkneipe und feines Speiserestaurant, deutsche Küche, Nudel-Gerichte.

■ **Kolja**①, Rudolf-Leonhard-Straße 38, Di–So ab 20 Uhr. Die kleine Kneipe im Hecht zum Leutekennenlernen.

🦋 **Café Saite**①, Seitenstraße 4b, Tel. (0351) 8024452, www.cafe-saite.de, Mo–Sa ab 18 Uhr, So 10–15 Uhr (Sonntagsfrühstück 12 €). Biozertifiziertes Restaurant am Rande des Hechtviertels, Biofleischgerichte ab ca. 13 €; Ausstellungen Dresdner Künstler, Konzerte, mediterraner Garten, alljährlich Abschlusskonzert des Hechtfestes mit *Hans Eckart Wenzel*.

Theater

■ **Projekttheater,** Louisenstraße 47, Tel. (0351) 8107600, www.projekttheater.de. Freies, experimentelles Theater, auch Tanz, Musik, Lesungen im Programm.

■ **Theaterruine St. Pauli,** Königsbrücker Platz, Tel. (0351) 2721444, www.theaterruine.de. Im Hechtviertel, von einem Verein betriebenes Theater mit eigenem Ensemble in einer neoromanischen Kirchenruine.

Museen

■ **Kraszewski-Museum,** Nordstraße 28, Tel. (0351) 8044450, www.museen-dresden.de, Mi–So 13–18 Uhr. Die Villa des polnischen Exulanten, Ausstellung zu Leben und Werk *Kraszewskis*, kleine Konzerte, wechselnde Ausstellungen zur polnischen Kultur und Geschichte, Zentrum deutsch-polnischer Begegnungen.

◁ Tanz vor dem Lokal Laika

Eine Fahrt mit dem Elbdampfer

Die **Sächsische Dampfschiffahrt** (schreibt sich auch nach der Rechtschreibreform so) ist die älteste und größte Raddampferflotte der Welt mit neun historischen Raddampfern, zwei Salonschiffen und zwei Motorschiffen. Seit über 160 Jahren fahren Ausflügler mit dem Dampfer ins Elbsandsteingebirge. 1836 wurde den Kaufleuten *Schwenke* und *Lange* das Privileg zur Dampfschifffahrt im Königreich Sachsen erteilt und die Elbdampfschiffahrtsgesellschaft gegründet. Im August 1837 lief der Dampfer „Königin Maria" vom Stapel. Mit einer Leistung von 40 PS unternahm die „Königin Maria" die ersten öffentlichen Fahrten zwischen Dresden und Rathen/Bad Schandau. 1840 bekamen die beiden Schiffe „Königin Maria" und „Prinz Albert" neue englische Dampfmaschinen. Damit schafften sie die Strecke von Dresden nach Tetschen (Děčín) und zurück in elf Stunden. Die „Sächsisch-Böhmische Dampfschiffahrtsgesellschaft" beförderte um die Jahrhundertwende auf den 180 Flusskilometern zwischen Torgau und Leitmeritz (Litoměřice) jährlich um die 3,5 Millionen Passagiere. Bis 1915 wuchs die Flotte auf 34 Dampfer an. Nach dem Zweiten Weltkrieg waren es nur noch zehn, von denen neun bis heute in Betrieb sind.

Nachdem die Dampfer 1928 weiß angestrichen worden waren, hießen sie bald nur noch **„Weiße Flotte".** 1945 nahm die Elbschifffahrt den Fahrverkehr wieder auf; 1955 wurden erneut 3 Millionen Gäste befördert, danach pegelte es sich auf jährlich 1,5 Millionen ein. Seit 1992 betreibt die Sächsische Dampfschiffahrts GmbH die Raddampferflotte. Sie restaurierte denkmalsgerecht die Elbraddampfer, die heute mit ihren Schaufelrädern zwischen Dresden und Gebirge die Elbe kräuseln.

2010 gingen 600.000 Fahrgäste an Bord eines der Elbschiffe. Die besten Plätze auf dem Raddampfer sind natürlich an Bug und Heck, aber auch hinter dem Rad, in der warmen und windgeschützten Ecke. Dort kann man die vorüberziehende Landschaft betrachten und auf das Rauschen des Schaufelrades hören. Nicht nur Kinder schauen gern im Maschinenraum den alten Dampfmaschinen bei der Arbeit zu.

In Dresden befindet sich die Anlegestelle am Terrassenufer unter der **Brühlschen Terrasse.** Auf dem **Fahrplan** stehen Linienfahrten elbaufwärts in die Sächsische Schweiz nach Bad Schandau und weiter in die Böhmische Schweiz nach Děčín. Elbabwärts fahren Dampfer von Dresden ins Elbland bis Meißen und Seußlitz. „Stadtführungen zu Wasser" und die Schlösserfahrt nach Schloss Pillnitz sind stadtnahe Dampferangebote. Abends werden Jazz- und Dixielandfahrten unternommen. Zum Tanz auf der Elbe lädt die „Sommernachtsfahrt" ein. Saisonhöhepunkte sind die Dampferparade am 1. Mai und das Dampfschiff-Fest im August.

Die **Fahrzeit** von Dresden nach Bad Schandau beträgt für die „Große Elbtallinie" sechseinhalb, für die Rückfahrt viereinviertel Stunden, von Bad Schandau nach Děčín drei Stunden.

Eine **Tageskarte,** mit der man beliebig oft fahren kann, kostet für Erwachsene 24 €, für Kinder von 6 bis 14 Jahren 12 €. Die Familienkarte für zwei Erwachsene und bis zu drei Kinder kostet 35 €. Weitere Ermäßigungen gibt es montags sowie für Gruppen und für Geburtstagskinder.

■ **Informationen, Kartenbestellungen:** Sächsische Dampfschiffahrts GmbH & Co. Conti Elbschiffahrts KG, Hertha-Lindner-Straße 10, Dresden, Tel. (0351) 866090, Fax 8660988, www.saechsische-dampfschiffahrt.de.

■ **Tagesausflüge** und **Charterfahrten** auch über: Personenschifffahrt Oberelbe, Am Hausberg 12, Pirna, Tel. (03501) 528467, www.elbeschiffahrt-frenzel.de.

Dresden zu Fuß

■ **Kunstgalerie Kühl,** Nordstraße 5, Di 14–18 Uhr, Mi, Do 10–12 Uhr, 14–18 Uhr, Fr 10–12 Uhr und 14–19 Uhr, Sa 10–13 Uhr. Traditionsreiche Galerie für Gegenwartskunst und Klassische Moderne.

■ **Militärhistorisches Museum der Bundeswehr,** Olbrichtplatz 2, Tel. (0351) 8232803, www.mhmbundeswehr.de, Di, Do–So 10–18 Uhr, Mo 10–21 Uhr. Museum und Forum für die Auseinandersetzung mit Militärgeschichte, für den Diskurs über die Rolle von Krieg und Militär in Vergangenheit, Gegenwart und Zukunft. Gewalt als historisches, kulturelles und anthropologisches Problem. Für den Museumsbau wurde ein Arsenalgebäude aus dem Jahr 1877 mit einem Neubau in Form eines Keils aus Stahl und Glas durchbrochen, der die widerspruchsvolle deutsche Militärgeschichte symbolisieren soll. Architekt: *Daniel Libeskind.* Neben der chronologischen Darstellung zur Militärgeschichte von 1300 bis zur Gegenwart gibt es mehrere Themenparcours: Krieg und Gedächtnis, Politik und Gewalt, Militär und Gesellschaft, Formation der Körper, Tiere und Militär, Leiden am Krieg, Militär und Technologie, Schutz und Zerstörung und Herausforderungen des 21. Jahrhunderts. In der Außenanlage dokumentieren Gefechtsfahrzeuge den Kalten Krieg und die Konfrontation zwischen NATO und Warschauer Pakt sowie die Einsätze der Bundeswehr. Anreise: über die Stauffenbergallee, Parkplatz vor dem Museum. Straßenbahn Linien 7, 8.

■ **Erich-Kästner-Museum,** Antonstraße 1, www.erich-kaestner-museum, So–Fr 10–18 Uhr. Interaktives Literaturmuseum in der Villa Augustin von *Kästners* Onkel, Lesungen, Bibliothek und weitere literarische Angebote.

☑ Militärhistorisches Museum der Bundeswehr

083ss ls

Hellerau – Gartenstadt am Wald

Am Westrand der Dresdner Heide, zwischen den sandreichen Hellerbergen, wo ein knappes Jahrhundert lang Soldaten gedrillt wurden, und Klotzsche, dem alten Villen- und Kurort, liegt auf hügeligem Gelände die **erste deutsche Gartenstadt** (siehe Exkurs „Deutsche Werkstätten Hellerau"). Sie hat sich in den vergangenen hundert Jahren kaum verändert. Ein Rundgang durch Hellerau führt durch schmale, dem natürlichen Gelände angepasste Straßen und Wege, an reizvollen Reihen- und Einzelhäusern vorbei, die verspielt und sachlich zugleich sind, verspielt in ihrer Zwiesprache mit der umgebenden Natur, sachlich in ihrer Funktion für die Bewohner. Dresden bewirbt sich um die Anerkennung der Gartenstadt Hellerau als UNESCO-Weltkulturerbe.

Essen und Trinken
1 Hellerauer Marktbäcker
2 Schmidts Restaurant

Rund um den Markt

Die Straßenbahn Linie 8 fährt am „Abzweig Hellerau" (Infineon Süd) in den Wald hinein und in die Gartenstadt, nur eine Station weiter, wieder aus dem Wald heraus. Ein „Kurzer Weg" mit Kleinhäusern von *Richard Riemerschmid* führt auf den Markt. *Riemerschmids* Plan einer geschlossenen Marktbebauung wurde nicht mehr realisiert, nur die Kaufladenreihe mit Terrasse und einem Durchgang zu den Gärten des Kleinhausviertels. Dennoch fügt sich der kleine Platz mit Bauten aus den späten 1920er Jahren gut in die Gartenstadt ein. Gegenüber dem Café Hellerau, neben dem Torbogen, schlängelt sich ein Weg in das Kleinhausviertel **Am Grünen Zipfel.** Diese Riemerschmid-Häuser waren die ersten, die in der Siedlung auf der „Au am Heller" gebaut wurden, darin sollten die Möbeltischler und andere Beschäftigte der Deutschen Werkstätten für Handwerkskunst ihre Wohnung mit Garten erhalten.

Die Werkstätten

Die Fabrik wurde am **Moritzburger Weg** gebaut, der „Am Grünen Zipfel" mündet. Bevor die Handwerker ihre Werkstätten erreichten, liefen sie beim Chef vorbei. Dieses Haus mit dem schmiedeeisernen Gartentor, Moritzburger Weg 69, baute *Riemerschmid* für Werkstätten-Begründer *Karl Schmidt.* An der gutshofähnlichen Fabrik entlang führt der Moritzburger Weg zunächst zum Heideweg.

⌃ Das Kleinhausviertel Am Grünen Zipfel

Die Wohnhäuser

Heinrich Tessenow hat dort für die Werkstättenmeister schlichte Einfamilienhäuser gebaut. Der Weg führt sanft den Hügel hinauf, an der Gabelung vor dem **Gondelteich** geht es rechts in das Kleinhausviertel **Am Talkenberg.** Fast alle Straßennamen fanden die Gartenstadt-Architekten in alten Flurbezeichnungen. Diese Häuserreihe hat wieder *Riemerschmid* gebaut. Noch einmal nach rechts zweigt **Am Sonnenhang** ab. Hier steht eine Siedlung von Holzhäusern, die in den 1930er Jahren durch die Deutschen Werkstätten errichtet wurden. Es sind Musterhäuser der Architekten *Adelbert Niemeyer, Eugen Schwemmle, Wilhelm Kreis, Oswin Hempel* und anderer.

Die Kiefern am Sonnenhang sind inzwischen ordentlich herangewachsen, also führt ein schattiger Weg wieder auf den Markt. Nach links steigt der **Ruscheweg** an, wieder von *Riemerschmid.* **Am Schänkenberg** stehen Reihenhäuser von *Tessenow,* Haus Nr. 2 von *Hermann Muthesius.* Von diesem Berliner Architekten, der sich am englischen Landhausstil orientierte, sind die Kleinhäuser **Beim Gräbchen** und, oberhalb der Straßenbahnlinie, **An der Winkelwiese.** Bauten von *Riemerschmid* stehen wieder **Am Hellerrand,** der schon hinausführt nach Klotzsche. In dem Randviertel liegen **Am Schützenfelde,** das *Curt Frick* bebaut hat, und der **Pfarrlehn** mit Tessenow-Reihenhäusern.

⌂ Deutsche Werkstätten Hellerau

Dresden zu Fuß

Das Festspielhaus

Der Heinrich-Tessenow-Weg führt im spitzen Winkel von der Karl-Liebknecht-Straße (Straßenbahn) weg zur Schule, die nach Entwürfen von *Curt Frick* gebaut wurde. Über die Liebknecht-Straße bis zur Haltestelle Urnenfeldweg erreicht man *Heinrich Tessenows* Festspielhaus, das zu den wesentlichen Bauten der deutschen Architektur des frühen 20. Jahrhunderts gehört.

Die Villenviertel

Zurück ins Zentrum der Gartenstadt führt der Heideweg. Rechts davon liegt das Villenviertel der Gartenstadt **„Auf dem Sand"**. Beachtenswert sind besonders die Villen Nr. 6 von *Oswin Hempel*, 10/19/21 von *Riemerschmid*, Nr. 11 von *Muthesius*, Nr. 12 von *Tessenow*, Nr. 26 von *Bruno Paul*. Vom Villenviertel gibt es mehrere Wege zum Markt, auf denen man noch einmal die vielstimmige Harmonie der Gartenstadt erleben kann.

Praktische Tipps

Essen und Trinken

■ **Schmidts Restaurant**②, Moritzburger Weg 67, Tel. (0351) 8044883, www.koenig-albert.de, Mo–Fr 11–23 Uhr, Sa 18–23 Uhr. Mediterranes Restaurant im denkmalgeschützten Hof der Deutschen Werkstätten Hellerau.
■ **Hellerauer Marktbäcker**①, Markt 1, Tel. (0351) 87978012, Di–Fr 6.30–18 Uhr, Sa 6.30–11 Uhr, So 7–10 Uhr. Der Bäcker an der Ecke, mit reizenden Außenplätzen, Blick in den Grünen Zipfel, mit Tagesgericht.

Campus im Grünen – das Universitätsgelände

Die Technische Universität Dresden gehört zu den ältesten in Deutschland, und sie ist mit 35.000 Studenten und 4200 Mitarbeitern die größte in Sachsen. Seit 1994 ist sie **Voll**-**Universität** mit 14 Fakultäten. Das Universitätsgelände liegt an der Südhöhe, wie dieses Stadtgebiet am Hang von den Dresdnern auch genannt wird. Der Campus im Grünen ist das „jugendlichste" Viertel Dresdens, mit **Studentenkneipen** und architektonischen Zeugnissen von 150 Jahren Technik- und Wissenschaftsgeschichte, mit stillen Innenhöfen und langen Nächten. Von den neueren Bauten im Uni-Gelände sind vor allem das Hörsaalzentrum Bergstraße sowie das **Max-Planck-Institut** hervorzuheben.

Vom Hauptbahnhof fahren die Straßenbahnen Linie 3 und Linie 11, sowie die Busse 61 und 66 ins Universitätsgelände. Zu Fuß ist man in einer guten Viertelstunde an der Neuen Mensa mit der beliebten Bierstube.

An der Fritz-Löffler-Straße, die direkt zum Campus führt, stehen Wohnheime aus den 1950er Jahren sowie die zwiebeltürmige **Russisch-Orthodoxe Kirche** des heiligen Simeon vom wunderbaren Berge; erbaut 1872 für die Kaiserlich-Russische Gesandtschaft.

5

Deutsche Werkstätten Hellerau

Die erste deutsche Gartenstadt war ein sozialreformerisches Projekt, Hellerau eine Kulturstätte von europäischem Rang.

Im Frühjahr 1908 kam der Dresdner Tischler *Karl Schmidt* auf der Suche nach einem größeren Betriebsgelände bis auf die Heide beim Dorf Klotzsche. *Schmidt* führte bis dahin im Vorort Laubegast die „Deutschen Werkstätten für Handwerkskunst GmbH Dresden und München", die aus allen Nähten platzten. *Schmidt* gewann den Bürgermeister von Klotzsche für seinen Plan, dort eine Gartenstadt mit Werkstättengebäude zu errichten. Der Grundstein für die „Deutschen Werkstätten Hellerau" wurde am 9. Juni 1909 gelegt. Wenige Tage später begannen die Arbeiten für das Kleinhausviertel Am Grünen Zipfel.

Möbeltischler *Schmidt,* der Münchner Architekt *Richard Riemerschmid* und *Wolf Dohrn*, Schöngeist und Geschäftsmann, hatten die **„Gartenstadt Gesellschaft Hellerau GmbH"** gegründet und damit ein Experiment gewagt, das für Aufsehen sorgte und bis heute fortwirkt.

Ideen des Werkbundes

Die „Deutschen Werkstätten Hellerau" bauten **Möbel,** die sich in Fertigung und Design vom eklektizistischen Eintopf industrieller Massenproduktion distanzierten: Werkstattarbeit, Besinnung auf Material, Funktion und eine darauf abgestimmte Formsprache. Holz und Handwerk sollten weiterleben in zweckmäßigen Möbeln und Wohnhäusern. In Hellerau verwirklichten die drei Werkstätten-Gründer Ideen des 1908 gegründeten Deutschen Werkbundes, dem sie in zentralen Positionen angehörten.

Mit Hellerau, der „Au am Heller" (ein Heidelandstrich im Norden Dresdens) bauten auf 140 Hektar die Architekten *Riemerschmid, Hermann Muthesius, Adolf von Hildebrand* und *Heinrich Tessenow* die **erste deutsche Gartenstadt** – eine Antwort auf die sozialreformerischen Projekte der Engländer *John Ruskin* und *William Morris* und die von *Ebenezer Howard* 1903 bei London gebaute Gartenstadt Letchworth.

Die Siedlung „Am Grünen Zipfel" und der Marktplatz mit seiner Ladenstraße waren das Herz des grünreichen Gemeinwesens Hellerau, in dem Arbeiten, Wohnen und Kommunizieren wieder an einem Ort zueinandergebracht werden sollten. Wer durch Hellerau ging, so *Riemerschmids* Wunsch, „sollte sich denken: ja, die passen zueinander, die Häuser und die Menschen".

Nach dem Zweiten Weltkrieg wurden die Werkstätten als Rüstungsbetrieb – unter anderem waren dort Patronenkisten hergestellt worden – teilweise demontiert. In dem später **„volkseigenen" Betrieb** wirkten neben anderen die Bauhäusler *Franz Ehrlich* und *Selman Selmanagic*. Hellerauer Möbel waren begehrt; die Formgestalter der Werkstätten orientierten sich an den Traditionen des Werkbundes und des Bauhauses. Bis 1990 wurden dann mit „MDW" wer weiß wie viele Wohnungen eingerichtet – das Spanplatten-Montagemöbelprogramm passte exakt in die allerorten hochgezogenen WBS-70-Plattenbauten.

Hellerau heute

Der **1992 privatisierte Betrieb** beruft sich auf die progressiven Traditionen der Deutschen Werkstätten Hellerau. Die denkmalgeschützten historischen Räume wurden vermietet an Architekten, Künstler, Designer und Büros von Hightech-Firmen, die wohl alle ein besonderes Interesse an diesem authentischen Ort europäischer

Kulturgeschichte eint. Hellerau hat mit diesem „Branchenmix" auch eine neue zukunftsfähige Identität erhalten. Der Betrieb profiliert sich mit einem Produktionssegment, das sich als verlässliche Konstante durch seine gesamte Geschichte gezogen hat, mit hochwertigem Innenausbau und anspruchsvoller Objekteinrichtung.

Die Werkstatt-Galerie präsentiert Arbeiten freier Künstler sowie Raumplanungs- und Möbelprogramme aus dem eigenen Haus und international führender Hersteller. Neben den Ausstellungseröffnungen gehören Konzerte von den Studenten der Hochschule für Musik „Carl Maria von Weber" (monatlich, meist am ersten Mittwoch, 19.30 Uhr), Vorträge und Sommerfeste zum Galerieprogramm in diesem von *Richard Riemerschmidt* wie eine Schraubzwinge angeordneten Werkstättenbau.

Die Gartenstadt Hellerau sollte, wie die Werkstätten mit ihren Möbeln, zum bürgerlichen Zeitgeschmack und Zeitgeist zukunftsweisende Alternativen formulieren. *Wolf Dohrn* kannte den Schweizer Tanzpädagogen *Emile Jaques-Dalcroze,* der sich in Genf mit seiner Improvisationslehre von der Rhythmischen Gymnastik quer zum konventionellen Verständnis von Tanz gestellt hatte und einen neuen Ort für seine Arbeit suchte. Dieser Ort sollte Hellerau werden. *Dohrn* beauftragte *Heinrich Tessenow,* dessen sachliche Häuser das Bild der ländlich-romantischen Gartenstadt bereits in mehreren Straßen kontrastierten, mit dem Bau eines Theaters.

Tessenow baute mit dem **Festspielhaus** am Rande der Gartenstadt 1911 einen klassisch schlichten Tempel der Kunst. Ein hoher, von vier Säulen getragener Dreiecksgiebel betont das Erhabene dieses Bauwerkes, das aber auch an dieser Schauseite nicht die für den einzelnen Besucher fassbaren Maße übersteigt. Vor dem Theater, zu beiden Seiten der vom Giebel gewiesenen Hauptachse, liegt ein streng gegliederter Platz, den Laubengängen und Wohnpavillons umgeben.

Jaquez-Dalcroze und der Theatertheoretiker *Adolphe Appia* öffneten das Festspielhaus für die internationale Avantgarde des Theaters, der Musik und Kunstpädagogik. An der „Bildungsanstalt" experimentierten junge Leute aus 15 europäischen Ländern, darunter auch *Mary Wigman* und *Gret Palucca.* Glanzpunkte setzten die alljährlichen Feste der Bildungsanstalt, in denen Schülerinnen und Schüler – in antiker Tradition – dem Volk ihre Arbeit vorführten. Nach Hellerau kamen Klassiker der europäischen Moderne: *Paul Claudel* und *Franz Kafka, Emil Nolde* und *Oskar Kokoschka, Hans Poelzig, Le Corbusier, El Lissitzki, Igor Strawinski* und *Sergeji Rachmaninov.*

Der tragische Unfalltod *Wolf Dohrns* (er stürzte am 4. Februar 1914 bei einem Skiausflug in den Walliser Alpen ab) und der Weltkrieg beendeten die künstlerische Hoch-Zeit am Festspielhaus. In den 1920er Jahren war es noch Arbeits- und Auftrittsort für Künstler; doch schon in der Zeit der Weimarer Republik bezog die Polizei das Festspielhaus als **Kaserne.** Nach dem Machtantritt der Nazis marschierte die SA ein. Nach der Befreiung blieb die Rote Armee drin – bis 1992. Der Festsaal wurde zur Sporthalle der Soldaten.

Der **Förderverein „Europäische Werkstatt für Kunst und Kultur"** engagiert sich für die Sanierung des Festspielhauses. So wurde die Gartenstadt Hellerau mit Werkstätten und Festspielhaus wieder eine Stätte der Begegnung europäischer und internationaler Kultur.

■ **Förderverein für die Europäische Werkstatt für Kunst und Kultur Hellerau e. V.,** Festspielhaus, Karl-Liebknecht-Straße 56–58.
■ **Deutsche Werkstätten Hellerau,** Werkstättengalerie, Tel. (0351) 8838202, Mo–Fr 9–16 Uhr (nicht an Feiertagen).
■ www.dwh.de
■ www.hellerau.de
■ www.festspielhaus-hellerau.com

Georg-Schumann-Bau

Der Münchener Platz wird von einem burgartigen, finster verschachtelten und auch mit der hohen Freitreppe eher abweisenden Bau beherrscht, bei dem wohl jeder sofort richtig auf ein Justizgebäude tippt. Das ehemalige **Sächsische Landgericht** wurde 1907 von *Oskar Kramer* erbaut. Während der Nazizeit urteilte hier der Volksgerichtshof, im Hof des Gebäudes stand das Fallbeil. Eine Gedenkstätte erinnert an die Opfer der Nazijustiz, aber auch an unschuldige Opfer stalinistischer Nachkriegsprozesse. Als Georg-Schumann-Bau, benannt nach dem bekannten ermordeten Antifaschis-

ten, gehört das Landgerichtsgebäude der TU. Im dahintergelegenen Kreuzbau gibt es einen intimen Hof, darin die Bronzeplastik eines nachdenklichen Studenten (Buch zugeklappt).

Zeuner-Bau

Der Zeuner-Bau auf der George-Bähr-Straße ist einer der ältesten im Kerngelände der TU. Mit dem benachbarten **Mollier-Bau** wurde er von *Karl Weisbach* entworfen. *Gustav Anton Zeuner* kam als Professor für Mechanik und theoretische Maschinenlehre nach Dresden. Unter seiner Leitung wurde 1890 das Dresdner Polytechnikum in den Rang einer Technischen Hochschule erhoben. *Zeuners* Nachfolger wurde 1897 der Thermodynamiker *Richard Mollier*.

⌃ Der Georg-Schumann-Bau

Beyer-Bau

Wahrzeichen des Universitätsgeländes ist der Turm des Beyer-Baus. 1913 schuf *Martin Dülfer* (1859–1942), Professor für Entwerfen an der Technischen Hochschule, diesen Klinkerbau im Jugendstil.

Im Beyer-Bau war das Wissenschaftlich-Photographische Institut untergebracht, wie eine Inschrift über dem Glaserker erinnert. Gegründet wurde es 1852 durch den Altmeister der Fotografie, **Hermann Krone,** als Photographische Lehranstalt.

Bauingenieur *Kurt Beyer* (1881–1952) wurde 1919 an die Hochschule berufen, baute Stahlkonstruktionen für Großgeräte im Braunkohletagebau und arbeitete nach dem Krieg an der Instandsetzung der zerstörten Elbbrücken mit.

Am Fritz-Förster-Platz steht das flach quadratische Bauwerk der **Neuen Mensa.** Sie wurde 1981 eröffnet und gilt als hervorragendes Bauwerk der Nachkriegsmoderne. Außergewöhnlich ist die Harmonie von Bau- und Bildkunst. Den Innenausbau besorgten die Deutschen Werkstätten Hellerau. Mit ihren fünf Speisesälen, Cafeteria und Bierstube sowie Tagungsräumen ist die Neue Mensa seit der Eröffnung ein Zentrum studentischen Lebens in Dresden. Davor steht eine Stahlskulptur des Dresdner Konstruktivisten *Hermann Glöckner* (1889–1987). Zwischen Beyer-Bau und Neuer Mensa ist das moderne **Hörsaalzentrum** entstanden. Nach der Vorlesung in die nächste Campus-Kneipe: Müller's Café, 100 Meter die Bergstraße hinauf. Hier gibt's täglich ein preiswertes Mittagessen und reichlich belegte Fladenbrote, das loben nicht nur die Studenten.

Fritz-Foerster-Bau

Hinter dem Beyer-Bau beginnt eine Pappelallee, sie führt bergan zu einem architektonischen Dreiklang: Zentral, oberhalb der Freitreppe, steht der U-förmige Fritz-Foerster-Bau, davor links der **König-Bau,** rechts der **Erich-Müller-Bau.** Auch dieses Ensemble schuf der Architekt *Martin Dülfer.* Sehenswert am Foerster-Bau sind die Vestibüle am Nord- und Südeingang.

Unter Leitung von **Fritz Foerster** (1866–1931) wurde 1895 an der TH ein Lehrstuhl für Elektrochemie und physikalische Chemie eingerichtet. Daraufhin wurde Dresden innerhalb kurzer Zeit ein Zentrum der Elektrochemie-Lehre und Forschung.

Rektoratsgebäude

Der bisherige Weg durch das Uni-Gelände führt allmählich immer weiter die Südhöhe hinauf und erreicht nun an der Mommsenstraße oberhalb des Foerster-Baus das **historische Verwaltungszentrum der TU.** Das eher ländlich wirkende Rektoratsgebäude aus den 1950er Jahren überrascht als Amtssitz mit seinen harmonischen Proportionen. Im Nebengebäude befindet sich die **Alte Mensa,** auch als Veranstaltungsort schon immer eine beliebte Dresdner Adresse. Mensa und Rektorat werden durch einen kleinen Garten verbunden. Zwischen den Gebäuden öffnen sich immer wieder reizvolle Fernblicke auf die im Tal liegende Stadt.

Barkhausen-Bau

Den architektonischen Glanzpunkt der neueren TU-Bauten setzt der in den fünfziger Jahren von *Karl Wilhelm Ochs* (1900–1974) errichtete Barkhausen-Bau, benannt nach dem Senior der Schwachstromtechnik und Entdecker des Kurzwellenprinzips, **Heinrich Barkhausen** (1881–1956). Ein langgestreckter Bau mit einem in der Mitte herausgehobenen, verglasten Treppenhaus, davor ein Zierbrunnen und im Hof ein Garten. Der Barkhausen-Bau war einer der ersten Neubauten im TU-Gelände nach 1945.

Weberplatz

Am Zelleschen Weg steht der architektonisch spannende Neubau der **Landes- und Universitätsbibliothek** (2002); Lesesaal und Cafeteria sind immer besuchenswert. Ein verschwiegener Fußweg führt über die Erlwein- und Egon-Erwin-Kisch-Straße und durch den Beutlerpark – mit Café, Gartenlokal und Spielplatz – in einer Viertelstunde zum Weberplatz. Anstelle des Putzsteinbaus mit Uhrturm stand hier bis 1945 die Königlich-Sächsische Lehrerakademie. Den Neubau für die **Arbeiter-und-Bauern-Fakultät** leitete ab 1947 der Architekt

093ss ls

Heinrich Rettig (1900–1974) Dabei orientierte er sich an bester Dresdner Bautradition, ohne zu kopieren. Für die rückwärtige Schauseite an der Teplitzer Straße verwendete er das historische Portal der Lehrerakademie. Später gehörte er zu den maßgeblichen Architekten des frühen Plattenbaus; von ihm stammen die vier Zehngeschosser an der Freiberger Straße, beim Postplatz.

Sandsteinskulpturen vor dem Hauptportal am Weberplatz stellen einen Arbeiter mit Buch und Schraubstock und eine Bäuerin mit Buch und Getreidegarbe dar; beide in Igelittschuhen.

Als diese Nachkriegs-Plaste-Schuhe getragen wurden, kehrte der von den Nazis als Jude aus dem Amt getriebene Romanist **Victor Klemperer** an die Technische Hochschule zurück. Klemperer lehrte in dem flachen, dem Hauptgebäude angeschlossenen Flügel, der bereits vor dem Krieg unter dem Einfluss des Bauhauses errichtet worden war. Der Hörsaal ist nach Klemperer benannt, nicht aber dieses bisher entgegen der TU-Tradition namenlose Gebäude.

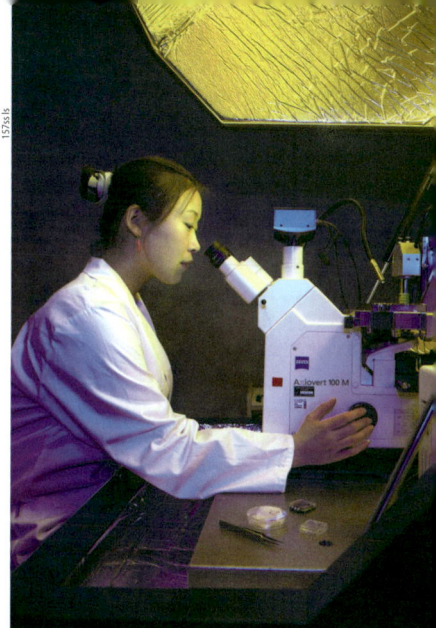

Für den Rückweg ins Stadtzentrum kann man die Straßenbahn Linie 11 nehmen.

Praktische Tipps

Essen und Trinken

■ **Müllers Café**①, Bergstraße 78, Tel. (0351) 4726479, www.cafe-muellers.de, Mo–Sa 17–1 Uhr. Beliebte Studentenkneipe. Linseneintopf, Fladenbrote.

■ **B'liebig**①, Liebigstraße 24, Tel. (0351) 4718759, tgl. ab 11 Uhr. Restaurant am 1960er-Jahre-Wohngebiet „Nürnberger Ei", in Uninähe, deutsche Küche mit mediterraner Note, Straßenplätze.

■ **Bierstube in der Neuen Mensa**①, Bergstraße 51, Tel. (0351) 4716098, www.knm-ev.de, Mo–Fr ab 9 Uhr, Sa ab 12 Uhr, So ab 17 Uhr. Studententreff in der ersten Reihe, gut und günstig essen, Fassbier 2 €, Tagesessen 3,40 €.

⌂ Technische Universität Dresden ist die größte Hochschule Sachsens

◁ Campus der Technischen Universität

5

Praktische Reisetipps zu Dresden

Information

■ **Dresden-Information an der Frauenkirche,** Neumarkt 2, April bis Sept. Mo–Fr 10–19 Uhr, Sa 10–18 Uhr, So, Feiertage 10–15 Uhr, Jan. bis März verkürzte Öffnungszeiten.
■ **Dresden-Information im Hauptbahnhof,** tgl. 9–19 Uhr.
■ **Service-Center,** Tel. (0351) 501501, www.dresden.de.

Kurtaxe

■ **Je Person und Aufenthaltstag 1,30 €.** An- und Abreisetag werden als ein Tag gezählt. Gilt für alle erwachsenen Besucherinnen und Besucher der Stadt, die in Dresden übernachten (Ausnahme: Übernachtungen bei Verwandten sowie in Krankenhäusern und Pflegeeinrichtungen). Die Kurtaxe wird am letzten Aufenthaltstag von den Beherbergungseinrichtungen eingezogen.

Nützliche Adressen

■ **Fundbüro:** Theaterstraße 13, Tel. (0351) 5996.

⌄ Die Brühlsche Terrasse im Winter

079ss ls

Verkehr

■ **Stadtrundfahrt:** Service-Tel. (0351) 8571011, saisonabhängig verschiedene Touren, große Stadtrundfahrt ab Stadtmuseum, ca. 1½ Std., 15 €.

■ **Stadtrundfahrt zum Nahverkehrstarif:** Diese Linien verbinden die schönsten Orte der Stadt:

Straßenbahn **Linie 4** (Laubegast an der Elbe, Innenstadt, Altstadt, auf der Augustusbrücke über die Elbe, elbnah weiter bis nach Radebeul, Endstation Weinböhla).

Linie 8 (Südvorstadt, Hauptbahnhof, Postplatz, über die Elbe, Neustädter Markt, Äußere Neustadt, Industriegelände, Dresdner Heide, Gartenstadt Hellerau).

Linie 11 (Zschertnitz auf der Südhöhe, durch das Universitätsviertel, Hauptbahnhof, Postplatz, über die Elbe, Bahnhof Neustadt, Waldschlösschen, Schloss Albrechtsberg, Dresdner Heide, Bühlau).

Die längste **Buslinie** ist mit 30 km (80 Min. Fahrtzeit) die **Linie 63** – von Löbtau an der Weißeritz über die Südhöhe (links sitzen), Campingplatz Mockritz, den Großen Garten und Strießen über das Blaue Wunder nach Loschwitz, an den Elbhängen entlang (Wachwitz) bis nach Pillnitz und Oberpoyritz (weiter bis Graupa/Bonnewitz in der Tarifzone Pirna oder VVO Gesamtnetz mit der Tageskarte).

Eine interessante Buslinie ist auch die **Linie 80** (von Klotzsche aus über Hellerau entlang der Heide, 1920er-Jahre-Siedlung Trachau, Einkaufszentrum Elbepark, über die Elbe, Altcotta, weiter durch ländliche Gegend nach Altomsewitz und Omsewitz (von dort sind auch schöne stadtnahe Wanderungen möglich). Es ist empfehlenswert, verkehrsarme Zeiten zu nutzen sowie Umleitungen und evtl. Änderungen des Streckennetzes zu beachten.

Tickets und Rabatte

■ **Dresden-Card:** Freie Fahrt mit öffentlichen Verkehrsmitteln im Stadtbereich Dresden, Ermäßigungen bei zahlreichen Partnern. Gültig ab 18 Uhr des Vortages bis 4 Uhr des Folgetages, Einzeltageskarte 9,90 €, Familientageskarte 13 €. Einzel-Zweitageskarte inkl. freiem Eintritt in die Museen der Staatlichen Kunstsammlungen: 29,90 €. Erhältlich in den Tourist-Informationen und Service-Zentren der Verkehrsbetriebe (Postplatz).

■ **Regio-Card:** 79,90 €, gilt für fünf Tage und schließt den Regionalverkehr ein.

■ **Dresden-Days:** Pauschal-Programm für Individualreisende, zwei Übernachtungen mit Frühstück (freie Wahl unter 34 Hotels verschiedener Kategorien), Dresden-Card, Informationsmaterial, Gutscheinheft, Eintrittskarten für Kulturveranstaltungen. Tagesausflug in die Umgebung oder nach Prag zusätzlich buchbar. Auch als Geschenk-Gutschein.

■ **Buchungen** in der Tourist-Information.

■ **Sax-Ticket,** am Filmtheater Schauburg, Eingang Bischofsweg, Königsbrücker Str. 55, Tel. (0351) 8038744, Mo–Fr 10–20, Sa 11–14 Uhr, Vorverkauf Konzert, Kino, Theater.

Unterkunft

Hotels

■ **Kempinski-Hotel Taschenbergpalais**③, Taschenberg 3, Tel. (0351) 49120, www.kempinski-dresden.de. Fünf-Sterne-Hotel am Zwinger und Schloss.

■ **Bülow Residenz**③, Rähnitzgasse 19, Tel. (0351) 80030, www.buelow-residenz.de. Zwischen Goldenem Reiter und Dreikönigskirche.

■ **Hilton**③, An der Frauenkirche 5, Tel. (0351) 86420, www.hilton.de/dresden. 1980er-Jahre-Bau zwischen Frauenkirche und Brühlscher Terrasse.

■ **Gewandhaus**③, Ringstraße 1, Tel. (0351) 49490, www.dresden.radissonsas.com. Zwischen Altmarkt und Rathaus.

■ **Art'otel**③, Ostra-Allee 33, Tel. (0351) 49220, www.artotel.com. Design- und Kunsthotel in Zwinger-Nähe, ausgestattet mit Werken von *A. R. Penck*, wechselnde Kunstausstellungen.

Dresden zu Fuß

5

■ **Schloss Eckberg**③, Bautzner Straße 134, Tel. (0351) 80990, www.schloss-eckberg.de. Historischer Herrensitz in einer Parkanlage an der Elbe.

■ **Astron Hotel**③, Hansastraße 43, Tel. (0351) 84240, verkehrsgünstig am Weg von der Autobahn in die Innenstadt.

■ **Dorint Hotel**③, Grunaer Straße 14, Tel. (0351) 49150, http://hotel-dresden.dorint.com. Nähe Altstadt und Großer Garten, an der Gläsernen Manufaktur.

■ **Holiday Inn**②, Stauffenbergallee 25, Tel. (0351) 81510, www.holiday-inn-dresden.de. Nähe Äußere Neustadt.

■ **Ramada Hotel**②, Wilhelm-Franke-Str. 90, Tel. (0351) 47820, www.ramada.de. Kongresshotel am Stadtrand zu Freital.

■ **Hotel am Blauen Wunder**②, Loschwitzer Straße 48, Tel. (0351) 33660, www.habw.de. In Dresden-Loschwitz, an der berühmten Brücke „Blaues Wunder".

■ **Martha Hospiz**②, Nieritzstr. 11, Tel. (0351) 81760, www.martha-hospiz.de. Seit 1899 christliche Herberge, Innere Neustadt.

■ **Park Inn Dresden**②, Melanchthonstr. 2, Tel. (0351) 80610, www.pi-dresden.de. Am Elbufer im Regierungsviertel.

■ **Mercure Elbpromenade**②, Hamburger Str. 64, Tel. (0351) 42520, www.accorhotels.com. Nähe Autobahnabfahrt Altstadt.

■ **Hotel Prinz Eugen**②, Gustav-Hartmann-Str. 4, Tel. (0351) 255900, www.hotel-prinz-eugen.de. Dresden-Laubegast, an der Elbe.

△ Bogenschütze (1902) von Ernst Moritz Geyger

▷ Anmut, Heiterkeit, Ernst – Mozartbrunnen im Blüherpark, Rekonstruktion des Werkes von Hermann Hosaeus (1907)

Dresden zu Fuß

■ **Mark Hotel Alpha**②, Fritz-Reuter-Str. 21, Tel. (0351) 80950, www.markhotels.de. Verkehrsgünstig im Hechtviertel.

■ **Ibis Hotels Königstein/Lilienstein/Bastei** ②, Prager Str., Tel. (0351) 48566661, www.accorhotels.com. Nähe Hauptbahnhof und Altstadt.

■ **Kim Hotel**②, Gompitzer Höhe 2, Tel. (0351) 41020, www.kim-hotel.de. Blick über die Stadt, nahe der Altstadt.

■ **City Herberge**②, Lingner Allee 3, Tel. (0351) 4859900, www.city-herberge.de. Im Stadtzentrum zwischen Großem Garten und Pirnaischem Platz.

Pensionen und Ferienhäuser

■ **Pension zur Königlichen Ausspanne**②, Eugen-Dieterich-Straße 5, Tel. (0351) 2689502, www. koenigliche-ausspanne-dresden.de. Denkmalgeschützte Remise am Weinhang, ruhig gelegen, helle großzügige Zimmer, schöner Garten.

■ **Ferienhaus Am Loschwitzhang**①, Veilchenweg 13, Tel. (0351) 2687279, www.ferienhaus-dresden-loschwitz.de. Romantisch am Loschwitzer Hang gelegen, Elbblick und Garten.

■ **Pension Altbriesnitz**①, Alte Meißner Landstr. 26, Tel. (0351) 423900, www.pensionaltbriesnitz.de. Denkmalgeschütztes Haus mit Natursteinbrunnen im zentrumsnahen Dorfkern.

■ **Pension An der Pillnitzer Schlossfähre**①, Hosterwitzer Straße 22, Tel. (0351) 2107850, www. pension-pillnitzer-schlossfaehre.de. Kleinzschachwitz, an der Elbfähre zum Schloss Pillnitz.

■ **Gästehaus Mezcalero**①, Königsbrücker Straße 64, Tel. (0351) 810770, www.mezcalero.de. Hinterhaus in der Äußeren Neustadt, mit mexikanischem Ambiente.

Hostels

■ **A&O Dresden**①, Hotel und Hostel, Strehlener Str. 10, Tel. (0351) 4692715900, www.aohostels. com/de/dresden. Nah am Hauptbahnhof und Stadtzentrum, ruhig, eines der günstigsten Hotels im Stadtzentrum.

242ss dk

■ **Hostel Mondpalast**①, Louisenstraße 72, Tel. (0351) 5634050, www.mondpalast.de. Mitten im Kneipen- und Szeneviertel Äußere Neustadt.

■ **Hostel Louise 20**①, Louisenstraße 20, Tel. (0351) 8894894, www.louise20.de. Gemütlich, über der Szenekneipe Planwirtschaft, Ökohotel.

■ **Lollis Homestay**①, Görlitzer Straße 34, Tel. (0351) 8108458, www.lollishome.de. Dresdens kleinstes Hostel, Äußere Neustadt, ruhige Lage.

■ **Hostel kangoroo-stop**①, Erna-Berger-Straße 8–10, Tel. (0351) 3143455, www.kangoroo-stop. de. Wenige Schritte vom Bahnhof Dresden-Neustadt, am Rande der Äußeren Neustadt, ruhig gelegen, Einzelzimmer bis Zehner-Schlafsaal, auch Ferienwohnung bis vier Personen.

Jugendherbergen

■ **Jugendgästehaus**①, Maternistraße 22, Tel. (0351) 492620, www.jugendherberge-sachsen.de. Großer Plattenbau hinter dem World Trade Center, sehr verkehrsgünstig, einfache Ausstattung, Jugendherbergsausweis erforderlich.

■ **Jugendherberge Rudi Arndt**①, Hübnerstraße 11, Tel. (0351) 4710667, www.jh-rudiarndt.de. Villa in der Südvorstadt, Jugendherbergsausweis erforderlich.

Tierpark

■ **Zoologischer Garten,** Tiergartenstraße 1, Sommer: 8.30–18.30, Winter: 8.30–16.30 Uhr, Eintritt 8 €, Familienkarte 20 €, weitere Ermäßigungen, 2700 Tiere in 400 Arten, berühmte Orang-Utan-Zucht, Streichelgehege, Zooschule, Afrikahaus, Zoo unter der Erde.

⌃ Canaletto-Blick auf die Altstadt

Dresden zu Fuß

Essen und Trinken in den Außenbezirken

■ **Kanzlei**②, Pohlandstraße 18, Dresden-Striesen, Tel. (0351) 3161488, www.restaurant-kanzlei.de, tgl. 17−24 Uhr. Gourmetrestaurant, deutsche, französische und mediterrane Küche, gilt in Dresden als Nr. 1 für gutes Essen. Straßenbahn Linien 4, 10 bis Pohlandplatz, 6 und 12 bis Schillerplatz.

■ **Lingnerterrassen**②, Bautzner Straße 132, Tel. (0351) 4568510, www.lingnerterrassen.de, tgl. 11−23 Uhr, Biergarten 11−19 Uhr, im Sommer bis 22 Uhr. Terrassenrestaurant und Garten mit herrlichem Blick ins Elbtal, Villa Stockhausen, das mittlere der drei Elbschlösser, sächsische Küche, Elbtalwein. Zufahrt über Bautzner Straße. Straßenbahn Linie 11, Haltestelle Elbschlösser. Von der Elbe aus (Elberadweg) gibt es einen Zugang am Weinberg des Lingnerschlosses. Nicht den Aufstieg Heilstättenweg gehen, der führt weitab vom Lingnerschloss zur Haltestelle Mordgrundbrücke der Straßenbahn Linie 11. Der Aufstieg über die historischen Parkwege am Schloss Eckberg ist gesperrt (Schlossgelände nur für Hotelgäste zugänglich).

■ **Bacchus**②, Restaurant und Weingarten, Clara-Zetkin-Straße 15, Dresden-Löbtau, Tel. (0351) 424 1835, www.bacchus-dresden.info, Mi–Sa 17−24 Uhr, So Brunch 11−15 Uhr. Eines der ältesten Weinlokale der Stadt, deutsche und internationale Küche, wechselnde Menüs. Straßenbahn Linien 6, 7, 12, Haltestelle Bünaustraße.

■ **Kamasutra**②, Bodenbacher Straße 60, Dresden-Gruna, Tel. (0351) 2596080, www.kamasutra-restaurant.de, Mo–Do 17−23 Uhr, Fr–So 11.30−23.30 Uhr. Indisches Restaurant, auch umfangreiches Angebot fernöstlicher vegetarischer Speisen, Lamm- und Fischspezialitäten. Straßenbahn Linien 1, 2, Haltestelle Liebstädter Straße.

■ **Ballhaus Watzke**①, Kötzschenbrodaer Str. 1, Dresden-Pieschen, Tel. (0351) 852920, www.watzke.de, tgl. 11−24 Uhr. Historisches Haus an der Elbe, im baumschattigen Garten schöner Blick über die Elbe zur Altstadt, hausgebrautes Bier, deutsche Küche, Tanz von Walzer bis Rock'n'Roll. Das Ballhaus liegt am Elberadweg, 15 Min. Straßenbahn Linien 4, 9, 13, Haltestelle Altpieschen. Pieschen ist ein historisches Arbeiterviertel mit Bauten der Gründerzeit. Anfang Juni: Pieschener Hafenfest. Skulptur an der Molenbrücke: „Undine kommt", von *Angela Hampel*. Das Pendant „Undine geht" steht am Elbufer in Dresden-Johannstadt, nahe Fährgarten.

■ **Zum Gerücht**①, Altlaubegast 5, Tel. (0351) 2513425, www.zum-geruecht.de, tgl. 19−1 Uhr. Gemütliche Kneipe in dem sehenswerten, dörflich wirkenden Stadtteil Dresden-Laubegast an der Elbe. Obergäriges Laubegaster Bier, schlankes Angebot heimischer Küche, schattiger Garten.

■ **Fährhaus Hesse**①, Fährstraße 20, Dresden-Laubegast, Tel. (0351) 2571842, www.pension-dresden-laubegast.de, Mo–Fr 11−14 Uhr, 17−22 Uhr, Sa ab 17 Uhr, So ab 11 Uhr. Pension und Restaurant, gutbürgerliche Küche, auch Vegetarisches, Gewölberestaurant in ehemaliger Schnapsbrennerei, Garten mit Elbblick.

MEIN TIPP: Im **Laubegaster Dorfkern** gibt es weitere sympathische Lokale und kleine Läden, viele mit Blick auf die Elbe. Inselfest im August, Maifest der Kinder. Das damalige Dorf der Schiffszieher, Fischer und Zwirner war letzter Wohnort von *Caroline Neuber* (1697−1760), der „Mutter der deutschen Schauspielkunst". Straßenbahn Linien 4, 6, Haltestelle Laubegast/Kronstädter Platz.

Aussichtstürme

■ **Schlossturm (Hausmannsturm),** April bis Okt. Di–So 10−18 Uhr.

■ **Turm der Kreuzkirche,** 92 m, Ostern bis Okt. Mo–Sa 10−17.30 Uhr, So 12−17.30 Uhr, Nov. bis Ostern bis 16 Uhr, zum Striezelmarkt bis 20 Uhr.

■ **Turm der Dreikönigskirche,** 87,50 m, Mo–Sa 10−18 Uhr.

■ **Ernemannturm,** 48 m (technische Sammlungen), Di–Fr 9−17 Uhr, Sa/So 10−18 Uhr.

5

Theater

■ **Semperoper,** Theaterplatz 2, Tel. (0351) 491 1705, www.semperoper.de.

■ **Staatsschauspiel,** Theaterstraße 2, Tel. (0351) 4913555, www.staatsschauspiel-dresden.de.

■ **Theaterkahn,** Terrassenufer, Tel. (0351) 496 9450, www.theaterkahn.de.

■ **Theater wechselbad,** Maternistraße 17, Tel. (0351) 65297511, www.theater-wechselbad.de.

■ **Theater Junge Generation,** Meißner Landstraße 4, Tel. (0351) 429120, www.tjg-dresden.de.

■ **Societaetstheater,** An der Dreikönigskirche 3a, Tel. (0351) 8036810, www.societaetstheater.de.

■ **Kabarett Herkuleskeule,** Sternplatz 1, Tel. (0351) 4925555, www.herkuleskeule.net.

Kulturzentren

■ **Blaue Fabrik,** Königsbrücker Straße 21–29, www.blaue-fabrik.de, Jazzkonzerte, experimentelle Musik, Kunstausstellungen, eine der wichtigsten Dresdner Jazzadressen.

■ **Scheune,** Alaunstraße 36–40, Tel. (0351) 323 55640, www.scheune.org, Konzerte (Rock, Jazz, Weltmusik u.a.), Theater, Kabarett, Film, Partys, Schaubudensommer.

■ **Jazzklub Tonne,** Königstraße 15, Tel. (0351) 8026017, www.jazzklubtonne.de.

■ **Alter Schlachthof,** Gothaer Straße 11, Tel. (0351) 431310, www.alter-schlachthof.de. Konzerte, Partys, Anfahrt mit Straßenbahn Linie 4, 9 bis Alter Schlachthof, Linie 3 bis Großenhainer Platz.

Medien

- **Tageszeitungen:** Sächsische Zeitung (donnerstags mit Ausgehmagazin Augusto); Dresdner Neueste Nachrichten.
- **Stadtmagazine:** SAX; Dresdner.
- **www.cybersax.de**
- **www.dresdner-stadtteile.de**
- **www.dresden-online.de**
- **www.mdr.de**

Freibäder

- **Cossebaude,** Meißner Str. 26, Strandbad am Stausee, Tageskarte 3,50 €.
- **Cotta,** Hebbelstraße 33, Freibad im Stadtteil, sehr große Liegewiese, Tageskarte 3 €.
- **Dölzschen,** Luftbadstraße 31, FKK, Luftbad, ausgedehnte Liegewiese, Tageskarte 3 €.
- **Georg-Arnold-Bad,** Hauptallee 2, Hallenfreibad am Großen Garten, vielfältige Spielanlagen, Tageskarte 9 €.
- **Langebrück,** Stiehlerstraße 23, Waldbad am Rand der Dresdner Heide, Tageskarte 3 €.
- **Mockritz,** Münzteichweg 22b, Freibad, Tageskarte 3 €.
- **Prohlis,** Senftenberger Str. 58, Freibad am Neubaugebiet, großer Nichtschwimmerbereich, Tageskarte 3 €.
- **Weißig,** Am Marienbad 12, Freibad am Rand der Dresdner Heide, Gondelteich, großer Spielplatz, Tageskarte 3 €.
- **Weixdorf,** Zum Sportplatz 1a, Waldbad in der Dresdner Heide, Bootsverleih, Tageskarte 3 €.
- **Wostra,** Wilhelm-Weitling-Straße 39, FKK-Strandbad in Elbnähe, großer Nichtschwimmerbereich, Tageskarte 3 €.
- **Wostra,** An der Wostra 7, Freibad in Elbnähe, Tageskarte 3,50 €.

◁ Die Synagoge in der Altstadt

Fünf Stadtwanderungen

Dresden zu Fuß

Dresden ist grün. Das von Wiesen und Weinhängen umsäumte Elbtal, die Heide im Norden, der Große Garten und weitere Parkanlagen, aber auch die Straßenbäume, Kleingärten und Spielplätze halten die Natur in der Stadt. Die breiten Elbwiesen sind Dresdens unschätzbares Vermögen. Eine Landschaft wie das **Elbtal** zwischen Schloss Pillnitz an der südöstlichen und dem Barockschloss Übigau an der nordwestlichen Stadtgrenze gibt es weltweit nicht noch einmal. Bis zum Sommer 2009 gehörte sie zum UNESCO-Weltkulturerbe. Doch auch nach der Aberkennung des Titels infolge des martialischen Brückenbaus am Waldschlösschen bleibt sie eine bewahrenswerte, einzigartige Kulturlandschaft. Dresden lernt man nicht kennen, ohne wenigstens einmal auch dem Lauf der Elbe gefolgt zu sein.

Nicht nur Spaziergänge im Grünen, auch ausgedehnte Wanderungen in den Wäldern und am Wasser sind in Dresden möglich. Den hier vorgeschlagenen **Stadtwanderungen** ist gemeinsam, dass sie an **Haltestellen des Stadtverkehrs** – Straßenbahn oder Bus – beginnen und enden. Es genügen also die einfachen Fahrscheine – Einzel-, Tages- oder Familienkarte – der Dresdner Verkehrsbetriebe. In den Servicestellen (Hauptbahnhof, Wilsdruffer Straße, Prager Straße, Pirnaischer Platz, Albertplatz) gibt es kostenlose Faltblätter mit weiteren Vorschlägen für Halbtagsausflüge.

Quer durch die Dresdner Heide (13 km)

Das größte Wandergebiet der Stadt ist die **Dresdner Heide.** Ihr zuerst verdankt Dresden das Lob, mit 62 Prozent Wald und Wiese eine der grünsten Städte Europas zu sein. „Die Heide", wie sie im Alltag einfach genannt wird, belegt mit ihren **52 Quadratkilometern** rund 17 Prozent der Stadtfläche. Sie ist von trockenem Sandboden und den feuchten Tälern und Gründen zahlreicher Bäche geprägt. In dem hügeligen Wald wachsen Kiefern, Birken, Fichten, Buchen und Eichen. Der größte Waldbach ist die nur 24 Kilometer lange Prießnitz.

Die Heide diente in der Bronzezeit als Siedlungsraum, später den sächsischen Kurfürsten als Jagdrevier, im 19. und 20. Jahrhundert dem Militär. Für die Dresdner ist sie ein gern besuchtes Naherholungsgebiet, das ein dichtes Netz von Wander-, Rad- und Skiwegen bietet.

Historische Wegzeichen

Eine kulturgeschichtliche Attraktion sind die für das Spinnennetz der Heidewege seit mehr als vier Jahrhunderten gebräuchlichen Markierungen. Mit der Vermessung der Heide im Auftrag des Kurfürsten *August* wurde Ende des 16. Jahrhunderts ein System von 124 roten Zeichenformen geschaffen, die an entrindeten Stellen der Bäume angebracht wurden. Bis heute wird ein großer Teil dieses **Orientierungssystems** im Wald und auf Wanderkarten gepflegt. Es besteht aus symbolhaften Zeichen und abgewandelten Buchstaben. So gibt es zum Beispiel die Alte Vier, von der die Kreuz Fünf und Kreuz Sechs abzweigen. Die Volksfantasie war um bildhafte Interpretationen der Zeichen nicht verlegen, so entstanden **Kuhschwanz** und Ochsenkopf, Hakenweg, Verkehrte Gabel, **Krumme Neun** und weitere schöne Wegbezeichnungen, die längst Eingang in die Karten gefunden haben. In der mit einem Punkt versehenen Neun entdeckte der Kaffeesachse einen **Kannenhenkel,** und bis heute ist dieser eine der wichtigsten Magistralen der Heide. Neben diesen historischen gibt es aber für die wichtigsten Wege auch die heute üblichen Strich-Markierungen sowie Wegweiser.

Weixdorf

Die Wanderung quer durch die Heide beginnt an der Haltestelle **Weixdorf Bad** der Straßenbahn Linie 7 oder Städtebahn (Dresden Neustadt – Königsbrück). Am Kulturzentrum Dixielandbahnhof das Gleis überqueren, dann nach links in die Gartenkolonie. Hier erscheint die Wegmarkierung des Lehrpfades (grüner Strich diagonal), die zum Waldbad Weixdorf führt, einem der letzten Naturbäder Dresdens, eröffnet 1906. Der Weg führt um das Bad mit seinen Siedlungshäusern herum und als Friedersdorfer Weg in die Heide hinein. Das erste ausgewiesene Ziel ist das **Naturdenkmal Rieseneiche.** Im Sauerbusch am Heiderand, direkt am Wanderweg, steht der stattliche Baum, 700 Jahre alt und noch immer grün. Weiter geht es auf dem Sauerbuschweg, der auf die Alte Zehn trifft und die Bahngleise unterquert, scharf links abzweigt und bald darauf rechts dem Hakenweg begegnet.

> Eines der historischen Wegzeichen in der Dresdner Heide: der Reichsapfel

Hofewiese

Dieser führt zu einer großen Lichtung, der Hofewiese. Sie ist das größte unbewaldete Gelände der Dresdner Heide, hier wurde das Heu zur Wildfütterung des kurfürstlichen Jagdreviers gewonnen. Ein unspektakulärer Ort der Stille. Die gleichnamige historische Ausflugsgaststätte steht seit Jahrzehnten leer und verfällt. Deren Gelände links umrundend, gelangt man auf den Gänsefuß, den kürzesten, aber asphaltierten Weg zur Heidemühle, der nächstgelegenen Einkehrstätte. Schöner ist es, nach rechts weiter zu gehen und der Markierung Grüner Punkt (altes Zeichen: Mittelweg) bis hinunter zur Prießnitz zu folgen. Von der Kannenhenkelbrücke folgt der Wanderweg nun auf der Prießnitztalstraße (roter Punkt) dem Bachlauf, bis zur **Heidemühle.**

Kurz zuvor, an der Kuhschwanzbrücke, besteht die Möglichkeit, auf die Alte Drei abzubiegen und zum Stadtteil Weißer Hirsch zu radeln oder zu wandern (4 Kilometer, Straßenbahn Linie 11). Eine weitere Alternative ist, dem Bach aufwärts zu folgen, ebenfalls mit dem roten Punkt, und so zum kaskadenförmigen **Prießnitzwasserfall** zu gelangen, einem gern aufgesuchten Rastplatz. Von dort sind es nur wenige Schritte bis zum S-Bahnhof Dresden-Klotzsche und zur Haltestelle An der Neuen Brücke der Straßenbahn Linie 7 (4,5 Kilometer). An diesem Wege befindet sich der Kletterwald Dresdner Heide, auf dem Gelände des ehemaligen Waldbades (siehe „Praktische Tipps" weiter unten). Vom Prießnitzwasserfall gibt es einen Weg entlang der Prießnitz bis zum Alaunpark in der Äußeren Neustadt (9 km zu Fuß oder mit dem Rad).

244ss dk

Dresden zu Fuß

Stausee

Wer aber weiter zur Heidemühle wandert und einkehren möchte, kann dort zwischen Wildrestaurant und Bistro wählen, beide mit Garten. Die Wanderung folgt anschließend weiter der Prießnitz (gelber Punkt) und zweigt dann rechts mit der Alten Acht ab in den Wald, wo sie an der nächsten Wegkreuzung auf die Verkehrte Gabel trifft. Diese nun geleitet zu dem winzigen **Stausee** eines Prießnitzarms. Der See mit Insel ist ein beliebter Rastplatz, besonders von Familien mit kleinen Kindern. Die flachen Ufer sind reizvolle Spielplätze, es gibt sogar einen Strand und eine Schutzhütte.

Von hier ab weisen der Verkehrte Anker und der Nachtflügel (NF) den Weg, sie führen nach Bühlau und dort zur Endhaltestelle der Straßenbahnlinie 11.

Praktische Tipps

Karte
● **Dresdner Heide,** Seifersdorfer Tal. Sachsen Kartographie, 1:15.000

Essen und Trinken
● **Einkehr an der Heidemühle**②, Radeberger Landstraße 101, Tel. (0351) 8019821, www.einkehr-heidemuehle.de, tgl. ab 11 Uhr. Wild aus heimischen Wäldern, Biergarten.
● **Heidemühle**①, www.haidemuehle.com, Di–Fr 11–17 Uhr, Sa, So 10–17 Uhr. Bistro mit großem Biergarten direkt an der Prießnitz.

Kletterwald
● **Kletterwald Dresdner Heide,** Nesselgrundweg 80 (im ehem. Waldbad), Tel. (0351) 7958709, www.kletterwald-dresdner-heide.de, wochentags ab 13 Uhr, Wochenende ab 10 Uhr, in den Ferien tgl. ab 10 Uhr, Erwachsene 2 Std. 16 €, Jugendliche 14 €, Kinder 12 €.

⊡ Im Prießnitzgrund

◁ Die Hofewiese

Über den Heller nach Hellerau (12 km)

Dresdner Geschichte und Aussichten, einen Hauch Ostseeflair, die erste deutsche Gartenstadt und ein historisches Ausflugslokal verbinden diese bequeme Wanderung im Norden der Stadt. Sie beginnt an der Haltestelle Heeresbäckerei der Straßenbahn Linien 7 und 8. Mit der Markierung Grüner Punkt überquert man die Bahngleise und erreicht nach wenigen Schritten rechts auf einem Waldpfad den **Proschhübel.** Diese langgestreckte Hochfläche wurde erst militärisch, dann über Jahrzehnte als Mülldeponie genutzt, schließlich renaturiert. Heute bietet sie eine Panoramasicht über die Stadt. Der Wanderweg überquert den Proschhübel auf ganzer Länge, verlässt ihn dann wieder in eine kleine Parkanlage und trifft auf das alte Dresden – das hier in einem der **Trümmerberge** liegt, die nach dem Krieg aufgeschüttet wurden. Wo sich der Wander-

264ss dk

weg teilt, geht es rechts auch zum Aussichtspunkt des bewaldeten Grabes. Um die Wanderung auf dem beschriebenen Weg fortzusetzen, müsste man von dort wieder zurücklaufen bis zu dieser Gabelung. Nach links setzt sich die grüne Markierung fort, umrundet einen kleinen Teil des Trümmerberges und erreicht den Heller, eine der prägnantesten Landschaften der Stadt.

Der **Heller** besteht aus kargen, späteiszeitlichen Dünen. Das weite, wellige Land mit Kiefern, Birken, Ginster und Heidekraut und die hellen Sandwege erinnern mal an das Binnenland der Ostseeinseln, windig ist es auch meistens. **Seltene Tiere und Pflanzen** sind hier beheimatet – darunter die Spanische Flagge, auch Russischer Bär genannt, ein Schmetterling –, auch aufgrund der Isolation dieses Gebietes in 162 Jahren militärischer Nutzung. Der Maler des Heller war ab 1907 der Spätimpressionist *Otto Altenkirch* (1875–1945).

Der Heller steht unter **Naturschutz,** man bleibe tunlichst auf den Wegen. Ohnehin wird es niemandem gefallen, sich auf dem Heidesand niederzulassen, oder auch nur länger stehenzubleiben; Heerscharen von Ameisen warten bloß darauf.

An einer Informationstafel teilt sich wiederum der Weg; Nach rechts (grün) sind es nur 500 Meter bis zum **Jonaskreuz,** einem 1560 erstmals erwähnten Gedenkkreuz für einen *Jonas Daniel,* Kriegsknecht im Dienste des Burggrafen von Dohna, der dort ermordet wurde. Direkt am Kreuz ist die Haltestelle Mo-

ritzburger Weg der Straßenbahnlinien 7 und 8. Von der Tafel aus nach links geht es weiter auf markiertem Weg (gelb) Richtung Endhaltestelle Linie 8. Allmählich wandelt sich die Heidelandschaft zu dichterem, auch feuchterem Wald. Nur an einer Stelle ist die **Markierung** unübersichtlich: dort liegen rechts zwei große, überwachsene Steinplatten, über die hinweg der Weg abzweigt; nicht geradeaus weiterlaufen.

Bald erreicht man mit der **Grünen Telle** einen Zipfel der **Gartenstadt Hellerau.** Von dort aus kann man mit der Markierung Roter Punkt (Grüne Telle – Am Pilz – Auf dem Sand) einen Rundgang durch die ab 1909 entstandene erste deutsche Gartenstadt anschließen (siehe auch „Gartenstadt Hellerau"). An den Haltestellen Am Hellerrand, Heinrich-Tessenow-Weg oder Am Festspielhaus erreicht man danach die Linie 8. Damit bis Endhaltestelle Hellerau fahren und auf dem Kiefernweg und Am Torfmoor laufen, bis man **Am Olter** wieder auf den roten Punkt trifft.

Hier kommt auch an, wer auf den Rundgang durch die Gartenstadt verzichtet hat und weiter dem Wanderweg gefolgt ist, unter der Autobahn A4 hindurch. Weiter geht es über die kleine Nebenstraße Am Olter zur verkehrsreichen Radeburger Straße, diese überqueren und dabei etwas links halten; dort in eine Gartensiedlung und zum **Olterteich.** Der kleine Teich wurde schon 1725 erwähnt und ist das ganze Jahr über mit Wasser gefüllt. Hier leben seltene Tiere und Pflanzen, in den alten Bäumen zum Beispiel der Schwarzspecht. Im Wäldchen hinter dem Olterteich, 50 Meter vom Weg entfernt, liegen die **Oltersteine.** Die beiden Quarzitmonolithe sind in

◁ Ginsterblüte auf dem Heller

5

der Elsterkaltzeit hier liegengeblieben, und es wird darüber spekuliert, ob sie heidnischen Opferhandlungen gedient haben und der Name auf „Altar" zurückzuführen ist.

Die Wanderung hat nun die **Junge Heide** erreicht, die ihren Namen schon seit dem 16. Jahrhundert daher führt, dass sie ein „verjüngter" Fortsatz der Dresdner Heide nach Westen ist (siehe Wanderung „Quer durch die Heide"). Die Markierung ist hier manchmal etwas rar, man muss darauf achten, sie nicht zu verlieren. Zunächst geht es durch eine Gartensiedlung, dann wieder durch den Wald. Endlich erreicht man den **Waldmax,** eines der ältesten und beliebtesten Ausflugslokale der Stadt. Das denkmalgeschützte Gasthaus hat einen weitläufigen, schattigen Biergarten und einen Kinderspielplatz. Nach der Einkehr bleibt nur noch eine Viertelstunde Fußweg bis zur Bushaltestelle Heidefriedhof (Linie 80, 457, Anschluss an Straßenbahnnetz).

Praktische Tipps

Essen und Trinken

■ **Waldmax**①, Waldhofstraße 26, Tel. (0351) 8904620, www.waldmax.de, tgl. ab 11 Uhr. Historisches Ausflugslokal, von einer Fleischerei betrieben, sächsische Küche, auch Vegetarisches, Biergarten mit Selbstbedienung, Spielplatz.

⌃ ⌐ Mensch und Tier entspannt am „Blauen Wunder"

5

Auf dem Dichter-Musiker-Maler-Weg (16 km)

Vom pittoresken Loschwitz an der Elbbrücke „Blaues Wunder" führt dieser Wanderweg durch **zwei Jahrhunderte Dresdner und europäische Kulturgeschichte,** über Weinberge und durch Bachgründe, aussichtsreich und unterhaltsam bis zum barocken Lustschloss Pillnitz. Weinbauern und Elbschiffer haben diese einzigartige Kulturlandschaft geprägt; Schriftsteller, Musiker, Maler ließen sich hier nieder und vom bezaubernden Flair der Elbhänge inspirieren. Der **Dichter-Musiker-Maler-Weg** führt zu Wohnstätten und Wirkungsorten von Künstlern, zu Weinbergen und schönen Aussichten ins Elbtal. Über Pillnitz hinaus folgt dieser 96 Kilometer lange Fernwanderweg dem historischen Malerweg durch die Sächsisch-Böhmische Schweiz bis zum Prebischtor. Hier soll die Dresdner Etappe vorgestellt werden.

Die Wanderung beginnt am Körnerplatz in Dresden-Loschwitz, rechts der Elbe, wenige Schritte vom „Blauen Wunder" entfernt (Haltestelle Körnerplatz, Bus Linien 61, 63; auch Haltestelle Schillerplatz, Straßenbahn Linien 6, 12, Fußweg über das Blaue Wunder, 5 Min.).

Das **„Blaue Wunder"** verbindet die historischen Stadtteile Blasewitz und Loschwitz. Die **Stahlbrücke** wurde 1891/93 erbaut, sie hat eine Spannweite von 141,50 Metern und ist 260 Meter lang. Ein technisches und städtebauliches

290ss dk

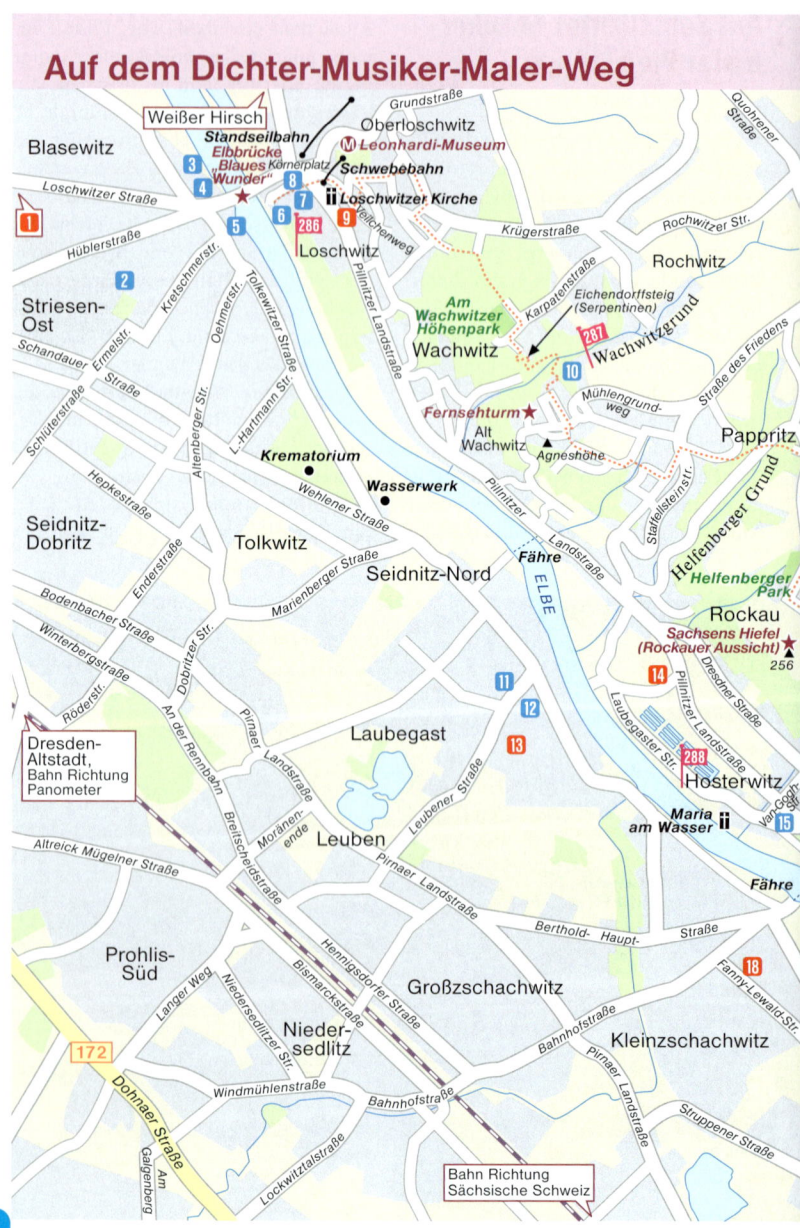

Auf dem Dichter-Musiker-Maler-Weg

Dresden zu Fuß

Übersichtskarten S. 200, 208

0 ——— 400 m

© REISE KNOW-HOW 2014

🟧 **Übernachtung**
1 Hotel am Blauen Wunder
9 Ferienhaus am Loschwitzhang
13 Hotel Prinz Eugen
14 Pension zur Königlichen Ausspanne
18 Pension an der Pillnitzer Schlossfähre

🟦 **Essen und Trinken**
2 Kanzlei
3 Villa Marie
4 Café Toskana
5 Schillergarten
6 Elbegarten
7 Café Clara
8 Körnergarten
10 Wachbergschänke
11 Zum Gerücht
12 Fährhaus Hesse
15 Ausspanne am Schlosspark
16 Einkehr am Palmenhaus
17 Imbiss

5

Meisterwerk und eine Hauptverkehrsader der Stadt. Auf beiden Seiten der Elbe laden zahlreiche Geschäfte sowie Biergärten und Cafés ein.

Loschwitz

Das Weinbauerndorf Loschwitz begeisterte schon vor 200 Jahren die Städter. Nachdem die Reblaus den Weinbau vernichtet hatte, wurden die Elbhänge zum beliebten **Villenort.** Doch schon lange vorher waren Dresdner in die Weinberge gezogen. Hier lebten der Hofjuwelier *Melchior Dinglinger* (1664–1731), der Musiker *Friedrich Wieck* (1785–1873), Vater von *Clara Schumann,* der Maler des Biedermeier, *Ludwig Richter* (1803–1884), und des Jugendstil, *Oscar Zwintscher* (1870–1916), der Fotochronist von Loschwitz, *August Kotzsch* (1836–1910), der Zeichner *Josef Hegenbarth* (1884–1962), der Bildhauer *Friedrich Press*

(1904–1990) und der Universalwissenschaftler *Manfred von Ardenne* (1907–1997). Im historischen Dorfkern zwischen Körnerplatz und Elbe sind Cafés, Galerien, Buchhandlung, Antiquariat und weitere kleine Läden beheimatet. In der Adventszeit lädt hier einer der kleinsten und besonders anheimelnden Dresdner **Weihnachtsmärkte** ein.

Auf einem Bergsporn am Fuße des Elbhangs steht die **Loschwitzer Kirche.** Sie ist das erste Werk des Dresdner Ratszimmermeisters *George Bähr,* der den Bau zwischen 1705–1708 gemeinsam mit dem Ratsmaurermeister *Christian Fehre* leitete. Die kleine Kirche weist bereits die charakteristische Zentralanlage der späteren Frauenkirche auf. 1945 wurde sie mehrfach von Bomben getroffen, in den 1990er Jahren erfolgte der Wiederaufbau.

Neben der Kirche liegt die Talstation der im Jahre 1900 eröffneten ersten **Schwebebahn** der Welt. In drei Minuten

120ss ls

überwindet sie 84 Höhenmeter bis nach Oberloschwitz. Direkt am Körnerplatz hält die **Standseilbahn,** sie wurde 1895 erbaut und bringt es auf 99 Höhenmeter bis zum ehemaligen Kurort Weißer Hirsch am Rand der Dresdner Heide; beide Fahrten mit schönsten Aussichten.

Hauptverkehrsader für die Hangpartie ist die steile Grundstraße, die zur Heide hinaufführt. Gleich nach der ersten Kurve rechts befindet sich das **Leonhardi-Museum.** Die ehemalige Hentschelmühle, unterste der sieben Wassermühlen in diesem Tal, wurde 1884/86 durch den Landschaftsmaler und Tintenfabrikanten *Edmund Leonhardi* zum Künstlerquartier „Rote Amsel" umgebaut. Ein Fachwerkbau mit mehreren Erkern, die Ausfachungen mit historisierenden Malereien geschmückt, die Skulptur eines Ritters mit Schild und Lanze. Einer der Gäste war immer wieder *Leonhardis* Lehrer *Ludwig Richter,* dem ein Denkmal (1884) im Garten gewidmet ist. Heute werden hier neben *Leonhardis* Werken wechselnde Ausstellungen Dresdner Künstler gezeigt.

Vom Körnerplatz führt der **Veilchenweg** steil den Loschwitzhang hinauf. Hier beginnt der markierte Dichter-Musiker-Maler-Weg (gelb). Im Fachwerkhaus Veilchenweg 1 hatte **Ludwig Richter** eine von sieben Sommerwohnungen, die er zwischen 1852 und 1883 als Arbeitsorte nutzte. Der Weg führt unter der Schwebebahn hindurch nach Oberloschwitz. An den Loschwitzer Weinbau erinnert die mit Sonnenuhren und einem Bacchus-Kopf verzierte **Winzersäule.**

☐ Das Leonhardi-Museum

Wachwitzgrund

Der 2. Steinweg steigt hinauf zur Krügerstraße, benannt nach dem königlichen Münzgraveur *Reinhard Krüger* (1794–1879), dessen Sommerhaus sich hier befand. Weiter geht es durch ein Waldstück zur Villensiedlung „Am Wachwitzer Höhenpark". Der serpentinenförmige Eichendorffsteig führt hinunter in den **Wachwitzgrund,** dort geht der Wanderweg wieder ein kurzes Stück bergan, um die 1883 errichtete **Wachbergschänke** zu erreichen, eines der ältesten Dresdner Ausflugslokale. Hier kann man erstmal einkehren, eine schöne Aussicht gibt es auch zu genießen.

Nächste Station der Wanderung ist **Pappritz.** Das Dorf ist Standort des 1969 in Betrieb genommenen **Fernsehturms.** Das Turmcafé ist leider seit Jahren geschlossen, für eine schöne Aussicht bietet sich die mit einem kurzen Abstecher zu erreichende **Agneshöhe** an. Der Wanderweg durchquert Pappritz und erreicht den Helfenberger Grund, um gleich darauf zum **Helfenberger Park** mit seinen über 200 Jahre alten Blutbuchen aufzusteigen. In Rockau lohnt sich der kurze Weg zur **Rockauer Aussicht,** auch „Sachsens Hiefel" genannt. „Hiefrig" ist ein sächsisches Wort für „klein", doch obwohl es die Anhöhe nur auf 260 Meter über dem Meer gebracht hat, bietet sie doch eine eindrucksvolle Sicht über das Elbtal.

Keppgrund

Über den Rockauer Dorfplatz gelangt man auf einen Wiesenweg und bald in den oberen Keppgrund. Bei all den Na-

turschönheiten hier ist es besonders traurig, dass die schon im 16. Jahrhundert erwähnte **Keppmühle,** die auch *Carl Maria von Weber* und *Carl Gustav Carus* als Gäste hatte und Schauplatz unzähliger Studentenfeiern war, seit Jahrzehnten geschlossen ist und offensichtlich unrettbar vor sich hin bröckelt. Gesperrt ist auch der Weg durch den Keppgrund, angeblich wegen einiger defekter Treppenstufen im Wald, was hier nicht weiter kommentiert werden kann. Der offizielle Wanderweg führt nun am Mühlteich vorbei und oberhalb des Talschlusses zwischen Wald und Feld nach Hosterwitz. Mit einem kleinen Anstieg durch den Wald verbunden ist der Abstecher auf den **Zuckerhut** (221 m); die Aussicht ähnelt der vom „Hiefel", doch ist es hier viel ruhiger als dort, weil man diesen beschaulichen Ort nur zu Fuß erreicht. Wer hier einmal entlang wandert, versteht auch gleich den Namen dieses Berges.

Hosterwitz

In dem einstigen Winzerdorf wohnte der Komponist **Carl Maria von Weber** (1786–1826) während der Sommermonate 1818 bis 1824, sein Sommerhaus ist **Museum.** Hier komponierte er große Teile seiner Opern „Freischütz" (deren „Wolfsschluchtszene" man sich sehr gut im Keppgrund vorstellen kann, was sicher kein Zufall ist) und „Euryanthe".

Über die Dresdner Straße und die Van-Gogh-Straße gelangt man hinunter zur Elbe. Auf dem kleinen Hosterwitzer

⌃ Maria am Wasser: eine beliebte Hochzeitskirche

▷ Weinbergkirche in Pillnitz

5

Friedhof steht die zierliche barocke **Kirche Maria am Wasser.** Die Geschichte dieser Elbschifferkirche reicht bis 1495 zurück, 1774 erfolgten die barocken Umbauten.

Der **Treidelpfad** direkt am Ufer – auf dem die Elbtreidler die Schiffe stromaufwärts gezogen haben – ist nun der schönste Weg zum Schloss Pillnitz. Falls dieser wieder einmal überschwemmt ist, bleibt der markierte Wanderweg, der zunächst der Pillnitzer Straße folgt und direkt zur Bushaltestelle (Linie 63) führt. Die Maille-Bahn, eine Kastanienallee zwischen dem Schloss und Hosterwitz, benannt nach einem golfähnlichen Spiel aus der Zeit des Rokoko, steht für das Vorhaben, das Lustschloss mit der Residenz zu verbinden.

In die Weinberge

Für Schloss und Park Pillnitz (siehe weiter unten) wird Eintritt verlangt, wer nun aber die Wanderung fortsetzen möchte, kann die Anlage an der Elbe umgehen und erreicht so auch die geschwungene Freitreppe am Fluss sowie die Dampferanlegestelle, die Ladenpassage im Fliederhof, das Restaurant und den Imbiss am Parkplatz.

Von dort geleitet die Markierung durch Pillnitz und hinauf zum Leitenweg oberhalb des Pillnitzer Königlichen Weinberges. Zuvor bietet sich ein Abstecher zur malerisch gelegenen **Weinbergkirche** (1723/27) an, entworfen von *Matthäus Pöppelmann,* erbaut von *Christian Schumann.* In der Kirche werden

Dresden zu Fuß

088ss ls

auch Konzerte aufgeführt, festlicher Höhepunkt des Jahres ist das Weinfest zum Erntedank.

Der **Leitenweg** verbindet das Panorama der Weinberge mit herrlichen Aussichten über das Elbtal. Zur Rast laden mehrere Bänke ein; hier wird auch gern mal eine Flasche Elbtalwein aus mitgebrachten Gläsern geleert. Zwei der ehemals vier **Wächterhäuschen** aus dem 18. Jahrhundert werden von den Winzern genutzt. Markanter Aussichtspunkt ist die nach einer Winzerfamilie benannte **Rysselkuppe.** Gleich nach dem Rysselschen Weinberg kann man den Wanderweg verlassen und hinunter nach Oberpoyritz gehen, um am Dorfplatz in den Bus Linie 63 zu steigen (letzte Haltestelle im Tarifgebiet Dresden).

Graupa

Es lohnt sich aber, für Musikfreunde allemal, dem Wanderweg noch bis Graupa zu folgen und dort im Lohengrin-Haus, dem einstigen Schäferschen Gut, die **Richard-Wagner-Gedenkstätte** sowie im Jagdschloss das **Richard-Wagner-Museum** zu besuchen. *Wagner* lebte in dem zwischen Pillnitz und der Sächsischen Schweiz gelegenen Dorf vom Mai bis Juli 1846, hier entwarf er die Komposition des „Lohengrin".

Die Rückfahrt erfolgt mit dem Bus Linie 63, Haltestelle Tschaikowskiplatz (zwei Tarifzonen lösen) oder nach einem Fußweg bis zum Dorfplatz Oberpoyritz (2 km) von dort zum Stadttarif.

▷ Das Bergpalais von Schloss Pillnitz

Schloss und Park Pillnitz

Der gemächliche Elbstrom, die fernöstlich geschweiften Dächer des Lustschlosses, die wie eine Hand zum Wasser geöffnete Treppe; gestutzte Büsche im Park, am Horizont das grüngraue Rebenland – so bietet sich Pillnitz den Besuchern von der Elbe aus dar. Schloss Pillnitz erscheint wie verwachsen mit der Landschaft, zu der auch die einzige noch erhaltene Elbinsel auf sächsischem Flusslauf gehört. Schloss und Park sind Ausflugsziel und Museum, Konzertplatz und Ort der Ruhe.

„Die **romantische Sehnsucht nach dem Orient** gehörte seit der zweiten Hälfte des 17. Jahrhunderts zu einer der wichtigsten Erscheinungen im europäischen Kulturleben. Seit dieser Zeit ist das Eindringen nah- und fernöstlicher Elemente auf allen Gebieten der Kunst und des Kunsthandwerks festzustellen." (*Fritz Löffler:* Das alte Dresden, Dresden 1955). *Matthäus Pöppelmann* schuf in Pillnitz ein exotisches Lustschloss, das als frühestes Bauwerk der **Chinoiserie** in der europäischen Architektur gilt. Eingebettet ist es in Parkanlagen nach französischem und englischem Stil. Die Baugeschichte reicht zurück bis ins Mittelalter, damals stand hier eine Burg, später ein Renaissanceschloss und eine Schlosskirche. In *Augusts* Auftrag wurde zuerst das Wasserpalais errichtet, 1723 das Bergpalais.

Im Englischen Park wächst eine **Japanische Kamelie.** Sie ist die einzige Überlebende von vier Ende des 18. Jahrhunderts nach Europa gebrachten Kamelien. Ihr Kronendurchmesser misst schon 11 Meter. Bis zu 35000 Blüten bringt der Baum in den Monaten Februar bis April

5

hervor. Den Winter verbringt er im eigenen Schutzhaus.

Eine **Gondel** vom Ende des 18. Jahrhunderts, mit der die Hofgesellschaft von Dresden auf der Elbe zur Sommerresidenz gefahren ist, steht in einem offenen Pavillon am Rande des Heckenquartiers. Hier kann man übrigens Kindern den Park von der spannenden Seite zeigen: Der **Irrgarten** bereitet nicht nur Hofgesellschaften Vergnügen.

Im **Wasser- und Bergpalais** präsentiert das **Kunstgewerbemuseum** seine Sammlung von Möbeln, Gefäßen und Haushaltsgeräten aus der Zeit zwischen Gotik und Jugendstil sowie Möbel aus den Deutschen Werkstätten Hellerau. Im Zentrum der Schau steht selbstverständlich der luxuriöse Alltag am sächsischen Hof. Das **Schlossmuseum** im **Neuen Palais** (1818/26) zeigt mit dem Kuppelsaal, der Königlichen Hofküche und der Katholischen Kapelle das Ambiente höfischen Lebens und gibt einen Einblick in die Schlossgeschichte.

Das **Palmenhaus** (1859) ist mit seiner Gusseisen- und Glaskonstruktion eine architektonische Perle und für Pflanzenfreunde ein immerwährendes Ereignis. Hier gedeihen Gewächse aus so fernen Regionen wie Südafrika, Australien und Neuseeland.

Im Bootskeller an der Freitreppe gibt es Keramik aus sächsischen Werkstätten sowie kleine Kamelien zu kaufen, im Fliederhof sind Antiquariat, Chocolaterie, Glasbläserei und Läden für Kunsthandwerk zu finden.

Dresden zu Fuß

089ss ls

Museum

■ **Leonhardi-Museum,** Grundstraße 26, Tel. (0351) 2683513, www.leonhardi-museum.de, Di–Fr 14–18 Uhr, Sa, So 10–18 Uhr, 3/2 €. Dresdner Kunst des 20. Jahrhunderts und der Gegenwart, Leonhardi-Atelier.

■ **Carl-Maria-von-Weber-Gedenkstätte,** Dresden-Hosterwitz, Dresdner Straße 44, Tel. (0351) 2618234, www.museen-dresden.de, Mi–So 13–18 Uhr, 3/2 €. Leben und Werk des Komponisten in seinem einstigen Sommerhaus.

■ **Schloss und Park Pillnitz,** Tel. (0351) 2613260, www.schlosspillnitz.de, April bis Okt. von 6 Uhr bis zum Einbruch der Dunkelheit, Ende März bis Anfang November 9–18 Uhr, für Schlosspark und Pflanzenhäuser Eintritt 2/1 €, Tagesticket für beide Museen 8/4 €. Im Winter Museen geschlossen, Palmenhaus 2/1 €, Eintritt im Park frei. Eine der bedeutendsten Schloss- und Parkanlagen Europas, Kunstgewerbemuseum, Schlossmuseum, Kamelie, Palmenhaus. Fahrräder müssen an den Parkeingängen abgestellt werden.

■ **Richard-Wagner-Stätten,** Graupa, Richard-Wagner-Straße 6, Tel. (03501) 4619650, www.wagnerstaetten.de, Di–Fr 12–18 Uhr, Sa, So, Feiertage 10–18 Uhr, 7/4 €. Lohengrinhaus, einstiges Wohnhaus *Wagners,* mit Wagner-Sammlung und Möbeln im Stil der Zeit; Museum im Jagdschloss mit interaktiver Ausstellung zu Leben und Werk, Kulturpfad im Schlosspark.

Essen und Trinken

■ **Schillergarten**②, Schillerplatz 9, Tel. (0351) 811990, www.schillergarten.de, tgl. 11–1 Uhr. Großes historisches Lokal mit Garten links der Elbe, Blick zum „Blauen Wunder", sächsische Küche vom Feinsten. *Friedrich Schiller* war hier Stammgast.

■ **Villa Marie**②, Fährgässchen 1, Tel. (0351) 315440, www.villa-marie.de, Mo–Sa 11.30–1 Uhr, So, Feiertage 10–1 Uhr. Die Toskana an der Elbe, Fachwerkvilla an der Elbwiese unterhalb des Blauen Wunders, italienische Küche, mediterraner Sonntagsbrunch.

Praktische Tipps

Karte

■ **Dresdner Elbhang,** 1:10.000, mit Plänen Loschwitz, Blasewitz, Pillnitz; Sachsen Karthographie.

Bergbahnen

■ **Schwebebahn** Loschwitz – Oberloschwitz; **Standseilbahn** Loschwitz – Weißer Hirsch (Fußweg zur Straßenbahn Linie 11), Berg- oder Talfahrt 3/2 €, Berg- und Talfahrt am selben Tag 4/2,50 €, VVO-Wochen-, Monats- und Jahreskarte gelten. Fahrzeiten rund 5 Min.

Feste

■ **Elbhangfest,** www.elbhangfest.de. Kultur- und Bürgerfest zwischen Loschwitz und Pillnitz, jährlich am letzten Juni-Wochenende; Konzerte, Theater, Lesungen, Märkte, Kinderspiele, Speis und Trank; Eintritt 9–12 € für drei Tage, Tageskarte 8–10 €. Das Festgelände (fünf Orte auf sieben Kilometern) kann in dieser Zeit ohne Eintrittskarte nicht betreten werden.

Dresden zu Fuß

■ **Café Toskana**①, Schillerplatz 7, Tel. (0351) 3100744, www.cafe-eisold.de, tgl. 9–19 Uhr. Traditionsreiches Caféhaus, Wintergarten, Blick zum „Blauen Wunder" und zu den Elbhängen, berühmt für seinen Dresdner Christstollen und die Konditoreiwaren.

■ **Körnergarten**②, Friedrich-Wieck-Straße 26, Tel. (0351) 2683620, www.koernergarten.de, tgl. 11–24 Uhr. Historisches Wirtshaus an der Elbe, Blick zum „Blauen Wunder".

■ **Elbegarten**①, Friedrich-Wieck-Straße 18, Tel. (0351) 8029019, Mo–Fr 12–23 Uhr, Sa, So, Feiertage 11–23 Uhr. Stimmungsvolles Gartenlokal am „Blauen Wunder", Selbstbedienung.

■ **Café Clara**①, Friedrich-Wieck-Straße 20. Tel. (0351) 2666704, www.weincafe-clara.de, Di–Sa ab 18 Uhr, So 14.30–22 Uhr. Stilvolles Weincafé nahe der Elbe, mit Straßenplätzen, deutsche und südländische Küche, Vegetarisches.

■ **Wachbergschänke**①, Waldmüllerstraße 1b, Tel. (0351) 2640014, www.wachbergschaenke.de, Mi–So 11–22 Uhr. Romantisch im Wachwitzgrund gelegenes Ausflugslokal mit Ferienwohnungen.

■ **Ausspanne am Schlosspark**①, Pillnitzer Landstraße 298, Tel. (0351) 87968615, Mi–Mo 12–21 Uhr. Gartenlokal zwischen Elbe und Schloss.

■ **Einkehr am Palmenhaus**②, Orangeriestraße 5, Tel. (0351) 2610188, www.einkehrampalmen haus.de, Di–So ab 11.30 Uhr. Im Pillnitzer Dorfkern, sächsische Küche, Ferienwohnungen.

■ **Imbiss mit Sitzplätzen**① am Parkplatz des Pillnitzer Schlosses.

◁ Delfinförmiger Laternenfuß im Schlossgarten Pillnitz

Babisnauer Pappel und Lockwitzgrund (10 km)

Panoramablicke über Dresden und das Erzgebirgsvorland, ländliche Ansichten und schummrige Wege im Wald hält diese Wanderroute auf den Höhen südlich der Stadt bereit. Sie ist auch für Kinder geeignet, die schon etwas Ausdauer beim Wandern haben. Gaststätten liegen jedoch nicht am Weg, also Rucksack packen für die zahlreichen schönen Rastplätze.

Ausgangsort ist die Endhaltestelle **Goppeln** des Stadtbusses Linie 75 (vom Pirnaischen Platz/Stadtmuseum). Über den Platz mit der kleinen Grünanlage gelangt man auf die Hauptstraße und mit der grünen Markierung auf die Dorfstraße. Goppeln gehört schon zum Vorland des Osterzgebirges. Ende des 19. Jahrhunderts schlossen sich hier junge Maler um den Impressionisten *Carl Bantzer* (1857–1941) zu einer **Künstlerkolonie** zusammen; auch die Brücke-Künstler, *Robert Sterl* und der Hiddensee-Maler *Oskar Kruse-Lietzenburg* standen mit ihren Staffeleien in der Goppelner Flur.

Bald zweigt der Wanderweg halblinks ab in den **Gebergrund,** um am gegenüberliegenden Hang gleich wieder aufzusteigen, nach **Golberode.** Die nächste Viertelstunde geht es sanft bergan, entlang der Dorfstraße, die in ihrem Namen schon das Etappenziel anzeigt: Zur Pappel. Der Feldweg dahin zweigt nach links ab, und schon aus der ferne ist sie zu sehen, die **Babisnauer Pappel.** Jedem Dresdner ist sie eine vertraute Landmarke am Stadthorizont, die im Jahr 1808 als Grenzbaum gepflanzte Schwarzpappel.

5

291ss dk

Die Zeiten sind auch an ihr nicht spurlos vorübergegangen, aber noch immer misst sie stattliche 17 Meter Höhe und einen Stammumfang von über 5 Meter. Damit auch künftigen Generationen die Babisnauer Pappel erhalten bleibe, wurde ihr im Jahr 2006 ein aus Stecklingen des Altbaums gewonnenes „Pappelkind" zur Seite gestellt. Für die Rast stehen ein steinerner Tisch und Bänke bereit. Der Ausblick vom Gerüst neben dem Baum reicht über das gesamte Dresdner Elbtal bis hin zur Sächsischen Schweiz und ins Erzgebirge.

Den weiteren Weg kann man also schon mal ins Auge fassen: zwischen den Feldern nach Babisnau. Dort rechts abbiegend, folgt der Wanderweg der ruhi-

gen Dorfstraße bis **Bärenklause.** Das Dorf spielt zwar mit dem Bären im Namen – eine Bärenskulptur steht im Gutspark –, hat diesen aber von seinem einstigen Grundherrn *Hans Christof von Bernstein* geerbt. Am Gutspark zweigt der Wanderweg links entlang der Mauer ab, bis zur **Hummelmühle.** Sie ist eine der wenigen erhaltenen von einst 29 Mühlen im Lockwitzgrund, hat noch eine intakte Mühleneinrichtung und wird von einem Verein betrieben. Sie steht

⌃ ⌄ Blick von der und auf die Babisnauer Pappel

5

zum Beispiel am Deutschen Mühlentag (Pfingstmontag) zur Besichtigung offen.

Auf der anderen Straßenseite gibt es einen kleinen Parkplatz und eine Tafel mit Wanderkarte, dort ist der Anschluss des Wanderweges, der nun leicht bergan zur **Burgstädteler Linde** führt. Der mehrere Jahrhunderte alte Baum muss zwar mit Bändern gestützt werden, belaubt aber noch immer seine wenigen Äste. Am schönsten ist die Aussicht ins Kreischaer Becken um den zum Osterzgebirgsvorland gehörenden Kurort Kreischa. In dieser Landschaft, im nahegelegenen Börnchen, lebte *Curt Querner* (1904–1976), einer der bedeutendsten Maler der Neuen Sachlichkeit. Ein kleiner Abstecher ist möglich zum **Rundlingsdorf Burgstädtel;** die Wanderung aber führt direkt von der Linde in den Wald, leicht bergab auf Serpentinen in den Lockwitzgrund.

Der **Lockwitzbach** kommt aus dem Osterzgebirge bei Glashütte und hat sich hier sein schönstes Tal gegraben. Bequem erreicht man den Dresdner Stadtteil **Lockwitz,** just unter der 65 Meter hohen Betonbrücke der Autobahn A17. Hier wäre es ein fataler Irrtum, für die Zielgerade zur Straße unter der Brücke zu streben; viel angenehmer, wenn auch nicht mehr beschaulich, ist der markierte Weg weiterhin rechts des Baches. Eine Brücke überquert schließlich das Gewässer auf dem Hof einer Fabrik (noch immer markierter Wanderweg), falls man dort das Tor doch einmal verschlossen vorfinden sollte, gibt es 50 Meter bachabwärts eine weitere Gelegenheit, an das andere Ufer zu gelangen. Von hier sind es noch 10 Minuten bis zur Endhaltestelle Lockwitz Am Plan des Stadtbusses Linie 66 (Hauptbahnhof, Universitätsgelände).

247ss dk

248ss dk

Praktische Tipps

Essen und Trinken

■ **Hotel Landhaus Lockwitzgrund**②, Lockwitzgrund 100, Tel. (0351) 2710010, www.landhauslockwitzgrund.de, Di–So 11.30–22 Uhr. Hervorragende deutsche Küche, Biergarten.

Museum

■ **Hummelmühle Kreischa,** Tel. (035206) 23 737, 39345, www.hummelmuehle-kreischa.de. Besichtigung am Pfingstmontag (Deutscher Mühlentag), sonst nach Anmeldung.

⌂ Wanderweg an der Wilden Zschone

Zschonergrund und Dresden von oben (8 km)

Wiesengrund und Wassermühle, Aussichten über die Stadt und Beobachtungen am Bauernhofzaun verbindet diese auch für Kinder geeignete, abwechslungsreiche Wanderung im Westen der Stadt. Sie beginnt an der Haltestelle **Zschonergrundstraße** des Linienbusses 94 (vom Postplatz), dort die verkehrsreiche Straße überqueren und der Markierung (unter dem Straßenschild) in die Zschonergrundstraße folgen.

Auf der Busfahrt war die markant auf einem Bergsporn stehende **Briesnitzer Kirche** zu sehen, deren Geschichte bis ins 11. Jahrhundert zurückgeht. 1882 wurde sie im neogotischen Stil umgebaut. Aus dem 13. Jahrhundert blieben das Ostfenster im Chor und der Triumphbogen erhalten. Die Kirche ist unter anderem zum Tag des offenen Denkmals und zu Orgelkonzerten geöffnet.

Nach rund zehn Minuten erreicht der Wanderweg den düsteren Zugang zum Zschonergrund (links vom Hotel Weltemühle) und bald darauf das **Zschonergrundbad.** Das 1927 erbaute „Licht- und Luftbad" wird durch einen Verein derzeit als „NaturKulturBad Zschonergrund" wieder aufgebaut. Um das Vorhaben finanzieren zu helfen, treten hier öfters bekannte Dresdner Künstler auf.

Die Landschaft öffnet sich nun zu breiten, hügeligen, von Wald gesäumten Blumenwiesen, zwischen denen die Zschone fließt, um die Elbe zu erreichen. Ihr zur Seite folgt der breite Wanderweg; auch ein ehemaliger Mühlteich und das Mundloch des **„Gabe-Gottes-Erbstolln"** sind zu entdecken. Der im späten 18. Jahrhundert unternommene Versuch, Erz zu fördern, blieb erfolglos. Aber schon vor sechs Jahrhunderten sollen sich hier Mühlräder gedreht haben. Die **Zschonergrundmühle,** das beliebteste Ausflugsziel im Dresdner Westen, wurde um 1730 erbaut. Näheres zur Geschichte erfährt man vor Ort, denn die liebevoll denkmalgerecht restaurierte Mühle ist nicht nur Gaststätte, sondern auch ein **Museum** mit intaktem Mühlrad – 6,20 Meter Durchmesser – und Mahlwerk. Zudem gibt's auf der Bühne Geschichten aller Art, vom Kasper und den anderen Puppen.

Hier vergeht die Zeit also vorbildlich, aber wer weiter wandern möchte, steigt hinter der Mühle (markiert: Podemus) den Pfad hinauf, schaut von oben nochmal in den Mühlhof und erreicht auf der Höhe einen von schönen Ausblicken begleiteten Wiesenweg nach **Podemus.**

Im ehemaligen Vorwerk (Gutshof) des kleinen Dorfes, das als slawischer Rundling im 14. Jahrhundert entstanden ist, wird seit 1991 erfolgreich ökologischer Landbau betrieben. In einigen Läden in Dresden und auch in der Zschonermühle gibt es Lebensmittel aus dem **Vorwerk Podemus.** Schweine, Hühner und andere Haustiere kann man hier schon über den Zaun hinweg beobachten. Auf dem Gut werden den Sommer über auch Feste gefeiert, und die Hofküche bietet wochentags warmes Essen.

Weiter geht es auf dem Podemuser Ring zur Hauptstraße, an der Bushaltestelle vorbei (Wegweiser Unkersdorf), bis halblinks der schmale Pennricher Weg abzweigt. Er führt zunächst zu einem Teich und steigt von dort als Feldweg auf. Hier laden auch Ruhebänke ein, den reizvollen Blick über das Elbtal zu genießen.

Bald geht es wieder hinunter, um nun die **Wilde Zschone** zu erreichen, der bachaufwärts zu folgen ist. „Wild" heißt, dass dieser Bachabschnitt noch nicht ganz so eben ist wie weiter unten. Malerisch mäandert er durch den Wald und über Stock und Stein, und wer im Frühjahr kommt, erlebt einen Flockenteppich unzähliger Buschwindröschen. Für Fahrrad und Kinderwagen ist der Weg nicht geeignet.

Gleich zu Beginn des Grundes liegen aufgelassene Syenitsteinbrüche. Bald darauf führt auf der gegenüberliegenden Seite der Wanderweg recht steil hinauf nach Pennrich. Wer zuvor noch einmal einkehren möchte, hat an sonnigen Wochenenden Gelegenheit zu einem kleinen Abstecher. Die **Schulzenmühle** war die oberste der Zschonemühlen, im Hof des Anwesens gibt es einen einfachen

5

Imbiss. Im Dresdner Ortsteil **Pennrich** weisen ausreichend Markierungen den abschließenden Weg bis zur Haltestelle der Straßenbahn Linie 7, die zunächst das Neubaugebiet Dresden-Gorbitz (1981–1997) durchfährt und direkt den Hauptbahnhof und das Stadtzentrum erreicht.

Praktische Tipps

Essen und Trinken

■ **Zschonermühle**①, Zschonergrund 2, Tel. (0351) 4210252, www.zschoner-muehle.de, April bis Okt. Sa, So, Feiertage ab 11 Uhr, Mo–Fr ab 15 Uhr, während der Schulferien in Sachsen tgl. ab 11 Uhr, Gartenwirtschaft mit Selbstbedienung tgl. 11–15 Uhr. Restaurant, Biergarten, Museum, Puppenbühne in der historischen Wassermühle.

■ **Schulzenmühle**①, Am Mühlberg 2, Tel. (035204) 48460, bei schönem Wetter Fr, Sa ab 15 Uhr, So, Feiertage ab 12 Uhr. Am Wanderweg der Wilden Zschone, im Mühlhof Fassbier und Imbiss.

■ **Kümmelschänke**①, Kümmelschänkenweg 2, Tel. (0351) 4216144, www.kuemmelschaenke.de, Mo–Fr ab 17 Uhr, Sa ab 14 Uhr, So ab 12 Uhr (Jan. bis März Mo geschlossen). Ausflugslokal am Stadtrand in Dresden-Omsewitz. Für Familien mit Kindern und alle, die in der Großstadt naturnahe Entspannung suchen. Sächsische Küche von Erzeugern aus der Region, ländlicher Garten, Spielplatz, Haustiere, Töpferei. 15 Min. vom Wohngebiet Dresden-Gorbitz. Buslinie 80 bis Endhaltestelle Omsewitz, 2 Min. Fußweg; Straßenbahn Linien 1 und 12 bis Endhaltestelle Leutewitz, 15 Min. Fußweg durch den Omsewitzer Grund. 30 Min. Fußweg zur Zschoner Mühle.

▷ Im Zschonergrund

6 Meißen und die Elbweindörfer

An der Wiege Sachsens reifen die Reben. Von den Schrammsteinen bis zu den Weinbergen sind es auf dem Elberadweg vier Stunden, mit dem Auto gerade mal eine. In Meißen wurde die erste europäische Porzellanmanufaktur gegründet. Ein Stadtrundgang führt von den Frauenstufen zum Burgberg, in Höfe, Gassen und Museen. An den Weinhängen gönnt man sich einen Schoppen.

◁ Im Garten des Schlosses Seußlitz schätzt man einen guten Tropfen

6

MEISSEN UND DIE ELBWEIN- DÖRFER

Die Wiege Sachsens stand 26 Kilometer nordwestlich von Dresden, an der Elbe selbstverständlich. Meißen, die Stadt am Burgberg, mit Albrechtsburg und Dom, gotischem Rathaus und Renaissance-Markt, die Stadt des Weines und des Porzellans, lebt von mehr als 1000 Jahren Geschichte.

In den an der Elbe gelegenen Dörfern bei Meißen sind acht Jahrhunderte **Weinbautradition** beheimatet und in den Weinlokalen und Weingütern, bei Weinproben, Wanderungen und Schiffsreisen erlebbar. Hier beginnen die 55 Kilometer lange Sächsische Weinstraße und der 90 Kilometer lange Sächsische Weinwanderweg, die durch das nur 450 Hektar umfassende nordöstlichste Weinbaugebiet Deutschlands führen – von den Elbweindörfern flussaufwärts durch das Spaargebirge vor Meißen, durch Radebeul bis nach Dresden-Pillnitz und Pirna.

Meißen

Geschichte

In der Chronik des *Thietmar von Merseburg* wird berichtet, dass die Gründung der **Burg Misni** als erster Stützpunkt der Germanen auf slawischem Land 928/29 durch *Heinrich I.* erfolge. Die christliche Ostexpansion ins heidnische Land sicherte sich auf dem Burgberg ihren ersten Stützpunkt, 983 wurde zum Schutz der Elbfurt auch am Fuße des Berges eine Siedlung angelegt. Ein Markt ist seit dem Jahr 1002 belegt. 1205 erfolgte die planmäßige **Stadtgründung.**

Bis 1485 blieb Meißen die **sächsische Residenzstadt,** erst mit der Teilung des wettinischen Hauses in die ernestinische und die albertinische Linie musste die Stadt diesen Rang an Dresden abtreten. Mit Durchsetzung der Reformation im albertinischen Sachsen ging Meißen auch des Bischofssitzes verlustig. Im Dreißigjährigen Krieg verlor Meißen fast alle Bewohner.

Nachdem *August der Starke* 1710 seine kurz zuvor gegründete **Porzellanmanufaktur** vom Dresdner Schloss in die leerstehende Albrechtsburg verlegt hatte, erlebte die Stadt eine neue Blütezeit. Viele Gewerke bekamen Arbeit, die Stadt wieder einen Namen, und zwar einen, der bald in der ganzen Welt berühmt werden sollte.

Im **Zweiten Weltkrieg** wurde die Stadt weitgehend von Zerstörungen verschont, aber am 26. April 1945 sprengten die Nationalsozialisten die Elbbrücken. Superintendent *Herbert Böhme* sprach am Tag danach beim NSDAP-Kreisleiter und beim Bürgermeister vor, um eine kampflose Übergabe der Stadt zu erreichen; er wurde dafür inhaftiert und konnte durch den raschen Vormarsch der sowjetischen Armee vor der Hinrichtung bewahrt werden. Am 6. Mai rief der Sozialdemokrat *Willy Anker* die von der NS-Führung vor das Rathaus befohlenen Einwohner dazu auf, entgegen dem Evakuierungsbefehl die Stadt nicht zu verlassen. Er entging der Erschießung nur dadurch, dass die zeitgleich von der Front eintreffenden Nachrichten die Nazis zur sofortigen Flucht veranlassten. Die Stadt konnte somit kampflos und ohne weitere Zerstörung übergeben werden.

In den letzten Jahren der **DDR** war die historische Altstadt weitflächig vom Verfall bedroht, viele Häuser standen schon lange leer. 1990 wurde Meißen in das vom Bund finanzierte **Modellprojekt Altstadtsanierung** aufgenommen. Seitdem ist die Altstadt wiedererstanden, und in die mittelalterlichen Gassen ist

NICHT VERPASSEN!

Diese Tipps erkennt man an der gelben Hinterlegung.

Meißen und die Elbweindörfer

6

611ss ls

das Leben zurückgekehrt. Tourismus, die Staatliche Porzellanmanufaktur und der Weinbau prägen wieder die Identität der Stadt (27.000 Einwohner).

Abschließend noch eine kleine Lektion reformfreie Rechtschreibung: Meißen ist und bleibt die Stadt, aber es wird schon immer „Meissener Porzellan" und „Meissener Manufaktur" geschrieben.

◁ Der Dom

⌃ Meißen ist berühmt für seine Porzellanmanufaktur

Stadtrundgang

Besucher, die mit der S-Bahn S 1 kommen, fahren bis „Meißen Altstadt". Autofahrer, die am rechten Elbufer parken, genießen dort eine der schönsten Ansichten des Burgberges mit dem Dom. Über die **Eisenbahnbrücke** (Zugang neben der Brücke an der Straße, nicht die verkehrsreiche Autobrücke benutzen) gelangt man an die gegenüberliegende Uferstraße (linkselbischer Parkplatz Eisenbahnbrücke) und ins Gassengewirr der Altstadt, in dem man unfehlbar den **Markt,** das Herz der Altstadt, findet. Dort erklingt zu jeder vollen Stunde ein Meissener Porzellanglockenspiel.

Beherrschende Gebäude sind das gotische **Rathaus** (1472) mit dem 18 Meter hohen Dach, die gotische **Frauenkirche** (1457) und die **Renaissance-Apotheke** (1560). Sehenswert ist jedes der Bürgerhäuser, neben der Frauenkirche die historische **Weinstube „Vinzenz Richter"** sowie vom Markt aus jede noch so kleine Gasse. Die belebte **Burgstraße** oder die stillen **Frauenstufen** – neben der Weinstube – führen zum Burgplateau. Erst noch ein Blick auf die ineinandergeschachtelten Dächer der Altstadt, dann durch das Torhaus zum **Burgplatz.**

Dom und Albrechtsburg

An der breiten Seite dieses trapezförmigen Platzes stehen der hochgotische, zweitürmige **Dom,** eines der bedeutendsten Bauwerke des Mittelalters in Sachsen, und die **Albrechtsburg,** die bedeutendste spätmittelalterliche Burg Deutschlands. Der Dom wurde 1250 errichtet. Den großartigen Innenraum mit den Stifterfiguren aus der Werkstatt des Naumburger Meisters kann man bei einer Führung oder bei Orgelkonzerten erleben. Die Albrechtsburg entstand ab

◹ Der Marktplatz in Meißen   ▷ Albrechtsburg und Dom

1471 unter Leitung des wettinischen Hofarchitekten *Arnold von Westfalen.* Auftraggeber waren die Brüder *Ernst* und *Albrecht von Wettin,* die gemeinsam Thüringen und Sachsen beherrschten. Durch den Verzicht auf die in der Gotik sonst üblichen Strebepfeiler und die Verlagerung des Gewölbeschubs auf die starken Außenmauern gelang es dem Baumeister, ein spielerisch graziles Schloss auf den Berg zu stellen. Eine Neuerung, die von Meißen aus die spätgotische Architektur an der Schwelle zur Renaissance beeinflusste, waren die Vorhangfenster, die den Eindruck eines lichten Schlosses noch verstärkten. Die Albrechtsburg ist, wie etwa die Moritzburg in Halle/Saale, einer der wenigen nahezu unverfälscht erhaltenen Profanbauten der Spätgotik in Deutschland. Vollendet wurde die Burg im Geiste der aufkommenden Renaissance, bis 1524 unter *Jakob Heilmann von Schweinfurt.*

Das dritte dominante Bauwerk auf dem Burgplateau ist der **Bischofssitz,** heute Amtsgericht. Durch einen Torbogen gelangt man in dessen Hof, mit Aussicht auf die Weinberge (gegenüber der Proschwitzer Katzensprung). Von der Schmalseite des Burgbergplateaus (obere Station des Aufzugs vom Parkplatz) am Kornhaus (1866) bis zum Bischofssitz (Amtsgerichtsstufen) führt der **Obere Promenadenweg** aussichtsreich durch einen Park um den Burgberg herum. Interessant ist auch der **Schülerweinberg**

612ss ls

an der Südseite des Burgberges. Er wird von Schülern des Landesgymnasiums St. Afra unter fachkundiger Anleitung bewirtschaftet. In den sieben **Domherrenhäusern** laden Restaurants ein.

Altstadtbummel

Vom Burgberg führen die Schlossstufen wieder hinunter zur Altstadt. Etwa zur **Konditorei Zieger** an den Roten Stufen.

Sie ist die einzige weltweit, die **Meißner Fummeln** backen darf. Dieses beuligpustelige, zart zuckergepuderte Gebäck überrascht auf der Zunge nicht; so weit den Mund aufreißen, um in Luft zu beißen, muss keiner sonst, aber das ist Staatsräson. *August der Starke* (Hufeisen, 365 Kinder, Grenadiere am steifen Arm) soll sie erfunden haben, im Jahre 1710, dem Gründungsjahr der Meissener Porzellanmanufaktur, um seine Meißner Kuriere an der kurzen Leine zu halten.

Die Elbweindörfer

Die hatten nämlich auf dem bis heute berauschenden Weg entlang der Elbe bis zum Residenzschloss allzu gern dem Meißner Wein zugesprochen, dagegen war wohl selbst der Despot nüchtern. Also erließ er die Order, dass aus der Stadt des Weines neben den Staatspapieren eben dieses arg bröckelige Gebäck mitzubringen sei. Wenn dann der Kurier statt der luftigen Backwerksblase nur Trümmer vorweisen konnte, gab es kurfürstliche Senge.

Das **Theater** auf einem fast 800 Jahre alten Marktflecken, dem heutigen Theaterplatz, wurde ab 1851 eingerichtet und ist heute wieder, von einem Förderverein betrieben, ein Kulturzentrum der Stadt.

Vom Markt eine Viertelstunde Fußweg (10 Min. von der S-Bahnstation Meißen Triebischtal) entlang der Triebisch ist es bis zum **Museum der Staatlichen Porzellanmanufaktur Meissen.** Neben dem Wein prägte das Porzellan die Geschichte dieser Stadt. Im Haus Meissen gibt es Schauwerkstätten und eine Galerie der Porzellankunst von 1710 bis zur internationalen Moderne. In der Boutique können Besucher Meissener Porzellan erwerben.

Nur 13 Kilometer stromab auf dem Elberadweg sind es von Meißen bis in das Weindorf Diesbar-Seußlitz. Die Elbweindörfer lassen sich am besten mit dem Fahrrad erkunden, aber es gibt auch kleinere **Wander- und Spazierwege** zwischen den Weinterrassen und in den bewaldeten Bachgründen.

Verbreitetste **Trauben** in diesen Lagen sind Müller-Thurgau, Riesling, Traminer, Weißburgunder und Grauburgunder sowie Spätburgunder und Dornfelder. Sie bringen einen trockenen Wein mit Charakter, leicht, fruchtig und bekömmlich. Elbtal-Spezialitäten sind der Goldriesling, ein leichter Tischwein, der nur noch hier angebaut und gekeltert wird, und der Schieler (Rotling), der wie ein Rosé aussieht, aber eine Mischung aus roten und weißen Trauben ist. Rund 20 Weingüter und 3500 Hobbywinzer erhalten die Kultur des Weinbaus im Elbtal, und das überwiegend an Steilhängen, deren Antlitz seit Jahrhunderten die von **Trockenmauern** befestigten Weinbauterrassen zeichnen.

Diesbar-Seußlitz

Die Erkundung der Elbweindörfer beginnt man am besten in Seußlitz, dem „Tor zum Elbtal". Direkt an der Elbe gibt es einen großen Parkplatz; der Linienbus 407 von Meißen fährt bis zur Haltestelle Schloss/Fähre 30 Minuten. Die Elbfähre verbindet Seußlitz mit Niederlommatzsch und damit auch den links- und rechtselbischen Radweg.

◁ Weinlese vor dem Meißner Dom

Meißen und die Elbweindörfer

6

Eine kleine Promenade führt vom Elbufer zum **Barockschloss** Seußlitz. Es entstand 1723/24 unter der Leitung des Dresdner Ratszimmermeisters und Architekten *George Bähr,* der anschließend auch die neben dem Schloss befindliche einstige Klosterkirche umbaute. Die Geschichte des Herrenhauses reicht zurück bis zu einer Wasserburg im 12. Jahrhundert. Von 1272 bis zu seiner Auflösung infolge der Reformation 1541 bestand dort ein Klarissinnenkloster. Zur Zeit des barocken Neubaus gehörte das Anwesen dem Kanzler am Hofe *Augusts des Starken, Heinrich von Bünau.* Später diente es bürgerlichen Familien als Wohnsitz; während der DDR-Zeit und bis zum Jahr 2000 war es ein Seniorenheim. Heute ist es in privatem Besitz.

Links von der Vorderfront des Schlosses führt ein gotisches Tor aus der Klosterzeit zur „Alten Presse", dem 1819 errichteten Gebäude der **Weinpresse.** Heute befindet sich hier das **Haus des Gastes** mit der Touristinformation der Elbweindörfer und dem Naturschutzzentrum. Ihm gegenüber gibt es ein kleines sympathisches Café. Es beherbergt eine Ausstellung zum Weinbau und wird von *Ingrid Zeidler* betrieben, die auch zu sinnlich-informativen **Wein-Spaziergängen** zwischen Seußlitz und Radebeul einlädt.

In dem im Jahre 1205 erstmalig beurkundeten, malerischen Weindorf Seußlitz klettert der recht steile Döschützer Kirchsteig zwischen Trockenmauern einen Weinhang hinauf, doch bereits nach wenigen Schritten kann man einen wirklich herrlichen Blick über das Dorf mit seinen Weinhängen und das Elbtal genießen.

251ss dk

Ein Schoppen zum Kennenlernen (8 km)

Eine bequeme Wanderung durch die Weinberge beginnt am schmiedeeisernen Tor, das sich rechts vom Schloss Seußlitz in den **Orangeriegarten** öffnet. Der im französischen Stil gestaltete Park wird von einer Anhöhe begrenzt. Auf ihr steht die Heinrichsburg, ein barockes Gartenhaus. Den Weg hinauf begleiten die Allegorien der Monate, 12 barocke Sandsteinskulpturen aus der Schule *Balthasar Permosers*. Von der Burgterrasse bietet sich der schönste Blick auf das Schloss und den gegenüberliegenden Weinberg mit der Luisenburg, dem Pendant der Heinrichsburg.

Über das Elbtal hinweg schweift der Blick bis zum markanten, linkselbischen **Schloss Hirschstein**. Dieses wurde als Burgwarte auf einem steil abfallenden Felsvorsprung errichtet und wird heute zwischen Ostern und Oktober von der Gemeinde als Veranstaltungs- und Ausstellungsort genutzt. Von der Fährstelle Niederlommatzsch bis zum Schloss sind es zwei Kilometer Fuß- oder Radweg.

Die Wein-Wanderung aber führt von der Heinrichsburg auf einem Waldpfad in die oberen Lagen des Naturschutzgebietes **Seußlitzer Grund**. Das sich anschließende, mit Weinreben bepflanzte

◁ Trockenmauern an den Weinhängen in Seußlitz – hier der Döschützer Kirchsteig

Plateau um die Goldkuppe war eine bronzezeitliche Wallanlage. Sie gehört, neben dem nahe gelegenen Löbsaler Burgberg und dem Burgwall auf dem Göhrisch, auf der anderen Elbseite, zu den ältesten nachgewiesenen Burganlagen Deutschlands (1700–700 v. Chr.). Einen Elbübergang bot die bis heute auf Karten verzeichnete „Rauhe Furt". Näheres ist auf Informationstafeln am Weg zu erfahren.

Der Weg zwischen den Reben, immer wieder mit Ausblicken zur Elbe, ist jedenfalls der schönste Abschnitt dieses Rundweges. Mehrere überdachte Rastplätze stehen zur Auswahl. Kurz nachdem der Wiesenpfad in die befestigte Radewitzer Straße übergegangen ist, zweigt rechts ein grün markierter Schotterweg zur **Weißen Mauer** ab, einer der charakteristischen Trockenmauern. An der Mauer entlang erreicht man bald im Tal das Weindorf **Diesbar**. Nach dem Anblick so vieler Reben und Weinhänge wird es ja nun Zeit, ein Glas Elbtalwein zu probieren. Das Weingut Jan Ulrich hat hier einen **Ausschank** eingerichtet, der bei schönem Wetter tagsüber geöffnet ist. Auch zum Essen kann man einkehren, natürlich gibt es ebenfalls alkoholfreie Getränke sowie Meißner Bier.

Noch im Tal zweigt von dem eben begangenen Weg links ein rot markierter Waldweg ab, der hinauf in das Weindorf **Löbsal** führt. Hier hat das Weingut Keydel seinen Sitz (mit Pension). Zum Einkehren unter Kastanienbäumen gibt es seit über 100 Jahren das Jägerheim am Dorfplatz. Am Parkplatz steht ein Wanderwegweiser, ihm ist auf dem Dorfplatz (Straße) Richtung Diesbar zu folgen, bis gleich nach der Straßenbiegung rechts ein Wegweiser die **„Schöne Aussicht"**

Meißen und die Elbweindörfer

6

ankündigt. Nun geht es wieder bergab zur Elbe. Der Aussichtspunkt wird über ein paar Stufen erreicht und hält, was der Name verspricht. Zum Schluss folgen steile Stufen, und die Hauptstraße an der Elbe ist erreicht (Parkplatz). Hier erwarten das Landgasthaus zum Roß und Merkers Weinstuben ihre Gäste.

Den Rundweg nach Seußlitz schließen nun die letzten drei Wanderkilometer auf dem **Elberadweg.** Die mächtige Granitwand eines Steinbruchs nahe des Ufers ist der **„Böse Bruder"**, benannt nach der Sage um zwei um ein Mädchen konkurrierende Brüder. Der abschließende Ausschank an diesem Weg sind die Seußlitzer Weinstuben des Weingutes Joachim Lehmann.

Golk und Zadel

Von Löbsal aus kann auch der von mehreren markierten Wanderwegen erschlossene **Golker Wald** erreicht werden. Südlich davon liegt der Golker Herrenberg, ein über 300 Jahre alter Weinberg, an dem Riesling und Spätburgunder gedeihen. Im Winzerhof Golk, direkt am Weinberg, wird er ausgeschenkt und in Flaschen verkauft. Das kleine Weindorf **Golk** ist Ausgangsort für Radtouren, zum Beispiel rund um den Golker Wald, nach Löbsal oder in das an der Elbe gelegene Weindorf Zadel. (Golk – Zadel 2,5 Kilometer Landstraße.)

In **Zadel** wird seit 1218 Weinbau betrieben, es ist das Elbweindorf mit der ältesten beurkundeten Weinbautradition. Am Dorfanger liegt das **Weingut Schloss Proschwitz.** Dessen Weinhänge reichen östlich des Dorfes bis zum Meißner Stadtteil Proschwitz; dort steht auch

das namengebende barocke Schloss. Prinz *zur Lippe* besitzt das älteste und größte private Weingut Sachsens. Von Zadel aus führt der Sächsische Weinwanderweg (Diesbar – Pirna, 90 Kilometer), oberhalb der prominenten Einzellage „Proschwitzer Katzensprung", bis zum Schloss Proschwitz und weiter über die Katzenstufen durch den Weinberg bis an das rechtselbische Meißner Elbufer (7 Kilometer).

Das Spaargebirge: klein aber Wein

Auf diesem Weinwanderweg verbleibend (Markierung: Traube Wein, rot mit S), geht es bald wieder in die Berge, zunächst aber weiter am Elbufer entlang, bis zur Abzweigung nach links im Stadtteil **Oberspaar** hinauf ins Spaargebirge. Der nur drei Kilometer lange und einige hundert Meter breite Höhenrücken wird gern als das kleinste Gebirge Sachsens bezeichnet, obwohl man doch sieht, dass er von der Natur allein dafür geschaffen wurde, Wein hervorzubringen. Aussichtspunkte sind die Juchhöh (192 m) und die Boselspitze (182 m), zu entdecken gibt es namhafte Weingüter, historische Winzerhäuser und lokale Weinwanderwege (Markierung: Traube Wein, grün). Unweit der Boselspitze gibt es seit 1908 den **Pflanzengarten.** Er gehört heute zur TU Dresden und ist frei zugänglich.

▷ Hoflößnitz mit Bismarckturm und Spitzhaus in Radebeul

6

Hoflößnitz in Radebeul

Zwischen Meißen und Dresden liegen die Radebeuler Weinberge. Zu den bekanntesten **Einzellagen** zählen Johannisberg, Steinrücken, Goldener Wagen. Von der reichen Kulturgeschichte dieses Anbaugebietes sprechen die historischen Winzerhäuser und teils jahrhundertealten Terrassen, die verstreuten Barockpavillons und Lustschlösser.

In den Weinhängen gibt es mehrere markierte Spazierwege. Der **Weinwanderweg Oberlößnitz** (zwei Kilometer) führt um die Terrassen des Goldenen Wagen und zu mehreren Weingütern. Die aussichtsreiche Runde beginnt an der Infostele Knohllweg. Wer entgegen dem Uhrzeigersinn läuft, kann die 397 Stufen der Spitzhaustreppe hinabschreiten. Weitere Wege führen durch **Niederlößnitz** (2,5 km), das Sächsische Staatsweingut **Schloss Wackerbarth** (1,5 km), **Zitzschewig** (4 km) und auf der historischen **Waldroute** (3,5 km). Allen Wegen gemeinsam sind Begegnungen mit Weingütern und schöne Aussichten. Nicht verpassen sollten Weinfreunde einen Besuch des **Weinbaumuseums Hoflößnitz.** Das barocke Jagdschlösschen ist reizvoll gelegen und von weiteren Bauwerken des historischen Weingutes umgeben. Im Restaurant gibt es sächsische Wildgerichte und Elbtalwein.

Ein romantisches Herbst- und Weinfest wird alljährlich im September auf dem historischen Dorfanger von **Altkötzschenbroda** gefeiert. (Ja, genau dieses: „Verzeihen Sie mein Herr, fährt dieser Zug nach Kötzschenbroda …“, *Bully Buhlan,* nach *Glenn Miller,* 1946. Heute fährt die S-Bahn bis Radebeul Kötzschenbroda, dann folgen noch 5 Min. Fußweg.) Bei diesem Fest treten Wandertheatergruppen auch aus dem Ausland auf. Am Anger gibt es mehrere Restaurants, Kunstgalerien und interessante kleine Läden.

136ss ls

Praktische Tipps Meißen und die Elbweindörfer

Anreise

- B 6, B 101
- S-Bahn S 1 (Meißen – Radebeul – Dresden – Pirna – Sächsische Schweiz)

Information

- **Touristinformation Meißen,** Markt 3, Tel. (03521) 41940, www.touristinfo-meissen.de, April bis Okt. Mo–Fr 10–18 Uhr, Sa, So, Feiertage 10–16 Uhr, Nov. bis März Mo–Fr 10–17 Uhr, Sa 10–15 Uhr (außer Jan.). Mit Fahrradverleih.
- **Haus des Gastes Sächsische Elbweindörfer,** Diesbar-Seußlitz, An der Weinstraße 1a, Tel. (035267) 50909, www.nuenchritz.de, April bis Okt. Di–So 10–17 Uhr.
- **Tourist-Information Radebeul,** Meißner Straße 152, Tel. (0351) 8954120, www.radebeul.de, April bis Okt. Mo–Fr 9–18 Uhr, Sa 9–13 Uhr, Nov. bis März Mo–Fr 10–16 Uhr.

Unterkunft, Essen und Trinken

- **Romantik-Hotel Burgkeller**③, Domplatz 11, Meißen, Tel. (03521) 41400, www.hotel-burgkel ler-meissen.de. Ruhige Lage im historischen Gewölbe auf dem Burgberg, Terrasse mit Panoramablick über die Altstadt.
- **Hotel Goldener Löwe**③, Heinrichsplatz 6, Meißen, Tel. (03521) 41110, www.goldener-loewe-meissen.com. Wenige Schritte vom Markt, großzügige, modern eingerichtete Zimmer.
- **Hotel Fährhaus**③, Hafenstraße 16, Meißen, Tel. (03521) 7288860, www.faehrhaus-meissen.de. Kleines Hotel an der Elbe mit hochwertig eingerichteten Zimmern, Restaurant im Hof.

Der „Böse Bruder" am Elberadweg

■ **Pension Meißner Burgstuben**②, Freiheit 3, Tel. (03521) 453685, www.meissner-burgstuben.de, Di–So 10–17 Uhr. Romantisch am Zugang zum Burgplateau gelegenes Häuschen mit Weinstube und schattigem Garten, einer der schönsten Blicke auf die Altstadt.

■ **Pension Schönitz**②, Neugasse 22, Tel. (03521) 452561, www.schoenitz-meissen.de. Zwischen Markt und Manufaktur, italienisches Restaurant mit Fensterblick auf die Altstadt.

■ **Hotel und Gaststätte „Neumanns Dampfschiff"**②, Dresdner Straße 290, Sörnewitz, Tel. (03523) 63835, www.neumanns-dampfschiff.de, April bis Nov. tgl. ab 12 Uhr. An der Sächsischen Weinstraße unterhalb des Spaargebirges, großzügige Zimmer, regionale Küche.

■ **Landgasthaus und Hotel „Jägerheim Löbsal"**②, Dorfplatz 6, Löbsal, Di–So 11–22 Uhr, Mo ab 17 Uhr, www.jaegerheim-loebsal.de. Ruhig gelegenes Ausflugsziel mit großem Garten, direkt in der Weinbaulandschaft, 12 km bis Meißen.

■ **Herbergen „Rothes Haus"**① (Nossener Str. 46) und **„Kleinmarkt"**① (Am Kleinmarkt 5), Meißen, Vermietung über Stiftung Soziale Projekte Meißen, Tel. (03521) 4767660, www.sopro-meissen.de. Preisgünstige Ferienwohnungen.

Essen und Trinken

■ **Schwerter Schankhaus**②, Markt 6, Tel. (03521) 409280, www.schwerter-schankhaus.de, tgl. ab 11 Uhr. Traditionsreiches Haus in der Altstadt, großzügige, helle Zimmer, gemütliches Gasthaus mit rustikaler Küche und Meißner Schwerter-Bieren.

■ **Brauhaus „Zum Schwerter Bräu"**①, Ziegelstraße 6, Tel. (03521) 731443, www.privatbrauerei-schwerter.de, tgl. ab 11 Uhr. Gaststätte in der ältesten Privatbrauerei Sachsens, rechtselbisch, 3 km vom Bahnhof, Biergarten.

■ **Winzerhof Golk**①, Zum Forsthaus 7, Tel. (03521) 738835, www.winzerhofgolk.de, Mi, Do ab 16 Uhr, Fr–So ab 11 Uhr. Historisches Weingut, herrliche Aussicht, sächsische und ungarisch-österreichische Küche, Pension.

■ **Weingut Jan Ulrich**①, Diesbar-Seußlitz, Am Brummochsenloch 21, Tel. (035267) 5100, www.weingut-jan-ulrich.de, Ausschank bei schönem Wetter Mai bis Okt. 11–18 Uhr, tgl. Weinverkostung und -verkauf im Hof (außer Weihnachten; Jan./Febr. nach Anmeldung).

Museen

■ **Albrechtsburg Meißen,** Domplatz 1, Tel. (03521) 47070, www.albrechtsburg-meissen.de, März bis Okt. tgl. 10–18 Uhr, Nov. bis Febr. tgl. 10–17 Uhr, 8/4 €. Deutschlands ältestes Schloss, Bau- und Schlossgeschichte, Albrechtsburg als erste Porzellanmanufaktur Europas.

■ **Dom zu Meißen,** Domplatz 7, Tel. (03521) 452490, www.dom-zu-meissen.de, April bis Okt. tgl. 9–18 Uhr, Nov. bis März tgl. 10–16 Uhr, 3,50/ 2,50 €, Mittagsorgelmusik April bis Okt. Mo–Sa 12 Uhr, mehrmals tgl. Führungen, auch in Verbindung mit der Albrechtsburg. Acht Jahrhunderte Architekturgeschichte.

■ **Staatliche Porzellan-Manufaktur Meissen,** Erlebniswelt Haus MEISSEN, Talstraße 9, Tel. (03521) 468600, www.meissen.com, Mai bis Okt. tgl. 9–18 Uhr, Nov.bis April tgl. 9–17 Uhr, 9 €. 300 Jahre Meissner Porzellan, Schauwerkstätten, Museum of Meissen Art – weltweit umfangreichste Sammlung Meissener Porzellans, Meissen Art Campus – zeitgenössische Kunst in Meissener Porzellan.

■ **Stadtmuseum Meißen,** Heinrichsplatz 3, Tel. (03521) 467333, www.meissen.de, Di–So 10–18 Uhr. In der ehemaligen Franziskanerklosterkirche, Kreuzgang mit Grabmalen aus fünf Jahrhunderten.

■ **Sächsisches Weinbaumuseum Hoflößnitz,** Radebeul, Knohlweg 37, Tel. (0351) 8398341, www.hofloessnitz.de, April bis Okt. Di–So 10–17 Uhr, Nov. bis März Di–Fr 12–16 Uhr, Sa, So, Feiertage 11–17 Uhr, Führungen immer 14 Uhr. Geschichte

Meißen und die Elbweindörfer

6

Ausflug nach Moritzburg

15 Kilometer nordwestlich von Dresden liegt Moritzburg inmitten einer sanft hügeligen Wald- und Teichlandschaft. Das **Barockschloss** ließ sich Herzog *Moritz* 1542–46 von *Hans Dehn-Rothfelser* auf der Landzunge eines Teiches errichten. Es war einer der ersten Renaissance-Bauten Sachsens, 1723–26 wurde es unter Leitung von *Matthäus Daniel Pöppelmann* für *August den Starken* umgebaut, mit vier Prunksälen und 200 Zimmern.

Bedeutende Künstler und Architekten wie *Johann Christoph Knöffel*, *Benjamin Thomae* und *Louis de Silvestre* formten dieses in den Farben des sächsischen Barock, weiß und ocker, leuchtende Schloss. Seit 1947 zeigt das **Barockmuseum** Porzellan, Möbel, Gemälde, Kutschen und eine einzigartige Trophäensammlung.

1730 wurde der französische **Park** angelegt. 34 weitere Teiche blinken in der nahen Umgebung. An einem steht sogar ein **Leuchtturm**, erbaut mit dem zweigeschossigen Fasanenschlösschen in der Zeit des Rokoko.

Im Sommer 1907 zogen die jungen Maler der Künstlervereinigung **„Brücke"** mit ihren Modellen in die Moritzburger Teichlandschaft.

Im barocken **Rüdenhof** lebte die Grafikerin **Käthe Kollwitz** von Juli 1944 bis zu ihrem Tod am 22. April 1945. Zu ihrem 50. Todestag wurde eine Gedenkstätte mit Galerie eingerichtet (siehe Exkurs „Käthe Kollwitz im Rüdenhof" weiter unten).

des sächsischen Weinbaus in einem ehemaligen kurfürstlichen Lust- und Weinberghaus, Restaurant Di–So ab 11 Uhr.

■ **Karl-May-Museum Radebeul,** Karl-May-Straße 5, Tel. (0351) 837300, www.karl-may-museum.de, März bis Okt. Di–So 9–18 Uhr, Nov. bis März Di–So 10–16 Uhr. Der Schriftsteller aus dem Erzgebirge und seine Villa Shatterhand, die Indianer Nordamerikas in der Villa Bärenfett, zwei einzigartige Ausstellungen.

▭ Die Roten Stufen vom Burgberg in die Meißner Altstadt

▷ Schloss Moritzburg

Die einheimische Tierwelt in freier Natur kann man im **Wildgehege** an der Straße nach Radeburg beobachten. Zur Zeit *Augusts des Starken* wurde es als „Menagerie aller seltenen Arten von Hochwild" eingerichtet.

Sechs **Badeteiche** gibt es im Moritzburger Wald, darunter den Oberen Waldteich für FKK.

Schloss Moritzburg und Umgebung waren einer der Drehorte des seit 40 Jahren erfolgreichen Märchenfilms „Drei Haselnüsse für Aschenbrödel" (DDR/CSSR 1973). Der Film entstand nach der literarischen Vorlage der tschechischen Nationaldichterin *Božena Němcová*.

■ **Barockschloss Moritzburg,** Tel. (035207) 81439, www.barockschloss-moritzburg.de. April bis Okt. tgl. 10–17.30 Uhr, Nov. bis März Di–So 10–16.30 Uhr stündliche Rundgänge, Jan./Feb. nur an den Wochenenden geöffnet. Eintritt: 7/3,50 €.

Praktische Tipps

Information

■ **Touristinformation Moritzburg,** Schlossallee 3, 01468 Moritzburg, Tel. (035207) 8540, www.kulturlandschaft-moritzburg.de. Mo–Fr 10–16 Uhr, Sa, So, Feiertage 11–17 Uhr, Nov. bis März Mo geschlossen.

103ss ls

Käthe Kollwitz im Rüdenhof

Das barocke Schloss mit seinen kurzen, trutzigen Türmen zittert leise. Wellen kräuseln sein Spiegelbild. Wie ein Klecks, mitten im Teich, hält sich eine Insel. Eine Baumgruppe verbirgt den Pavillon auf dem Wasser, als ob er allein für dieses Schwanenpaar errichtet worden wäre. Drüben, auf der Schlosspromenade, ergehen sich Touristen in wettinischer Historie.

Am geöffneten Fenster des „Rüdenhofes" hatte auch die Künstlerin dieses Bild vor Augen. Die kleine Insel, das Wasser, die Wolken beschrieb sie in ihrem Tagebuch. Am 22. April 1945 starb *Käthe Kollwitz* im Moritzburger Rüdenhof. Im Juli darauf wollte die „Deutsche Volkszeitung" noch zum Geburtstag gratulieren: „Wir drücken der Künstlerin die Hand."

Käthe Kollwitz, schwerkrank und von den Nazis verfemt, war im Juli 1944 vom kunstsinnigen Prinzen *Ernst Heinrich von Sachsen* aus dem von Bombardements bedrohten Nordhausen nach Moritzburg geholt und in den „Rüdenhof" einquartiert worden. Dort lebte sie zurückgezogen, halb erblindet, verzweifelt wartend auf den Tod. Schon im Dezember 1942 hatte sie dem Tagebuch anvertraut: „Tot sein, o ja, das ist mir oft ein guter Gedanke." 1940 war ihr Ehemann *Karl* gestorben, im September 1942 Enkel *Peter* in Russland gefallen. Am 23. November 1943 ging die Berliner Wohnung bei einem Bombardement in Flammen auf, mit Bildern und Druckstöcken, drei Monate nachdem die *Kollwitz* von der befreundeten Bildhauerin *Margarete Böning* in die Nordhausener Zuflucht geholt worden war.

Das Barockmuseum im Schloss Moritzburg (siehe oben) richtete 1950 eine kleine Gedenkausstellung für *Käthe Kollwitz* ein. Der Rüdenhof selbst war seit dem Ende des Krieges über die zentrale „Wohnraumlenkung" vermietet worden, obwohl es einen Beschluss der Landesverwaltung Sachsen gab, dort eine Gedenkstätte einzurichten. Es blieb bei einer unscheinbaren Erinnerungstafel.

Ein „Freundeskreis Käthe Kollwitz", legitimiert unter dem Dach des Kulturbundes, bemühte sich ab 1985 um Räume im Rüdenhof. Am 5. August 1990 wurde eine provisorische Gedenkstätte eröffnet.

1994 begannen Bauarbeiten an dem Gutshof, wo im 18. Jahrhundert die kurfürstlichen Jagdhunde scharfgemacht worden waren. Zum 50. Todestag von *Käthe Kollwitz,* am 22. April 1995, wurde im einzigen erhaltenen Wohnhaus der Künstlerin eine **Gedenkstätte** eröffnet. Dort werden Zeugnisse ihrer Moritzburger Jahre und Ausstellungen gegenwärtiger Kunst gezeigt, vor allem aber die Grafiken der *Kollwitz.*

■ **Käthe-Kollwitz-Haus Moritzburg,** Rüdenhof, Meißner Str. 7, Moritzburg, Tel. (035207) 82818, www.kollwitz-moritzburg.de. Geöffnet April bis Okt. Mo–Fr 11–17 Uhr, Sa/So 10–17 Uhr, Nov. bis März Di–Fr 12–16 Uhr, Sa/So 11–16 Uhr.

Essen und Trinken

■ **Hotel Churfürstliche Waldschänke**②, Große Fasanenstraße, Tel. (035207) 8600, www.wald schaenke-moritzburg.de, tgl. 11.30–22.30 Uhr. Wild im Wald, Wein aus Sachsen, an den Wänden Ledertapeten aus dem 17. Jahrhundert.
■ **Adams Gasthof**②, Markt 9, Tel. (035207) 99775, tgl. 11–23 Uhr, www.adams-gasthof.de. Wild im ältesten Moritzburger Gasthof, mit Garten.
■ **Restaurant im Schloss Moritzburg**②, Tel. (035207) 81482, tgl. ab 10 Uhr.

Wildgehege

■ **Wildgehege Moritzburg,** Radeburger Straße, Tel. (035207) 99790, www.wildgehege-moritz burg-sachsen.de, März bis Sept. tgl. 10–18 Uhr, Okt. bis Febr. tgl. 9–16 Uhr, Wildfütterung tgl. 15 Uhr. Eintritt: 3/1,50 €.

⌃ Das Fasanenschlösschen am Großteich in Moritzburg

6

7 Praktische Reisetipps

◁ Blick vom Neuen Wildenstein in die Hintere Sächsische Schweiz

Informations-stellen

Allgemeine Infos

■ **Tourismusverband Sächsische Schweiz,** Pirna, Bahnhofstraße 21, Tel. (03501) 470147, www.saechsische-schweiz.de. Geschäftsstelle des Dachverbandes, allgemeine Informationen zur Urlaubsregion, publiziert ein Urlaubsmagazin und ein Gastgeberverzeichnis.

■ **Informationszentrum des Nationalparks Böhmische Schweiz,** Krásná Lípa, Křinicke nam. 5, Tel. (00420) 412383413, www.ceskesvycarsko.cz. Jan, Feb. tgl. 9–12 Uhr, 12.30–16 Uhr, März bis Mai, Nov., Dez. tgl. 9–12 Uhr, 12.30–17 Uhr, Juni bis Aug. 9–12 Uhr, 12.30–18 Uhr.

■ **Gästeämter** gibt es in Bad Schandau, Hinterhermsdorf, Hohnstein, Hřensko (Herrnskretschen), Kirnitzschtal, Königstein, Pirna, Kurort Rathen, Rosenthal-Bielatal, Sebnitz, Stadt Wehlen und Stolpen. Die Adressen findet man in diesem Buch unter „Praktische Tipps, Informationen" jeweils nach den Ortsbeschreibungen.

Nationalpark

■ **Nationalparkzentrum Bad Schandau,** Dresdner Straße 2b, Tel. (035022) 50240, April bis Okt. tgl. 9–18 Uhr, Feb. bis März Di–So 9–17 Uhr, 4/3 €. Ausstellungen, Erlebnisbereiche, mit Gaststätte.

■ **Amselfallbaude im Amselgrund bei Kurort Rathen,** Ostern bis Ende Okt. tgl. 10–17 Uhr. Geologie, Tier- und Pflanzenwelt des Nationalparks, Ausstellung: Totholz, Angebote für Kinder.

282ss dk

■ **Schweizerhaus an der Bastei,** tgl. 10–18 Uhr. Ausstellung über die Sächsische Schweiz in der Kunst und Künstler in der Sächsischen Schweiz.
■ **Blockhaus auf dem Brand,** Tel. (035975) 84425, April bis Nov. tgl. 10–18 Uhr, Dez. bis März Sa/So 10–18 Uhr. Wechselnde Ausstellungen.
■ **Eishaus am Berggasthaus Großer Winterberg,** Mai bis Sept. tgl. 10–17 Uhr, April bis Okt. tgl. 10–16 Uhr. Die Natur im Wandel der Jahreszeiten, Reliefansicht des Großen Winterberges, Rundsichtkamera.
■ **Zeughaus im Großen Zschand,** Mai bis Sept. tgl. 10–18 Uhr, April, Okt. tgl. 10–16 Uhr. Jagdwesen, Natur des Großen und Kleinen Zschands.
■ **Forsthaus und Waldhusche in Hinterhermsdorf,** Mai bis Sept. tgl. 10–18 Uhr, April, Okt. tgl. 10–16 Uhr. Der Wald im Nationalpark, Waldarbeitertradition in Hinterhermsdorf. Das waldgeschichtliche Freigelände „Waldhusche" ist jederzeit zugänglich.

Die Sächsische Schweiz im Internet

■ **www.nationalpark-saechsische-schweiz. de,** Nationalparkverwaltung, mit Tipps für Wanderungen und aktuelle Angebote.
■ **www.elbsandsteingebirge.de,** Wanderwege, Gastronomie, Unterkunft, Livebilder.
■ **www.saechsische-schweiz.de,** Tourismusverband, Informations- und Buchungsservice.
■ **www.oberelbe.de,** Gastgeber und Angebote in der Sächsischen Schweiz, aktuelle Tipps.
■ **www.teufelsturm.de,** Klettern in der Sächsischen Schweiz.

■ **www.gipfelbuch.de,** Historisches und Aktuelles rund um den Klettersport.
■ **www.zwillingsstiege.de,** Klettersteige und Stiegen in der Sächsischen Schweiz, mit Videoclips.
■ **www.wanderpfade.de,** über 400 Wanderziele in der Sächsischen Schweiz.
■ **www.elbradweg.de,** Informationen zu allen Abschnitten des Elbradweges.
■ **www.pbrana.cz,** Böhmische Schweiz, auch auf Deutsch, Online-Buchung.
■ **www.cztour.cz,** Touristinformation Böhmische Schweiz, auch auf Deutsch.
■ **www.vvo-online.de,** Verkehrsverbund Oberelbe.

Bergwacht

■ **Rettungsleitstelle** über Notruf 112.

Anreise

Mit der Bahn

■ Die Bahn fährt mit dem EC bis **Bad Schandau** sowie halbstündlich mit der S-Bahn S 1 **Meißen – Dresden – Schöna.**
■ Vom Bahnhof Bad Schandau fahren die **Regionalbusse 241 und 260** ins **Kirnitzschtal.**
■ **Fahrzeiten** nach Bad Schandau (IC/EC-Bahnhof) von Dresden 47 Minuten, Hamburg 5 Stunden, Berlin 3 Stunden, Prag 1 Stunde 45 Minuten.

Mit dem Auto

Mit dem Auto ist die Sächsische Schweiz am schnellsten über die Autobahnen A 4 und A 17 zu erreichen, weiter auf der B 172.

◁ Elbdampfer „Leipzig" beim Kurort Rathen

7

Parkplätze

Parkplätze für Tagesgäste sind in der Sächsischen Schweiz knapp, der Autoverkehr wird zunehmend zur Belastung für alle Beteiligten. Die Anreise mit S-Bahn und/oder Bus kann nur empfohlen werden.

◁ Seite 324/325: Rast am Goldsteig

⌂ Auf dem Hinteren Raubschloss

Mit Bus und Straßenbahn

■ **Tarif Verkehrsverbund Oberelbe (VVO)**
– Tageskarte Verbundraum: 13,50 €
– Familienkarte Verbundraum: 18,50 €
– Kleingruppenkarte Verbundraum: 27 €
■ **Elbe-Labe-Ticket,** gilt grenzüberschreitend im Nahverkehr im Verkehrsverbund Oberelbe und im Bezirk Ustí nad Labem (Aussig) ab Entwertung bis 4 Uhr des Folgetages.
– Tageskarte: 16,50 €
– Kleingruppenkarte, bis fünf Personen: 32 €
– Fahrradtageskarte: 4 €

Per Flugzeug

■ Der nächstgelegene **Flughafen** ist **Dresden.**

Wandern

Wanderkarten

- **Böhmisch-Sächsische Schweiz,** 1:50.000 (Kompass)
- **Böhmische Schweiz,** 1:40.000 (Rolf Böhm)
- **Nationalparkregion Sächsisch-Böhmische Schweiz,** 1:30.000 (Sachsen Kartographie)
- **Große Karte der Sächsischen Schweiz,** 1:30.000 (Rolf Böhm)
- **Wanderkarte Nationalparkregion Sächsische Schweiz,** 1:25.000 (Publicpress)
- **Stolpen und das Stolpener Land,** 1:20.000 (Rolf Böhm)
- **Vordere Sächsische Schweiz,** 1:15.000 (Sachsen Kartographie)
- **Hintere Sächsische Schweiz,** Blatt 1/Blatt 2, 1:15.000 (Sachsen Kartographie)
- **Festung Königstein und die Tafelberge,** 1:10.000 (Rolf Böhm)
- **Bad Schandau und Umgebung,** 1:10.000 (Rolf Böhm)
- **Bielatalgebiet,** 1:10.000 (Rolf Böhm)
- **Brand, Hohnstein,** 1:10.000 (Rolf Böhm)
- **Die Bastei,** 1:10.000 (Rolf Böhm)
- **Großer Zschand,** 1:10.000 (Rolf Böhm)
- **Kleiner Zschand,** 1:10.000 (Rolf Böhm)
- **Schrammsteine, Affensteine,** 1:10.000 (Rolf Böhm)
- **Hinterhermsdorf und die Schleusen,** 1:10.000 (Rolf Böhm)
- **Nikolsdorfer Wände und das Labyrinth,** 1:10.000 (Rolf Böhm)

Grenzübergänge

Die deutsch-tschechische Grenze kann von Bürgern der EU-Staaten und der Schweiz ohne Personenkontrollen auf allen Wegen (innerhalb der Kernzonen beider Nationalparks nur auf markierten Wegen) überquert werden. Ein **Personaldokument** ist dabei jedoch mitzuführen. Die wichtigsten Übergänge sind:

- **Sebnitz – Dolní Poustevna** (Straße)
- **Sebnitz – Mikulášovice** (Forellenschänke, Tannenberg, Wanderweg)
- **Hinterhermsdorf – Mikulášovice** (Wanderweg)
- **Hinterhermsdorf – Zadní Doubice** (Wanderweg)
- **Schmilka – Hřensko** (Straße, Fußweg)
- **Schöna – Hřensko** (Fähre)
- **Schöna – Dolní Zleb** (Elberadweg, Wanderweg)
- **Bad Schandau – Děčín** (Bahn)
- **Rosenthal – Jílove Sněžnik** (Straße und Fußweg)
- **Bahratal – Petrovice** (Straße)

Unterkunft

Aktuelle Gastgeberverzeichnisse werden jährlich vom Tourismusverband in Bad Schandau und den Fremdenverkehrsämtern herausgegeben. Zwischen Wanderquartier und Luxushotel ist in der Sächsischen Schweiz alles zu haben. Besonders beliebt sind Ferienwohnungen und Pensionen. Während der Sommerferien, zu Pfingsten und zu Silvester kann es schon passieren, dass alle Betten ausgebucht sind. Außerhalb dieser Zeiten findet man auch ohne Anmeldung eine Bleibe.

Einige Hotels, Pensionen und Wanderquartiere werden im Text unter den jeweiligen Orten aufgeführt.

Camping

■ **Elbufer Königstein,** Tel. (035021) 68224, www.camping-koenigstein.de. Schön an der Elbe gelegen, aber auch nahe der viel befahrenen Bahnlinie, Restaurant.

■ **„Entenfarm" Hohnstein,** Schandauer Straße 11, Tel. (035975) 84455, www.camping-entenfarm.de. Großzügiger, ruhig gelegener Platz, Imbiss, Speiseraum, Wanderquartiere, direkt am Nationalpark.

■ **Ostrauer Mühle,** Kirnitzschtal, Bad Schandau, Tel. (035022) 42742, www.ostrauer-muehle.de. Beliebter Platz am Eingang zum Kirnitzschtal, Haltepunkt der Kirnitzschtalbahn, Restaurant.

■ **Pirna-Copitz,** Äußere Pillnitzer Straße 19, Tel. (03501) 523773, www.waldcamping-pirna.com. Waldcampingplatz am Natursee, behindertengerecht, Bungalows.

■ **Thorwaldblick,** Schandauer Straße 37, Hinterhermsdorf, Tel. (035973) 50648, www.thorwaldblick.de. Kleiner Platz direkt am Wald und nahe des Malerweges gelegen.

■ **Kleine Bergoase,** Mittelndorf, Obere Straße 19, www.berg-oase.de. Campingstellplatz, Hüttenlager für Wanderer mit Schlafsack, Ferienhaus, oberhalb des Kirnitzschtales.

Freizeit-einrichtungen

Mit Kindern unterwegs

Hinaus in die Natur, zu Fuß oder auf dem Fahrrad, das Beste, was Kindern hier passieren kann. In allen Revieren der Sächsischen Schweiz gibt es für Kinder geeignete Wanderwege. Einige davon werden in diesem Buch beschrieben. Daneben gibt es eine Reihe von Angeboten, die für Kinder spannend sind. Hier eine Auswahl:

■ Fahrt mit der **Kirnitzschtalbahn.**
■ **Bootsfahrt** in der Kirnitzschklamm.
■ Mit dem **Ruderboot** auf dem Amselsee.
■ **Märchenwanderung** mit der Nationalparkwacht.
■ **Baden gehen** (Bad Schandau, Hohnstein, Neustadt, Pirna, Rathewalde, Schöna, Sebnitz, Stolpen, Stadt Wehlen).
■ **Kletterschule besuchen,** www.saechsische-schweiz.de.
■ **Felsenbühne Rathen,** Naturtheater mit 2000 Plätzen und einmaliger Felsenkulisse.
■ **Festung Königstein,** Burg Stolpen, Burg Hohnstein.
■ **Urzeitpark Sebnitz,** www.sauriergarten.de.

Für behinderte Gäste

■ **Basteiaussicht,** mit Rollstuhl befahrbar, die Basteibrücke allerdings nicht.
■ **Barrierefreier Aussichtsturm auf der Rathmannsdorfer Höhe,** tgl. ab 9 Uhr.
■ **Lichtenhainer Wasserfall,** Fahrt durch das Kirnitzschtal, Wasserfall mit Rollstuhl erreichbar.

> Blick zur Gans im Basteigebiet

- **Weg zum Amselsee,** für Rollstuhlfahrer.
- **Felsenbühne Rathen,** Besuch ohne Hilfe und Anmeldung nicht möglich, Transfer von der Dampferanlegestelle zur Felsenbühne möglich.
- **Festung Königstein,** Aufzug zum Plateau, Rundgang nicht vollständig mit Rollstuhl möglich.
- **Personenaufzug Bad Schandau – Ostrau,** elektrischer freistehender Personenaufzug, mit dem man die Sendig-Villen in Ostrau erreichen kann.
- **Bielatal,** Fahrt zu den Herkulessäulen und zur Ottomühle ohne Probleme.
- **Miniaturpark „Kleine Sächsische Schweiz",** die Sächsisch-Böhmische Schweiz detailgetreu aus Elbsandstein nachgebildet.
- **Elbdampferfahrten,** Raddampfer für Rollstühle geeignet.
- **Elberadweg,** mit Rollstuhl gut befahrbar.
- **Geführte Ausflüge im Rollstuhl,** Streckenlänge: 1 bis 33 km, www.saechsische-schweiz-barrierefrei.de.
- **www.barrierefreie-reiseziele.de.**

Geld

In der Tschechischen Republik gilt die **Tschechische Krone.** 1 Euro sind rund 27,40 CZK, 100 CZK sind 3,63 Euro (Stand: Juni 2014). **Wechselstuben** (Směnárna) gibt es in Hřensko (Herrnskretschen). Viele Gasthäuser in der Böhmischen Schweiz akzeptieren auch Euro. Vorher fragen!

Die weit verbreitete tschechische **Sparkasse** heißt Česká Spořitelna und trägt dasselbe Logo wie die deutsche. Hier können deutsche Sparkassenkunden günstig Kronen abheben (die Geldautomaten kommunizieren auch auf deutsch); die konkreten Konditionen am besten vor der Reise im eigenen Geldinstitut erfragen.

603ss ls

8 Das Elbsandsteingebirge – Hintergründe und Tipps

◁ Blick von der Schrammsteinaussicht auf die Torsteine

Landschaft und Geologie

Das Elbsandsteingebirge liegt zwischen dem Lausitzer Granitmassiv im Norden, dem Elbtalschiefergebirge im Westen und dem Osterzgebirge im Südwesten. Es ist Bestandteil einer Mittelgebirgsschwelle, die sich zwischen Lausitzer Bergland und Erzgebirge erstreckt. Seine **höchsten Erhebungen** sind der Děčínský Sněžnik (Hoher oder Tetschener Schneeberg, 726 m), der Große Zschirnstein (562 m) und der Große Winterberg (552 m).

Landschaftsformen

Charakteristisch für die Sächsische Schweiz ist nicht die Höhe der Berge, sondern die **Formenvielfalt** von Felswänden, freistehenden Felsen und Tälern. Flussläufe und Witterung modellierten diesen Sandstein zu einer filigranen Landschaftsskulptur: Plateaus mit Tafelbergen, Klammen, Schluchten und Gründe, mit Waben überzogene Gesteinspakete ("Bänke"), Nadeln, Brücken, Türme, Zinnen, Moospolster, Farndickicht, abgestorbene Bäume.

Naturräumlich gliedert sich das Gebirge in vier Hauptformen: Erstens die **Felsreviere** mit Plateaus, Türmen, Nadeln aus Sandstein; zweitens die hochgelegenen **Ebenheiten,** darauf stehen Tafelberge wie Miniatur-Elbsandsteingebirge (Lilienstein); drittens die nach Süden ansteigenden **Waldreviere** und viertens das **Elbtal.**

Klima

So unterschiedlich diese Landschaftsformen, so verschieden das Klima. In der Mittagshitze, wenn sich die nackten Felsterrassen wüstengleich aufheizen, liegen die tiefen Gründe immer noch feucht und kühl. Haushohe Felswände lassen kaum einen Sonnenstrahl ein. Im Jahresdurchschnitt ist es in der Sächsischen Schweiz milder und trockener als im benachbarten Lausitzer Gebirge und im Erzgebirge. Die mittlere **Jahrestemperatur** beträgt 6–8 Grad Celsius, die jährliche, mittlere **Niederschlagsmenge** zwischen 600 und 900 Millimeter.

Landschaftsräume

Das 700 Quadratkilometer große Elbsandsteingebirge setzt sich aus drei Landschaftsräumen zusammen: Die **kleinere Vordere Sächsische Schweiz** (zwischen Pirna und Rathen), die höher gelegene, mächtigere **Hintere Sächsische Schweiz** und **Böhmische Schweiz** (zwischen Bad Schandau und Prebischtor) und das **linkselbische Bergland** (bis zum Osterzgebirge).

> Der Wachsame Förster im Bielatal

8

Geologie

Zu Beginn der Oberkreidezeit vor 100 Millionen Jahren lagen weite Teile des mitteleuropäischen Grundgebirges unter einem **Kreidemeer.** Flüsse transportierten vom umliegenden Festland sandige Verwitterungs- und Abtragungsprodukte herbei. Dafür hatten sie 7 Millionen Jahre Zeit. Als das Meer sich wieder senkte, blieb eine 600 Meter dicke Ablagerung zurück. Material genug für ein Gebirge, genauer: für eine Erosionslandschaft. Aus losem Sand wurde unterschiedlich fester und von Tonschichten horizontal strukturierter **Sandstein.**

Bevor nun Flüsse und Bäche durch Erosion die Formen herausarbeiten konnten, ereignete sich zum Ende der Kreidezeit die **Lausitzer Störung.** Dabei wurde das Lausitzer Granitmassiv ein Stück auf den Sandstein geschoben. Unter diesem tektonischen Druck richtete sich der Sandsteinblock am anderen Ende ein Stück auf. Derart verspannt, zerbröckelte er in zwei Kluftsysteme: Das eine zog sich vom Granit zum Sandstein, das andere im rechten Winkel dazu. So entstand ein „rechtwinkliges" Adernetz von Klüften. Als schließlich noch das Erzgebirge in der Braunkohlezeit um 1000 Meter angehoben wurde, geriet die

005ss ls

Sandsteinplatte ein weiteres Mal in Schräglage. Nach der Nord-Ost-Richtung der Lausitzer Störung diesmal die Nord-West-Richtung. Auf diese Weise entstanden die charakteristischen Sandstein-Quader.

Durch den bewegten Sandstein gelangte an einigen Stellen auch glühendes Gestein an die Oberfläche und erstarrte zu **Basalt**. Vulkanische Durchbrüche prägen als kegelförmige Erhebungen in besonderer Weise die Landschaft des Elbsandsteingebirges. Das wird auch in der Namensgebung hervorgehoben. Die Sandsteintafelberge heißen „Steine"; die Vulkankegel „Berge": Großer und Kleiner Winterberg, Ruzak/Rosenberg (Böhmische Schweiz). Sandsteintafelberge mit basaltischen Durchbrüchen sind die beiden Zschirnsteine; die Hohe Liebe sieht zwar aus wie ein Basaltkegel, ist aber Sandstein.

Eiszeit

In der **Elsterkaltzeit** vor 450.000 Jahren drang nordisches Eis bis ins Elbgebirge vor; der Eiszeitmarkierungsstein in Bad Schandau kennzeichnet die südlichste Ausdehnung des Inlandeises. Zu diesem Zeitpunkt hatte sich die Elbe 150 Meter tief terrassenförmig in den Sandstein eingeschnitten. Durch die Vergletscherung entstanden Seitentäler in der typischen U-Form, der Strom grub sich weiter in den Sandstein ein.

◁ Sandsteininformationen

Verwitterung

Die Großformen des Gebirges sind abhängig von der inneren Beschaffenheit des Sandsteins, der bis zu 14 Prozent seines Gewichtes an Wasser aufnehmen kann. Das Bindemittel des Elbsandsteins ist **Ton**. Während das Wasser in den Sandsteinporen ungehindert zirkulieren kann, wird es durch Tonschichten in eine bestimmte Richtung gezwungen. Wo die Tonschicht dünn ist, staut sich das Wasser ein bisschen, es entstehen Kerben und Vertiefungen. Über mächtigeren Tonschichten hält sich das Wasser länger – es wäscht Hangfugen, Überhänge, größere Höhlen und Terrassen heraus (Kuhstall, Oberer Affensteinweg, Zirkelstein-Terrassenweg). Werden die waagerechten Hangfugen bis zur nächsten senkrechten Kluft ausgewaschen, stürzt die ganze Wand ab. Zurück bleibt wieder eine senkrechte Wand und eine zunächst kleine Hangfuge. So werden aus Schluchten breite Täler, und die Talböden werden durch das Wasser „aufgeräumt". Hochgelegene Talböden sind die Ebenheiten – deren bekannteste die um den Lilienstein.

Liegt die Sandsteinkette zwischen zwei Flusstälern, wird sie von beiden Seiten abgeschliffen und dabei schmal wie ein Kamm – etwa die Schrammsteine. Einzelne, nahe gelegene Türme und Felsen wie der Schrammtorwächter und der Falkenstein bildeten mit dem Grat einst eine zusammenhängende Form.

Neben Wasser und Wetter hat **chemische Verwitterung** die Feinarbeit geleistet. Das Waben- und Gitternetz der Sandsteinfelsen, winzige Höhlen und Brücken sind das Ergebnis von Alaun- und Gipsausblühungen. Schwefel ist im

8

Flora und Fauna

Pflanzen

Der „Gebirgsverein für die Sächsische Schweiz" wählte bei seiner Gründung 1877 als Vereinssymbol einen Farnwedel. **Farne** wachsen in diesem Gebirge in einer Vielfalt (27 Arten) wie nirgends sonst in Mitteleuropa. Wie ein meterhohes, schier undurchdringliches Polster hüllt der Gemeine Frauenfarn das feuchte Gestein der Gründe und Täler ein, gedeiht der Wurmfarn an den oberen Hängen und der Adlerfarn im Nadelwald. In Bachtälern wächst Straußenfarn, an den Felsen Tüpfelfarn. Von den ebenfalls sehr vielfältigen **Moosarten** sind Peitschenmoos, Sternmoos, Frauenhaar und Wellenblättriges Wurmmoos hervorzuheben.

Von dieser Vielfalt der Farne und Moose abgesehen, ist die Flora der Sächsischen Schweiz relativ artenarm, dafür aber sehr abwechslungsreich. In den feuchtkühlen Farngründen des Elbsandsteingebirges wachsen **Mischwälder** mit Fichten, Kiefern, Eschen, Buchen und Ahorn. An trockenen Felswänden fallen die **Flechten** genannten Symbiosen von Algen und Fadenpilzen auf: Weithin leuchtet die Schwefelflechte in den Gründen. Ihre Farbe bildet sie durch eine komplizierte organische (schwefelfreie!) Verbindung. Einen deutlichen Farbakzent in Mischwäldern setzen verschiedene Arten des **Fingerhutes,** besonders um den Großen Winterberg herum. Der Rote Fingerhut wurde Mitte des 19. Jahrhunderts von Naturfreunden ausgesät. Heidekrautbüschel und Hei-

Sandstein durch Pyrit (Schwefeleisen) enthalten, Alkalien in der Tonerde, Ammoniak entsteht durch die Zersetzung organischer Substanzen. Und in allem das sauerstoff- und kohlensäurehaltige Sickerwasser – eine chemische Fabrik. Übrigens hat die an den Felswänden verbreitete **Schwefelflechte** mit Schwefel nichts gemeinsam außer der Farbe (siehe „Flora und Fauna").

Dieses kontrastreiche Landschaftsbild des Elbsandsteingebirges wiederholt sich als Miniatur in seinen Formelementen: Jeder „Stein" ein Gebirge für sich, mit Fels und Ebene, Schluchtenmäander und Talweite.

⌃ Sandstein mit Schwefelflechte

❯ Was hier gedeihen will, muss sich gut festhalten

delbeeren gedeihen in trockeneren Waldlagen und auf den Felsplateaus. Auf den Gipfeln halten sich bizarre **„Wetterkiefern"**, oft bereits auf dem nährstoffarmen Grund abgestorben und dennoch standfest. Auch Hängebirken und Ebereschen sind auf den Felsen zu finden.

Auf nährstoffreicheren Basaltbergen wachsen **Rotbuchenwälder**, die während des zeitigen Frühjahrs viel Licht an den Boden lassen und damit die Frühblüher begünstigen. An den Bachläufen stehen Schwarzerlen und die Gemeine Pestwurz mit ihren rhabarberähnlichen, handtuchgroßen Blättern. Besonders bunt sind ab Frühjahr die Bachwiesen: Märzenbecher und Maiglöckchen, Sumpfdotterblume und Bärenklau, Echtes Mädesüß und Wiesenknöterich, sogar Leberblümchen. Die Quenenwiesen im Großen Zschand blühen als gelber Schlüsselblumenteppich.

Von den zwei Dutzend eingebrachten fremdländischen Arten haben sich eine aus den Sudeten stammende Europäische Lärche (Aufforstung von Rauchschaden-Kahlschlägen), die Douglasie und die Schwarzkiefer besonders ausgebreitet.

Tiere

Im **Vogelkonzert** fallen Kohlmeise, Blaumeise, Kleiber, Buntspecht, Kuckuck und Gimpel auf; auch der Waldkauz lebt in den Gründen, ebenso der Turmfalke und der Eichelhäher. Im Nationalpark werden zehn **Uhu-Brutpaare** gezählt. Ein Viertel der Brutvogelarten nutzt die Felsen zum Nisten.

Die Sächsische Schweiz ist sächsisches Hauptverbreitungsgebiet für den vom Aussterben bedrohten **Raufußkauz** und

256ss dk

Schwarzspecht. Bereits verschwunden sind hier Haselhuhn, Baumfalke und Steinkauz wie auch der Wanderfalke und das Auerhuhn. Verborgene Plätze in den Felsrevieren bevorzugen die Fledermäuse, Siebenschläfer, Eichhörnchen und Dachse.

In den trockenen Wäldern leben Kreuzottern und Zauneidechsen, in den Klüften dagegen der Feuersalamander und die Wegschnecke; an den Wanderwegen können meterhohe **Ameisenhaufen** beobachtet werden.

Vom früher reichhaltigen **Wildbestand** ist seit dem letzten Jahrhundert nicht mehr viel übriggeblieben; eine Folge der zunehmenden Besiedlung, der Industrialisierung und des Fremdenverkehrs. Dennoch ist das Elbsandsteingebirge, besonders in den abgelegenen Regionen der Hinteren Sächsischen Schweiz, ein Refugium für viele Tierarten. Wildschweine, Marder, Iltisse, Eichhörnchen, Siebenschläfer leben hier und als Exoten im Großen Zschand die Gemsen. Rothirsche und Rehe gibt es schon so viele, dass die Nationalparkverwaltung um Neuanpflanzungen besorgt sein muss und die Bestände über die Jagd reguliert.

> ⟩ Blick in den Wehlgrund

> ⌄ Auf dem Lilienstein sollen schon während der Bronzezeit Menschen gelebt haben

143ss ls

Kulturgeschichte

Bronzezeit

Die ältesten Spuren menschlicher Besiedlung des Elbsandsteingebirges sind auf die Bronzezeit datiert (2200–800 v. Chr.). Neben Einzelfunden bei Pirna, in Obervogelgesang, bei der Bastei und in Schöna lieferten die Ausgrabungen auf dem Plateau des Pfaffensteins den umfangreichsten Beleg für diese frühgeschichtliche Kultur. Die Siedlung auf dem Felsen war durch einen 140 Meter langen und bis zu vier Meter breiten Wall geschützt; sie nutzte eine eigene Quelle und lebte von Getreideanbau und Viehzucht. Da ein größeres Gräberfeld fehlt, nimmt man an, dass diese Bergsiedlung nur über wenige Generationen hinweg bestanden hat. Auf dem Lilienstein sollen schon im Mittelalter Spuren einer Bronzezeit-Siedlung gefunden worden sein.

Slawen

Um 500 begann die **slawische Besiedlung** des Elbtales. Die Menschen zogen von Siedlungen im Dresdner Elbkessel, im Raum Bautzen und im Elbtal bei Tetschen (Děčín) aus in die unbewohnte Wald- und Felslandschaft. Sie jagten, fischten und betrieben Bienenwirtschaft, legten kleine, elbnahe Siedlungen an.

Böhmen und Sachsen

Erst mit der **feudal-deutschen Kolonisation** im 12./13. Jahrhundert verdichtete sich die bäuerliche Besiedlung. Ob nun die slawische und deutsche Bevölkerung längere Zeit zusammenlebten, bleibt der Spekulation überlassen; dafür spricht, dass in der Sächsischen Schweiz bis heute Flur- und Ortsnamen beider Kulturen bestehen. 1241 unterzeichneten das Königshaus Böhmen und der Bischof von Meißen auf dem Königstein einen Grenzvertrag.

Für harte Machtkämpfe stehen die zahlreichen Burgen und Festen auf meist schwer zugänglichen Felsen. Ein Name taucht immer wieder auf: **Berken von der Duba,** ein böhmisches Adelsgeschlecht, das seine Besitzungen Stück für Stück an den sächsischen Kurfürsten abtreten musste und sich schließlich als Raubritter einen gefürchteten Namen machte.

Im 15. Jahrhundert gerieten große Teile des linkselbischen Gebietes unter die wettinische und damit später unter kurfürstlich-sächsische Herrschaft. Im Vertrag von Eger (Cheb) wurde 1459 die sächsisch-böhmische Grenze, wie sie heute noch besteht, festgeschrieben. Sie ist damit **die älteste bis heute erhaltene Grenze Europas.**

Textilhandwerk

Eine offene Grenze, die auch keine Sprachbarriere bildete: Das war die beste Voraussetzung für die Erschließung des

074ss ls

Handelsweges Elbe und damit für die wirtschaftliche Profilierung der elbnahen Städte. Pirna verfügte schon im 13. Jahrhundert über das Niederlage- und Stapelrecht. In den Dörfern war der Flachsanbau verbreitet, und die Leute verdienten sich ihr Brot mit Spinnen. Mit dem Garn belieferten sie die Leineweber in den aufstrebenden Textilzentren Sebnitz, Hohnstein und Neustadt. Auch nach Böhmen und über Hamburg bis nach England wurde Garn exportiert. Ende des 18. Jahrhunderts ging das Textilgewerbe in der Sächsischen Schweiz allmählich ein, bis es Mitte des 19. Jahrhunderts an der repressiven Steuerpolitik der kursächsischen Regierung erstickt war.

Holzwirtschaft

Anfänge der Holzwirtschaft liegen im 15. Jahrhundert. Generationen von Dorfbewohnern lebten – mehr schlecht als recht – von **Holzschlag, Flößerei** und **Fuhrwesen,** als **Köhler** und **Teersieder.** Wassermühlen verarbeiteten das geschlagene Holz, manche sind als Technische Denkmale erhalten geblieben.

◁ Alle Dresdner Barockbauten „steckten" einst im Elbsandsteingebirge – hier ein Detail am Wallpavillon des Zwingers

Sandsteinbrechen

Das Barock brachte die Hoch-Zeit des Sandsteinbrechens. Alle **Dresdner Barockbauten,** das Rathaus von Antwerpen, Schloss Christiansborg in Kopenhagen, Schloss Hartenfels in Torgau, das Brandenburger Tor und viele sächsische Dorfkirchen „steckten" zuvor im Elbsandsteingebirge.

Georgius Agricola (1494–1555), das sächsische Universalgenie der Renaissance, lieferte in seinem Werk „De natura fossilium" (Die Minerale, 1546) eine Klassifikation der Steine und darin die erste wissenschaftliche Beschreibung des Elbsandsteins.

Besonders im Elbtal entstanden seit dem Mittelalter zahlreiche **Steinbrüche,** zum Beispiel die Postelwitzer Brüche zwischen Bad Schandau und Schmilka oder die Weißen Brüche zwischen Wehlen und Rathen. Im letzten Drittel des 19. Jahrhunderts waren in sächsischen Steinbrüchen immer noch über 4000 Menschen beschäftigt; mit Steinmetzen, Steinsägern, Bildhauern, Verladearbeitern, Schiffern und Fuhrleuten waren insgesamt 20.000 Arbeiter vom Sandstein abhängig.

Die Geschichte des Sandsteinabbaus in der Sächsischen Schweiz nennt opferreiche **Unfälle.** Steinbrecher gehörten mit ihren Familien immer zu den Ärmsten. Begehrt war der Job nicht, im 17. und 18. Jahrhundert wurden Männer für das Steinbrechergewerbe sogar zwangsverpflichtet. Banal und gefährlich war die Technik des „Hohlmachens". Dabei wurde die ausgewählte Wand an der Unterkante bis zu zwölf Meter tief unterhöhlt und mit Holzstämmen oder Steinsäulen abgestützt. Das dauerte oft länger

8

als ein Jahr. War die bis zu 40 Meter hohe Wand auf diese Weise vorbereitet, sprengte man die Stützen weg. Bis zu 5000 Tonnen Sandstein barsten und donnerten in die Tiefe! Dort konnten die Brocken schließlich zurechtgeklopft, auf „Huschen" ins Tal gerutscht und auf Kähne verladen werden.

Am 25. Januar 1862 brach in den Postelwitzer Steinbrüchen eine Wand vorzeitig ab und begrub 24 Steinbrecher. Nach zwei Tagen endlich konnten Rettungsmannschaften die Männer bergen – lebend! Die Wand war „günstig" auf einen Hohlraum mit Luftloch gefallen.

Seit 1985 wird in der Gegend um Stadt Wehlen wieder Sandstein abgebaut, er wurde zum Beispiel für den **Wiederaufbau der Dresdner Frauenkirche** verwendet.

Sächsischer Bauernaufstand

Ab dem 16. Jahrhundert lebte die Bevölkerung der Sächsischen Schweiz also von Textilherstellung, Eisenerzbergbau, Erzverarbeitung, auf den Hochebenen von Land- und Holzwirtschaft, Imkerei und Flachsanbau. Im Mai 1790 begehrten Bauern in Dorf Wehlen und Lohmen gegen herrschaftliches Jagdrecht, Fuhr- und Jagdfron auf. Sie vertrieben das herrschaftliche Wild mit Gewalt von ihren Feldern und lieferten – unter dem Einfluss der Französischen Revolution – den Auftakt zum landesweiten Sächsischen Bauernaufstand.

Der größte deutsche Bauernaufstand seit 1525 erfasste die Dörfer auf einer Fläche von 5000 Quadratkilometern.

Die meist spontanen Erhebungen wurden jedoch von den Gutsherren einzeln niedergeschlagen.

Siedlungen

Die topografischen Bedingungen der Sächsischen Schweiz prägten die besonderen Formen ländlicher Siedlungen. Auf den Ebenheiten, die noch einigermaßen Landwirtschaft ermöglichten, bildeten sich **Waldhufendörfer:** Die Bauernhöfe liegen in einer lockeren Doppelreihe am Rand der Talwanne, die Straße zieht sich auf der Talsohle mitten durchs Dorf. Felder und Wald liegen oberhalb der Höfe am Hang. In den Quellmulden wurden **Runddörfer** angelegt, dort stehen die Höfe etwa im Kreis. Direkt an der Elbe war nur für enggedrängte, hochwassergefährdete **Häuserzeilen** Platz. In den Seitentälern stehen meist nur Einzelgehöfte wie Mühlen oder Gastwirtschaften.

Nicolai notierte über die **Steinbrecher** in seinen Reiseführer: „An einem Werktag erhöht das die Anmut im Tale, daß man die Leute arbeiten sieht." *Götzinger* dagegen wusste von der lebensgefährlichen Schwerstarbeit in den Postelwitzer Steinbrüchen: „Auch hier ziehn sich die Brecher einen frühen Tod zu. Ihr höchstes Alter ist gewöhnlich 40 Jahre, und ein alter Steinbrecher von 60 Jahren ist fast ein Wunder. Daher findet man auch in diesen Steinbrüchen lauter junge Leute und Männer in den besten Jahren."

Schifffahrt

Holzwirtschaft und Steinbrüche haben nachhaltig die Kulturlandschaft Elbsandsteingebirge geprägt. Die Elbe diente als Wasserstraße. Schon im Mittelalter zogen die **Bomätscher,** wie die Schiffszieher hier genannt wurden, Lastkähne von Land aus an Seilen stromauf. Der ufernahe Pfad für die Bomätscher hieß Leinweg, benannt nach dem letzten Mann in der Gruppe, der als Leinewächter dafür sorgen musste, dass sich das Zugseil nicht an Hindernissen verhedderte. Das Wort „Bomätscher" geht auf das slawische *pomoc* für „helfen" zurück. Gegen die scheinbar „humane" Alternative, die Schiffe durch Ochsen oder Pferde ziehen zu lassen, haben sich die Bomätscher immer wieder gewehrt. Viele von ihnen waren ältere Schiffer, die auf keinem Kahn mehr anheuern konnten und diesen Notanker brauchten. Reste des alten **Leinpfades** sind als Wanderweg zwischen den Bahnhöfen Bad Schandau und Schmilka erhalten.

Mit Beginn der **Dampfschifffahrt** 1837 wurden die Bomätscher arbeitslos. Stromaufwärts hangelten sich die Lastkähne fortan mit einem Zahnrad. Zwischen Hamburg und Melnik rasselten bis

Tschechischer Schleppkahn
an der Fährstelle Krippen – Postelwitz

zu 28 Kettenschlepper an einer **668 Kilometer langen Kette** elbaufwärts. Eine Dampfmaschine trieb die Zahnradtrommel an, die Kette überquerte von Bug bis Heck das Schiff, und die Fahrt ging in bis dahin ungeahntem Tempo voran. Anfang des 20. Jahrhunderts lösten Seitenradfrachtkähne die Kettenschlepper ab, sie fahren noch heute als „Weiße Flotte".

Eisenbahn

1848 verkehrte erstmals eine Eisenbahn zwischen Dresden und Pirna, 1852 wurde die Linie bis Prag verlängert. Mit der Bahn war auch **Tagestourismus** in der Sächsischen Schweiz möglich geworden. Entlang der Bahnlinie Dresden – Pirna wuchs das **Industriegebiet Oberes Elbtal** heran, mit Pirna als Zentrum.

Kunstblumen

In Sebnitz breitete sich seit Mitte des 19. Jahrhunderts ein nicht alltägliches Handwerk aus, die Kunstblumenfertigung. Anfangs war sie die aus dem nahen Böhmen übernommene Ersatzeinnahmequelle anstelle der zusammengebrochenen Leineweberei. Um die Jahrhundertwende produzierten mehr als 200 Kunstblumenfirmen mit 15.000 Beschäftigten. Hunderte Heimarbeiter in den umliegenden Dörfern lebten von der Kunstblume. Vor dem Ersten Weltkrieg, nach der Weltwirtschaftskrise und nach 1945 blühten Sebnitzer Kunstblumen auf dem Weltmarkt.

Schmuggel

An der sächsisch-böhmischen Grenze waren die **Pascher,** die Schmuggler, auf den Beinen. Gepascht wurde alles, was Gewinn versprach, von Banden und Einzelpersonen.

Tourismus

Schließlich gewann der Fremdenverkehr immer größere Bedeutung. Heute ist er die wichtigste Einnahmequelle.

◁ Blick zum Falkenstein

Die Romantiker kommen

Die Schweiz in Sachsen

Der St. Gallener Kupferstecher **Adrian Zingg** (1734–1816) und **Anton Graff** (1736–1813), Porträtmaler aus Winterthur, zogen im Sommer 1766 mit ihren Skizzenbüchern von der Dresdner Kunstakademie aus erstmals zu Fuß nach Königstein und Umgebung. Deren geflügeltes Wort von der „Schweiz in Sachsen" tauchte als „Sächsische Schweiz" schon 1783 in der Reiseliteratur auf.

Dem Akademielehrer *Zingg* folgten die Schüler in das Gebirge, ihre Motive wurden die großen Steine und tiefen Gründe, Höhlen und Schluchten. Immer wieder hielten sie die idyllischen Prachtsichten fest, alle wanderten sie die selben Wege und auf die selben Berge.

Die Vedutenmaler

So zeichneten, lange bevor die ersten literarischen Reiseführer geschrieben wurden, die Vedutenmaler den Hauptwanderweg durch die Sächsische Schweiz – den **Malerweg,** der später **Fremdenweg** heißen sollte.

Vor den jungen Wahl-Dresdnern aus dem Alpenland waren es vor allem der kursächsische Oberlandbaumeister *Wilhelm Dillich* (1572–1659) mit seinen **Veduten** (Stadt- und Landschaftsansichten) von Pirna, Hohnstein und Königstein, der Kupferstecher *Matthäus Meri-*

an (1593–1650) und der Dresdner Hofrat *Alexander Thiele* (1685–1752), die erste topografisch-künstlerische Ansichten des Elbsandsteingebirges zu Papier brachten.

Hofmaler *Bernardo Bellotto,* **Canaletto** genannt (1721–1780), malte 1760 die Veduten der Festung Königstein. Das gleiche „militärische" Motiv brachte sechs Jahre später *Zingg* einigen Ärger ein. Der Festungskommandant wähnte einen Spion am Skizzenblock, Zingg musste seine Blätter dem Pirnaer Amtsrichter übergeben. Er bekam sie bald wieder, mit einer kurfürstlichen Genehmigung, alles zu zeichnen, was ihm beliebte – außer der Festung.

Erste Reiseführer

1801 schrieb der Lohmener Pfarrer **Carl Heinrich Nicolai** (1739–1823) einen Wegweiser durch die als Reiseziel gerade erst entdeckte Landschaft. *Nicolai,* Sohn eines armen Berliner Schuhmachers, beherbergte daraufhin oft Gäste, die mit seinem Wegweiser in die Felsenwelt aufbrechen wollten.

Bevor *Nicolai* 1797 als Pfarrer nach Lohmen kam, war er Seminardirektor des Friedrichstädter Schullehrerseminars in Dresden. Das Universalgenie, fromm und den weltlichen Dingen dennoch zugetan, schrieb übrigens auch eine Anweisung für das Anlegen von Blitzableitern, einen Wegweiser durch den Sternenhimmel, ein Buch über die Seidenraupenzucht und andere praktische Ratgeber. Schließlich sorgte sich das Ehrenmitglied der „Leipziger Ökonomischen Gesellschaft" um die Einführung des Kartoffelanbaus in seiner Heimat.

Der Pfarrer von Neustadt bei Stolpen, **Wilhelm Leberecht Götzinger** (1758–1818), verfasste drei Jahre nach *Nicolai* den Reisebuch-Klassiker „Schandau und seine Umgebungen oder Beschreibung der so genannten Sächsischen Schweiz", einen bis heute nützlichen Reisebegleiter, der mit Vergnügen zu lesen ist.

Der Name „Sächsische Schweiz"

Unter den frühen Reiseliteraten war die Bezeichnung „Sächsische Schweiz" durchaus umstritten. *Nicolai* war begeistert: „Einige Schweizer haben dieser neuerlich so genannten Schweiz noch Vorzüge jener, an den fürchterlichen Alpen liegenden, zugestanden. Dort, sagten sie, hätten sie freilich höhere Berge und furchtbarere Gebirge gesehen, aber schwerlich würde man eine solche finden, wo die Rauhigkeit mit so viel Anmut gepaart ist wie hier."

Auch der schwärmerische *Götzinger* meinte vergleichend: „Und eben diese äußerlichen Formen dieser Gegend werden durch keine andre Benennung, welche man ihr hat geben wollen, so charakteristisch ausgedrückt, als durch diese; wir wollen sie also immer beibehalten."

Dagegen mäkelte *Ferdinand Thal* in seinem instruktiven Werk „Neuester kurzgefasster und doch vollständiger Wegweiser durch die sächsische Schweiz" (Dresden, 1846): „Der Name ,Meißner Hochland' ist älter, und in der That hätte man nicht nöthig gehabt, denselben mit dem nur wenig passenden der ,sächsischen Schweiz' zu vertau-schen, da jener bezeichnend genug für dieses, von gewaltigen Felsenriesen umlagerte, von engen Schluchten durchfurchte, reizende und liebliche Thal-undt Bergland ist, dagegen der hochtrabende, jüngere Name, zu Erwartungen berechtigt, die dem Reisenden durchaus nicht erfüllt werden."

Schon bald erscheint die „Sächsische Schweiz" als Sehnsuchtsort in der Literatur, so in *Theodor Fontanes* Roman „Irrungen, Wirrungen" (1888) über eine nicht standesgemäße Liebe. Recht überraschende Sprachbilder findet der Schlesier *Heinrich Laube* in seinen in den 1830er Jahren erschienenen Reisenovellen: „Die sächsische Schweiz ist ein Milchschwesterchen des Riesengebirges, der schlimme, gewaltige Bruder hat alle Kraft in sich gesogen, nur die Anmuth, die feine Taille und der hüpfende Wuchs ist dem Schwesterlein geblieben. Das Riesengebirge ist der Napoleon der deutschen Berge, die sächsische Schweiz dessen leichte, bewegliche Josephine, welcher er mit der Tafelfichte die Hand reicht."

Die romantischen Maler

Caspar David Friedrich (1774–1840) lebte tagelang wie ein Einsiedler im Uttewalder Grund, bevor er am 28. August 1800 das „Felsentor" zeichnete. Von ihm gibt es Bleistift- und Sepiaskizzen der Lilienstein- und Winterberge-Gegenden sowie mehrere Hauptwerke, die von der Sächsischen Schweiz angeregt wurden. Dazu gehören der „Ausblick ins Elbtal" (1807), die „Felsenschlucht" (1811) und der berühmte „Wanderer über dem Nebelmeer" (1818).

www.fotolia.de © mhp

Friedrichs Freunde, der Arzt, Philosoph und Maler **Carl Gustav Carus** (1789–1869) und der in Dresden lebende Norweger **Johann Christian Clausen Dahl** (1788–1857), malten dort romantische Landschaftsbilder. **Ludwig Richter** (1803–1884) bebilderte Reisebeschreibungen mit Kupfer- und Stahlstichen und nahm als Akademieprofessor seine Schüler mit auf Wanderungen in die Sächsische und Böhmische Schweiz. *Richters* bekanntestes Bild „Überfahrt über die Elbe am Schreckenstein" hängt in Dresden, in der Gemäldegalerie Neue Meister.

⌃ Die Sächsische Schweiz war Sehnsuchtsort romantischer Literaten und Maler

Der Fremdenweg

Mit den Künstlern kamen die Reisenden. Alle wanderten sie, zu Fuß oder auch mit der Kutsche, diese schon von *Zingg* und *Graff* bebilderte und von *Nicolai* und *Götzinger* empfohlene Route, die bis heute Fremdenweg heißt: von Dresden und Pillnitz kommend, über Graupa in den Liebethaler Grund. Am Dorf Lohmen betraten die Reisenden den Uttewalder Grund und damit die Sächsische Schweiz. Der Wanderweg führte über Wehlen, die Bastei und Rathen nach der Burg Hohnstein und dem Brand, dem Balkon der Sächsischen Schweiz. Nach dem Besuch von Schandau wanderte man zum Lichtenhainer Wasserfall, zum Kuhstall, zum Großen und Kleinen Winterberg und schließlich zum Prebischtor. Von dort kehrten die Romantiker auf der Gondel über die Elbe zurück, meist mit einem Zwischenhalt für den Besuch des Liliensteins und des Königsteins.

Als Begleiter zahlungskräftiger Reisender verdienten sich **Fremdenführer und Träger** ihren Lebensunterhalt. *Ferdinand Thal* hat in seinem „Wegweiser" einen ernüchternden „Auszug aus der Instruction für die Führer und Gastwirte in der sächs. Schweiz" dokumentiert.

Ein ebenso beliebtes Reiseziel der Romantik war übrigens der **Plauensche Grund** zwischen Dresden und Freital, dessen damals malerischer Reiz heute kaum noch zu erahnen ist.

Mit der Entdeckung von Heil- und Mineralquellen entwickelte sich neben dem Fremdenverkehr auch der **Kurbetrieb,** besonders in Schandau, Gottleuba und Berggießhübel.

Natur erleben im Nationalpark

Vorläufer

Erstmals wurde ein Teil der Sächsischen Schweiz, die Basteilandschaft, am 10. Januar 1938 als Naturschutzgebiet ausgewiesen, zwei Jahre darauf auch das Polenztal. Am 29. August 1956 erklärte der Rat des Bezirkes Dresden die Sächsische Schweiz auf einer Fläche von knapp 400 Quadratkilometern zum **Landschaftsschutzgebiet.** Damit wurde der Schutz der gesamten Landschaft erstmals in einem Gesetz fixiert. Bereits damals bemühten sich Naturfreunde und untere Behörden um die Einrichtung eines Nationalparks, später noch einmal in den 1960er Jahren.

Gründung des Nationalparks

Nur zwei kleine rechtselbische Bereiche sind heute als **Nationalpark Sächsische Schweiz** unter den höchstmöglichen, international anerkannten Schutzstatus gestellt. Mit 93 Quadratkilometern ist er der drittkleinste unter den elf deutschen Nationalparks. Im Herbst 1990 wurde er gemeinsam mit dem Jasmund auf Rügen, der Vorpommerschen Boddenland-

285ss dk

◁ Die Heilige Stiege

schaft, dem Harz und der Mecklenburgischen Seenplatte an der Müritz durch Beschluss des DDR-Ministerrates festgelegt. Ein Erfolg zweifellos, doch sind die Grenzen dieses Nationalparks gleichwohl ein politischer Kompromiss. Es gibt in der Sächsischen Schweiz keine geringzuschätzenden Bereiche, sie muss als **wertvolles Ökosystem und einmalige Kulturlandschaft** im Ganzen erhalten werden.

Am 28. April 1991 wurde der Nationalpark Sächsische Schweiz offiziell eröffnet: in der Vorderen Sächsischen Schweiz die geschlossenen Wald-Fels-Reviere des Bastei- und Polenztalgebietes; in der Hinteren Sächsischen Schweiz das Schrammsteingebiet bis zur tschechischen Grenze. Im Frühjahr 2000 wurde eine rund 80 Quadratkilometer große Fläche in der Böhmischen Schweiz zum Nationalpark erklärt. Somit sind 172 Quadratkilometer des Elbsandsteingebirges unter den höchsten Schutzstatus gestellt.

Verwaltungssitz des Nationalparks Böhmische Schweiz ist die an der Grenze zum Lausitzer Gebirge gelegene Kleinstadt Krásná Lípa (Schönlinde).

Schutzzonen

Die Verwaltung des Nationalparks ist direkt dem Sächsischen Umweltministerium unterstellt. In beiden Teilen des Nationalparks gibt es eine Kernzone, wo die Natur sich selbst überlassen bleibt. Wanderer dürfen in diesen geschlossenen Wald-Fels-Arealen die markierten Wege nicht verlassen. Der Wald sieht in dieser Schutzzone nicht – wie manche Besucher meinen – „unordentlich" aus,

sondern wie ein richtiger Wald mit allen Generationen vom Sämling bis zum dahinsiechenden oder bereits „toten" Baum. Auch in der umliegenden 2. Schutzzone des Nationalparks hat die Natur Vorrang und der Mensch Zutritt – wenn er sein Naturerlebnis als bewussten Verzicht auf naturfremde und naturbelastende Hilfsmittel versteht.

Führungen

Ein besonderes Angebot, das Elbsandsteingebirge zu erleben und seine Geheimnisse kennenzulernen, sind die **Wanderungen mit der Nationalparkwacht** (Erwachsene 6 €, Kinder bis 12 Jahre 3 €). Alle Termine und Treffpunkte können über Tel. (035022) 900600 oder im Internet unter www.nationalparksaechsische-schweiz.de abgefragt werden, unter dieser Nummer sollten sich auch größere Gruppen anmelden.

Verhaltensregeln

Grundsätzlich gilt: Außerhalb der Kernzone des Nationalparks dürfen alle erkennbaren Wege begangen werden. Innerhalb der Kernzone dürfen nur Wege und Pfade betreten werden, die dafür gekennzeichnet sind. Die Einhaltung wird von der Nationalparkwacht an Schwerpunkten kontrolliert. Zuwiderhandlungen können mindestens mit einem Verwarngeld geahndet werden.

Wege werden nach ihrer Funktion unterschieden: **Spazierwege, Wanderwege** und **Wanderpfade** sind für „Normalwanderer" erschlossen, sie sind markiert

(siehe unter „Markierungen") und werden auf den Karten mit durchgehenden bzw. gestrichelten Linien gekennzeichnet. Das Begehen von Wanderpfaden ist stellenweise mit etwas erhöhten Schwierigkeiten verbunden. Erhöhte Anforderungen stellen die **Bergpfade.** Sie sind versierten Bergwanderern vorbehalten und auf Karten mit gepunkteten Linien gekennzeichnet, erfordern aber noch keine Kletterausrüstung. Die Markierung im Gelände erfolgt sparsam durch ein spitzwinkliges grünes Dreieck auf grauem Rechteck. Zu den (durchweg besonders reizvollen) Bergpfaden gehören die Rotkehlchenstiege, die Häntzschel-

stiege, die Obere Affensteinpromenade sowie der Goldsteig.

Allein für den Klettersport erschlossen sind die **Kletterzugänge.** Sie sind auf normalen Wanderkarten nicht gekennzeichnet, im Gelände erfolgt nur eine Markierung unmittelbar vor dem Zugang – schwarzes Dreieck im schwarzen Kreis.

⌃ › Wanderwege im Nationalpark

Elbsandsteingebirge

Wegekonsens

Gesperrte Wege werden durch ein schwarzes Kreuz auf weißem Grund gekennzeichnet. Diese Sperrung kann in begründeten Fällen unabhängig von der Kategorie des umliegenden Wegenetzes vorgenommen werden.

Dieser „Wegekonsens" wurde im Jahr 2000 als Ergebnis einer monatelangen Auseinandersetzung zwischen Nationalparkverwaltung, Wander- und Bergsportverbänden, Forst und Kommunen vereinbart. Er ist gleichwohl bis heute ein **Streitthema** zwischen der Nationalparkverwaltung auf der einen und Wanderern auf der anderen Seite. Die Zahl gesperrter Wege im Nationalpark hat seit 1990 drastisch zugenommen. Zahlreiche seit Menschengedenken begangene Wege, die somit auch zum Kulturerbe in dieser Landschaft gehören, dürfen heute nicht mehr betreten werden, auf den meisten Wanderkarten tauchen sie gar nicht mehr auf.

Im Abschlussbericht eines nationalen Evaluierungskomitees für den Nationalpark Sächsische Schweiz aus dem Jahr 2012 wird die Ausweitung der „Prozessschutzfläche", einfach gesagt also des Anteils von Wildnis, von derzeit 37 Prozent auf 75 Prozent der Nationalparkfläche bis zum Jahr 2020 empfohlen. Die „historisch gewachsenen Nutzungen und Interessen der Wanderer, Bergsteiger und des Tourismus" gelten darin ausdrücklich als „nicht vereinbar" mit dem Schutzziel des Nationalparks. Demnach wird unter anderem gefordert, die Wegedichte weiter zu reduzieren. Bisher erklärt der sächsische Umweltminister jedoch, dieser Empfehlung nicht folgen zu wollen.

Von den sächsischen Wanderern und Bergsteigern wird das Konzept der „Wanderautobahnen", kritisiert, auf denen Besucher übervorsorglich mit materialreich errichteten Geländern und Treppen „kanalisiert" werden. Auf derartigen Magistralen bleibt freilich die

258ss dk

Natur nur noch wie in einem Zoo erlebbar. Bleibt zu hoffen, dass sich in diesem so kleinen wie faszinierenden Nationalpark die vernünftigen Kompromisse zwischen naturbewussten Wanderern und Naturschutz durchsetzen werden.

Die für alle Nationalparks verbindlichen Verhaltensregeln werden auf einer **Piktogramm-Tafel** zusammengefasst, die an Parkplätzen und anderen stark frequentierten Orten aufgestellt ist.

Eine Besonderheit der Sächsischen Schweiz: **Bergsteigen** ist in diesem Nationalpark (und in Berchtesgaden) erlaubt – entgegen den international gültigen Kriterien für die Anerkennung eines Nationalparks (mehr dazu siehe „Wander- und Kletterparadies").

Das beliebte **Boofen,** das Übernachten im Freien in einer der Höhlen, ist nur an gekennzeichneten Orten erlaubt. Grundsätzlich verboten ist das Boofen in den Kernzonen.

Wander- und Kletterparadies

Ganztagswanderungen mit Rucksack und praktischer Wanderkleidung sind die beste Art, die Sächsische Schweiz kennenzulernen. In der Nähe der Kurorte und zu den attraktivsten Aussichtsfelsen gibt es aber auch bequeme Spazierwege.

Die günstigste **Reisezeit** liegt zwischen Mai und Oktober. Im Winter sind, besonders in den Felsrevieren rechts der Elbe, manche Wanderwege nicht begehbar, und viele Gastwirtschaften haben Urlaub.

Aus den Kurorten und Dörfern gelangt man rasch – meist bergan – in die Wälder und Felsreviere. Ermüdende **Anlaufwege** gibt es in der Sächsischen Schweiz nicht, Erholung beginnt bereits vor der Tür.

Markierungen

Dieses Reisehandbuch hält sich vorwiegend an die markierten Wanderwege, die in der Kernzone des Nationalparks ohnehin nicht verlassen werden dürfen. Das markierte Wegenetz ist so dicht und attraktiv, dass darüber das Gebirge in seiner ganzen Schönheit erschlossen werden kann. (Wanderkarten bis 1:50.000) Wer die außerhalb der Kernzonen zugänglichen unmarkierten Wege

◁ Wegweiser am Malerweg bei Papstdorf

kennenlernen möchte, sollte unbedingt detailgenaue Wanderkarten (1:10.000) nutzen und nicht etwa wild im Gelände herumsuchen.

Die Markierungen sind **weiße Quadrate** mit blauen, roten, grünen oder gelben Strichen oder Punkten. Die Reihenfolge dieser Farben beschreibt zugleich die „Hierarchie" der Wege, blau gilt für überregionale Wanderwege, gelb für örtliche Pfade, meist Rundwege. Ein grüner Schrägstrich bezeichnet Lehrpfade. Zumeist sind die Markierungen an Bäumen, Steinen oder Zäunen angebracht; Kreuzungen von Wanderwegen erkennt man zumeist schon aus der Ferne an den Wegweisern.

„Den vollständigen Genuß beim Besuche der sächs. Schweiz hat der Fußgänger. Wer zu Wagen reist, und denselben nicht verlassen will, für den bleibt sehr Vieles ungesehen. Dasselbe ist es mit einer bloßen Wasserreise auf der Elbe. Ohne wenigstens hier und da den Wagen oder das Schiff zu verlassen und einzelne Strecken zu Fuße zu machen, ist für die zwei letzteren Arten zu reisen voller Genuß nicht zu erlangen." Diesen wohlmeinenden Rat erteilte im Jahr 1846 der Reiseführer *Ferdinand Thal*.

Ausrüstung

Wandern in der Sächsischen Schweiz ist kein Extremsport. Man muss sich nicht ausrüsten, als ginge es in die Alpen oder höher. Pflaster, Elastikbinde und Taschenlampe können aber nicht schaden. Wichtig sind **feste Schuhe** und leichte, **regenfeste Bekleidung.** Vorsicht auf feuchtem Laub und losem Sand! Das rutscht wie beim Inline-Skating; an Hängen und an Abgründen eine weniger gesunde Sportart.

Gefahren

Kein Extremsport – das heißt nicht, dass es keine Gefahren gäbe. Zwar sind die meisten Wanderwege so gut durch Geländer, Eisengriffe, Brücken und Leitern abgesichert, dass eigentlich nichts passieren kann, doch gibt es auch Stellen, die **Schwindelfreiheit** und **Trittsicher**heit erfordern. Das trifft besonders auf die kleinen, extra ausgewiesenen Abstecher von markierten Wanderwegen zu. Die schlichte Tatsache, dass zu einem Nebenweg auch der Rückweg gehört, muss hier erwähnt werden, denn diese Rückwege erweisen sich manchmal als die wahren Herausforderungen.

Das sollten alle **Hobby-Kletterer** bedenken, die schnell einmal, obwohl verboten, am Wegesrand auf einen Felsen kraxeln möchten! Aufwärts gelingt das ja vielleicht, dann folgt der Jubelschrei vom Gipfel und abwärts die Überraschung. Füße wissen nicht, wohin; Felsspalten scheinen inzwischen gewachsen zu sein, und Heidekrautbüschel versagen den Dienst als Notseile.

Wer sich also einen schwierigeren Weg nicht zutraut, sollte lieber umkehren oder einen anderen wählen. Diese Einschränkung gilt, so man auf markierten Wanderwegen bleibt, wirklich nur für eine Handvoll Partien wie den Weg

145ss ls

zur Friensteinhöhle; aber sie gilt immer an geländerlosen Abgründen – nicht nur an stürmischen oder nassen Tagen. Wer nicht absolut schwindelfrei ist: Abstand halten! Die Aussicht wird davon nicht schlechter.

Dazu noch mit Blick auf die Karte einige Worterklärungen, um Irrtümern vorzubeugen. **„Gründe"** und **„Gründel"** sind die von Bächen eingeschnittenen Sandsteinklüfte. Ein **„Weg"** (beispielsweise Schrammsteinweg) kann schon mal über Stufen und Leitern bergauf und bergab führen, also recht anstrengend sein. Immer ist er aber für Wanderer gedacht, erfordert also kein Klettern. Anders die **„Stiegen"**. Sie verlangen zwar noch keine Kletterausrüstung, sind aber doch, mal mehr (Häntzschelstiege und Zwillingsstiege in den Affensteinen), mal weniger (Heilige Stiege in den Schrammsteinen) anspruchsvoll. **„Straße"** meint im Gebirge meistens einen geschotterten Fahrweg, dessen motorisierte Nutzung eingeschränkt ist.

Wetter

Abschließend im Katastrophen-Kapitel noch ein paar Worte zum Wetter. Die Sagen- und Geschichtenwelt der Sächsischen Schweiz ist nicht arm an Beispielen für abgestürzte, verirrte, von umgestürzten Bäumen erschlagene oder von Blitzen getroffene und sonstwie bei plötzlichem Unwetter abhanden gekommene Menschen. Es sind meist ältere Berichte, weil es heute befestigte, markierte Wege und Schutzhütten gibt, Bergrettungsstationen und Notruf.

Wer in ein Unwetter gerät, sollte sich keinesfalls zur „Flucht" durchs Unterholz, quer durch Wald und Fels, verleiten lassen. Freistehende Bäume meiden und die Höhen verlassen.

⌂ Rastplatz bei der Heringshöhle in der Hinteren Sächsischen Schweiz

8

Ausweis

Unnötigen Ärger erspart es, den **Personalausweis** bei sich zu haben. Im grenznahen Raum sind Kontrollen durchaus zu erwarten, außerdem wird das Dokument bei Unfällen und anderen Komplikationen benötigt.

Umweltverschmutzung

Was jetzt kommt, muss gesagt werden; und wer es für überflüssige Belehrung hält, wird spätestens „vor Ort" feststellen müssen, dass dem leider nicht so ist: Die Natur braucht Ruhe. Lärmen, Rufen, Jodeln, Singen, Wettrennen, Bierdosen in Felsspalten klemmen, Flaschen an die Wand schmeißen, Wurstpelle im Farn tarnen, Monogramme in den Fels meißeln, Wege abkürzen, Tiere jagen und Holz hacken sind Beschäftigungen, die (auch) nicht in die Sächsische Schweiz gehören. Nicht innerhalb und nicht außerhalb der Grenzen des Nationalparks.

Zeiteinteilung

Die ausreichend vorhandenen **Wegweiser** enthalten meistens auch Zeitangaben. Als Orientierung sind die Zeitangaben brauchbar, wenn man nicht (etwa wegen einer Zugabfahrt) auf die Minute angewiesen ist.

Ein entscheidender Grund, trotz der Abhängigkeit vom Fahrplan **öffentliche Verkehrsmittel** zu nutzen: Die besten Touren sind nicht die ortsnahen Rundwege, sondern eben die ausgedehnten Strecken quer durch das Gebirge, bei denen man nicht wieder am Parkplatz an-

kommt. Wer sich die Zeit gut einteilt, kann an langen Sommertagen durchaus Strecken von über 20 Kilometern laufen. Beizeiten aufbrechen, den Aufstieg in der soeben erwachten Natur bewältigen, und wenn unten die Langschläfer noch an der Fähre warten, sitzt man schon auf einem Felsplateau bei Brot und Wasser – oder Kuchen und Wein.

Fahrradfahren

Der gut ausgebaute **Elberadweg** führt von Dessau über 260 Kilometer bis zur tschechischen Grenze. Weiter kann man in Böhmen bis Mělnik und entlang der Moldau bis Prag fahren. Eine bequeme Tagestour mit einladenden Abstechern verbindet Pirna mit Schöna.

Stromauf oder stromab? Die erste Frage vor dieser Fahrt am Elbestrom. Weniger das Geländeprofil, als der vorherrschende West-Wind und die interessanter werdende Landschaft sprechen für **stromauf.** Eine gemütliche Fahrt ohne Auto-Stress, dafür begleitet vom abwechslungsreichen Panorama des Elbsandsteingebirges. Die nahe beieinandergelegenen S-Bahnhöfe erlauben zahlreiche Kombinationen von Teilstücken des Elberadweges mit Wanderungen oder Rundfahrten in die Seitentäler beiderseits der Elbe.

In **Pirna** beginnt die Tour linkselbisch an der Fährstelle. Die Ufer sind von der allmählich anwachsenden Sandsteinkette gesäumt. In **Pötzscha** (S-Bahn-Haltepunkt Stadt Wehlen) kann man mit der Fähre auf die rechte Elbseite wechseln; wer die Sicht auf das Basteigebiet genießen möchte, kann bis **Kurort Rathen** links bleiben.

Dort sollte man aber den markierten Elberadweg verlassen und die Fähre benutzen. Rechtselbisch führen Fußweg, Trampelpfad und Fahrweg bis **Königstein,** das ist ruhiger und landschaftlich schöner als drüben. Bei Hochwasser muss man auch mal auf einen Wanderweg ausweichen und das Rad über ein paar Stufen tragen. Ab Königstein ist der Elberadweg auch rechtselbisch wieder markiert. In **Bad Schandau** bleibt man am Elbkai, radelt bis **Postelwitz** und nimmt die Fähre nach **Krippen.** Nah am Ufer, vor der Silhouette der Schrammsteinkette, geht es über den S-Bahnhof **Schmilka-Hirschmühle** zur S-Bahn-Endstation **Schöna.** Wer nun weiter ins Böhmische will, kann mit der Fähre nach **Hřensko** (Herrnskretschen) übersetzen oder geradeaus weiterradeln zum touristischen Grenzübergang von der Gelobtbachmühle nach **Dolní Žleb** (Nieder Grund), weiter nach **Děčín** (Tetschen), von dort fahren Züge zurück nach Bad Schandau/Dresden.

● **Linkselbische Radwanderwege:** Bahnhof Schöna – Liebstadt (50 km), Schweizermühle – Königstein (12 km), Liebstadt – Bahnhof Oberschlottwitz (6 km).
● **Radwanderwege in der Böhmischen Schweiz:** Hellendorf – Grenzübergang Bahratal – Rájec – Ostrov (13 km), Grenzübergang Bahratal – Petrovice – Antonísov – Tisá (7 km), Petrovice – Krásny Les (6,5 km), Tisá – Rund um den Hohen Schneeberg (15,5 km), Chřibská (Kreibitz) – Vysoká Lípa (Hohenleipa) 10,8 km, Hřensko (Herrnskretschen) – Vysoká Lípa (Hohenleipa) 14 km, Doubice (Daubitz) – Zadní Doubice (Hinter Daubitz, Grenzübergang) 9 km, Vlci Hora (Dorf Wolfsberg) – Turisticky Most (Touristenbrücke) 4,6 km.
● **Rechtselbische Radwanderwege** (Rundwege):„Sächsische Schweiz" (66 km),„Sächsisch-Böh-mische Schweiz" (80 km),„Rund um Sebnitz" (32,5 km),„Rund um Neustadt" (35 km),„Rund um Hohnstein" (32 km),„Rund um Stolpen" (23 km).

Radfahren in der Böhmischen Schweiz bringt das nostalgische Erlebnis nahezu autofreier Straßen. Außerhalb befestigter Straßen sollte man auf das Radfahren jedoch verzichten, im Interesse dieser hochsensiblen Erosionslandschaft. Verboten ist Mountainbiking im Nationalpark.

Information

● Bikeline Radtourenbuch „Elberadweg", Teil 1
● www.elberadweg.de
● www.elbsandsteingebirge.de

Klettern

Bergsteiger gehen mit dem Kletterführer an den Felsen und nicht mit dem Reisehandbuch. Da aber die Kletterei zur Sächsischen Schweiz gehört wie die Elbe, hier ein Exkurs für Laien.

Seit dem Mittelalter wurden bereits Felsen der Sächsischen Schweiz bestiegen, sei es, um Wehranlagen zu errichten oder um sich im Krieg zu verstecken.

Die Erstbesteigung des Falkensteins (im vorderen Schrammsteingebiet) am 6. März 1864 durch fünf Turner aus Bad Schandau – mit heute nicht mehr erlaubten Hilfsmitteln – war die Geburtsstunde des **Felskletterns.** Der Aufstiegsweg heißt seitdem Turnerweg.

Inzwischen sind alle 1099 Gipfel der Sächsischen Schweiz bestiegen worden, doch die Kletterer finden immer neue Aufstiegswege. Rund 17.000 gibt es be-

reits, und jährlich kommen neue hinzu. Die meisten Klettergipfel erreichen Höhen zwischen 200 und 500 Meter über dem Meer, die Kletterhöhe liegt unter 80 Meter.

Geklettert werden darf nur nach den von sächsischen Bergsteigern 1913 aufgestellten und seitdem mehrfach aktualisierten **„Sächsischen Kletterregeln":** Seil, Seilschlingen, Karabiner und Ringe werden nur zur Sicherung genutzt. Die Fortbewegung des Kletterers darf nur mit eigener Körperkraft an natürlichen Haltepunkten erfolgen. Das Verwenden von Klemmkeilschlingen ist verboten, das Einschlagen von Ringen nur bei Erstbegehungen erlaubt. Dabei darf der Abstand zwischen zwei Sicherungsringen 3 Meter nicht unterschreiten, bei drei aufeinanderfolgenden Ringen soll die Summe beider Abstände mindestens 7,50 Meter betragen. Verboten ist auch die Benutzung von chemischen Haftmitteln (Magnesium). Im gesamten Nationalpark ist das Klettern nur an den von

⌃ Auch junge Kletterer können sich hier ausprobieren

286ss dk

der Nationalparkverwaltung bestätigten und im Kletterführer genannten Felsen gestattet. Das Klettern an Massivwänden ist verboten mit drei Ausnahmen, von denen die Westecke des Liliensteines im Nationalpark liegt; die beiden anderen sind der Abratzkykamin am Königstein und die Südwand des Großen Zschirnsteines.

Innerhalb einer Seilschaft geht das größte Risiko der Vorsteiger ein, er wird von seinem Nachfolger oder seiner Nachfolgerin über das Seil gesichert („Sicherungsmann"). Die nach oben offene „Sächsische Skala" bewertet den Schwierigkeitsgrad eines Kletterweges. Sie beginnt mit I (leichter Weg) und wird ab VII nochmals in a, b und c unterteilt. Inzwischen gibt es Wege, deren Schwierigkeitsgrad mit XII angegeben wird.

Auf dem Gipfel trägt sich die Seilschaft in das **Gipfelbuch** ein, die Namen in der Reihenfolge des Aufstieges, den Aufstiegsweg und das Datum. Die Gipfelbücher sind in wetterfesten Metallkapseln deponiert und manchmal von benachbarten „Wanderfelsen" aus gut zu erkennen.

Zu den Kletter-Pionieren mit zahlreichen Erstbegehungen nach dem „sächsischen Prinzip" gehörte um die Jahrhundertwende *Oscar Schuster.* Nach ihm ist der Schusterweg am Falkenstein benannt, dem bedeutendsten Kletterfelsen der Sächsischen Schweiz. Weitere bedeutende Kletterer waren *Rudolf Fehrmann, Paul Illmer, Conrad Meurer* und *Oliver Perry-Smith.*

20.000 Kletterer soll es im deutschsprachigen Raum geben; 7000 Mitglieder hat der 1991 gegründete **Sächsische Bergsteigerbund.** Das Elbsandsteingebirge ist „das schönste Klettergebiet Mitteleuropas", so meint der Hohnsteiner

028ss ls

Bergsteiger *Bernd Arnold*. Viele sächsische Bergsteiger-Seilschaften gehen den Sommer über, solange der Fels trocken ist, Wochenende für Wochenende klettern. Dazu sagt *Arnold:* „Das Klettern ist für jeden, der es einmal getan hat, unbändig schön, und für andere ist es das allerunsinnigste".

Kletterkurse

■ In seinen Bergsportläden in Hohnstein und Bad Schandau bietet *Arnold* (siehe unten unter „Information") Kletterkurse und geführte Wanderungen an. Es gibt Zwei-Tage-Kurse für Anfänger und Wochenkurse für Fortgeschrittene, Touren für Kinder und Familien.

Information

■ **Arnolds Bergsportladen,** Obere Straße 2, Hohnstein, Tel./Fax (03575) 81246.
■ **Der Insider,** Marktstraße 4, Bad Schandau, Tel. (035022) 42372.
■ **Biwak,** Bergsportmagazin im MDR-Fernsehen, wird zweimal monatlich an einem Mittwoch um 15.30 Uhr gesendet.
■ **Outdoorcamp Ottendorfer Hütte,** Kirnitzschtal/Ottendorf, Tel. (035971) 80850.

◁ Aussichtsplätze an der Breiten Kluft

△ Blick zur Kleinen Gans

9 Anhang

◁ Auf dem Carolafelsen

Literaturhinweise

Historische Reiseliteratur

■ *Dietrich, Ewald Victorin:* **Führer durch die Sächsische Schweiz und in das Riesengebirge,** Meißen 1835.

■ *Fehrmann, Rudolf:* **Der Bergsteiger im Sächsischen Elbsandsteingebirge,** Dresden 1923.

■ *Götzinger, Wilhelm Lebrecht:* **Rundgesang in der prächtigen Kuhstall-Höhle der sog. Sächsischen Schweiz zu singen/mit einigen erklärenden Anmerkungen in Druck gegeben von Wilhelm Leberecht Götzinger,** Bautzen 1802.

■ *Hofmann, Carl Julius:* **Das Meißner Hochland oder die sächsische Schweiz,** Lohmen 1842 (historischer Exkurs).

■ *Körner, Theodor:* **Die Reise nach Schandau,** in: Theodor Körners Sämtliche Werke, Berlin, Nicolaische Buchhandlung 1835.

■ *Meiche, Alfred:* **Die Burgen und vorgeschichtlichen Wohnstätten der Sächsischen Schweiz,** Dresden 1907.

■ *Meiche, Alfred:* **Slawische Reste und deutsche Anfänge in der Sächsischen Schweiz,** Dresden 1911.

■ *Schäfer, Theodor:* **Meinholds Führer durch die Sächsische Schweiz und die angrenzenden Gebiete,** Dresden 1910.

Reprints

■ *Andersen, Hans Christian:* **Reise von Leipzig nach Dresden und in die Sächsische Schweiz.** Mit siebzehn Bildern von *Carl August* und *Adrian Ludwig Richter,* Text nach: Andersens Gesammelte Werke, 17. Band, Leipzig 1847, Dresden, Hellerau-Verlag 1991.

■ *Götzinger, Wilhelm Leberecht:* **Schandau und seine Umgebungen oder Beschreibung der Sächsischen Schweiz,** Reprint der 2. Aufl. Dresden 1812, Leipziger Zentralantiquariat 1973, Verlag der Kunst, Dresden 1991.

■ *Nicolai, Carl Heinrich:* **Wegweiser durch die Sächsische Schweiz,** Reprint der 1. Auflage Pirna 1801, Hellerau-Verlag, Dresden 2005.

■ *Thal, Ferdinand:* **Neuester kurzgefasster und doch vollständiger Wegweiser durch die Sächsische Schweiz,** Dresden 1855, Fliegenkopf Verlag, Halle 1999.

■ **Zur Geschichte des sächsischen Felskletterns.** Illustrierte historische Beiträge, Reprint aus den Originalausgaben 1925, 1922, 1908, Vorwort von *Bernd Arnold,* Leipziger Reprintverlag im Zentralantiquariat 1991.

Sprachführer

■ *Bendixen, Eva-Maria* und *Werner, Klaus:* **Sächsisch – das wahre Deutsch,** aus der Reihe Kauderwelsch, REISE KNOW-HOW Verlag, Bielefeld.

Wander- und Kletterführer

■ **Wanderführer Elbsandsteingebirge – Nationalpark Sächsische Schweiz – Böhmische Schweiz,** Kompass-Wanderkarte mit Kurzführer und Radrouten im Maßstab 1:30.000.

■ *Brichzin, Hans:* **Wandern in der Sächsischen Schweiz,** 35 Wanderungen mit Karten und Höhenprofilen.

Kulturgeschichte

■ *Quinger, Heinz:* **Pirna. Kunstgeschichtliche Würdigung einer Stadt,** Verlag der Kunst, Dresden 1993.

■ *Sarfert, Hans-Jürgen:* **Hellerau. Die Gartenstadt und Künstlerkolonie,** Hellerau-Verlag Dresden 1999.

■ *Gretzschel, Mathias* und *Werner, Winfried* (Hrsg.): **Reise Textbuch Dresden.** Literarischer Begleiter auf den Wegen durch die Stadt, dtv, München 1990.

■ *Fellmann, Walter:* **Sachsen.** Kunst-Reiseführer, DuMont Buchverlag Köln 2006.

■ *Griebel, Mathias* (Hrsg.): **August Kotzsch 1836–1910. Photograph in Loschwitz bei Dresden,** Verlag der Kunst, Dresden 1986.

■ *Lerm, Matthias:* **Abschied vom alten Dresden. Verluste historischer Bausubstanz nach 1945,** Forum-Verlag Leipzig 2001.

■ *Löffler, Fritz:* **Das alte Dresden,** der Klassiker unter den Dresden-Büchern, kulturhist. Bestandsaufnahme der Stadt vor ihrer Zerstörung, Seemann Verlag, 2002.

■ *Carus, Carl Gustav:* **Lebenserinnerungen und Denkwürdigkeiten,** Ein Leben in Dresden im 19. Jh. Kiepenheuer Verlag, Weimar 1966.

■ *Borchert, Christian, Milde, Kurt* und *Czechowski, Heinz:* **Semperoper Dresden,** Bilder einer Baulandschaft, Verlag der Kunst, Dresden 1987.

■ *Borchert, Christian:* **Zeitreise,** Dresden 1954–1995. Bilder einer Stadt, Verlag der Kunst Dresden 1996.

■ *Förster, Wieland:* **Labyrinth,** 34 Zeichnungen 1974–85 sowie Notizen über die Entstehung eines Zyklus, Verlag Volk und Welt, Berlin 1988.

■ *Sprenger, Lothar* und *Delau, Reinhard:* **Schmidts Erben. Die Deutschen Werkstätten Hellerau.** Verlag der Kunst, Dresden.

Register

9

Der Autor

Detlef Krell, Jahrgang 1958, lebt in Dresden. Er ist Inhaber des Neisse Verlages und Mitherausgeber und Redakteur der deutsch-polnischen Vierteljahreszeitschrift „Silesia Nova" (www.neisse verlag.de). Dresden und die Sächsische Schweiz sind ihm seit der Kindheit vertraut.

Der Fotograf
Lothar Sprenger, Jahrgang 1959, Diplomfotograf, lebt in Dresden als freier Fotograf.